W0360277

Walter Sauer

Jenseits von Soliman

Afrikanische Migration und Communitybuilding in Österreich – eine Geschichte

Mit einem Beitrag von Vanessa Spanbauer

Forschungen und Beiträge zur Wiener Stadtgeschichte

Publikationsreihe des Vereins für Geschichte der Stadt Wien
Herausgeberin: Susanne Claudine Pils
Band 63

Walter Sauer

Jenseits von Soliman

Afrikanische Migration und Communitybuilding in Österreich – eine Geschichte

Mit einem Beitrag von Vanessa Spanbauer

StudienVerlag
Innsbruck
Wien

f+b 63

Fördernde Mitglieder des Vereins:

© 2022 by Verein für Geschichte der Stadt Wien und Studienverlag Ges. m. b. H.,
Erlerstraße 10/2, A-6020 Innsbruck
E-Mail: order@studienverlag.at, Internet: www.studienverlag.at

Satz: Studienverlag/Maria Strobl – www.gestro.at

Gedruckt auf umweltfreundlichem, chlor- und säurefrei gebleichtem Papier.

Bibliografische Information der Deutschen Nationalbibliothek
Die Deutsche Nationalbibliothek verzeichnet diese Publikation in der Deutschen Nationalbibliografie; detaillierte bibliografische Daten sind im Internet über <http://dnb.dnb.de> abrufbar.

ISBN 978-3-7065-6269-0

Alle Rechte vorbehalten. Kein Teil des Werkes darf in irgendeiner Form (Druck, Fotokopie, Mikrofilm oder in einem anderen Verfahren) ohne schriftliche Genehmigung des Verlages reproduziert oder unter Verwendung elektronischer Systeme verarbeitet, vervielfältigt oder verbreitet werden.

Titelbild: Werbeflugblatt des ersten afrikanischen Restaurants in Wien (Ende 1903).
Foto: Wien Museum.

Inhalt

Einleitung 7
Forschungsgeschichtliche Einbettung – „Hautfarben“ und „Rassen“: In Österreich verspätet rezipiert – Zwischen „Mohr“ und „BIPoC“ – Zur Konzeption dieses Bandes

I. Schwarze Reiter und die ägyptische Mutter: Donau- und Alpenraum im römischen Imperium 25
Statthalter, Händler und Soldaten – Schwarze oder Weiße? – Lokale Akzeptanz?

II. Realitätsferne Diskurse: Vom Dämon zum heiligen König 35
Wissenschaft und Theologie: Konstruktionen von Alterität – Kreuzzüge und gesellschaftlicher Wandel – Staufischer Exotismus: Heilige Aithiopes – Der „Mohren“könig der Epiphanie – Konfrontiert mit der Realität

III. Sklaven oder Freie? Afrikanische Diaspora in den Erblanden der Frühen Neuzeit 55
Szenarien der Rekrutierung – Lebensverhältnisse – Auswirkungen des gesellschaftlichen Wandels – Angelo Soliman – Sklaverei in Österreich

IV. Prekäre Existenz: Vom Wiener Kongress bis zum Ende der Monarchie 83
Vom adeligen zum bürgerlichen Statussymbol – Schaubude, Zirkus und Varieté – Freigekaufte Mädchen im Kloster: Eine Befreiung? – Ägypten und die Anfänge der afrikanischen Studienmigration – Gesellschaftliche Ambivalenzen

V. Zwischen Raimundtheater und Rheinland: Black Vienna in der Ersten Republik 109
Strukturen der afrikanischen Diaspora – „Überlegene Technik“ gegen „rohe Kraft“: Schwarze Menschen im Spitzensport – Musik, Bühne und Varieté – Die Studenten – Diskurse – Der Alltag

VI. Rassismus als Staatsdoktrin: NS-Herrschaft in Österreich (1938–1945) . . . 129
Diskriminierung und Verfolgung: Der Alltag – Instrumentalisierung für Propaganda – Zwangsarbeit und Kriegsgefangenschaft – Konzentrationslager Mauthausen

VII. Studierende und Asylwerber:innen: Von temporärer Migration zu Communitybuilding in der Zweiten Republik 151
Kolonialsoldaten und „Besatzungskinder“ – Nischenmigration seit den 1950ern – Studienmigration – Ansätze zur Arbeitsmigration: Die Kolporteure – Asylmigration – Zwischen Diskriminierung und Selbstorganisation

Über Zweite Generationen und ihre Teilhabe. Von Vanessa Spanbauer. 197

Quellen- und Literaturverzeichnis 209
Abbildungsverzeichnis. 257
Personen- und Ortsregister 259

Einleitung

Sieben Geistliche aus Äthiopien, *Ethiopes de India Maiori*, fanden im Jahr 1517 ihren Weg ins Benediktinerstift Melk, wo sie um Gastfreundschaft ersuchten und um Erlaubnis, in ihrem Ritus und ihrer Sprache die heilige Messe zu feiern. Beides wurde ihnen gewährt, und ohne erkennbares Hindernis setzten sie daraufhin ihre Reise fort.[1]

Ein sprachkundiger Somali hingegen, 1898 von einem Linguisten nach Wien geholt, wurde von den Behörden als Risiko eingestuft. Ein adeliger Bekannter des Forschers hatte *ungeschickter Weise und voreilig ihn als einen Wilden angegeben.* Aufgrund einer polizeilichen Weisung durfte der junge Mann nur in Begleitung auf der Straße erscheinen.[2]

Innerhalb von knapp vierhundert Jahren hatte sich die Interaktion mit afrikanischen Besuchern – samt politischen Rahmenbedingungen – also deutlich verändert. Erstes Stichwort: Rassismus. 1517 trat man den *Ethiopes* – quasi als Glaubensbrüdern – mit Respekt gegenüber. Vielleicht sah man in ihnen Abgesandte des Priesterkönigs Johannes, dessen Abstammung von den Heiligen Drei Königen angenommen wurde (vgl. Kapitel II). Dies sollte sich freilich bald ändern. Der zunehmende Handel mit afrikanischen Sklaven – von dem auch die habsburgischen Länder profitierten, wenngleich sie keine führende Rolle dabei spielten – und die fortschreitende Kolonialexpansion führten zu Ausgrenzung und Rassismus. Dass gerade die Aufklärung, die sich die Befreiung des Individuums von feudalen Einschränkungen in Europa zum Ziel gesetzt hatte, die (pseudo-)wissenschaftliche Legitimierung rassistischer Diskriminierung in Übersee initiierte, erscheint als ein Widerspruch. Oder als Ausdruck einer generellen Ambivalenz, wie sie Max Horkheimer und Theodor W. Adorno konstatierten?[3] Die Abwertung von Afrikanerinnen und Afrikanern bezog sich auf ihre Physiologie, aber auch – wie am Beispiel Carl von Linnés (siehe unten) erkennbar – auf die Verhältnisse in ihrer Heimat. Ihr Aussehen suggerierte die Herkunft aus einem unzivilisierten, geschichtslosen und unbedeutenden Kontinent – und dies wiederum legitimierte die europäische Expansion. Aus „Unbekannten (unknowns)", die man – wie 1517 – noch irgendwie einordnen und möglicherweise auch wertschätzen konnte, wurden, um es mit Richard Sennett zu formulieren, „Fremdartige (aliens)", die aus einer anderen Welt zu kommen schienen.[4]

Zweites Stichwort: Mobilität. Neben der Entstehung des modernen Rassismus lassen die beiden Episoden eine Veränderung im Charakter der Mobilität von Afrika in Richtung Europa erkennen. Staatliche und kirchliche Gesandtschaften aus Äthiopien waren seit dem 15. Jahrhundert häufig in Portugal und Rom präsent gewesen, hatten 1417 auch dem Konzil von Konstanz einen Besuch abgestattet und dadurch einen gewissen Bekanntheitsgrad nördlich der Alpen erlangt.[5] Mehrmals sind weiters Besuche hochrangiger Diplomaten aus Nord- und Westafrika in Europa belegt.[6] In gewissem Umfang stellte die Wende vom Spät-

1 Annales Mellicenses, zitiert nach Martin, Afrikaner, 91.
2 Sulzbacher, Funktionalisierung, 104–105.
3 Horkheimer – Adorno, Dialektik; vgl. Hentges, Schattenseiten; Pečar – Tricoire, Aufklärung.
4 Sennett, Intimität, 73.
5 Salvadore, Relations, 21–35.
6 Neben den diversen Delegationen aus Äthiopien und Kongo nach Italien und Portugal ist an die Gesandtschaften von Marokko (London 1600) beziehungsweise Kongo (Rom 1608) zu erinnern (Lowe, Ambassadors) sowie an westafrikanische Botschafter nach Paris (Halbert, Prince) oder Berlin (Martin, Afrikaner, 85–88). Für 1548 wird die Reise eines *jungen kunig von tunis* über Innsbruck nach Augsburg verzeichnet (Haag – Sandbichler – Klarer, Piraten, 52–53). Weitere Beispiele bei Debrunner, Presence, 65–73.

mittelalter zur Neuzeit ein Zeitfenster für selbstbestimmte afrikanische Mobilität dar. Je weiter die Entwicklung allerdings fortschritt, desto seltener wurden Besucher auf eigene Rechnung. Über kurz oder lang befanden sich Afrikanerinnen und Afrikaner praktisch nur mehr als Versklavte oder Kriegsgefangene in Europa. Andere Formen von Mobilität waren kaum mehr realisierbar, weil Europa mit Nordafrika im Krieg stand, die sub-saharischen Staaten über keine seetüchtigen Flotten verfügten und der Landweg durch den Konflikt mit der Hohen Pforte blockiert war. Ab dem späten 17. Jahrhundert machte sich auch ein strengeres europäisches Grenz- und Migrationsregime bemerkbar.[7] Sobald es aber keine selbständig Reisenden aus Afrika mehr gab, wurde auch die Vorstellung obsolet, solche könnten in Europa eine eigene Agenda verfolgen. Anders als „abhängig" waren Schwarze Menschen generell nicht mehr denkbar. Dass im 19. Jahrhundert, nach der Abschaffung des Sklavenhandels, freie Mobilität aus Afrika wieder stattfand, passte nicht wirklich ins Bild,[8] und man versuchte, sie auf wenige Bereiche („Nischen") zu beschränken. Gleichzeitig wurde Druck auf afrikanische Herrscher ausgeübt, um in ihren Territorien Reisefreiheit für Europäer:innen zu sichern. Im historischen Rückblick ist der anhaltende Streit um die Migrationspolitik der Europäischen Union auch als Konflikt um reziproke Mobilitätsfreiheit zwischen dem globalen Süden und dem globalen Norden zu deuten.[9]

Drittes Stichwort: Das politische Umfeld. Man darf vermuten, dass die *Ethiopes de India Maiori* vom damaligen Abt des Klosters Melk, Sigismund Taler (reg. 1504–1529), empfangen wurden, dass Ortskundige sie führten und sie Geleitschutz genossen. Es handelte sich um hochrangige Kirchenvertreter, und so wird es einen standesgemäßen Umgang und eine institutionelle Absicherung gegeben haben; immerhin wurde ihr Besuch in der Klosterchronik vermerkt, genauso wie der kurz darauf erfolgende des Kaisers. Ganz gegenteilig 1898: Obwohl er ein begehrter Informant und Gast eines Adeligen war, stieß der junge Somali, *Jusuf Ali vom geschlechte Samana des Stammes der Habar-Dscha'alo*, auf die Ablehnung der Polizei, die sich ihm und seinem Gastgeber gegenüber als Beschützerin der Bevölkerung profilierte. Nicht nur hatten sich seit dem Absolutismus obrigkeitsstaatliche Institutionen im lokalen Alltag etabliert und versuchten, eine Öffentlichkeit, die von Massenbewegungen und -emotionen geprägt war, unter Kontrolle zu halten. Im Gleichklang mit kolonialem Rassismus und einem rigideren Migrationsregime hatte sich auch die Einstellung von Staat und Gesellschaft gegenüber Menschen afrikanischer Herkunft – und generell gegenüber Ausländern aus Übersee – drastisch verändert: Hatte man sie seinerzeit als Gäste wahrgenommen, so jetzt als Gefährder; Hochachtung war *by default* zu Misstrauen geworden.

Forschungsgeschichtliche Einbettung

In Europa herrsche eine „Rassismus-Amnesie", meinte Araba Evelyn Johnston-Arthur in der *Presse*, und wie alle Wissenschaften muss sich auch die Historiographie dem Vorwurf stellen, *die historisch gewachsenen Realitäten von Rassismus in Europa*, aber auch *die Geschichten und*

7 Komlosy, Grenzen, 115–117 und 172–175.
8 So nahmen Medien die Anwesenheit von Schiffen des Sultans von Zanzibar in Hamburg mit Erstaunen zur Kenntnis (Neue Freie Presse, 4. Oktober 1870, 18).
9 Ähnlich Hondius, Access, 389–390.

Gegenwarten der Rassismuskritik verdrängt zu haben.[10] Bis heute gibt es nicht einmal eine wenigstens überblicksartige Geschichte von Rassismus in Österreich, die denselben nicht auf Antisemitismus beschränken würde. Konventionelle Kultur- und Geistesgeschichten sparen das Thema gänzlich aus,[11] wissenschaftshistorische Abhandlungen zum Thema sind eher die Ausnahme als die Regel.[12] Auch die bis zur Jahrtausendwende übliche Leugnung einer Involvierung der Habsburgermonarchie in den Überseekolonialismus steht in diesem Kontext.[13]

Dafür gibt es natürlich Gründe: Einschlägige Fragestellungen sind im Forschungskanon nicht oder nicht ausreichend verankert, sie fehlen schon in der Ausbildung, erfließen nicht aus den wechselnden Konjunkturen der Wissenschaft, sind wenig karrierefördernd und werden finanziell kaum unterstützt. Diese Ausblendung von Rassismus und kolonialer Involvierung dient bestimmten Interessen, die von der Aufrechterhaltung eines monarchistischen Geschichtsbildes über die Legitimierung des epistemologischen Suprematieanspruchs Europas bis zur unkritischen Akzeptanz einer „imperialen Lebensweise" (Ulrich Brand – Markus Wissen) reichen können. Dass in den letzten Jahren trotzdem kritische Diskurse zustande gekommen sind – etwa in Sachen kolonialer Provenienzforschung der Museen[14] –, ist dem jahrelangen Engagement Einzelner in den Institutionen, aber auch außerwissenschaftlichen Einflüssen wie der neuen französischen Restitutionspolitik oder der *Black Lives Matter*-Bewegung zu danken. Im Großen und Ganzen aber bleiben die Probleme bestehen, zumal der Wissenschaftsbetrieb keine Insel ist, sondern in einem gesellschaftlichen und staatlichen Umfeld operiert, das in einem Ausmaß von Ausländer:innen- und insbesondere Migrant:innenfeindlichkeit geprägt ist, wie man es sich noch vor einer Generation kaum vorstellen konnte.

Unsere Kenntnis der historischen afrikanischen Präsenz im österreichischen Raum ist noch unbefriedigend, obwohl mehrere Studien vorliegen und die Forschungsgeschichte weit zurückreicht. Als erster Autor ist der Stadthistoriker Mathias Fuhrmann zu nennen, der in sein *Alt- und Neues Wien* (1739) einen ausführlichen Bericht über den Angolaner Jacob Bock aufnahm, der 1704 (nicht 1703!) in Wien hingerichtet wurde (vgl. Kapitel III).[15] Diese Information fand ihren Weg in die heimatgeschichtliche Literatur, freilich mit zunehmend rassistischem Unterton. Einen weiteren und sehr reichhaltigen Diskurs initiierte die Wiener Schriftstellerin Caroline Pichler mit ihrem biographischen Text über Angelo Soliman, der zunächst 1807 in *De la littérature des Nègres* des antirassistischen Theologen, Aufklärers und Linkspolitikers Henri Grégoire in Paris erschien.[16] In Österreich wurde der Text 1814 veröffentlicht, wohl nicht zufällig im Umfeld des Wiener Kongresses, der sich auch mit dem Verbot des Sklavenhandels befasste.[17] Pichlers Kurzbiographie gewann für Solimans Image in der Nachwelt konstitutive Bedeutung. Allerdings verschweigt sie gerade die politisch brisantesten Aspekte seines Lebenslaufs, nämlich die Mitgliedschaft in der profiliertesten Frei-

10 Die Presse, 11. Juli 2020, W2.

11 Fuchs, Strömungen; Johnston, Geistesgeschichte.

12 Fuchs, „Rasse"; Feichtinger, Wissenschaft.

13 Sauer, „Entdeckungsgeschichte".

14 Kazeem – Martinz-Turek – Sternfeld, Unbehagen; Schölnberger, Museum.

15 Fuhrmann, Wien, 1222–1225, fast wörtlich dem *Wiennerischen Diarium* (23.–27. August 1704, 11–12) entnommen.

16 Grégoire, Littérature, 130–145. Zu Grégoires Netzwerk, das in Wien auch den Aufklärer Johann Pezzl umfasste, siehe Lentz, Abolitionsbewegung, 102–104. Zu Pichlers Recherchen in Wien: Firla – Forkl, Details, 129–133.

17 Pichler, Soliman. Hier zitiert nach dem Wiederabdruck in Bauer, Soliman, 112–118.

Urthl/

Des wegen jüngst-entstandenem Tumults auff dem Hohen-Marckt mit dem Strang hingerichteten Mohren.

Gegenwärtige allda vor: und auffgeführte ledige Manns-Person Namens Jacob Bock/ im 20. Jahr seines Alters/ zu Chongo in Africa gebürtig/ so den Christlich Catholischen Glauben an sich genommen und anheut noch getaufft worden/ hat in dem mit seiner Person vorgehabten güttigen Examine freywillig bekennet und außgesagt/ was massen es sich begeben / daß wegen zwischen einig Herrschafftlichen Bedienten in einem Würthshauß in der Stadt Stritt- und Rauff-Händeln der Urheber (umb willen selbiger in der Güte keines Wegs zur Ruhe gebracht werden könnte) durch die hierzu bestellte Rumor-Wacht in Verhafft genommen werden sollen. Und als nun aber besagte Rumor-Wacht sothan auß dasigem Würths-Hauß über die Gassen und folgends in den tieffen Graben in das Wacht-Hauß führen wollen / hätten die allda vor besagtem Würths-Hauß in der Menge zusammen gerottete Laquenen/ Heyducken/ Lauffer auch ander gemeines Pövel angefangen diese Rumor-Soldaten mit Steinen häuffig zu verfolgen. Worüber er Bock dann auch einen Stein umb sich/ seinem Vorgeben nach/ hierdurch allen Falls zu wehren/ genommen / weiters aber darmit nicht zugeworffen/ jedoch mehrbesagte Rumor-Soldaten in soweith nach- und verfolgen geholffen/ biß selbe sich endlichen wegen des mit Stein- und Ziegeln auff sie Rumor-Soldaten häuffig beschehenen Zuwerffen in der sogenannten Ragler-Gassen alldasigen Würthshauß/ zum guldenen Lambel genannt/ mit dem hinweg genommenen Laquey und Kutscher zu salviren benöthiget worden: umb willen aber sie Rumor-Soldaten auff der Laqueyen und sein Jacob Bocks Verlangen solchen nicht herauß geben und erfolgen lassen wolten / hätte er sich bey ohne dem vermehrt/ und andern häuffig zugeloffenem Gesindl dahin unterfangen / und von einem Heyducken das bey sich gehabte Häckl entnommen/ und darmit nicht allein in dasige damahls schon versperrt geweste Hauß-Thür starck und vielmahl zugehackt/ sondern auch andere zu gegen geweste mit Tumultuanten/ und daß mer praver Laquey wäre/ herzu kommen/ und sich tapffer wöhren und die Arrestirte hinweg nehmen sollen / öffters angehetzt/ umb weilen aber diese seine mit dem Heyducken-Hackel öffters geführte Streich nichts effectuiret/ hätten die andere darbey Gewesene einen schwehren allda gelegenen Stein auffgehoben / und darmit zwar öffters an die Hauß-Thür angelsprengt / solche aber nicht eröffnen können / wie dann er Bock als ihnen dieser Stein entfallen / selbsten solchen auffgehoben und den andern in die Hand gegeben / auch von ihnen fast alle Fenster im Hauß eingeschlagen und eingeworffen worden / deren er Bock aber nur etliche Scheiben mit der Faust zerschlagen zu haben bekennet: Nun seye zwar während solchem Steinwerffen und schlagen auch mit entblößtem Degen von ihnen also verübten Tumult mehrere Wacht kommen/ umb willen aber solche wegen ihrer allzugrossen Zusammen-Rottirung sie zu besänfftigen nicht mächtig waren/ wäre solche Wacht sich umb weitern Succurß zu bewerben/ und von dar wieder hinweg zu gehen benöthiget worden; kaum aber als sich solche umbgekehret/ wäre er Jacob Bock dem letzten auß ihnen Rumor-Soldaten mit einer Hand in dessen bey sich gehabte Flinten gefallen / mit der andern Hand aber mit einem darinnen gehabten Stein Ruckwerts und gantz unversehens dergestalten über den Kopff geschlagen/ daß dieser Rumor-Soldat alsobalden zur Erden fallen müssen/ und obschon er Bock

Abb. 1: Erste zeitgenössische gedruckte Quelle: Todesurteil gegen einen jungen Angolaner (Wiennerisches Diarium, 23.–27. August 1704)

maurerloge Wiens und die Präparierung seines Leichnams für das kaiserliche Museum.[18] 1922 erschien mit dem schon erwähnten Buch des Wiener Musikforschers Wilhelm A. Bauer (1888–1968) die erste wissenschaftliche Soliman-Biographie, deren Neuherausgabe durch Monika Firla 1993 eine Reihe weiterer Forschungen initiierte.[19]

Abgesehen von der Soliman-Tradition, die in zahllosen mehr oder minder qualitätsvollen Medienbeiträgen, Theaterstücken und Romanen, Theater- und Filmproduktionen und nicht zuletzt in einer bedeutenden Ausstellung im Wien Museum (2011)[20] ihren Niederschlag fand, stieß die historische afrikanische Präsenz in Wien auf wenig Beachtung. Dies hängt auch mit dem weitgehenden Fehlen abolitionistischer, emanzipatorischer Diskurse in Österreich zusammen. Die mediale Aufmerksamkeit fokussierte sich zudem auf ein Individuum – als ob Soliman (allenfalls zusammen mit Bock) der einzige Afrikaner im barocken Wien gewesen wäre! Erst ein 1959 im Rahmen seiner Forschung zu den Wiener Totenbeschauprotokollen publizierter Aufsatz von Gustav Gugitz nahm – wenngleich in Zugang und Sprache veraltet – ein Kollektiv in den Blick, nämlich die als „Mohren" gekennzeichneten Verstorbenen des 17. und 18. Jahrhunderts.[21] Gugitzens akribische Durchsicht von zahllosen Jahrgängen einer seriellen Quelle, wie sie kaum anderswo in Europa durchgeführt worden zu sein scheint, schuf eine wichtige Basis für die weitere Erforschung der afrikanischen Diaspora in Österreich. Etwa steht die von Andrea Wiesböck und mir erstellte „Kollektivbiographie" in dieser Tradition.[22] Auch die vierteilige Ausstellung der *Recherchegruppe zu Schwarzer österreichischer Geschichte* im Mozartjahr 2006 inkludierte mehrere von Gugitz erhobene Personen.[23]

Gegenüber der Fokussierung auf die Frühe Neuzeit standen andere Epochen lange im Hintergrund. Zum Mittelalter wurde primär literaturhistorisch geforscht.[24] Für das 19. Jahrhundert führten die literaturgeschichtliche Beschäftigung mit Peter Altenberg wie auch die Rezeption der kritischen Auseinandersetzung in der BRD mit den sogenannten Völkerschauen zur Aufarbeitung der spektakulären „Ashanti"-Auftritte und ihres Umfelds, insbesondere durch Werner Michael Schwarz.[25] Gleichzeitig entstanden die detailreichen Diplomarbeiten von Christine Sulzbacher und Marcel Chahrour, deren Ergebnisse 2007 in Aufsätzen veröffentlicht wurden.[26] In Bezug auf das 20. Jahrhundert stieß die Erste Republik kaum auf Interesse (vgl. Kapitel V), während die Zweite Republik schon aufgrund aktueller Erfordernisse stärker in den Vordergrund rückte, so in der Diskussion über afrikanische (und generell ausländische) Studierende. Diesbezügliche Informationen waren etwa in den von Erwin Ebermann koordinierten Interviews zur Studien- und Lebenssituation von Afrikanerinnen und Afrikanern in Wien enthalten und fanden 2002 Eingang in sein Standardwerk.[27] Auch für Oberösterreich und Salzburg liegen regionale Studien mit Fokus auf

18 Nachweise zur Überlieferungs- und Rezeptionsgeschichte generell bei Sauer, Erinnerung; Wigger – Hadley, Desecrated bodies, 96–103.
19 Zu den Verdiensten wie Skurrilitäten von Firlas Forschung siehe Sauer, Erinnerung, 142; Wigger – Klein, „Bruder Mohr", 105–106.
20 Blom – Kos, Soliman.
21 Gugitz, Mohren.
22 Sauer – Wiesböck, Sklaven, ergänzt durch Sauer, Beiträge.
23 Akinyosoye, Geschichten; Unterweger, Talking Back.
24 Ebenbauer, Belakane; Johnston-Arthur, Konstruktion.
25 Schwarz, Spektakel.
26 Sulzbacher, Funktionalisierung; Chahrour, Morgenhauch.
27 Ebermann, Afrikaner.

die Nachkriegszeit vor.[28] Ingrid Bauer und Hamid Lechhab thematisierten darüber hinaus die verdrängte Präsenz afroamerikanischer beziehungsweise marokkanischer Besatzungssoldaten in Salzburg beziehungsweise Vorarlberg nach dem Zweiten Weltkrieg;[29] durch die TV-Produktionen des ORF „Autriche, mon amour" (2005) und „Kleine Große Stimme" (2015) sowie die Sonderausstellung „SchwarzÖsterreich" im Museum für Volkskunde in Wien (2016)[30] wurde dieselbe einer breiteren Öffentlichkeit nahegebracht. Eine Untersuchung über die britischen Kolonialtruppen in Kärnten und der Steiermark fehlt hingegen weiterhin. Mit der Situation von Schwarzen Menschen unter der NS-Herrschaft in Österreich befassten sich Herwig Czech und Beate Hammond.[31] Verstärkte Recherchen zum Konzentrationslager Mauthausen regte ich selber bei der Präsentation des von simon INOU und Beatrice Achaleke herausgegebenen Lageberichts „Schwarze Menschen in Österreich" an (vgl. Kapitel VI).[32]

1997 wurde in Österreich erstmals der – in den Vereinigten Staaten übliche – *Black History Month* veranstaltet, woraus sich eine Tradition der Auseinandersetzung mit Geschichte unter Angehörigen der Zweiten Generation ergab.[33] Die 2005 gegründete *Recherchegruppe zu Schwarzer österreichischer Geschichte* setzte ihr Konzept einer „Gegen-Geschichtsschreibung" im Jahr darauf in der schon erwähnten Ausstellung *Remapping Mozart* künstlerisch um. Die Beschäftigung mit Geschichte wurde dabei als „Vehikel zum Entwurf einer Identität als sprechende und handelnde Subjekte" und als Motivation zur Auseinandersetzung mit gegenwärtigem Rassismus verstanden.[34] Vor kurzem wurde die Tradition der österreichischen *Black History Months* wiederbelebt.[35]

Abgesehen von Angelo Soliman, dessen Schicksal überregionales Interesse erregte, wurde die Geschichte der afrikanischen Diaspora in Österreich auch von der internationalen Forschung kaum thematisiert – und ebenso wenig die Gegenwart.[36] Zu den Ausnahmen zählen Salvatore Bonos Werk über die mediterrane Sklaverei, das auch die habsburgischen Territorien einbezieht,[37] die Forschungen von Ute Kueppers-Braun über die afrikanischen Mädchen in den Klöstern[38] sowie das von Rebekka von Mallinckrodt geleitete Projekt „The Holy Roman Empire of the German Nation and its Slaves", welches zu einem fruchtbaren Dialog über das Verhältnis des „Alten Reiches", inklusive der habsburgischen Lande, zur transatlantischen (Sklaven-) Ökonomie führte.[39]

Der Überblick über die bisherige Forschung macht Lücken, aber auch unterschiedliche Zugangsweisen deutlich. Ein Großteil der älteren – nicht zuletzt populärwissenschaftlichen – Literatur orientierte sich an Assimilationsdiskursen, die von einer unproblematischen „Integration" (oder eher Domestizierung) afrikanischer Zuwanderer ausgingen und dadurch „ein

28 John, Afrikaner; Lichtblau, Time.
29 Zusammenfassend Bauer, Forschungen; Lechhab, Besatzungskinder.
30 Wahl – Rohrbach – Adler, SchwarzÖsterreich.
31 Czech, „Rassenmerkmale"; Hammond, Lebenssituation.
32 Inou – Achaleke, Lagebericht, 11–12.
33 Johnston-Arthur, Konstruktion, 431.
34 Unterweger, Talking Back, 63–64.
35 Vgl. https://blackpeopleinvienna.com/about/black-history-month-2021; https://www.weltmuseumwien.at/programm/black-history-month (6. Februar 2022).
36 Was regelmäßig bedauert, aber mit anderen Prioritäten begründet wird: Otele, Untold History, 219; Pitts, Afropäisch, 24. Als eine der wenigen Ausnahmen siehe Sarr, Diaspora.
37 Bono, Schiavi.
38 Kueppers-Braun, Kindersklaven.
39 von Mallinckrodt – Köstlbauer – Lentz, Exceptionalism.

verbreitetes Selbstbild Österreichs (und Europas) als einer harmonischen, von der Obrigkeit gut regierten und gläubigen Gesellschaft bestätigte[n]".[40] Dem stehen rassismuskritische Interpretationen gegenüber, die in der Tradition einer „Geschichte von unten" marginalisierte Bevölkerungsgruppen – nicht zuletzt Migrant:innen – in den Mittelpunkt stellen, um dadurch zur kritischen Veränderung aktuell bestehender Benachteiligungen beizutragen (diesem Ansatz fühlt sich auch das vorliegende Buch verpflichtet). Forschungs- und Bildungsaktivitäten von Betroffenen gehen schließlich legitimerweise von einem persönlichen Erfahrungshorizont aus, „der häufig durch das Erleben entwürdigender und diskriminierender Praktiken geprägt ist".[41] Die Beschäftigung mit Geschichte nimmt dadurch eine identitätsstiftende Funktion an.

Wenn es darum geht, die weitgehende „Unsichtbarkeit schwarzer österreichischer Geschichte und damit unsere Unsichtbarkeit als Subjekte ebendieser Geschichte" zu beenden,[42] so erfordert dies meiner Ansicht nach eine quellennahe und zugleich problemorientierte Aufarbeitung der verfügbaren Informationen. Als ein Kernproblem erscheint es mir dabei zu bestimmen, wie sich die oben angesprochene Dialektik der Aufklärung in Bezug auf Rechtsstellung und Lebenssituation Schwarzer Menschen manifestierte. Denn einerseits konstatieren wir die Erweiterung individueller Freiräume im Zeichen eines tiefgreifenden sozialen Wandels: Sklaverei und Sklavenhandel wurden illegalisiert, die Schulpflicht eingeführt, Grundrechte verfassungsrechtlich festgelegt, eine – wenn auch oft restriktive – Möglichkeit zur Erwerbung der Staatsbürgerschaft eingeräumt. Veränderungen des Arbeitsmarkts boten weiters Chancen auf entlohnte Arbeit, die Republik brachte das Wahlrecht, eine sozialstaatliche Absicherung und einen leichteren Zugang zur Justiz (vgl. Kapitel IV und V) – all das kam im Prinzip auch Angehörigen der afrikanischen Diaspora zugute. Andererseits: Damit ging auch eine gewisse institutionelle Absicherung derselben verloren, und während die langsamen Übergänge von der Feudalordnung zur bürgerlich-kapitalistischen Gesellschaft und – in Bezug auf Übersee – von der Kolonialherrschaft zur staatlichen Unabhängigkeit der *Dritten Welt*[43] ihre Position stärkten, schränkten wachsende Diskriminierung und eine neokoloniale Weltordnung das gewonnene Potential wieder ein. Kolonialer Rassismus trat neben schon bestehende Ausschlussmechanismen (Gender-, religiöse oder soziale), häufig schlugen sogar mehrere derselben gleichzeitig zu Buche. Die Gemengelage unterschiedlicher Formen sozialer Exklusion belastete Außereuropäer:innen trotz theoretischer Gleichheit vor dem Gesetz stärker als Europäer. Diese Widersprüchlichkeit differenziert aufzuarbeiten, scheint mir eine Herausforderung für zukünftige Forschung zu sein.

Eine weitere sehe ich in der Forderung des malawischen Historikers Paul Tiyambe Zeleza, auch die spezifische Geschichte von Diasporacommunities weltweit aufzuarbeiten, inklusive der kleineren in Europa: „their experiences and struggles and the identities they forged throw into sharp relief the intersections of race, racism, modernity and imperialism in Europe."[44] Zeleza wendet sich damit gegen die von Paul Gilroy grundgelegte und durch

40 Sauer, Erinnerung, 134–135; vgl. auch die Kritik von Unterweger, Talking Back, 79–80.

41 Ebd., 123.

42 Johnston-Arthur, Konstruktion, 25–26.

43 Der Begriff „Tiers Monde" (und eben nicht „Troisième Monde") wurde 1952 von Alfred Sauvy in Analogie zum „Tiers État" der Französischen Revolution geprägt und hat nichts mit einer Aufzählung, jedoch viel mit der Herausbildung einer revolutionären Kraft im Weltmaßstab zu tun (Love, „Third World"). Ich verwende „Dritte Welt" in diesem Sinn und synonym mit dem Begriff „globaler Süden".

44 Zeleza, Rewriting, 53.

die Dominanz US-amerikanischer Wissenschaftsinstitutionen verfestigte Bindung des Diasporadiskurses an Theoreme und Erfahrungen der Black Minority in den USA.[45] Gegen die „analytical tendency to privilege the Atlantic, or rather the Anglophone, indeed the American branch of the African diaspora" plädiert Zeleza dafür, die Diversität afrikanischer Diasporas in den verschiedenen Weltregionen ernster zu nehmen, etwa der brasilianischen (die zahlenmäßig die größte sei) oder jener in der Region des Indischen Ozeans: „Clearly, the stories of the African diaspora are far more complex and fascinating than they often appear in the narrowly constructed but universalizing narratives that seek to homogenize these diasporas [...]."[46] Dies trifft sich mit der Intention des vorliegenden Buches, die lokalspezifische Entwicklung im österreichischen beziehungsweise zentraleuropäischen Raum zu erfassen und in einen generellen Diskurs über *Black History* (oder besser: *History of Persons of African descent*) einzubringen.

„Hautfarben" und „Rassen": In Österreich verspätet rezipiert

Ein „schwarzes Gesicht mit schrecklichen Augen" soll – laut dem Humanisten und späteren Papst Enea Silvio Piccolomini – der österreichische Herzog Albrecht V. (als römisch-deutscher König Albrecht II.) gehabt haben, und auch den burgundischen Herzögen des 15. Jahrhunderts sowie einem König von Frankreich wurde braune Körperfarbe attestiert.[47] Das machte sie natürlich nicht zu Afrikanern, schrieb ihnen aber eine „Schwarze" Qualität zu. Was verstand man darunter? Im konkreten Fall zeigte die schwarze *complexio*, auf Basis der Lehre des antiken Arztes Galenos, eine unausgewogene Mischung der Körpersäfte an, woraus man auf einen ebenso unausgewogenen Charakter schloss. Eine andere antike Interpretation deutete dunklen Teint als Resultat starker Sonnenbestrahlung und somit als Marker für tropische Herkunft. Im Mittelalter wiederum ging es weniger um somatische als um ideelle Aspekte: In einem negativen Verständnis signalisierte Schwarz Heidentum, in einem positiven stand es für exotische Faszination (vgl. Kapitel II).

Offensichtlich waren mit der physiologischen Differenz also sehr unterschiedliche Assoziationen verbunden, wurden willkürliche Zuschreibungen getätigt; Schwarze Menschen hätten als „Metapher" für Wünsche, Sehnsüchte oder Ängste von Deutschen (oder generell Europäern) gedient, schreibt Peter Martin, und dies würde mehr über die Letzteren aussagen als über die Ersteren.[48] Die unterschiedlichen Pigmentierungen der menschlichen Haut markierten zunächst allerdings kein hierarchisches Verhältnis und fungierten auch nicht als Abgrenzung zwischen „Rassen". Erst als an der Wende zur Neuzeit politische und ökonomische Interessen in Europa eine möglichst unanfechtbare, angeblich in der „Natur" grundgelegte (biologistische) Legitimation notwendig machten, begann sich dies zu verändern. „Es lohnt sich, darüber nachzudenken", schreibt Valentin Groebner, „dass in den letzten fünf Jahrhunderten, in denen in Europa der Begriff gebraucht wurde, durchaus nicht jede phänotypische Differenz zwischen Menschen als ‚Rassen'merkmal aufgefasst wurde, sondern nur solche

45 Gilroy, Black Atlantic.
46 Zeleza, Rewriting, 63–64; vgl. Reinhardt, Afrozentrismus.
47 [...] *nigra facie, oculis terribilibus*: Piccolomini, De viris, zitiert nach Groebner, Hautfarben, 9. Vgl. ausführlich Ders., Schein, 85–108.
48 Martin, Afrikaner, 10–11.

Unterschiede, die durch Sklavenhandel und koloniale Expansion mit besonderer Bedeutung aufgeladen werden konnten [ ].“[49] Dies unterstreicht zum einen die Aufeinanderbezogenheit von Kolonialismus und Rassismus, warnt uns gleichzeitig aber auch davor, heutigen Rassismus – überhaupt heutige Verstehenshorizonte – in die vorneuzeitliche Geschichte zurückzuprojizieren.

Kontroverse interdisziplinäre Diskurse legten erst im 18. Jahrhundert den Grundstein zu einer (pseudo-)wissenschaftlichen Rassenlehre, die heute nicht nur politisch diskreditiert, sondern auch physiologisch widerlegt ist. Zunächst ging es um die Ursachen der körperlichen Verschiedenheiten von Menschen, wobei man zwischen sozialen und klimatischen, das heißt im Prinzip veränderlichen oder unveränderlichen Faktoren schwankte (Milieu- versus Vererbungstheorie).[50] Auch die schon von Paracelsus aufgeworfene Frage nach einer einheitlichen oder nicht einheitlichen Entstehung des Menschengeschlechts wurde kontrovers erörtert (Mono- versus Polygenese). Eine weitere Debatte bezog sich auf Notwendigkeit beziehungsweise Struktur einer Taxonomie der bekannten Lebewesen, wobei der Mensch physiologisch dem Tierreich zugeordnet wurde. Dieser Vorgang verlief ziemlich willkürlich, wie Wulf D. Hund gezeigt hat (um Sie gelegentlich daran zu erinnern, schreibe ich im Folgenden die Adjektive für Hautfarben groß).[51] Er kulminierte in Carl von Linnés *Systema Naturae*, das biologische Aspekte problemlos mit kulturellen kombinierte: Europäer beschrieb er demnach als *albus, sanguineus, torosus* (in der ersten deutschen Übersetzung von 1773: *weisse Haut, blutreiches und sanguinisches Temperament, fleischigter Körper*) und als *regitur ritibus* (*lassen sich von Gesetzen regieren*). Afrikaner hingegen charakterisierte er als *niger, phlegmaticus, laxus* (*schwarze Haut, wässerichtes oder melancholisches Temperament*) und als *regitur arbitrio* (*werden durch Willkühr regieret*).[52] In ihrer Beurteilung schreibt Brigitte Fuchs: „Weißheit als Zeichen sozialer Überlegenheit und Schwarzheit als Zeichen sozialer Minderwertigkeit sind [schon bei Linné, Anm.] naturalisiert.“[53] Neben der Hautfarbe wurden noch weitere Abgrenzungskriterien zwischen phänomenologisch unterschiedlichen Menschen („Rassen“) diskutiert, etwa Gesichtsform (Camper), Blut (Kant), Größe beziehungsweise Aufbau des Gehirns (Blumenbach, Soemmerring) usw.

Bei all dem ging es nicht nur um den Versuch, einen offensichtlichen physiologischen Tatbestand zu erklären – wenngleich auf Basis unzureichender biologischer und medizinischer Kenntnisse –, sondern auch um die Konstruktion eines hierarchischen Gefälles zwischen den untersuchten Phänotypen, also um einen pseudo-wissenschaftlichen Nachweis der Suprematie des Europäers. Durch die essentielle Verbindung der körperlichen Analyse mit intellektueller, ästhetischer, sozialer und/oder politischer Bewertung geriet die so genannte Rassenlehre unweigerlich zur rassistischen Theorie – und das schon von Anfang an. „Sozial drückt Rasse den weißen Anspruch aus, die am weitesten entwickelten Möglichkeiten des Menschseins zu verkörpern und begründet damit den Herrschaftsanspruch der Europäer (Kaukasier, Weißen) über den Rest der Menschheit.“[54]

49 Groebner, Hautfarben, 17.
50 Diskursgeschichtlich vgl. Martin, Afrikaner, 195–271; Reimann, Entstehung; Hund, (Heimat)Geschichte.
51 Hund, Farbe.
52 Linné, Systema I, 29; Übersetzung in Ders., Natursystem I, 89.
53 Fuchs, „Rasse“, 51.
54 Hund, Rassismus, 15.

Für das (früh-)neuzeitliche Österreich ist diese Entwicklung, wie erwähnt, nur unzureichend erforscht. Analytisch wären unterschiedliche Dimensionen zu unterscheiden: die Rezeption der westeuropäischen Rassentheorien, der Vulgärrassismus in Teilen der Bevölkerung, der sich offenbar stark aus Sklaverei- und Kolonialpropaganda speiste, nicht unbedingt aber mit religiösen Zugängen (Mission!) in Einklang stand, und schließlich die rassistische beziehungsweise repressive Praxis von Behörden und Institutionen. All diese Dimensionen hingen natürlich zusammen, waren politisch und sozial aber unterschiedlich verankert und folgten einer je eigenen Dynamik.

In Bezug auf die theoretischen Diskurse fällt auf, dass die Habsburgermonarchie nur mit Verzögerung in sie einstieg. Schon im 17. Jahrhundert zum Beispiel scheint hier die gängige Überzeugung, Noahs Fluch über die Söhne Chams sei für deren dunkle Hautfarbe verantwortlich gewesen, schwächer präsent gewesen zu sein als im westlichen Europa; so führten prominente Adelsgeschlechter wie zum Beispiel die Esterházy ihren Stammbaum problemlos auf Cham zurück.[55] Dies bedeutet nicht, dass es keinen Rassismus gegeben hätte, sondern lässt darauf schließen, dass man (noch) keine Notwendigkeit sah, die Ausgrenzung Schwarzer Menschen theoretisch zu untermauern. Hinzu kam das Festhalten an fundamentalistisch-katholischen Doktrinen (Schöpfungslehre), die mit dem biologischen Determinismus der Rassenlehren nicht vereinbar waren. Dass die Monarchie ihre diesbezügliche Immunität bis um die Mitte des 19. Jahrhunderts bewahren konnte, resultierte aus einer intellektuellen Abschottung; die Zensur kontrollierte ausländische Literatur im Hinblick auf ihre religiöse, sittliche und politische Verträglichkeit scharf. So konnte die Präokkupation der ausländischen Forschung mit der Thematik „Rasse“ lokal schwer nachvollzogen werden. Dies betraf einerseits den philosophischen Idealismus in Deutschland, der erst in der liberalen Ära (also in der zweiten Hälfte des 19. Jahrhunderts) rezipiert wurde und dessen rassistische Theoreme (Kant: „angeborene Überlegenheit der weißen Rasse“; Hegel: „Afrika geschichtslos und unaufgeschlossen“) zur Zeit ihrer Veröffentlichung kaum Einfluss auf die Diskussion in Österreich gewannen; so wurde zum Beispiel 1837 ein in Berlin erschienenes Werk über *Hegels Lehre vom Staat und seine Philosophie der Geschichte in ihren Hauptresultaten* verboten.[56]

Andererseits waren jene Richtungen der physischen Anthropologie in Frankreich und Großbritannien betroffen, die vor-darwinistische Theorien der Evolution erarbeiteten, die mit einer Hierarchie der „Rassen“ und diesen angeborenen Charaktermerkmalen verknüpft waren. Die meisten solchen Publikationen waren in der Habsburgermonarchie mit einem Verbreitungsverbot belegt – nicht, weil sie rassistisch waren, sondern weil sie die Einheit des Menschengeschlechts relativierten und somit im Gegensatz zur biblischen Schöpfungslehre standen.[57] Johann Friedrich Blumenbach hingegen, der an der Einheit der Menschheit festhielt und vehement für die Ebenbürtigkeit von Afrikaner:innen eintrat, genoss hohes Ansehen im Metternich'schen Österreich.[58] In der Tat sollte es Jahrzehnte dauern, bis Darwins Evolutionslehre in Österreich Eingang fand; erst die im Staatsgrundgesetz 1867 garantierte Freiheit der Wissenschaft ermöglichte ihre akademische Rezeption.[59] Allerdings trug die be-

55 Esterházy-Stammbaum nach einem Kupferstich von Tobias Sadeler, 1670: Sauer, Expeditionen, 203.
56 *Verzeichniß der in der zweiten Hälfte des Monats November 1837 von der k.k. Central-Zensur etc. verbotenen Werke* (HHStA, StK, ad Polizei, Zensur 1777–1848, 60 alt 80).
57 Beispiele bei Sauer, Realis.
58 Schmutzer, Naturgeschichte, 62–67; zu Blumenbach zuletzt Lentz, Abolitionsbewegung, 80–107.
59 Dazu ausführlich Michler, Darwinismus, vor allem 19–61; Wanner, Kontroversen.

hördliche Wissenschaftsskepsis kaum zur Herausbildung eines antirassistischen Bewusstseins bei, weil sie nicht mit Anreizen zu einschlägigem Handeln verknüpft war.

Auch dass sich rassentheoretische Begrifflichkeiten in Österreich nur langsam einbürgerten, deutet auf verzögerte Rezeption hin. *Race* wurde in den 1810er Jahren noch in den verschiedensten Bedeutungen gebraucht, die – abgesehen von der Klassifikation von Tieren – Menschengruppen mit bestimmten Eigenschaften oder körperlichen Merkmalen versahen; so sprach man von einer *gebildeten*[60] oder einer *singenden Race.*[61] Oft wurde der Begriff für Volks- oder Sprachgruppen verwendet, wenn etwa der österreichische Generalkonsul in New York 1863 in einer Versammlung der *American Ethnological Society* eine Studie *über die Racen Oesterreichs* präsentierte.[62] Anthropologische Konzepte, die außereuropäischen Völkern bestimmte physische und kulturelle Merkmale zuwiesen und sie in eine hypothetische Entwicklungsgeschichte der Menschheit integrierten, finden sich erstmals im Gutachten des Direktors des Hofnaturalienkabinetts, Carl von Schreibers, über die 1819 in Wien schaugestellten sogenannten Buschmenschen.[63] Erst in den 1830er Jahren kam es zu einer vorsichtigen Popularisierung rassentheoretischer Kategorien: „Ist zu Anfang des Untersuchungszeitraums [Vormärz] noch primär von ‚Wilden' oder ‚Menschenfressern' die Rede, so gegen Ende desselben tendenziell von ‚Kaukasiern', ‚Papuanern' oder ‚Äthiopiern'. Hier erfolgte eine klare Rassifizierung des öffentlichen Sprachgebrauchs unter dem Deckmantel der Wissenschaft."[64] Freilich ging dies über intellektuelle und speziell interessierte Kreise nicht hinaus, in der breiten Öffentlichkeit war der Standardbegriff für Außereuropäer:innen noch zur Jahrhundertwende „Wilde".[65]

Zwischen „Mohr" und „BIPoC"

Die unterschiedlichen Stereotypisierungen Schwarzer Menschen durch Weiße fanden naturgemäß auch terminologisch ihren Niederschlag. Historisch gesehen haben wir es über lange Zeiträume hinweg mit Fremdbezeichnungen zu tun. Wie sich Afrikanerinnen und Afrikaner, über die europäische Quellen berichten, selbst benannten und wie sie ihre Identität definierten, ist weitgehend unbekannt. Dennoch ist es historiographisch wichtig, sich mit den Zuschreibungen von außen zu befassen. Erstens lassen ihre wechselnden Konnotationen auf Veränderungen im Verhältnis Europas zu Afrika und seiner Diaspora schließen. Zunächst simpel als *Unbekannte (unknowns)* erlebt, wurden Afrikaner:innen durch Kategorisierung und Benennung in das jeweils herrschende Welt- und Gesellschaftsverständnis eingefügt. Zweitens bieten die Bezeichnungen, selbst wenn vielfach klischeehaft, oft unsere einzige Möglichkeit, Angehörige einer historischen afrikanischen Diaspora in Europa überhaupt zu identifizieren. Denn in der Regel sind von diesen – wenn überhaupt – nur europäisierte beziehungsweise christianisierte Namen überliefert. Wenn etwa das Wiener Totenbeschaupro-

60 Literaturzeitung, 26. März 1813, 390.
61 Theaterzeitung, 19. November 1814, 499.
62 Wiener Zeitung, 14. Mai 1863, 4.
63 *Ein Mann von malayischer Raçe, ein Urbewohner des fünften Welttheils* [...] *dessen Weib und Kind von gemischter, wahrscheinlich mongolisch-malayischer Raçe; das Negermädchen endlich von rein-äthiopischer Raçe, wahrscheinlich von Angola herstammend* (zitiert nach Sauer, Schaustellungen, 411).
64 Ebd., 415; vgl. Ders., Realis.
65 Auch dieses Klischee entstammte der Aufklärung: Hentges, Schattenseiten, 162–278.

tokoll 1740 berichtet, *Dem Johann Baptist Somoß, ein Mohrn, sein Kind Franz* sei verstorben, so erschließt sich daraus letztlich die Geschichte einer ganzen Familie.[66] Analog rückt die neunjährige Lilongo, die man Ende 1937 als *Star des Josefstädter Theaters* feierte, nur durch zeitübliche mediale Apostrophierungen in unser Blickfeld.[67]

Ältester Begriff im deutschen Sprachraum zur Bezeichnung von Menschen afrikanischer Herkunft ist *môr*, bereits im sogenannten *Abrogans*, einem Wörterbuch aus dem späten 8. Jahrhundert, als Übersetzung von *aethyops* belegt.[68] Wie dieses ist er griechischen Ursprungs und bedeutet „dunkel" oder „schwarz", zielt also auf die Visibilität der Betroffenen ab;[69] andere antike Assoziationen, etwa die von Homer berichtete Freundschaft der Äthiopier mit den Göttern oder ihre militärische Tapferkeit, waren im Frühmittelalter nicht mehr bekannt. Da er in einem kriegerischen Kontext stand, war *môr* zunächst negativ belegt; afrikanische Truppen spielten ja bei der Eroberung Spaniens im frühen 8. Jahrhundert – und bei der späteren Verteidigung gegen das Fränkische Reich – eine wichtige Rolle.[70] Später schlug der Begriff in sein Gegenteil um: Ein christliches Äthiopien wurde nun als wundersames Reich in der Nähe des Paradieses imaginiert (vgl. Kapitel II). Die Qualifizierung des äthiopischen Herrschers als König des „Mohrenlandes"[71] reihte ihn an die Spitze einer Feudalhierarchie, gleichwertig mit anderen Königen, und fand künstlerischen Niederschlag im spätgotischen Dreikönigsmotiv (vgl. Kapitel II).

Mit fortschreitender europäischer Expansion wurde *môr* für die meisten überseeischen Menschengruppen gebraucht, die man kannte. Er bezog sich primär auf die *Hautfarbe*, das heißt konnte für Afrikaner, aber auch Inder oder amerikanische Indigene stehen. Es wurde jedoch auch von „weißen Mohren" gesprochen, nämlich Arabern, speziell jenen in Tunis, Algier und Marokko, mit denen man im Krieg stand.[72] Der Begriff nahm damit eine *religiöse*, speziell antimuslimische Tendenz an. *Sozial* begann sich schließlich der Umstand niederzuschlagen, dass die Afrikaner:innen, die nach Europa verschleppt wurden, keine Könige waren, sondern Sklaven, sodass „Mohr" – stereotyp dargestellt im charakteristischen Outfit mit weiß-rot-blauen Straußenfedern, Federkrone und Perlen im Ohr – immer mehr den unfreien Fremden meinte. Daraus ergab sich eine im 18. Jahrhundert gängige *professionelle* Konnotation: „Hof-Mohr" meinte eine Stellung im Gefolge eines Aristokraten.

Im Vergleich zu England, wo ab dem 16. Jahrhundert zahlreichere und sogar nach Herkunft differenzierende Bezeichnungen für Afrikaner:innen in Verwendung standen, scheint die Begriffspalette im deutschen Sprachraum (*aethiopes* oder *more*) schmäler gewesen zu sein. Schwarze Menschen waren unter den Tudors wohl zahlreicher als in Mitteleuropa, ihre Stereotypisierung somit geringer.[73] Erst allmählich bürgerte sich im deutschen Sprachraum ein weiterer Terminus ein. *Negro* war auf der Iberischen Halbinsel seit dem 15. Jahrhundert verwendet worden, zunächst einfach als Äquivalent zu *moro*, zunehmend aber auf Versklavte

66 Sauer – Wiesböck, Sklaven, 30–31.
67 Neues Wiener Tagblatt (Tages-Ausgabe), 8. Jänner 1938, 19 (vgl. Kapitel V).
68 Valentin, Histoire, 25; Hinrichsen – Wulf, Metamorphosen.
69 Die Gleichsetzung von mauros (μαύρος) mit moros (μωρός), was „dumm" oder „gottlos" bedeutete, wurde zwar schon in byzantinischer Zeit gelegentlich praktiziert, ist aber etymologisch falsch (ebd., 79).
70 Martin, Afrikaner, 16–17. Allerdings verwendeten die damaligen Chroniken noch den lateinischen Begriff *aethiopes* (ebd., 22–23).
71 Anonymus, Künig.
72 Welti, Hohenems, 67 u. ö.; vgl. Art. Mohr, in: Zedler, Lexicon 21, Sp. 864–866.
73 Onyeka, Blackamoors, 41–46, der besonders den Umstand hervorhebt, dass mit den verschiedenen Begriffen keine Abwertungen verbunden waren.

eingeschränkt, sodass der Begriff schon früher als „Mohr“ mit dem Nimbus der Unfreiheit belastet war.[74] Über portugiesische Händler fand er in den Niederlanden und anderswo Verbreitung; in Wien wurde er erstmals 1727 in einem Bericht von der Guineaküste erwähnt, wo die Aktivitäten der Europäer *in dem Kauffen, und weg führen der Negres, oder Schwartzen* bestünden.[75] Eine weitere Nuance entstand in Frankreich, wo „négres“ die Sklaven in den Überseeterritorien meinte, etwa im berüchtigten Code Noir.[76] Von dort wurde der Begriff auch in den deutschen Staaten gebräuchlich. Im Streit über Sklavenhandel und Sklaverei in den Americas, inklusive den Aufstand in Haiti, bedienten sich sowohl die Verteidiger des *status quo* als auch die Abolitionisten des Begriffs, wobei Letztere den Sklaven „edle“ Eigenschaften zubilligten, sie also nicht ausschließlich negativ konnotierten.[77] Selten bezog man sich auf inländische Schwarze. Einen von wenigen Belegen liefert der Aufklärer Johann Pezzl, der 1788 neben Lakaien, Heiduken, Leibhusaren usw. auch *Negers* unter die Bedienten rechnete und damit „Mohr“ als Berufsbezeichnung substituierte.[78]

Mit der reaktionären Wende nach den napoleonischen Kriegen verschwand der aufklärerische Optimismus, Versklavte zu „zivilisierten“ Mitgliedern der Gesellschaft zu machen. Berichte von Fernreisenden produzierten im Gegenteil das Klischee eines unzivilisierten und geschichtslosen Kontinents,[79] Rassenforschung und Philosophie werteten Menschen afrikanischer Herkunft zusätzlich ab. *Der Neger*, schrieb Georg Wilhelm Friedrich Hegel (1770–1831), *stellt den natürlichen Menschen in seiner ganzen Wildheit und Unbändigkeit dar: von aller Ehrfurcht und Sittlichkeit, von dem was Gefühl heißt muß man abstrahieren, wenn man ihn richtig auffassen will; es ist nichts an das Menschliche Anklingende in diesem Charakter zu finden.*[80] Damit wurden die *unknowns* endgültig zu *aliens*.

Etwa ab Mitte des 19. Jahrhunderts fand eine Art Verschmelzung zwischen *Mohr* und *Neger* statt; letzterer (samt negativen Konnotationen) wurde zum Standardbegriff, wenn es um Diskurse über Afrikaner (in Afrika selbst oder im Inland) oder andere dunkelhäutige Außereuropäer (zum Beispiel Plantagensklaven in den Americas) ging, ersterer eroberte sich in der Eventkultur einen festen Platz: Exzessive und herabwürdigende Darstellungen Schwarzer Menschen mit Lendenschurz wurden zum *running gag* von Faschings- und anderen Festen (vgl. Kapitel IV). Beliebt wurde ab den 1880ern die exotistische Bewerbung von Kolonialwaren, aber auch von Waschmitteln oder Schuhcreme.[81] In anderen Bereichen verlor *Mohr* an Bedeutung. Mit wenigen Ausnahmen findet sich der Begriff heute hauptsächlich in folkloristischem Zusammenhang, kaum mehr als Schimpfwort.[82] *Neger* hingegen, ange-

74 Fra-Molinero, Latino, 328.

75 Wienerisches Diarium, 10. Dezember 1727, 10; Hondius, Access, 378.

76 *Esclaves Négres des Îsles Françaises de l'Amérique,* https://fr.wikisource.org/wiki/Code_noir/1685/orthographe_modernis%C3%A9e (20. Oktober 2021).

77 Biloa Onana, Sklavenaufstand; Valentin, Histoire, 31–32. Als Beispiel für die abolitionistische Verwendung des Begriffs siehe August von Kotzebues Theaterstück *Die Negersklaven* von 1796 (Lentz, Abolitionsbewegung, 107–132).

78 Pezzl, Skizze, 5, 704.

79 Zusammenfassend Martin, Afrikaner, 240–271.

80 Zitiert nach ebd., 9. Zu Hegels Sichtweise Afrikas und seiner Bewohner/innen vgl. Hentges, Schattenseiten, 244–271.

81 „Mohr im Hemd“ beispielsweise scheint in der Datenbank ANNO erstmals 1882 in einem Menüvorschlag *für ein bürgerliches Haus* auf (Wiener Hausfrauen-Zeitung, 16. April 1882, 128). Aus der reichhaltigen Literatur siehe Pieterse, Images; Zeller, Alltagskultur.

82 So nicht in Zara, Rassismus Report, Jahrgänge 2000–2020. Die einzige mir bekannte Ausnahme aus jüngerer Zeit ist die Beschimpfung des österreichischen Song-Contest-Teilnehmers Cesár Sampson in der rechtsgerichteten Zeitschrift *Aula*, wofür sich die FPÖ nach Protesten entschuldigte (Die Presse, 25. Mai 2018, 8).

reichert mit dem Nimbus des Geschichtslosen, Unzivilisierten und Minderwertigen, dominierte während des 20. Jahrhunderts, fungierte unter dem NS-Regime sogar als juristisch relevanter Terminus (vgl. Kapitel VI).

Proteste von Aktivist:innen gegen Fremdbezeichnungen stammen nicht erst aus der Gegenwart. So wurde die Ersetzung von „Neger" durch „Afrikaner" schon nach dem Ersten Weltkrieg gefordert.[83] *Coloured People* würden lieber Afroamerikaner genannt werden, berichtete 1930 die steirische Zeitung der Sozialdemokratie.[84] 1969, auf dem ersten Pan-Afrikanischen Kulturfestival in Algier, widersprachen Aktivisten aus der französischen Karibik dem vom senegalesischen Präsidenten Léopold Sédar Senghor vertretenen Begriff der *Négritude*.[85] In Österreich scheint es erstmals 1987 zu einem organisierten Protest gegen die Verwendung von „Neger" im Behördenverkehr gekommen zu sein, und zwar seitens der *Gemeinschaft afrikanischer Studenten in Österreich* (GASÖ) rund um Kojo Joe Taylor. In einem Rundschreiben des Bundesministeriums für Inneres vom 24. Jänner 1994 (Zl. 51 381/4332-II/2/94) wurde der N-Begriff daraufhin für den Sprachgebrauch der Polizei untersagt.[86] Anfang 1990 kritisierten weiters Konrad Ginther (Universität Graz), Walter Schicho und der Autor (beide Universität Wien) „latent rassistische Vorurteile" in Unterrichtsmaterialien zum südlichen Afrika, was am 9. Oktober 1990 zu einem Erlass des damaligen Bundesministerium für Unterricht, Kunst und Sport führte (GZ 33.466/207-I/11/90): *Jede Diskriminierung oder Abwertung von Menschengruppen aufgrund des Geschlechts, der Rassenzugehörigkeit, der Religion oder irgend welcher anderer Kriterien ist striktest zu vermeiden (z.B. abwertende sprachliche Bezeichnungen für Menschen anderer Hautfarbe durch Wörter wie ‚Neger', ‚Kaffer' oder ‚Hottentotten'). Die Behandlung der Apartheidpolitik hat unter klarer Bezugnahme auf die Allgemeine Erklärung der Menschenrechte* [...] *zu erfolgen.*[87]

In beiden Fällen war zivilgesellschaftliches Lobbying zwar erfolgreich, aber begrenzt: Denn die mit der Sprache verbundenen Stereotypen erwiesen sich als zu komplex, als dass sie durch das Aus-dem-Verkehr-Ziehen problematischer Termini allein verändert hätten werden können. In der Polizei transportiert der nun vorgesehene Begriff „Schwarzafrikaner" die vorhandenen Vorurteile weiter.[88] In den Schulbüchern ist zwar der Pro-Apartheid-Komplex verschwunden, doch dominierte dafür weiterhin ein ahistorisches, einseitig auf „Krise, Krieg und Krankheit" fokussierendes Afrikabild. An die Stelle des N-Worts sei eine „blutige Sprache" getreten, die Gefahr laufe, durch „die allzu starke Bindung von Afrika an Gewalt und Grausamkeit [...] Klischees und Vorstellungen von ‚grausamen' und ‚aggressiven' AfrikanerInnen [zu] verstärken, die bereits jahrhundertelang existieren."[89] Linnés Konstruktion, Afrikaner würden *durch Willkühr regieret*, erweist sich offenbar als langfristig wirksam.

[83] Reichspost, 8. Jänner 1919, 12, vermutlich bezogen auf Diskussionen im Vorfeld des 1. Panafrikanischen Kongresses in Paris (Geiss, Panafrikanismus, 184–188).

[84] Arbeiterwille, 8. Juni 1930, 8.

[85] Bloom – Martin, Against Empire, 317.

[86] Matouschek, Sensibilität, 65–66.

[87] Vorgeschichte und Inhalt in Sauer, Schulbücher, 423–427; das Professorenstatement erfolgte auf Basis der grundlegenden Studie von Ehmeir, Unterrichtsmaterialien. In der aktuellen Rundschreibendatenbank des Bundesministeriums für Bildung, Wissenschaft und Forschung (https://rundschreiben.bmbwf.gv.at/; 29. September 2021) ist der Erlass nicht mehr enthalten.

[88] Menschenrechtsbeirat, Sprachgebrauch, 83–86.

[89] Weinhäupl – Markom, Schulbücher, 21.

Die „Kreierung widerständiger Selbstbezeichnungen, denen emanzipatorische Konzepte und Wissenstransfers sowie das Bedürfnis nach selbstbestimmter Sichtbarkeit zugrundeliegen"[90] ist nur für die letzten Jahrzehnte quellenmäßig belegt. Lange war eher typisch, dass emanzipatorische Bewegungen die etablierten Begriffe verwendeten, sie allenfalls alternativ konnotierten. So nannte sich die erste Bürgerrechtsbewegung Afrikas, 1912 in Bloemfontein gegründet, *South African Native National Congress* (SANNC) und übernahm somit den pejorativen „Eingeborenen"begriff der europäischen Siedler.[91] Ähnlich verwendete die US-amerikanische Bürgerrechtsbewegung noch Anfang der 1960er Jahre das (großgeschriebene) N-Wort: *But one hundred years later, the Negro still is not free* – so Martin Luther King 1963 in seiner berühmten Rede *I have a Dream*.[92] Dies war insofern ein Übergangsphänomen, als pragmatische Erwägungen – nämlich die Intention breitestmöglicher Verständlichkeit – den Wunsch nach politisch korrekten Selbstbezeichnungen überwogen.

Unter dem Einfluss des *revolutionary turn* der 1960er Jahre – in den Vereinigten Staaten durch die *Black Power*-Bewegung, Vietnamkriegsproteste und die Politisierung der Weißen Studentenschaft, in Europa durch die Studentenbewegung – setzten sich neue Begrifflichkeiten durch: Afroamerikaner:innen, African Americans usw. Insbesondere brachte die Selbstbezeichnung *Black man* oder *Black(s)* eine Fokussierung auf politisches Engagement zum Ausdruck: *The concept of Black Power* [...], schrieben Stokely Carmichael und Charles V. Hamilton 1967, *is a call for black people to begin to define their own goals, to lead their own organizations and to support those organizations* [...]. *Before a group can enter the open society, it must first close ranks.*[93] Auch eine Generation junger Südafrikaner:innen wurde von dieser Radikalisierung beeinflusst und schöpfte daraus Motivation für ihr Engagement gegen den institutionalisierten Rassismus der Apartheid. George M. Fredrickson zufolge führten die unterschiedlichen politischen und ökonomischen Rahmenbedingungen beider Länder aber in unterschiedliche Richtung: Während sich der Mainstream von *Black Consciousness* in Südafrika einer einheitlichen (das heißt Weiße Bündnispartner:innen inkludierenden) anti-rassistischen Bewegung anschloss, mündete die Entwicklung in den USA in eine *identity politics*, die solche Kooperationen zunehmend verneinte.[94]

Sowohl in den Vereinigten Staaten als auch in Südafrika – beide in gewissen Epochen unter dem Joch eines verfassungsrechtlich verordneten Rassismus – war die Selbstbezeichnung *Black* weitgehend antirassistisch konnotiert. So hieß Steve Biko, die 1977 ermordete Leitfigur des *Black Consciousness Movement*, alle von der Apartheiddiktatur unterdrückten Nicht-Weißen (also auch sogenannte *Indians* und *Coloureds*) als *Blacks* willkommen, schloss Schwarze Anhänger des Regimes allerdings aus.[95] „Schwarz" wurde von einem biologischen zu einem politischen Begriff. *Durch diese Definition*, so Araba Evelyn Johnston-Arthur,

[90] Arndt – Ofuatey-Alazard, Rassismus, 13.

[91] Gleichzeitig war damit der Gedanke der nationalen Einheit verbunden: *The demon of racialism, the aberrations of the Xhosa-Fingo feud, the animosity that exists between the Zulus and the Tongaas, between the Basutos and every other Native must be buried and forgotten* [...]. *We are one people.* (Meli, ANC, 36). *Native* wurde später durch *African* ersetzt.

[92] Vgl. https://www.americanrhetoric.com/speeches/mlkihaveadream.htm (13. Oktober 2021).

[93] Zitiert nach Rhodes, Black Panthers, 117. Vgl. Meister, Resistance; Levy, Movement.

[94] Fredrickson, Black Liberation, 276–318.

[95] Biko, Ich schreibe, 69; vgl. Fredrickson, Black Liberation, 301.

solidarisiere ich mich mit zwei Drittel der Weltbevölkerung, deren Hautfarbe nicht weiß, deren Herkunft nicht westlich-europäisch und deren Religion nicht christlich ist.[96]

Während *Black* in diesem breiten Verständnis die US-beeinflussten postkolonialen Diskurse in Teilen der afrikanischen Diaspora dominiert, wurde es von „Menschen und Kulturen, die Opfer Weißer hegemonialer Macht und von Rassismus sind, aber keinen afrikanisch geprägten kulturellen Hintergrund haben", kaum akzeptiert.[97] Die globale Differenzierung von Lebensrealitäten und Identitäten erforderte die Entwicklung des zusätzlichen Begriffs *People of Colour* (PoC) sowie einer übergeordneten Kategorie *Black, Indigenous and People of Colour* (BIPoC). Wie die früher diskutierten Selbstbenennungen versucht auch diese Terminologie, potentielle Partner eines antirassistischen Netzwerkes zu definieren: „Gemeinsam ist allen diesen Ansätzen, dass sie Bündnisse zwischen verschiedenen Communities of Color herstellen und dadurch die Überwindung der von Weißen geschaffenen Hierarchien ermöglichen sollen."[98] Politisch ist jedoch sowohl historisch als auch heute umstritten, wer in solchen Bündnissen den Ton angeben sollte – Afrika, die US-amerikanische Diaspora oder andere migrantische Communities – beziehungsweise welche sozioökonomische Form von Gesellschaft letztlich anzustreben wäre: *Afrocapitalism* versus *Afrosocialism*. Ansatzweise wird darüber hinaus die soziale Ungleichheit zwischen Nord und Süd diskutiert, die von der politisch interpretierten Farbsymbolik kaum übertüncht werden kann: *Denn ein dunkelhäutiger österreichischer Medizin-Student hat mit einer nordamerikanischen Reservatbewohnerin sicherlich weniger gemeinsam, als mit seinem weißen WG-Kollegen. Der Alltag meiner schwarzen Freundin, die ihre Abende mit Averna Sour und „Raven im Flex" verbringt, könnte sich vom Alltag meiner christlichen, madagassischen Cousine nicht stärker unterscheiden.*[99]

Zur Konzeption dieses Bandes

Das vorliegende Buch ist als Zusammenschau eines Teilbereichs meiner Forschung über die Geschichte der Beziehungen Österreichs (in seiner jeweiligen staatlichen Verfasstheit) zu Afrika beziehungsweise seinen Regionen und Staaten entstanden, seinerzeit angeregt durch Recherchen über die heimische Kollaboration mit dem Apartheidregime in Südafrika.[100] Deshalb – und angelehnt an die Diaspora-Definition der *African Union* – nimmt es Migration aus dem afrikanischen Kontinent insgesamt in den Blick, das heißt schließt auch die Zuwanderung aus Nordafrika beziehungsweise von Weißen Südafrikaner:innen mit ein.

Um die reklamierte Sichtbarkeit von afrikanischen Migrant:innen und ihren Nachkommen in der österreichischen Geschichte zu erhöhen, bewegt sich dieses Buch einerseits auf einer *individuellen* Ebene. Ich sehe es als Erfordernis einer respektvollen Würdigung, ihnen mikrobiographisch nachzuspüren, soweit möglich einen Namen zu geben und ihre soziale Einbindung, gesellschaftliche Stellung etc. zu rekonstruieren. Wie in anderen europäischen

96 Johnston-Arthur, Interview, 10.

97 Arndt – Hornscheidt, Sprache, 14 mit Bezug auf Inder/innen, Angehörige der First Nations in Nordamerika sowie türkische Migrant:innen in der BRD.

98 Dean, People of Colour, 599.

99 Sandra Schmidhofer in: https://www.dasbiber.at/blog/wtf-ist-bipoc (13. Oktober 2021).

100 Sauer – Zeschin, Apartheid-Connection.

Ländern gibt es zwar kaum Selbstaussagen der Betroffenen, doch werden manche von ihnen trotzdem als Akteure und Gestalter ihrer Schicksale fassbar – wir reden also nicht nur über Opfer! So wie eine bessere Kenntnis afrikanischer Geschichte der globalen Marginalisierung des Kontinents heute entgegenwirken kann, trägt Wissen über die historische wie gegenwärtige Präsenz von Menschen afrikanischer Herkunft in Österreich oder Europa zur Beseitigung der ihnen zugeschriebenen „Fremdartigkeit" und der dadurch verfestigten Diskriminierungen bei.

Andererseits haben wir es auch zu tun mit einer strukturellen oder institutionellen Diskriminierung, also einer solchen, „die nicht auf benachteiligende Absichten von Individuen angewiesen ist, sondern vielmehr aus dem Normalvollzug etablierter gesellschaftlicher, insbesondere politischer und ökonomischer Strukturen entsteht."[101] Die hier vorzubringenden Überlegungen berücksichtigen daher auch die *strukturellen* Rahmenbedingungen und ihren historischen Wandel. Als kritische Bereiche gelten Migrations-, Ausländer- und Arbeitsmarktpolitik – also generell das je herrschende Migrationsregime –, der staatliche Sicherheitsapparat (Polizei) sowie das Medien- und Bildungssystem.[102] „Rassismus-Amnesie" aufzuarbeiten impliziert daher, der Genese solcher Strukturen oder Institutionen nachzugehen, um dadurch Bewusstsein für ihre Veränderung zu schaffen. Natürlich ist struktureller Rassismus beziehungsweise sind analoge Diskriminierungen (Stichwort „gläserne Decke") mit dem Egalitätsgebot demokratischer Verfassungen nicht vereinbar. Theorie und Wirklichkeit sind freilich nicht immer deckungsgleich, wie die laufende Grundrechtsdiskussion über Menschenrechte für Flüchtlinge (Stichworte: illegale Pushbacks an den EU-Außengrenzen, Lager für Asylwerber:innen in Griechenland, Flüchtlinge im Niemandsland ...) deutlich erkennen lässt.

Ich habe mich für einen chronologischen Aufbau entschieden, wobei die Abgrenzung der einzelnen Epochen bekanntlich problematisch ist und die Darstellung vor allem der frühen Zeiträume – die jeweils Hunderte von Jahren umfassen – naturgemäß exemplarischen Charakter besitzt. Um die erforderliche regionale Nuancierung zu wahren, habe ich mich um geographische Konzentration auf das Gebiet des heutigen Österreich und um Präzisierung von Afrikawissen und -begegnung in bestimmten soziologischen Milieus bemüht. Aus gängigen Forschungsdesigns à la „Das Mittelalter und Afrika" beispielsweise wurde „Das Afrikawissen in österreichischen Klöstern des Spätmittelalters" oder aus allgemeiner Kritik am Rassismus des 20. Jahrhunderts der Versuch einer schichtspezifischen Abschätzung der Auswirkungen von „Schwarze Schmach" – nach Iris Wigger der „erste[n] mit Hilfe moderner Medien verbreitete[n] rassistische[n] Propagandakampagne"[103] – im Wien der Ersten Republik. Es geht um die Herausarbeitung regionaler und sozialer Differenzierungen, die bei unkritischer Übernahme generalisierender Hypothesen leicht auf der Strecke bleiben.

Die ersten beiden Kapitel befassen sich mit Desideraten, die im Sammelband von 2007[104] noch offen bleiben mussten: mit der Antike, die aus Gründen der schlechten Quellenlage meist gänzlich ausgeblendet bleibt, wegen ihres im Vergleich zu allen späteren Epochen völlig anders strukturierten Migrationsparadigmas aber eigentlich unverzichtbar ist, und mit

101 Zitiert nach Heinemann – Mecheril, Rassismus, 46.
102 Zinflou, Entwurfsmuster.
103 Wigger, Schwarze Schmach.
104 Sauer, Omofuma.

dem Mittelalter, einer Epoche, die kaum von physischer afrikanischer Präsenz hierzulande, dafür aber umso mehr von spekulativen Diskursen über eine solche geprägt war. Kapitel III über die Frühe Neuzeit führt die bereits vorhandenen kollektivbiographischen Studien (siehe oben) sowie eine im Zusammenhang mit dem erwähnten Forschungsprojekt in Bremen erstellte Synopsis weiter.[105] Der anschließende Abschnitt versucht eine Zusammenschau der Entwicklung im „langen" 19. Jahrhundert, für welche ich – wie für die folgenden Zeiträume – die ANNO-Datenbank der Österreichischen Nationalbibliothek nutzbringend, aber keineswegs erschöpfend verwenden konnte (https://anno.onb.ac.at/). Die Kapitel zur Ersten Republik (V), der nationalsozialistischen Ära (VI) und der Zweiten Republik (VII) sind erweiterte Fassungen von Recherchen, die dankenswerterweise von der Stadt Wien und der Österreichischen Akademie der Wissenschaften einerseits[106] sowie vom Zukunftsfonds der Republik Österreich andererseits[107] ermöglicht wurden. Ein Originalbeitrag von Vanessa Spanbauer über Erfahrungen und Aktivitäten der sogenannten Zweiten Generation rundet den Band mit einem aktuellen Einblick ab.

Für viele der angesprochenen Themen bin ich kein Experte und war auf Rat und Unterstützung kompetenterer Kolleginnen und Kollegen angewiesen. Ihnen danke ich allen herzlich, vor allem aber den „Erstleser:innen" einzelner Kapitel: Bernhard Hebert, Margarita Langthaler, Martin Scheutz, Vanessa Spanbauer, Herwig Weigl und Manuela Zips-Mairitsch, sowie Nikos Stamatiou, der Ordnung in das Literaturverzeichnis gebracht hat. Für Fehler und Unzulänglichkeiten bin ich natürlich selbst verantwortlich. Vielen anderen, deren Forschungen und Erfahrung in meinen Text eingeflossen sind, kann ich leider nur summarisch danken. Ein besonderer Dank geht schließlich an den Verein für Geschichte der Stadt Wien, seine Präsidentin Susanne Claudine Pils und Generalsekretär Andreas Weigl für die Aufnahme des Manuskripts in die „Forschungen und Beiträge zur Wiener Stadtgeschichte". Und last, but not least, danke ich meiner Frau Lydia Williams – einer Verstärkung der namibischen Diaspora in Österreich – für ihre vielfältige Unterstützung und vor allem für ihre Geduld!

Dieses Buch bietet den bislang umfassendsten Überblick über afrikanische Zuwanderung und Communitybildung im Verlauf der österreichischen Geschichte. Gleichwohl bleiben viele Lücken offen – eine Anregung für Recherchen und Publikationen jüngerer Historiker:innen in der Zukunft.

105 Sauer, Comparison.

106 Sauer – Spanbauer, Blackening Vienna (unveröffentlicht).

107 Sauer – Stamatiou, Folgestudie, siehe https://www.sadocc.at/wp-content/uploads/2021/05/Endbericht-Aussereuropaeische-Gefangene-KZM.pdf; https://science.orf.at/stories/3209408/ (beides 5. November 2021).

I. Schwarze Reiter und die ägyptische Mutter: Donau- und Alpenraum im römischen Imperium

ad Mauros nennen die *Notitia dignitatum*, ein Verwaltungshandbuch aus dem frühen 5. Jahrhundert, ein Reiterkastell im heutigen Oberösterreich, das in Eferding lokalisiert wird.[108] Teile der sogenannten maurischen Kavallerie waren dort stationiert, einer Elitetruppe der römischen Armee.[109] Die Schwarzen Reiter aus Numidien und Mauretanien waren entlang der oberösterreichischen Donau wohl eine gewohnte Erscheinung. Wie im Grenzschutzwesen Roms üblich, werden sie auch Polizeidienst geleistet und vielleicht – dem Assistenzeinsatz des Bundesheeres heute vergleichbar – auf „Illegale" aus Germanien Jagd gemacht haben. Welche Umkehrung der Verhältnisse ...

Statthalter, Händler und Soldaten

Ab dem Jahr 15 v. Chr. hatte das Römische Reich den keltischen Nachbarstaat Noricum – das heutige Kärnten und die Steiermark – übernommen und auch Gebiete jenseits der Alpen erobert. Die Nordgrenze Roms, der sogenannte Limes, fiel nun mit der Donau zusammen; Mühl-, Wald- und Weinviertel lagen außerhalb, doch reichte der faktische Einfluss der Behörden und des Militärs in diese Zone hinein. Entlang der nunmehrigen Nordgrenze wurden drei Provinzen eingerichtet: Raetia, Noricum und Pannonia Superior. Die Südgrenze des Imperiums wiederum verlief entlang der Sahara in Nordafrika, sie schloss das heutige Ägypten ein, kurzfristig auch das südliche Libyen sowie Algerien und Marokko. Eine weitere Expansion nach Süden erwies sich angesichts der Wüste als schwierig und war kaum rentabel. Rom, eine antike „Supermacht", in deren Zentrum das Mittelmeer lag, umfasste also Nordafrika, einen Teil des Nahen und Mittleren Ostens sowie einen großen Teil Europas vom Schwarzen Meer bis an die schottische Grenze – einen ziemlich einheitlichen Verwaltungs- und Wirtschaftsraum von gewaltiger Dimension.

Dass dieses Imperium auch ein einheitlicher Migrationsraum war, belegen unter anderem Grabinschriften – für unsere Fragestellung eine wichtige Quelle. Demnach gab es zwischen der Austria Romana und Nordafrika – aber natürlich auch anderen Regionen, etwa dem Nahen Osten – Mobilität sowohl im zivilen als auch im militärischen Bereich, und diese konnte zu kurz- oder längerfristigen beziehungsweise sogar permanenten Aufenthalten in der jeweils anderen Region führen. Auf der einen Seite fanden Noriker ihren Weg in die afrikanischen Provinzen: Händler (und mindestens eine Händlerin: Titinia Primula um die Mitte des 2. Jahrhunderts[110]) sowie Soldaten[111] oder Beamte, die Karriere im Staatsapparat

[108] Kandler – Vetters, Limes, 81–82; Genser, Donaulimes, 87–90.
[109] Speidel, Ethnic Units, 208–221.
[110] Gerstmayer, Leben, 107.
[111] Baradez, L'Algerie; Speidel, Troops.

machten. Der erfolgreichste von ihnen war Publius Aelius Crispinus aus Flavia Solva (Leibnitz), der es in den 170er Jahren zum Statthalter Mauretaniens brachte.[112]

Auf der anderen Seite reisten Nordafrikaner in den Alpenraum. Zum Teil handelte es sich um Händler. Noricums reiche Eisenerzvorkommen waren wirtschaftlich attraktiv, ihr Stellenwert für die Rohstoffversorgung Roms war ein Hauptgrund für die Besetzung des Königreichs gewesen. So lesen wir um die Mitte des ersten nachchristlichen Jahrhunderts von zwei nordafrikanischen Geschäftsleuten, die am Kärntner Magdalensberg Eisenwaren kauften. Sie hießen Surulus und Orosius und waren wahrscheinlich aus dem heutigen Marokko angereist.[113] Insgesamt dürfte diese frühe Migration allerdings vereinzelt gewesen sein. Erst ab dem 2. Jahrhundert belegen Wiener Quellen eine Verdichtung der zivilen Mobilität.[114] Gleichzeitig begannen die Donauprovinzen eine wichtige, zum Teil auffallende Rolle im Rahmen der Karriereleiter zu spielen, die hohe Beamte oder Militärs quer durch das Imperium führte.

Allein in der Regierungszeit der Kaiser Traian und Hadrian, zwischen 98 und 138, amtierten in Noricum „mit Q. Caecilius Redditus, Claudius Paternus Clementianus und C. Censorinus Niger [!] drei Provinzialprokuraturen, die aufgrund ihrer Ämterlaufbahn enge Beziehungen zu Afrika und der Provinz Mauretania hatten."[115] Einige Jahrzehnte später, 188–191, stieg mit Gaius Memmius Fidus Iulius Albius ein gebürtiger Numidier an die Spitze der Provinzverwaltung auf.[116] In Oberpannonien sind uns für die zweite Hälfte des 2. Jahrhunderts sogar sieben aus Afrika stammende Statthalter bekannt, am prominentesten unter ihnen Septimius Severus aus Leptis Magna im römischen Libya. Die Kommandanten seiner Legionen riefen ihn am 9. April 193 in Carnuntum zum Kaiser aus (reg. bis 211).[117]

Auch hohe oder mittlere Offiziere mit Geburtsort in Afrika oder dem Vorderen Orient wurden im Verlauf ihrer Dienstzeit in die pannonischen Provinzen (Pannonia Superior und Pannonia Inferior, dieses im heutigen Ungarn) versetzt. Immerhin waren hier vier Legionen stationiert.[118] Zirka ein Drittel ihrer Kommandanten stammte aus Afrika, überdurchschnittlich viele im Vergleich zu anderen Herkunftsregionen. Am bekanntesten ist der Berber Quintus Lollius Urbicus, einer der führenden Generäle unter Kaiser Hadrian, der um 130 die *legio X Gemina* in Vindobona (Wien) kommandierte und später zum Gouverneur der römischen Provinz Britannia aufstieg (siehe unten).[119] Mehrere weitere Militärtribunen und Centuriones nordafrikanischer Herkunft sind bekannt, auch für Unterpannonien, wo zum Beispiel in den späten 190er Jahren ein M. Gongius Paternus Nestorianus eine thrakische Einheit kommandierte.

Neben den Angehörigen der politischen und militärischen Elite, die zum Teil wohl von Familienangehörigen und Sklav:innen begleitet wurden, standen im rauhen Norden natürlich auch einfache Soldaten aus Afrika im Einsatz, über die wir allerdings nicht viel wissen. Manche mögen hier sesshaft geworden sein und Familien gegründet haben (viel-

112 Ruprechtsberger, Grenzgebiet I, 20.
113 Ebd., 11–12; Alföldy, Noricum, 72.
114 Pohanka, Wien, 112.
115 Groh, Amphitheater, 97.
116 Ruprechtsberger, Grenzgebiet I, 22; Petrovitsch, Legio II, 272–273.
117 Fitz, Pannonien II, 430 u. ö.
118 Zu den hier und im Folgenden erwähnten Namen von Soldaten und Offizieren: Mosser, Steindenkmäler; Lőrincz, Hilfstruppen, 25.
119 Wells, Römisches Reich, 244 sowie 256–257.

Abb. 2: Die Maurischen Reiter (Rom, Trajansforum, Trajanssäule, Szene 64)

leicht gab es schon damals eine Zweite Generation),[120] andere kehrten in ihre Heimat zurück. Zwei Veteranen aus dem technischen Dienst der 15. Legion zum Beispiel, der Geometer Pudens (Name nicht vollständig überliefert) und der Handwerker Marcus Aurelius Apollonius, wurden im heutigen Tunesien beziehungsweise in Libyen bestattet.[121] Die *legio XV Apollinaris*, deren Personalstand Martin Mosser untersucht hat, war in Carnuntum (Niederösterreich) stationiert und rekrutierte vor allem Soldaten aus dem Nahen Osten, aber auch aus Nordafrika. Ähnlich stand es um die *legio X Gemina* in Vindobona. Eine systematische Durchforstung der Personalstände anderer im Grenzgebiet stationierter römischer Truppen würde unsere Kenntnis zweifellos weiter verbessern.

Zusätzlich zu den permanent stationierten Militärs, die sich vielleicht in die lokale Bevölkerung integrierten, wurden im Kriegsfall Einheiten aus außereuropäischen Provinzen (mit ihrer Ausrüstung, etwa Kamelen[122]) kurzfristig an die Donau verlegt. Vor allem im Krieg gegen die Markomannen und Quaden brachte Kaiser Marcus Aurelius in den 170er Jahren die schon erwähnten maurischen Reiter (*equites Afrorum et Maurorum*) am Limes zum Einsatz; Kommandant dieser Kohorten dürfte ein M. Clodius Faustus Secundus aus Numidien gewesen sein. Auch andere Offiziere dieser Truppe, Funktionsträger und Veteranen mit Herkunft

[120] Belege dafür schon aus dem 1. Jahrhundert (allerdings nicht von Afrikanern): Weber-Hiden, Veteranen.

[121] Mosser, Steindenkmäler, 105 und 249 bzw. 263.

[122] Kirchhof, Kamele.

Afrika sind namentlich bekannt.[123] Viele dürften Anhänger von ägyptischen Kulten gewesen sein. Dies ist aus dem Umstand zu schließen, dass sich damals auch der berühmte Arnuphis, ein ägyptischer Schriftgelehrter und Isis-Verehrer,[124] in Vindobona befand, wo sich der Kaiser während des Feldzugs einquartiert hatte. Dass der Triumph der römischen Armee in der Entscheidungsschlacht gegen die Quaden, die vermutlich 172 auf dem Gebiet der heutigen Slowakei stattfand, durch unerwartete Wetterphänomene bewirkt wurde, führten viele Legionäre auf das Eingreifen des ägyptischen Gottes Toth zurück.[125] Allerdings befanden sich im selben Heer auch christliche Soldaten, und diese schrieben den überraschenden Sieg, der sogar auf der Marc Aurel-Säule in der Hauptstadt verewigt wurde, naturgemäß Christus zu.

Schwarze oder Weiße?

Resümieren wir die antiken Muster afrikanisch-europäischer Mobilität im Vergleich zu jenen in späteren Epochen: Erstens verlief die interkontinentale Migration damals im Prinzip mutual, das heißt sie war nicht einseitig durch Grenzen, Zutrittsbeschränkungen, Übergangsfristen etc. eingeschränkt, wie vor allem die Beispiele aus dem Zivilbereich zeigen. Zweitens war es nicht die peripher gelegene Austria Romana, welche die Spielregeln bestimmte, sondern, wenn überhaupt, taten dies die Behörden in der Hauptstadt Rom – ein gravierender Unterschied zu heute, da die heimische Politik einen möglichen Kontrollverlust durch übergeordnete (multilaterale) Instanzen befürchtet und daher Entscheidungen auf EU-Ebene blockiert beziehungsweise sich nicht an einschlägigen UN-Konventionen beteiligt. Drittens fungierten die Donau- und Alpenregionen als Ziel- und Quellgebiete einer im Wesentlichen funktionell bedingten Migration; diese folgte geschäftlichen, militärischen oder politischen Interessen, war aber nicht notwendigerweise erzwungen. Natürlich gab es auch unfreie Mobilität – von Sklav:innen –, doch resultierte diese nicht aus Angebot und Nachfrage zwischen Regionen unterschiedlicher wirtschaftlicher oder politischer Potenz, sondern war durch berufsbedingte Wohnortsveränderungen ihrer „Eigentümer/innen" verursacht. Und viertens spielte sich Zuwanderung in den Donauraum großteils – zumindest nach Angabe der Quellen – auf einer elitären Ebene ab; wir haben es nicht mit Fluchtbewegungen oder armutsinduzierter Migration zu tun.

Es fällt auf, dass bei Führungspositionen im nördlichen Grenzbereich relativ häufig Persönlichkeiten aus Afrika zum Zug kamen. Jenő Fitz zufolge richteten sich die Behörden hier weniger stark als anderswo nach dem familiären Rang oder den guten Beziehungen der Bewerber. Vielmehr standen militärische Erfahrung und, wenn möglich, gute Lokalkenntnisse im Vordergrund – was angesichts der sicherheitspolitischen Bedeutung der Grenzprovinzen verständlich ist.[126] Dadurch erhöhten sich die Chancen für geeignete Kandidaten, die nicht aus den einflussreichen Kreisen der Hauptstadt kamen.

Aus heutiger Sicht drängt sich die Frage auf: Waren die aus Afrika kommenden Statthalter, Militärs etc. ihrer Hautfarbe nach Schwarz oder Weiß? Dies ist ein unhistorischer

[123] Lőrincz, Hilfstruppen 92, 131, 134–135, 137, 143. Zu Clodius Faustus Secundus: Jarrett, Equestrians, 172.
[124] Vidman, Isiskult, 113.
[125] Kovács, Rain miracle; Gassner – Jilek – Ladstätter, Römer, 158–162.
[126] Fitz, Pannonien II, 432 und 463.

Zugang. Das antike Rom, ein Vielvölkerstaat, kannte keine Hautfarbendichotomie. Man war mit einer Palette konfrontiert, die – mit vielen Zwischentönen – von *albus* (weiß) über *fuscus* (rötlich) bis *niger* (schwarz) reichte. Der meistgeschätzte Teint lag in der Mitte, legte also ein Schönheitsideal fest, dem die meisten Italiker entsprachen.[127] Gegen Menschen mit anderen Hautfarben oder anderer Herkunft bestanden zwar Ressentiments, die zum Beispiel dann aufgewärmt wurden, wenn es um die Besetzung von höheren Posten ging.[128] Definitive „rassische" Ausgrenzungen im Sinn der Neuzeit gab es aber nicht. Die Elite hob sich durchaus von „Barbaren" ab und hielt bestimmte Völker für „geborene Sklaven", doch war dies kulturellen oder sozialen Zuschreibungen geschuldet und nicht notwendig an physiologische Merkmale gebunden.[129] Auch wenn man außerhalb der italischen Kernregion des Imperiums geboren und/oder Schwarzer Hautfarbe war, konnte man es bis weit nach oben schaffen, wenn man entsprechend gut vernetzt war. Freilich gelang dies nur wenigen, und diesen standen viele im Status der Sklaverei gegenüber.

Für die Austria Romana ist die Quellensituation dürftig. Ab dem letzten Drittel des 2. Jahrhunderts sind, wie gesagt, Einsätze von „maurischen" Reitern belegt, die nach dem ikonographischen Ausweis der Trajanssäule in Rom als Afrikaner Schwarzer Hautfarbe mit dreadlock-artiger Frisur angenommen werden können.[130] Mögliche weitere Indizien bieten einschlägige Namen. So erwähnt ein Militärgrabstein im niederösterreichischen Petronell, entstanden um das Jahr 80, einen aus Syrien stammenden römischen Bürger namens Quintus Septimius Niger. Unklar bleibt, ob sich die Namensgebung tatsächlich auf Herkunft beziehungsweise Aussehen bezieht – ein Problem, das bei solchen Fragen des Öfteren auftritt. Handelte es sich also um den „Schwarzen Quintus Septimius" oder um einen „Quintus Septimius Schwarz"?[131] Ähnliches gilt für einen in Melk begrabenen Nigrinus, einen Priester namens Publius Aelius Nigrinus, der in Carnuntum einen Mithrasaltar weihte, oder den schon erwähnten Prokurator C. Censorinus Niger.[132]

Zweifellos können wir uns Menschen mit ausgewiesener berberischer, numidischer oder ähnlicher Abstammung als *Blacks, Indigenous and Persons of Colour* (vgl. Einleitung) vorstellen, insbesondere den erwähnten Legionskommandanten von Wien, Quintus Lollius Urbicus, einen Berber mit großer Karriere.[133] Viele andere in Nordafrika geborenen Spitzenbeamte und Generäle – auch Septimius Severus – werden aber aus der italischen oder hellenistischen Oberschicht gekommen sein – in ihrem Sozialverhalten romanisiert, phänotypisch nach heutigem Verständnis Weiß. So zeigt die im Landesmuseum Klagenfurt befindliche Marmorbüste des zweiten aus Nordafrika stammenden Statthalters in Noricum, Claudius Paternus Clementianus, ein klar europäisches Gesicht.[134]

127 Thompson, Romans, 1–20; Winkes, Physiognonomia, 906.

128 Isaac, Racism, 332–333. Sogar der in Nordafrika geborene Kaiser Septimius Severus war von solchen Antipathien betroffen (Weber, Septimius).

129 Isaac, Racism, 170–194; Bell, Images, 444.

130 Richter, Trajanssäule, 414–417; zur Frisur Bell, Images, 429.

131 Obermayr, Carnuntum, 172 sowie Abb. in Weninger, Römer, 51.

132 Zu Melk: Sauer, Expeditionen, 12; zu Carnuntum: Weninger, Römer, 382. Weitere Beispiele bei lupa.at (26. Oktober 2021).

133 „In wohl keiner anderen Geschichtsepoche hätte der zweite oder dritte Sohn eines landbesitzenden Berbers aus einem Nest im Landesinneren Nordafrikas eine Laufbahn ergreifen können, die ihn in hohen Positionen nach Kleinasien, Judäa, das Donaugebiet […], den Niederrhein und Britannien führte, und die in einer macht- und ehrenvollen Stellung in der Hauptstadt des Reiches gipfelte, zu dem all diese Gebiete gehörten!" (Wells, Römisches Reich, 257).

134 Abb. bei Sauer, Expeditionen, 423. Dasselbe trifft auf Porträts des Septimius Severus zu.

Ein nicht belegter, aber denkbarer Aspekt ist der Einsatz von Schwarzen Sklavinnen und Sklaven in den Villen der Oberschicht.[135] Einen indirekten Hinweis gibt möglicherweise ein Wandgemälde in den Thermen von Carnuntum, das eine dienende „Person [zeigt], die auf Grund der dunklen Hautfarbe wohl als Mann anzusprechen ist."[136] Tatsächlich wurden in der römischen Malerei Frauen häufig heller dargestellt als Männer. Wenn aber gleichzeitig gesagt wird, vom Kopf seien „nur Fragmente erhalten, die kurze gekrauste Haare erkennen lassen", dann könnte die gezeigte Figur auch als Sklave afrikanischer Herkunft interpretiert werden. Dass Schwarze Diener ihre Herren in die Bäder begleiteten, war in Rom nicht ungewöhnlich[137] und wurde wohl auch in Pannonien üblich. Gleichwohl dürfte es sich bei dem Wandgemälde in Carnuntum eher um ein genreartiges Motiv handeln als um eine reale Szene – visuelle Darstellungen bilden nicht unbedingt tatsächliche Verhältnisse ab.

Lokale Akzeptanz?

Schon in den frühen 1970er Jahren begann sich die Forschung mit Status und Prestige Schwarzer Menschen in der greco-römischen Antike sowie mit den damals vorherrschenden ethnischen Stereotypen, mit Fremdenfeindlichkeit und Rassismus zu befassen. Mittlerweile liegen substantielle Untersuchungen dazu vor.[138] Die Thesen, Kontroversen und Ergebnisse dieser Studien sind faszinierend – aber in unserem Zusammenhang wenig brauchbar. Denn abgesehen davon, dass es sich bei „der" Antike um mehr als ein Jahrtausend handelte, in dem zeitlich wie regional sehr unterschiedliche soziale und politische Verhältnisse herrschten, dienten diesen Studien vor allem literarische oder künstlerische Zeugnisse aus den urbanen Zentren als Quellen. Was davon auch für den entlegenen Donauraum Gültigkeit besaß, ist schwer zu sagen. Wussten die Einheimischen in Carnuntum oder Flavia Solva um die berühmten Schwarzen Schauspieler und Sportler, die in Italia reussierten? Oder lasen sie Herodot?

Expert:innen gehen von Prozessen der „Romanisierung" in den Städten bei anhaltendem Fortleben keltischer Traditionen im ländlichen Ambiente, aber auch von gegenseitiger Beeinflussung aus; Details freilich würden sich kaum je erschließen: „So werden wir trotz der Auswertung vieler Inschriften und noch so sorgfältiger Grabungstätigkeit zum Beispiel nie wissen, welche Märchen den norischen Kindern erzählt wurden oder welche Lieder bei Hochzeitsfesten in einem pannonischen Vicus gesungen wurden."[139] Geschweige denn werden wir wissen, wie die einheimische Bevölkerung zu den erwähnten maurischen Reitern stand. Galten sie als Angehörige einer fremden Besatzung, gegen die es Widerstand oder Vorbehalte gab? Oder schlicht als Vertreter einer Ordnungsmacht, mit der man sich abgefunden hatte? Welche Vorstellungen hatte man – wenn überhaupt – von Afrika und den

135 Alföldy, Noricum, 127–131, identifizierte auf Basis von Inschriften einzelne einheimische wie auch über Italien gekommene Sklaven und Sklavinnen, über deren Aussehen wir natürlich nichts wissen.

136 Kieweg-Vetters, Diener, 55; über Lockenfrisur auf römischen Kunstwerken als Hinweis auf afrikanische Herkunft siehe Winkes, Physiognonomia, 915–916.

137 Snowden, Blacks, 185.

138 Vgl. unter anderem Snowden, Blacks; Ders., Prejudice; Thompson, Romans; Isaacs, Racism; Tanner, Black Athena; Bell, Images.

139 Gassner – Jilek – Ladstätter, Römer, 144. Zur „Romanisierung" der keltischen Gesellschaft generell siehe Alföldy, Noricum 132–142.

dortigen Provinzen? Und umgekehrt: Wie fühlten sich die afrikanischen Legionäre selber – in einer geographisch und klimatisch exponierten Region, deren Bewohner:innen in Rom als rückständig und ungebildet galten?[140]

Neue Forschungen zu „Kult(ur)transfer" sind bestrebt, unser Verständnis der „Romanisierung" der keltischen Bevölkerung und der dafür maßgeblichen Gruppen zu vertiefen.[141] Dies könnte möglicherweise Licht auf das Verhältnis der Fremden zur einheimischen Bevölkerung werfen, etwa wenn sich Veteranen nach Ende ihrer Dienstzeit in der Umgebung des Legionsstandorts ansiedelten, möglicherweise auch einheirateten in die lokale Gesellschaft. Zum Teil brachte „Romanisierung" auch eine „Orientalisierung" von Kunst, Mode und Religion mit sich. Aus Nordafrika wurden zum Beispiel hochwertige Gebrauchsgüter geliefert, insbesondere Keramikgeschirr „als Alternative zu jenen am Donaulimes erzeugten und qualitätsmäßig vielfach schlechteren Fabrikaten".[142] Gusseiserne Öllampen, Leuchter etc., dekoriert mit Afrikanerfiguren oder -köpfen – wie sie im gesamten Mittelmeerraum üblich waren –, fanden ebenfalls Verbreitung. Weiters wurden in der Region Dutzende original ägyptische Kleinstatuen, Amulette usw. gefunden, deren Vorhandensein sich im Kontext der orientalischen Religionen erklären lässt, wie sie ab dem 1. Jahrhundert n. Chr. populär wurden. Auch das prominenteste Stück unter den ägyptischen Altertümern im römischen Wien, die um 1800 entdeckte und heute im Kunsthistorischen Museum gezeigte Statue des Priesters Chai-hapi, diente wohl zur Ausstattung eines Heiligtums.[143] Entlang der Donau wurden sogar vereinzelt ägyptische Bestattungsbräuche gepflogen wie die Einbalsamierung von Verstorbenen unter Verwendung von Uschebtis und importierten Mumienporträts.[144] In Noricum wiederum scheint eine – im Detail nicht geklärte – Identifikation der keltischen Göttin Noreia mit der ägyptischen Isis stattgefunden zu haben, die traditionell als synkretistisches Ineinanderfließen verschiedener Fruchtbarkeitskulte interpretiert wird.[145] Für die Popularität dieser *Isis Noreia* wird eine großformatige Figur im Landesmuseum Klagenfurt ins Treffen geführt.[146]

Bildete die Religion eine Plattform, auf der sich Zuwanderer und Einheimische näher kommen konnten? „Wenngleich die Zahl der bekannten Zeugnisse der ägyptischen Religion im Ostalpenraum nicht an jene der syrischen Götter oder gar des Mithraskultes heranreicht", fassen Expertinnen zusammen, „spielten sie doch eine wichtige Rolle."[147] Insbesondere wurden verschiedene Ausformungen der Mutter Isis verehrt sowie ihr Sohn Osiris und andere Gottheiten aus Ägypten (Toth, Apis, Serapis, Anubis) oder Libyen (Jupiter Ammon).[148] Vor allem im heutigen Kärnten haben sich Reste von Isis-Kultstätten erhalten, so die Grundmauern eines Tempels in Hohenstein im Glantal. Eine Inschrift aus dem Jahr 221 (siehe unten) sowie eine Architekturspolie in der Kirche auf dem Ulrichsberg lassen weiters auf ein Heiligtum in Virunum (Zollfeld) schließen. Die bisher angenommene Zuordnung

140 Thüry, „Erbärmlichst".

141 Weber-Hiden, Kulturverhalten; Kremer, Kult(ur)transfer. Dank an Gabrielle Kremer.

142 Ruprechtsberger, Grenzgebiet I, 14. Vgl. den Überblick bei Schwanzar, Fernhandel, sowie Ladstätter, Importe; Fleischer, Bronzestatuetten.

143 Hölzl, Meisterwerke, 120.

144 Budischovsky, Ägypten, 36; Vidman, Isiskult, 112.

145 Kenner, Götterwelt, 876–894; Gleirscher, Noreia, 139–166. Kritisch dagegen Hainzmann, Noreia–Isis.

146 Vidman, Donauprovinzen, 980–981; Sauer, Expeditionen, 12 und 423.

147 Gassner – Jilek – Ladstätter, Römer, 266.

148 Der aktuellste Überblick über die archäologischen Funde in Noricum bei Cibu – Remy, Isis, beziehungsweise für Pannonien bei Budischovsky, Témoignes. Vgl. auch Kenner, Götterwelt.

einer größeren Anlage auf dem Frauenberg in der Südsteiermark zu Isis ist hingegen nicht gesichert, wenngleich dort zahlreiche „Mutter mit Kind"-Figürchen gefunden wurden.[149] Auch in Vindobona und im Zivillager von Carnuntum,[150] möglicherweise auch in Iuvavum (Salzburg), dürfte es Isis- oder Isis-Serapis-Tempel gegeben haben. All diese Inschriften oder Statuetten – beispielsweise eine *Isis lactans* aus Steyr – belegen deutlich, dass Isis in der Austria Romana verehrt wurde, auch wenn die Verhältnisse hierzulande bescheidener gewesen sein mögen als im Mittelmeerraum, wo prächtige Rituale unter Beteiligung von Schwarzen Gläubigen abgehalten wurden[151] und „zahlreiche importierte ägyptische Gegenstände unterschiedlicher Zeitstellung [...] diesen Tempeln einen nahezu museumsartigen Charakter verliehen haben müssen".[152]

Es fragt sich freilich in diesem Kontext, wer die Träger der Orientalisierung von Lifestyle und Religion waren beziehungsweise „inwieweit die ägyptische Religion wirklich die Herzen und Gemüter der Provinzbevölkerung erfasst hat, ob man in den lateinischen Provinzen von einem dauernden Einfluss sprechen kann oder ob es sich um eine vorübergehende Modeerscheinung handelt, die nur von den fremden Elementen getragen wurde, das heißt von Kaufleuten, Soldaten, kaiserlichen Beamten, Orientalen, die nur vorübergehend in der Provinz weilten."[153]

Dass Zuwanderer aus Ägypten und Nordafrika beziehungsweise dem Nahen Osten, die sich aus dienstlichen, kommerziellen oder anderen Gründen in Noricum, Raetien oder Pannonien aufhielten, Teil dieses Phänomens waren, ist einerseits durchaus wahrscheinlich. Die gefundenen Kleinbronzen könnten häusliche Kultgegenstände oder Andenken gewesen sein, die Mumifizierungen Bestandteil traditioneller Begräbnisrituale für Ägypter:innen in der Diaspora. Andererseits belegen die Inschriften, die auf das Vorhandensein von Kultstätten der Isis, des Serapis oder anderer ägyptischer Götter deuten, ein hohes Engagement von Angehörigen der Reichsbürokratie – nicht unbedingt des Militärs – und von italischen Kaufleuten mit Interessen in Handel und Bergbau, also von Leuten, die nicht aus Nordafrika stammten.[154] Dies verwundert auch nicht angesichts der politischen Protegierung des Isiskults durch die flavischen Kaiser und der Aufnahme der Göttin ins römische Pantheon. Genau deshalb werden sich andererseits aber auch Teile der lokalen – mehr oder weniger romanisierten – Bevölkerung den orientalischen Göttern zugewendet haben, sei es aus Gründen der politischen Opportunität oder sei es, weil sie aus emotionalen Gründen der Faszination des Orients erlagen, wie Hedwig Kenner psychologisierend vermutet: „Den Einheimischen [...] erschienen die Mysterienreligionen mit ihrer starken Betonung des Jenseits wahrhaftiger und befriedigender als der Kult der kunstvoll geformten Olympier oder die Verehrung der kaiserlich-propagandistisch ausgerichteten römischen Staatsgötter. Den

149 Schrettle, Isistempel. Auf die Frage, ob beziehungsweise inwieweit Isis- beziehungsweise andere antike Mutter-Kind-Darstellungen Einfluss auf das christliche Marienbild hatten, gehe ich hier nicht ein. Vgl. Stauffer, Madonnenreligion.

150 Kremer, Kult(ur)transfer, 85.

151 Zu sehen etwa auf Wandmalereien in Herculaneum bei Neapel (Snowden, Evidence, 226–227).

152 Kremer, Pharao, 75.

153 Vidman, Isiskult, 107.

154 Hölbl, Balkanraum. In Carnuntum scheinen Militär und Veteranen zwar an der Verbreitung des Mithras-Kultes ins Umland beteiligt gewesen zu sein, nicht jedoch von ägyptischen Religionen (Kremer, Kult[ur]transfer, 86–87).

tiefen Glauben an einen großen Vatergott und eine allumfassende Muttergöttin fanden sie weit klarer und eindeutiger […] bei den orientalischen Mysteriengottheiten wieder."[155]

In jedem Fall spielte Institutionalisierung, das heißt die Errichtung und Erhaltung von Kollegien beziehungsweise Heiligtümern, für die Breitenwirkung eine entscheidende Rolle.[156] Beispiele aus Italien oder Slowenien zeigen, dass während der Frühzeit des Isiskults vorrangig Ägypter:innen als Priester fungierten, die Gläubigen jedoch meist Einheimische waren.[157] In Griechenland scheinen sich sowohl die Isis-Priesterschaft als auch Neubeitretende aus unterschiedlichen sozialen Schichten der einheimischen Bevölkerung zusammengesetzt zu haben.[158] Beides ist für Noricum denkbar, wo wir einer Weiheinschrift aus dem Jahr 221 Einzelheiten über die Tempelgemeinde von Virunum/Zollfeld entnehmen. In diesem Jahr nämlich ließ der Priester C Annius Spectatus (Herkunft unbekannt) *der zehntausendnamigen Göttin Isis […] aufgrund eines Traumgesichtes den Tempel wiederherstellen* [!], dessen Gründung demzufolge wohl einige Zeit zurückreicht haben muss (vielleicht bis in die zweite Hälfte des 1. Jahrhunderts?) und dem mehrere Generationen an Followern angehört haben müssen.[159] Auch der Grabstein eines verstorbenen Kindes mit keltischem Namen, das als Initiand der Isis ausgewiesen wird, dürfte im Kontext einer solchen (oder derselben) Isis-Gemeinde stehen, die also vermutlich Teile der lokalen Bevölkerung umfasste.[160]

Eine generelle Bewertung der Frage, ob die ägyptischen Kulte auf Zuwanderer beschränkt blieben oder sich auch in der lokalen Bevölkerung verwurzelten, bleibt dennoch schwierig. Einerseits hing laut Vidman die Rezeption ägyptischer Religionselemente überall im Donauraum „mit dem Grade der Romanisierung zusammen; unter den Verehrern der ägyptischen Gottheiten gibt es anfangs nur wenige Einheimische. Die Träger des Kultes waren meistens fremde Elemente, aber fast keine Orientalen […] erst allmählich wurde die ägyptische Religion zum Gemeingut der romanisierten Bevölkerungsschichten […]."[161] Andererseits wurde gegenteilig angemerkt, dass „die Romanisierung in den Legionsstandorten und deren Umfeld intensiver [war] als in Binnennoricum" – sie also gerade dort nicht stattfand, wo die archäologische Isis-Überlieferung am dichtesten ist und der Fortbestand keltischer Traditionen am nachhaltigsten erscheint.[162] Bereitete also in der Tat die Verehrung der keltischen Noreia den Boden für die ägyptische Isis? In jedem Fall scheint es möglich, dass Religion und kultische Praxis als Plattform für Interaktion (auch „Integration"?) zwischen Zuwanderern und der ansässigen Bevölkerung dienten. Standen Ägypter, Italiker und Kelten einträchtig im Tempel nebeneinander und verehrten gemeinsam die *zehntausendnamige Göttin*? Und wenn ja, redeten sie nachher auch miteinander?

155 Kenner, Götterwelt, 101.
156 Vidman, Isiskult, 114.
157 Piccottini, Isisverehrung, 57, Anm. 13; Hölbl, Balkanraum, 50.
158 Martzavou, Priests.
159 Piccottini, Isisverehrung.
160 Vetters, Horusknabe.
161 Vidman, Donauprovinzen, 975–976.
162 Weber-Hiden, Kultverhalten, 76.

II. Realitätsferne Diskurse: Vom Dämon zum heiligen König

Thunau – heute ein Ortsteil von Gars am Kamp – ist einer der archäologischen „Hotspots" des Frühmittelalters. Hier bestand zwischen dem späten 8. und dem 10. Jahrhundert eine befestigte Siedlung mit dem „größte[n] aufgedeckte[n] Gräberfeld der Karolingerzeit Niederösterreichs nördlich der Donau."[163] Grabbeigaben belegen erhebliche Wohlstandsunterschiede innerhalb der Bevölkerung, aber auch überregionale Handelsverbindungen, über die Schmuck und Gebrauchsgegenstände aus den verschiedensten Himmelsrichtungen ihren Weg nach Thunau fanden. Von hier aus war es leicht möglich, das Karolingerreich im Westen, die böhmischen Herrschaften im Nordwesten und, last but not least, das Großmährische Reich im Nordosten zu erreichen. Auch die Herkunft der Bevölkerung war – den menschlichen Überresten im Friedhof nach zu schließen – breit gestreut.

Seit 1965 wird Thunau archäologisch untersucht. Eine erste Zusammenfassung der Funde wies auf etwas Erstaunliches hin: „[...] außerhalb des Herrenhofes fand sich innerhalb einer kleinen Grabgruppe die Bestattung eines Mannes, von dem anthropologische Untersuchungen ergaben, daß es sich hier um einen Afrikaner gehandelt hat. Vielleicht wurde er als exotischer Sklave gehalten, ein Geschenk einer arabischen Handelsdelegation oder deren freies Mitglied, das hier den Tod fand, ist natürlich nicht feststellbar [sic]."[164]

Klingt interessant, aber: Vorsicht ist angebracht. Denn die Gebeine dieses circa vierzig bis fünfzig Jahre alten Mannes, der im späten 9. Jahrhundert verstarb und den man ohne Grabbeigaben außerhalb des Friedhofs bestattete, wurden anthropologisch nie wirklich untersucht.[165] Die Kennzeichnung als „Afrikaner" erfolgte aufgrund einer morphologischen Besonderheit des Schädels, die freilich auch andere Ursachen gehabt haben könnte. Somit muss es einer Detailstudie vorbehalten bleiben zu klären, ob die Präsenz eines Afrikaners im frühmittelalterlichen Thunau mehr ist als bloße Spekulation. Freilich kann sie nicht ganz ausgeschlossen werden. Denn auch im südmährischen Mikulčice, nicht allzu weit von Thunau entfernt, weist das Skelett eines jungen Mannes aus dem 9. Jahrhundert Merkmale auf, die eine Herkunft aus Subsahara-Afrika als möglich erscheinen lassen. Hypothetisch wurden religiöse Kontakte zwischen Großmähren und Äthiopien in den Raum gestellt.[166]

Generell wissen wir wenig über Beziehungen zwischen Mitteleuropa und Afrika während der sogenannten Völkerwanderung und dem Frühmittelalter, und noch weniger über die wechselseitige Mobilität. Der verbindende Rahmen des Imperium Romanum war zerfallen, sowohl in Europa als auch in Nordafrika fanden politische und soziale Umwälzungen statt, und von den alten Netzwerken in Wirtschaft, Migration und Kommunikation blieb nur weniges erhalten. Diplomatische Kontakte, um an frühere Verbindungen anzuknüpfen, sind erst aus dem späten 10. Jahrhundert bekannt. 973 empfing Kaiser Otto I. beim Hoftag von Quedlinburg Repräsentanten aus Byzanz, Rom, Benevent, Polen, Böhmen, Ungarn, Bul-

163 Nowotny, Thunau, 189; Nowotny – Obenaus – Uzunoglu-Obenaus, Archäologie. Zum Kontext: Wolfram, Grenzen, 311–312.

164 Friesinger, Befestigungsanlagen, 66.

165 Danke an Karin Wiltschke (Naturhistorisches Museum Wien).

166 Strouhal – Stloukal, Mikulčice; Charvat, Long-Distance Trade, 256.

garien und Dänemark; einige Wochen später erwiesen ihm – wie Widukind von Corvey berichtet – auch „afrikanische“ Gesandte ihre Reverenz. Dabei handelte es sich vermutlich um Vertreter des arabischen Kalifats von Cordoba (Dynastie der Umayyaden), das einen Großteil Spaniens beherrschte, aber auch in Nordafrika präsent war.[167]

Ob solche Delegationen auch das heutige Österreich passierten, wissen wir nicht. Allerdings verdanken wir einem nordafrikanischen Reisenden, dem vom Judentum zum Islam konvertierten Kaufmann Ibrahim Ibn Yaʿqūb, die erste schriftliche Erwähnung von Prag![168] Aus seinen und anderen Berichten erschließen sich die kommerziellen Verhältnisse der Region in den Jahren um 960. Abgesehen von importierten Luxusgütern aus dem Orient wie kostbaren Stoffen oder Elfenbein, die von den Künstlern der Romanik verarbeitet wurden, scheint der Donauraum als Transitregion für Sklavinnen und Sklaven auf. Anders als in späteren Zeiten ging es dabei aber um Menschen aus Nord- und Osteuropa, Russland und dem Kaukasus, die im Orient als Krieger, Haremsfrauen oder Eunuchen begehrt waren.[169] Die arabischen und persischen Münzen aus dem 10. Jahrhundert, die in Ost-Mitteleuropa gefunden wurden, werden unter anderem auch für sie ausgegeben worden sein.[170] Eine der relevanten Handelsrouten des 9. Jahrhunderts lief über den bayerisch-oberösterreichischen Raum, wie die Zollordnung von Raffelstetten (bei Linz, um 905) berichtet: *Die Kaufleute, das heißt die Juden und die sonstigen Kaufleute, müssen, woher sie auch kommen* [...] *den rechtmäßigen Zoll sowohl von Sklaven wie anderen Gütern zahlen* (§ 15).[171] Die menschliche Ware, soweit sie nicht in Europa selbst zum Einsatz kam, gelangte entweder über Venedig in den Nahen Osten und nach Ägypten oder über Frankreich und das erwähnte Emirat von Cordoba in den Maghreb. Dass auf diesen Routen umgekehrt auch Sklav:innen aus Afrika oder dem Vorderen Orient nach Europa gelangten, ist zwar nicht belegt, aber möglich. Und ob die ungesicherten Afrikaner von Thunau und Mikulčice in diesem Kontext eine Rolle spielten – und wenn ja, was für eine –, bleibt offen.

Wissenschaft und Theologie: Konstruktion von Alterität

Abgesehen von dem Umstand, dass die wenigen Händler, Gesandten usw. von ihren jeweiligen Herkunftsregionen erzählt haben mögen, gab es kaum Möglichkeiten, geschweige denn Veranlassung, sich mit Afrika und seinen Menschen zu befassen. Generell fiel das Wissen des mitteleuropäischen Frühmittelalters über Afrika hinter jenes der Antike zurück (wie dies auch in anderen Bereichen der Fall war).[172] Dies bestätigt mein Versuch, aus den Bibliothekskatalogen der damals in Österreich bestehenden Klöster jene Kenntnisse zu rekonstruieren, die zumindest einer gelehrten Oberschicht zugänglich gewesen sein mögen.[173] Abgesehen von der Heiligen Schrift, von der man gewisse Vorstellungen über Afrika ableiten konnte, kamen dabei vor allem die Kirchenväter sowie spätere Theologen in Betracht. Deren landes-

[167] Gulya, Quedlinburg.
[168] Jacob, Berichte, 2–7 sowie 11–18; Engels, Reisebericht.
[169] Verlinden, Großhandel, 4; Hrbek, Slawen; Suckow, Traum, 358–360.
[170] Probszt, Silber.
[171] Mitterauer, Zollfreiheit, 115–134; Verlinden, L'Esclavage, 118–131.
[172] Herkenhoff, Afrikabild, 185–191.
[173] Im Folgenden nach Sauer, Expeditionen, 18–19 (auf Basis von Bibliothekskataloge).

kundliche Interessen waren freilich notorisch gering. Beda Venerabilis († 735) ging in *De natura rerum* immerhin auf die Lage des Paradieses ein, in dem angeblich vier Ströme entsprangen, darunter der *Gyon* oder Nil; er bekräftigte damit die These einer besonderen Beziehung Ägyptens zum Garten Eden.[174] Bedas Buch war in Salzburg schon im frühen 9. Jahrhundert vorhanden, seit dem 12. Jahrhundert auch in Melk, Klosterneuburg, St. Lambrecht, Admont oder Millstatt. Teilweise erwarb man noch weitere, ähnlich ausgerichtete Autoren wie den sogenannten Physiologus (in St. Lambrecht oder Salzburg im 12. Jahrhundert) oder die *Etymologiae* Isidors von Sevilla (in Göttweig im 12., in Klosterneuburg und Zwettl im 13. Jahrhundert), die ziemlich verwirrend über verschiedene Regionen von *Aethiopia* schrieben. Gelegentlich befanden sich auch Landkarten in klösterlichem Besitz. Eine solche *Mappa Mundi* aus dem Stift St. Peter in Salzburg zeichnete im frühen 9. Jahrhundert Afrika im Südwesten der Erde ein und versah es mit einem feuchtheißen Klima.[175]

Was das historische Wissen betrifft, kam man über die Mönchs- und Märtyrertraditionen aus dem frühchristlichen Ägypten kaum hinaus. Diese waren in den *Collationes Patrum* des Johannes Cassian in fast allen heimischen Klöstern verfügbar. Manche besaßen auch die *Historia persecutionis Vandalicae seu Historia africana* von Victor Uticensis, einem Bischof, der die Herrschaft der Vandalen in der römischen Provinz Africa dokumentierte. Eine heute in der Nationalbibliothek in Wien aufbewahrte Fassung aus dem 11. Jahrhundert (ÖNB Cod. 408) ist auf österreichischem Boden vermutlich das älteste Buch zur Geschichte Afrikas überhaupt.

In Bezug auf die autochthonen Gesellschaften wusste man zum Beispiel aus Isidors Werk von Menschen dunkler Hautfarbe, den *aithiopes*, doch blieben die Vorstellungen über sie spekulativ. In der Regel wurde ihr Aussehen wie in der Antike als „sonnenverbrannt" gedeutet. Allerdings konnten *aithiopes* auch aus anderen Weltteilen denn Afrika stammen – bis ins späte Mittelalter hinein wies der Begriff keine exklusive ethnische oder geographische Zuordnung auf. Weiters glaubte man an die Existenz von Fabelwesen und Monstern. Dass sie Geschöpfe Gottes waren, stand außer Frage, ob sie aber auch als Menschen gelten konnten und in welchem Verhältnis sie zu den *aithiopes* standen, war umstritten.[176]

Während man also über konkrete Sachverhalte kaum informiert war und Möglichkeiten zur Begegnung mit Menschen afrikanischer Herkunft in Mitteleuropa – anders als im mediterranen Raum – kaum vorhanden waren, blühten Theorien über den Kontinent im Süden und seine heilsgeschichtliche Rolle. Gilmans einprägsamer Buchtitel *On Blackness Without Blacks* (1982) wäre für das Mittelalter noch treffender als für die Neuzeit. All diese Diskurse erscheinen aus heutiger Sicht spekulativ und schwer verständlich, sie müssen im Rahmen eines religiösen Weltbildes verstanden werden. Denn anders als in späteren Epochen wurde im Mittelalter über *Fremde* und ihre Behandlung beziehungsweise Bewertung („unknowns" oder „aliens"?) nicht in säkularen, sondern religiösen Argumentationen verhandelt. Im Folgenden müssen wir uns also mit Konstruktionen von Alterität beschäftigen, deren Rezeption nicht auf Basis realer Erfahrung, sondern metaphysischer Theorien erfolgte. Je nachdem, wie die jeweiligen Autoren den Stellenwert Afrikas im Heilsplan Gottes definierten, legten

174 Hermann, Nil, 38–43.

175 Es handelt sich um eine gesüdete T-Karte vom Typus A mit Minimallegenden der Kontinente, Himmelsrichtungen, Elemente und Klimazonen, jedoch ohne Zuordnung zu den drei Söhnen Noahs (Destombes, Mappemondes, 16, 21 und 35; Kliege, Weltkarten, 56).

176 Wittkower, Marvels; Friedman, Races.

sie auch den Grundstein für ein konkretes Verhalten gegenüber Schwarzen Menschen, sollte man je solchen begegnen.

Grundsätzlich folgte man der frühchristlichen Theologie, die allerdings hinsichtlich Afrikas ebenso wenig konsistent war wie die Heilige Schrift.[177] Ein Teil der Gelehrten – Courtès nennt sie die „exegetische", treffender wäre vielleicht „universalistische" Schule – unterstrich die prinzipielle Bekehrungsbereitschaft der *aithiopes* und bezog sich dafür biblisch auf die Schwarze Braut des Hohen Liedes (Hld 1, 5) – häufig mit der Königin von Saba assoziiert – oder den pfingstlichen Verkündigungsauftrag an die Apostel (Apg. 2, 2–12). *Aithiopes* galten in diesem Kontext als Repräsentant:innen der *gentiles*, der „Heidenchristen". Afrika spielte insofern eine Rolle, als manche Autoren in Ägypten ein irdisches Abbild des Paradieses sahen,[178] und anderen das angeblich vom Nil umflossene *aithiopia* wegen seiner Nähe zu demselben als privilegiert galt. In jedem Fall ergaben sich daraus eine missionarische, universalistische Auffassung des Christentums und in Folge eine inklusionsfreundliche Haltung. Ein prominenter Vertreter dieser Richtung war der nordafrikanische Bischof Augustinus († 430), dessen Schlüsselwerke sich natürlich in jeder Klosterbibliothek fanden. Schon um weitere Schismen zu verhindern, betrachtete er in *De Civitate Dei* Äthiopier und überhaupt alle Völker, die nicht unter römischem Recht stünden, als potentielle Christen (18,32).[179] Auch bei der Interpretation eines Verses in Psalm 71 hob er den Auftrag hervor, Menschen an den Grenzen der Erde in die Kirche zu integrieren, weil *selbst ihnen* [!] das Evangelium geoffenbart worden wäre. Allerdings vergaß er nicht hinzuzufügen, dass *aithiopes* gemeinhin als die *abstoßendsten* [!] aller Menschen galten – ein Zugeständnis an die ästhetischen Konventionen der späten Antike.[180] Immerhin aber lehnte der Kirchenvater eine Gliederung der Menschheit in „Rassen" ab, wie sie bei Pflanzen und Tieren bestünde, und hielt somit am Gedanken der Gleichheit aller (Getauften) fest.[181]

Augustinus und seine Anhänger standen auf dem Boden des imperialen Selbstverständnisses des Römischen Reiches und setzten sich für die Expansion des Christentums, der nunmehrigen Staatskirche, ein. Daneben hatte sich in der frühchristlichen Theologie aber noch eine zweite, laut Courtès „dämonologische" Schule entwickelt. Gestützt auf Stellen aus dem Johannesevangelium reproduzierte sie die rigide Dichotomie der gnostischen Philosophie von „Licht" und „Dunkelheit", das heißt von „Gut" und „Böse".[182] Waren die erstgenannten Theologen an der universalen Verbreitung des Glaubens interessiert, so fokussierte sich diese zweite, nicht zuletzt von ägyptischen Eremiten getragene Sicht auf individuelle Askese. „Schwarz" stand insbesondere für sexuelle Versuchung; laut Cassian zum Beispiel war dem Einsiedler Apa Johannes der Teufel *in Gestalt eines häßlichen Äthiopiers* erschienen. Manchen Kirchenvätern galt Äthiopien als ein „Land des Heidentums", Ägypten gar als „Schwarzer Kontinent": *Bevor* [der Evangelist] *Markus das Licht brachte, gab es überhaupt*

177 Im Folgenden nach Courtès, Literature.

178 Hermann, Nil, 69, Anm. 274.

179 *Tabernacula Aethiopum expauescent et tabernacula terrae Madiam, hoc est gentes repente perterritae nuntio mirabilium tuorum etiam quae non sunt in iure Romano erunt in populo Christiano* (Augustinus, De Civitate Dei 18/32, 314).

180 […] *ad ipsos Aethiopes, extremos videlicet et teterrimos hominum* (Augustinus, Ennaratio 12, 910).

181 Die augustinische Abstammungslehre findet sich in Augustinus, De Genesi 3/12, 314. Vgl. Courtès, Literature, 201.

182 Belege zum Folgenden bei Herkenhoff, Afrikabild, 116–120; Behlmer, Heilige, 168.

Abb. 3: Dämonologische Tradition: Der israelitische König Asa vernichtet die *ethiopes* (Illustration zu 2 Chron 14, in: Ulrich von Lilienfeld, Concordantiae Caritatis, um 1355, fol. 144v)

keinen Tag in Ägypten, sondern nur immerwährende Nacht, so der koptische Bischof Johannes von Schmun (um 600).

Geht die negative Bewertung von Menschen afrikanischer Herkunft aufgrund der Hautfarbe – wie sie uns auch heute noch geläufig ist – also tatsächlich auf das Mittelalter oder gar die Antike zurück? Die Sachlage ist freilich komplexer.[183] Auf der einen Seite führte die dämonologische Schule einen metaphorischen Diskurs über „Sünde“ und „Erlösung“, der unter anderem die Konfrontation mit den anhaltend beliebten Kulten Altägyptens widerspiegelte,[184] nicht unbedingt aber die empirisch fassbare Welt erklären wollte. Böses

183 Eine ausgewogene Darstellung bei Martin, Afrikaner, 20–22.

184 Isis und andere Fruchtbarkeitsgöttinnen wurden zum Beispiel schwarz dargestellt: Zimmermann, Beiträge; Pastoureau, Schwarz, 17–18.

als „schwarz“ zu imaginieren, bedeutete auch nicht, dass alles Schwarze böse war.[185] Auf der anderen Seite aber war der Diskurs insofern ambivalent, als manche seiner Vertreter den farblichen Symbolismus gleichsetzten mit der Realität, etwa Paulinus von Nola, der die Klimatheorie der Wissenschaft verwarf und dunkle Hautfarbe nicht als Folge starker Sonneneinstrahlung, sondern eines angeborenen Heidentums erklärte.[186] Teilweise wertete der spirituelle Diskurs Schwarze Menschen also auch *realiter* ab, weil er ihre äußere Erscheinung als Marker kollektiver Sündhaftigkeit verstand und ihnen damit auch die Möglichkeit einer Bekehrung absprach – eine nicht nur ästhetische (wie bei Augustinus), sondern auch religiöse Diskriminierung.[187] Gerade in Zeiten des Konflikts bot sich die polemische Instrumentalisierung dieser Theologie geradezu an.

Aus dem Frühchristentum hatte das Mittelalter also eine inhomogene Konzeption Afrikas und seiner Bewohner:innen geerbt: Von manchen als Zielgruppe der göttlichen Offenbarung bewertet, deren Integration in die Gemeinschaft der Gläubigen zu wünschen war, galten sie anderen als Verkörperungen des Bösen. Beide Sichtweisen schlossen einander nicht grundsätzlich aus, und beide hatten etwas gemeinsam: Als theoretische Deduktionen auf Basis eines vorgegebenen religiösen Weltbildes räumten sie der konkreten Begegnung mit dem „Anderen“ und überhaupt der empirischen Erfahrung wenig Raum ein. *Gentiles* blieben ein virtuelles Konstrukt, egal ob die Theologen mehr zu ihrer Inklusion oder Exklusion neigten.

Kreuzzüge und gesellschaftlicher Wandel

Für das mittelalterliche Österreich, wo man mit Afrikanerinnen und Afrikanern nicht konfrontiert war, hatten die theoretischen Diskussionen des Frühchristentums zunächst keine Relevanz. Dies begann sich freilich ab Ende des 11. Jahrhunderts – dem beginnenden „Zeitalter der Kreuzzüge“ – zu ändern. Aus religiösen, ökonomischen und politischen Motiven trieben vor allem der französische Adel, das Papsttum und teilweise auch italienische Städte die Eroberung des Nahen Ostens voran; gleichzeitig intensivierten sich Expansionsbewegungen ins muslimische Spanien (Reconquísta) und in den Osten Europas.[188] Im mediterranen Raum ging es darum, das Heilige Land von der Herrschaft des Islams zu befreien und gleichzeitig profitable Stützpunkte an den Süd- und Ostküsten des Mittelmeers zu errichten, teilweise auf Kosten des Byzantinischen Reiches.[189] Zur Initiierung der Kreuzzüge war ein ziemlicher Propagandaaufwand vonnöten. Päpstliche Bullen und Ablässe, Prediger, aber auch prominente Minnesänger mobilisierten die weltliche und kirchliche Oberschicht sowie ihr Gefolge in halb Europa. Um geeignete Feindbilder gegen den muslimischen Feind im sogenannten Orient aufzubauen oder zu verstärken, griff man bewusst auf die dämonologischen Traditionen zurück. So diente schon im *Rolandslied* des Pfaffen Konrad (um 1070), einem Schlüsselwerk der deutschsprachigen Kreuzzugsliteratur überhaupt, „die dunkle

185 Für die Ambivalenz der Farbe siehe Pastoureau, Schwarz.

186 Courtès, Literature, 211.

187 In diesem Sinn wurde auch der biblische Hinweis interpretiert, ein Äthiopier könnte seine Hautfarbe ebenso wenig ändern wie ein Leopard die Zeichnung seines Fells (Jeremia 13,23). Zu dieser Tradition: Massing, Proverb.

188 Zum globalgeschichtlichen Kontext siehe Abu-Lughod, Hegemony; Phillips, Expansion.

189 Zur Ursachenforschung vgl. den Überblick bei Jaspert, Deutungen. Generell zum Verlauf unter anderem Cahen, Croisades; Mayer, Kreuzzüge; Jaspert, Kreuzzüge.

Hautfarbe überwiegend der Zuordnung zum Bösen"; Truppen aus Karthago oder Äthiopien wurden als *swarz unt ubel getan* charakterisiert.[190]

Im heutigen Österreich setzte dieser Trend mit dem Millstätter *Exodus* ein.[191] Inhaltlich eine Nachdichtung der Moseserzählung, verwendete das in der zweiten Hälfte des 11. Jahrhunderts entstandene Epos die erfolgreiche Flucht der Israeliten *uon ir nôte manichualt* (Vers 3281) als Chiffre für die „Befreiung" des Heiligen Landes. Deutlich wird Hautfarbe rassistisch instrumentalisiert, indem der Text die ägyptische Herrschaft über das „auserwählte Volk" als Unterdrückung durch *alswarze* (3043) oder *heidenisken môre* (3256) beschreibt. Wie andere Fabelwesen auch, werden diese als Deformationen des Menschen verortet, entstanden durch den Genuss verbotener Wurzeln seitens der Nachkommen Adams: *si wurten swarz unt egelich* (665 – eine Frühform der Degenerationstheorien der Neuzeit). Die Parallelisierung der muslimischen Herrschaft im Orient mit der Unterdrückung der Israeliten im pharaonischen Ägypten vermittelte eine aktuelle politische Botschaft, fixierte aber gleichzeitig auch ein negatives Image Ägyptens, das heißt Afrikas insgesamt.

Die rassistische Ideologisierung erwies sich als umso beständiger, als es in Mitteleuropa kaum Möglichkeiten gab, Menschen afrikanischer Herkunft zu begegnen – es gab also kein Korrektiv. Abgesehen von den genannten Ausnahmen im Frühmittelalter liegen über afrikanische Gesandte oder sonstige Reisende, die durch das heutige Österreich gezogen sein mögen, keine Anhaltspunkte vor. Freilich könnten zum Beispiel heimische Fernhändler in Venedig auf Afrikaner:innen gestoßen sein oder Pilger an den Heiligen Stätten in Jerusalem, die auch von äthiopischen Christen besucht wurden. Solche Begegnungen blieben aber wohl marginal. Anders als in den Kontaktzonen des mediterranen Raums (Spanien, Sizilien) boten für Menschen in hiesigen Breiten erst die Kreuzzüge Gelegenheit zur Interaktion mit Menschen orientalischer und speziell afrikanischer Herkunft – und das nicht nur für eine kleine Elite.[192]

Lassen wir frühere Unternehmungen beiseite, so stößt vor allem der Fünfte Kreuzzug (1217–1221) auf Interesse.[193] Zum einen spielte er sich größtenteils in Ägypten ab, und zum anderen nahm an ihm eine prominentere und größere Abordnung aus dem heutigen Österreich teil als an allen anderen Interventionen. Neben Babenbergerherzog Leopold VI. nahmen viele Vertreter des Adels das Kreuz, etwa Hadmar von Kuenring, Gundakar von Steyr, Liutold von Plain-Hardegg, Engelbert von Auersperg, Ulrich von Stubenberg, Dietmar von Liechtenstein, Ulrich von Falkenstein, die Grafen Ulrich von Eppan und Adalbert von Tirol, Herzog Otto von Meran, Friedrich von Pettau sowie mehrere Bischöfe, Äbte und Pröpste – jeder zweifellos mit Gefolge. Die Anzahl der Ritter unter dem Befehl des Herzogs und des ungarischen Königs Andreas zusammen soll an die viertausend betragen haben.[194]

Für wahrscheinlich alle diese Adeligen und Gefolgsleute, die zum Krieg in den Nahen Osten und nach Nordafrika ritten, brachte die Beteiligung am Kreuzzug den Erstkontakt mit *alswarze môre* mit sich. Dabei bestätigten sich zum großen Teil die vorgefassten Klischees.

190 Sabel, Toleranzdenken, 85.

191 Green, Exodus; Ebenbauer, Belakane, 25–27. Die folgenden Zitate aus Papp, Exodus, 102–108.

192 Über die breite soziale Zusammensetzung der Kreuzfahrer vgl. Riley-Smith, Crusades, 69–85.

193 Powell, Anatomy; Mayer, Kreuzzüge, 257–267. Zur österreichischen Beteiligung: Kosi, Crusading; Fischer, Glaubenskrieg, 119–159.

194 Powell, Anatomy, 136, Anm. 21. Eine Auflistung von 80 prominenten Teilnehmern aus dem Umkreis des Babenbergers bei Kosi, Crusading, 103.

Von überaus gespensterhaftem Aussehen wären die afrikanischen Soldaten gewesen, berichtete ein deutscher Chronist vom Dritten Kreuzzug 1189–1192, dem sich der Vater Herzog Leopolds angeschlossen hatte. Die *azopati* (oder Ähnliche)[195] wären *draufgängerisch und unnachgiebig* [gewesen], *von häßlicher Gestalt, so wie sie auch anderen fremden Menschen eigentümlich war* [!], *von schwarzer Hautfarbe, von riesiger Statur, von schrecklicher Wildheit, Leute, die anstelle von Lederhelmen einen roten Kopfschurz tragen und in den Händen rohe Keulen mit eisernen Zacken schwangen, deren Schlägen, wenn sie niedersausen, weder Helm noch Panzer widerstehen konnten.*[196] Ähnlich beschrieb der Kölner Domscholaster und spätere Kardinal Oliverus die Verteidiger von Damiette, an dessen Belagerung 1218 die Österreicher prominent beteiligt waren: *Geschützt durch das sumpfige Gelände griff die Phalanx des Fußvolkes der Schwarzen aus dem Hinterhalt an* […] *gleichsam wie Heuschreckenschwärme, obwohl großteils unbekleidet, brachen die Äthiopier in die rückwärtigen Reihen ein.*[197]

Für Kreuzfahrer, die länger in Ägypten beziehungsweise im Orient blieben, veränderte sich allerdings die Wahrnehmung der Verhältnisse vor Ort. So musste man *nolens volens* den feindlichen Truppen aufgrund ihrer militärischen Qualitäten Respekt zollen. Man war nicht auf wilde Monster, sondern auf eine der europäischen strukturell nicht unähnliche Feudalgesellschaft gestoßen, deren Repräsentanten militärisch, aber auch sozial ebenbürtig erschienen: „Solche subjektiven Erlebnisse modifizierten das Bild des bösen Heiden, wie es die vom kirchlichen Dogma bestimmte Kreuzzugsliteratur propagierte. Die christlichen Ritter trafen im Orient wesensverwandte, mit ritterlichen Qualitäten ausgezeichnete Heiden oder sogar schwarze Christen".[198] Weiters beeindruckte das Erlebnis einer multikulturellen Gesellschaft, wie sie – wohl idealisierend – schon Fulcher von Chartres (1059–1127), der Chronist des Ersten Kreuzzugs, beschrieben hatte: *Wer aus Reims oder Chartes stammt, wurde jetzt zum Tyrier oder Antiochener. Schon haben wir die Orte unserer Geburt vergessen; jeder hat hier ein eigenes Haus und eine Familie; mancher nimmt eine Frau, nicht nur eine Landsmännin, sondern auch eine Syrerin oder Armenierin oder manchmal auch eine getaufte Sarazenin.*[199] Und schließlich zeigte sich, dass die zeitgenössische europäische Wissenschaft die lokale Wirklichkeit auch in geographischer Hinsicht nicht erfasste. *Ich kann mich nur wundern,* schrieb wiederum Fulcher, *es aber niemals ausforschen, wie dieser Fluß Gyon* [Nil], *der, wie wir lesen, mit drei anderen Flüssen aus dem Paradiese kommt und der* […] *im Westen unser* [Mittel-]*Meer, in das er mündet, zwischen sich und dem Osten aber, wo doch nach unserem Wissen das Paradies liegt, das Rote Meer hat, seinen Ursprung wiedergewinnen kann und wie er dieses Meer durchfließt oder nicht durchfließt.*[200] Das war zweifellos ein Spezialproblem, weist jedoch auf den Konflikt zwischen Glauben und Vernunft voraus, der das Hoch- und Spätmittelalter durchziehen sollte.

Ob solche Gedanken auch im babenbergischen Österreich Eingang fanden, sei dahingestellt. Im Großen und Ganzen blieben wohl die alten Vorurteile bestehen. Allerdings beeindruckten die zivilisatorischen Errungenschaften, die man während der Kreuzzüge kennen-

195 Zur Terminologie BRANDT, Türkenbild, 56.

196 *Itinerarium Peregrinorum*, zitiert nach MARTIN, Afrikaner, 23; generell zum ägyptischen Militär BRANDT, Türkenbild, 246–252.

197 Übersetzt zitiert nach HOOGEWEG, Oliverus, 272–273.

198 FLÜHLER-KREIS, Darstellung, 155.

199 Zitiert nach KLETLER, Weltbild, 304. Vgl. MAYER – MÜLLER-LUCKNER, Kreuzfahrerstaaten. Zu Fulcher: DURRER, Kreuzfahrerherrschaften, 185–191.

200 Zitiert nach KLETLER, Weltbild, 300.

gelernt hatte, doch. Zumindest in einem gewissen Umfang kam es zu einem Kulturtransfer und zu einer fallweisen Orientalisierung des Alltags.[201] Und möglich, dass die Heimkehrer nicht nur orientalische Kunst- und Gebrauchsgegenstände, Gewürze und medizinisch-technisches Fachwissen in ihre Heimat brachten. Vielleicht folgten ihnen auch Menschen, entweder unter Zwang (als Gefangene) oder freiwillig (zum Beispiel als Lebensgefährtinnen – gab es dann vielleicht auch Kinder?). Anzeichen dafür liegen aus Deutschland vor, allerdings erst aus dem 13. Jahrhundert.[202] Für Österreich ist kein gesichertes Beispiel bekannt.[203]

Staufischer Exotismus: Heilige Aithiopes

Nicht nur eine gewisse Exotisierung von Kunst und Lifestyle, sondern auch ein realistischeres Bewusstsein über die Welt jenseits der europäischen Grenzen war Teil des gesellschaftlichen Wandels, den die Kreuzzüge verstärkten. Generell begann der „Orient" nun „seinen Platz in der Vorstellungswelt, in der Kunst und in der Literatur des lateinischen Westens ein[zunehmen] – und zwar durchaus nicht allein als Negativ- oder Gegenfolie."[204] Mehr Realismus empfahl sich auch aus politischen Gründen. 1144 hatte die Kreuzzugsbewegung durch den Verlust des Territoriums von Edessa einen herben Rückschlag erlitten. Die folgende strategische Neuorientierung ging dahin, Bündnispartner außerhalb Europas zu finden, die bereit waren, die europäische Präsenz im Vorderen Orient zu unterstützen. *Gentiles* oder *aithiopes* begannen wieder eine Rolle zu spielen, und zwar im Sinne der universalistischen Schule. Waren nicht sowohl Indien als auch Äthiopien durch die Apostel bekehrt worden? Hatte nicht auch der große Augustinus gesagt, von den Strömen Äthiopiens würden Gott Opfer dargebracht werden?[205]

Eine maßgebliche Rolle bei diesen Überlegungen spielte die *Chronica sive Historia de duabus civitatibus* des Bischofs Otto von Freising (1114–1158), eines Bruders des ersten österreichischen Herzogs, der die Kunde von einem Priesterkönig Johannes im politischen Diskurs des Reiches verankerte.[206] Dieser, so glaubte man zu wissen, war ein Nachkomme der Heiligen Drei Könige, regierte über ein christliches Imperium jenseits der islamischen Welt und kämpfte – wie die Europäer – für die Befreiung des Heiligen Landes. Sein fiktiver Brief an den byzantinischen Kaiser fand ab den 1160er Jahren weite Verbreitung, nicht zuletzt in österreichischen Klöstern, wo man das Gedenken an Bischof Otto ohnehin hochhielt.[207] Das wundersame Reich des Königs lag demzufolge in den „Drei Indien", *kaum drei Tagreisen fern vom Paradise, aus dem Adam vertrieben wurde.*[208] Da man zu wissen glaubte, dass der Nil im Paradies entsprang (siehe oben), konnten geographische Relationen daraus abgeleitet werden. *Daz paradeiz ist gelegen gen aufgang der sunne für der Moren land wider den perg Sylanum* […]. *Daz erst*[e wasser] *haisset Gyon, daz rinnet in Morenland, und da si-*

201 Hundsbichler, Kommunikation.
202 Martin, Afrikaner, 27 und 43.
203 Dass in einer Schenkungsurkunde betreffend Dornbach 1216 ein *altmannus niger* („schwarzer Altmann") erwähnt und von einem *altmannus albus* („weißen Altmann") unterschieden wird (Lohrmann – Opll, Regesten, 97, Nr. 330), ist wohl nicht als Indiz für die Anwesenheit eines Afrikaners in Wien zu werten. Ein solcher wäre eher als *aethiops* oder *morus* bezeichnet worden, und umgekehrt wurde *albus* nicht für Europäer gebraucht.
204 Jaspert, Kreuzzüge, 160.
205 *[…] a finibus fluminum Aethiopiae adferent hostias mihi* (Augustinus, De Civitate Dei 18/33, 319).
206 Brewer, Prester John, 1–26; Otto bezog sich dabei ausdrücklich auf den Fall von Edessa.
207 Baum, Mythos, 126 sowie Quellenverzeichnis ebd., 352–362.
208 Oppert, Presbyter, 32; vgl. Brewer, Prester John, 20–25.

czet priester Johans, schrieb die *Österreichische Chronik* zu Ende des 14. Jahrhunderts.[209] Als die christliche Festung Akkon 1291 in die Hände der Muslims fiel, glaubte man fest daran, Äthiopien würde aus Vergeltung die Wasserversorgung Ägyptens blockieren.[210]

Dass sich somit eine Perspektive eröffnete, Partner in fernen Ländern zu finden, erforderte eine Revision der pauschalen Verteufelungen, die bisher dominiert hatten (man kann sich denken, dass dies nicht ohne Widerstände erfolgte). *Aithiopes* wurden tendenziell zu Bewohner:innen eines christlichen Reiches, das dem Paradies näher gelegen war als Europa. Neben die *heidenisken môre* der Kreuzzugspropaganda traten jetzt christliche, denen eine quasi heilsgeschichtliche Funktion zuerkannt wurde. Zwar scheiterten zunächst alle Versuche, in direkten Kontakt zum Priesterkönig zu treten. Erst das Eintreffen äthiopischer Gesandtschaften in Italien (1306 Genua, 1402 Venedig) lieferte Belege für seine Existenz.[211]

Die politischen Hoffnungen auf außereuropäische Verbündete schlugen sich in der Imagination heiliger *aithiopes* nieder: Phantasien von mächtigen Herrschern aus weiter Ferne, die aufgebrochen waren, um den wahren Glauben zu suchen. Eine der frühesten künstlerischen Umsetzungen findet sich auf einer der ursprünglich 45 kleinen Emailplatten des sogenannten Verduner Altars, eigentlich einer Kanzelverkleidung, im Stift Klosterneuburg (1181).[212] Diese „Königin von Saba", gemäß der Schilderung im Hohen Lied in Konversation mit Salomo begriffen, ist sowohl aus künstlerischer als auch aus theologischer Sicht bemerkenswert. Ihre dunkle Hautfarbe weist sie als Vertreterin der *gentiles* aus, die gekräuselten Haare eines Dieners stellen sie deutlich in einen afrikanischen Kontext. Abgesehen davon präsentiert sie sich gegenüber dem König als ebenbürtig in Weisheit und Glauben. Wenngleich sich derartige Darstellungen auch in späterer Zeit finden, entwickelte sich aus der Klosterneuburger „Königin von Saba" keine Bildtradition heiliger Schwarzer Frauen.[213] Gleichwohl wurde hier ikonographisch das Sujet des in den christlichen Kosmos integrierten *aithiops* vorweggenommen. Es sollte im Folgenden mehrfach, aber nur mehr männlich interpretiert werden, zunächst anhand des Reichsheiligen Mauritius.

Im Zuge des Neubaus des Magdeburger Doms wurde um 1240 eine lebensgroße Mauritiusstatue errichtet, die ihn als Schwarzen Ritter zeigt – nicht nur „eine der frühesten Darstellungen eines Afrikaners in der europäischen Kunst überhaupt, sondern auch [...] eine der in künstlerischer Hinsicht überzeugendsten".[214] Der unbekannte Künstler „muss Afrikaner aus eigener Anschauung gekannt haben, sonst wäre ihm eine derartig realistische Darstellung wohl kaum gelungen."[215] Otto I. hatte das Magdeburger Erzstift seinerzeit als Bollwerk gegen die Slawen gestiftet und es unter den Schutz des ägyptischen Offiziers und Märtyrers Mauritius gestellt; dessen wundertätiger Lanze wurde der Sieg des Kaisers über die Ungarn

209 Zitiert nach SEEMÜLLER, Chronik, 5 und 8.
210 BASTERT, Akkon, 259–262.
211 SALVADORE, Relations; BAUM, Mythos, 217–238.
212 KUNST, Afrikaner, 10–12. Zum religiösen wie literarischen Kontext MARTIN, Afrikaner, 25–33; DEVISSE, Symbols, 120–123.
213 Die verschiedentlich in den Raum gestellte Verbindung der afrikanisierten „Königin von Saba" mit den Schwarzen Madonnen ist zweifelhaft (KAPLAN, Introduction, 25) und existiert jedenfalls für Österreich nicht. Nach derzeitigem Kenntnisstand stammen die frühesten Schwarzen Madonnen hierzulande (meist vom Typ Loreto) aus dem Umkreis der siegreichen Gegenreformation der 1620er Jahre (SAUER, Expeditionen, 83). Die von CASSAGNES-BROUQUET (Vierges Noires, 35) angeführten österreichischen Beispiele „Alt Oettingen (prés de Salzburg)", „Maria-Zell" und „Nieder-Ranna" sind offensichtlich gegenstandslos.
214 MARTIN, Afrikaner, 36. Vgl. SUCKALE-REDLEFSEN, Mauritius; SUCKALE-REDLEFSEN, Ritter; DEVISSE, Maurice.
215 SUCKALE-REDLEFSEN, Ritter, 197.

im Jahr 955 zugeschrieben.[216] Erstmals war Mauritius in der sogenannten Deutschen Kaiserchronik (um 1160) als *herzoge der Môre* bezeichnet worden.[217] Ihn nun auch selbst als Schwarzen Ritter darzustellen – wohl nicht ohne Zustimmung der erzbischöflichen Bauherren, die in einem Naheverhältnis zu Friedrich II. standen[218] –, bereicherte die Staatssymbolik des Reiches um ein neues Element. Die Afrikanisierung der ohnehin schon politisch aufgeladenen Skulptur sollte wohl signalisieren, dass die vom Kaiser vorangetriebene „Ostkolonisation" in einem universelleren Kontext stand, nämlich als Bestandteil eines Imperiums, das Ministerialen und Schutzheilige aus den verschiedensten Völkern umfasste.

Dass das multikulturell geprägte Sizilien 1194 an die Hohenstaufen gefallen war, hatte den Bemühungen um eine Stärkung des Kaisertums und seine Stilisierung als europäische und weltweite Friedensmacht eine neue Facette hinzugefügt. Stärker als zuvor rückte der mediterrane Raum ins Zentrum der Aufmerksamkeit. Die Politik des staufischen Kaisers Friedrich II. implizierte im Inneren eine limitierte Toleranz gegenüber dem Islam, im Äußeren eine friedliche Verständigung mit den Staaten des Nahen Ostens und Nordafrikas (unter anderem Friede von Jaffa 1229) sowie eine Exotisierung seiner imperialen Repräsentation. Vereinzelt stiegen schwarze Sklav:innen und Dienstboten in hohe Funktionen auf, etwa Johannes Morus, der es zum Vorsteher des kaiserlichen Gefolges und später zum Großkämmerer (quasi Finanzminister) Siziliens brachte (allerdings später ermordet wurde, weil er im Konflikt zwischen Kaiser und Papst angeblich für Letzteren Partei ergriff).[219] Ebenso wie diese Würdenträger bildete die legendäre orientalische Entourage, mit der sich Friedrich bei Festlichkeiten umgab, den realen Kontext für die Überhöhung des Mauritius: *Wie es der kaiserlichen Erhabenheit ansteht, so zog er daher in großer Glorie, und es folgten ihm die vielen Quadrigen mit Gold und mit Silber beladen, mit Byssus und Purpur, mit Gemmen und köstlichem Gerät. Er führte mit sich Kamele, Maultiere und Dromedare, Affen und Leoparden, auch viele Sarazenen und dunkle Äthiopier, die sich auf mancherlei Künste verstanden und als Wachen dienten für Gelder und Schätze.*[220]

1237 hielt sich Friedrich II. drei Monate lang in Wien auf, und möglicherweise sah man damals die ersten Afrikaner in der Stadt. Der staufische Herrscher kam im Unfrieden, nachdem der Konflikt über die Autonomiepolitik des österreichischen Herzogs eskaliert war.[221] Anfang Jänner traf das kaiserliche Heer in Wien ein; der Babenberger war nach Wiener Neustadt geflüchtet. Trotz des militärischen Rahmens ist anzunehmen, dass zumindest ein Teil des glanzvollen Gefolges nicht fehlte. Immerhin sollte in Wien auch Friedrichs neunjähriger Sohn Konrad zum König gewählt werden. Allerdings hüllen sich die – eher dem Herzog gegenüber loyalen – Quellen in Schweigen. Der Chronist von Stift Heiligenkreuz berichtet nur generell (und missbilligend) von Festlichkeiten während des kaiserlichen Aufenthalts: *Sie aßen und tranken* […] *und taten sonst nichts Nützliches.*[222]

Während die Anhänger des Papsttums die Inszenierungen des Kaisers als „sarazenisch" verdammten, faszinierten dieselben große Teile der Bevölkerung. Dies lassen die Auftritte

216 Kunst, Afrikaner, 15–16. Zur angeblichen Mauritiuslanze, die zu den Reichsinsignien zählte: Kirchweger, Lanze.
217 Martin, Afrikaner, 35.
218 Suckale-Redlefsen, Mauritius, 159.
219 Kantorowicz, Friedrich, Hauptband 288; Martin, Afrikaner, 387–388.
220 So ein deutscher Chronist, zitiert nach Kantorowicz, Friedrich, Hauptband 370; zur Menagerie und dem orientalischen Gefolge ebd., 286–288. Vgl. Sommerlechner, Stupor mundi, 170–177.
221 Hausmann, Friedrich, Hauptband 243–252.
222 […] *comedentes et bibentes* […] *et nichil aliud utilitatis operantes* (zitiert nach Hausmann, Friedrich, 254).

eines „falschen Friedrich" erkennen, der Jahrzehnte später mit *drî môren viel swarz* durch die Lande zog und großes Aufsehen erzielte (bis er auf Befehl Rudolfs I. hingerichtet wurde).[223] Im aristokratischen Milieu kann das vereinzelte Auftreten von *aithiopes* in der Heraldik[224] als virtuelle Teilhabe am staufischen Exotismus interpretiert werden. Die ersten Vorkommen solcher „Mohren"wappen finden sich auf Siegeln, zunächst der Württemberger Grafenfamilie Kirchberg (ab 1263),[225] dann ab 1286 des Bischofs von Freising, dessen Wahrzeichen auch auf den Freisinger Herrschaften in Österreich Verbreitung fand.[226] Generell standen Wappensymbole, in ihrer Bedeutung oft ambivalent, mit Identität, Ehre oder politischer Affiliation des Trägers (oder der Trägergruppe) in Beziehung und besaßen juristische Qualität.[227] Häufiger fanden die stereotypen Darstellungen Schwarzer Könige auf Schilden oder Siegeln ab Anfang des 14. Jahrhunderts Verwendung, dann vereinzelt schon als „sprechende Wappen".[228] Auch wenn sich die Bedeutungsnuancen unserer Kenntnis entziehen, war es zweifelsohne ein Statement, heraldisch in die Rolle eines christlichen *azopat* zu schlüpfen.

Paul Kaplan hat weiters auf Zusammenhänge zwischen den politischen Ambitionen der staufischen Herrscher und dem zeitgleich feststellbaren Exotismus in der Bildenden Kunst verwiesen. So thront Friedrich II. auf einem Fresko in den erhaltenen Klostergebäuden von San Zeno Maggiore in Verona gleichsam als Weltherrscher vor einem multiethnischen Gefolge, darunter vier Afrikanern.[229] Mehrfach finden sich Bezüge auf die kaiserliche Entourage, etwa auf der Marmorkanzel des Doms von Siena in Form zweier afrikanischer Kamelreiter im Gefolge der Heiligen Drei Könige (Nicola Pisano, 1266–1268).[230] Von Siena aus fand das Sujet Eingang in den Kanon des Dreikönigszugs, in dem nun nicht selten Schwarze Diener oder Soldaten erscheinen. Dies übrigens auch im österreichischen Raum: Wohl vermittelt durch eine Wandmalerei des Johannes von Bruneck in der Spitalskirche von Sterzing (Südtirol) fungieren solche Dreikönigsbegleiter mehrfach auf Wandgemälden in Kärntner und steirischen Landkirchen des frühen 15. Jahrhunderts sowie im niederösterreichischen Pöggstall (St. Anna im Felde).[231]

Neben der Bildenden Kunst spielte in dieser exotistischen Phase die Literatur eine wichtige Rolle. Hier sticht das Werk Wolframs von Eschenbach hervor, dessen Versroman *Parzival* (circa 1200–1210) mit der Schilderung der Reisen des Ritters Gahmuret im Orient und seiner Liebesnacht mit Königin Belakane paradigmatischen Charakter gewann: *Entwâpent mit*

[223] Martin, Afrikaner, 42. Sowohl die *Österreichische Reimchronik* als auch die *Österreichische Chronik von den 95 Herrschaften*, beide aus dem 14. Jahrhundert, berichteten. Dass sich der „falsche Friedrich" und seine drei Diener auch im habsburgischen Österreich aufhielten, kann daraus nicht geschlossen werden (ich korrigiere hiermit Sauer, Expeditionen, 25–26).

[224] Dies scheint typisch für den deutschsprachigen Raum gewesen zu sein. In England und Frankreich wurden „Mohren"wappen noch im 14. Jahrhundert ausschließlich dem islamischen Feind zugeschrieben, etwa im Luttrell-Psalter. Vgl. Strickland, Saracens, 178–182; Devisse – Mollat, Appeal, 92–96.

[225] Devisse – Mollat, Shield, 35 (generell zum Thema 31–40).

[226] Zu Freising: Hahn, Rätselraten, 17–18. Frühe erhaltene Beispiele in Österreich sind die Wappen am Raasdorfer Tor in Großenzersdorf (1396) oder mehrfach in Oberwölz (um 1430). In Waidhofen an der Ybbs war der Freisinger „Mohr" bis 1580 auf das Stadttor gemalt (Maier, Waidhofen, 111).

[227] So vermied man etwa Symbole, die „kein überzeugendes Selbstbewußtsein vermittelt und kaum Prestige gebracht, dem konkurrierenden Hochadel aber ironische Anspielungen ermöglicht" hätten (Scheibelreiter, Wappen, 133).

[228] Vgl. die Übersicht bei Rueppgrecht, Wappenfigur.

[229] Kaplan, Introduction, 5–6 und 12–18; vgl. Kaplan, Iconography.

[230] Kaplan, Black Magus, 7–17.

[231] Ebd., 225, Anm. 120 nennt St. Cäcilia bei Murau, St. Peter am Kammersberg, Zweinitz, St. Gandolf im Glantal sowie Maria Saal. Weitere mir bekannte Beispiele des Motivs befinden sich in Gerlamoos, Malta und Hart (alle Kärnten), St. Lorenzen im Mürztal und eben Pöggstall.

swarzer hant wart er von der künegîn [...] *die juncfrouwen giengen für und sluzzen nâch in zuo die tür. Dô phlac diu küneginne einer werden süezer minne, und Gahmuret ir herzen trût. Ungelîch was doch ir zweier hût* (Buch 1, Abschnitt 44, Verse 17–19 und 21–30).[232] Aus heutiger Perspektive werden solche Passagen gelegentlich als sexistisch und exotistisch kritisiert.[233] Entscheidender angesichts der ideologischen Vorgeschichte scheint allerdings, dass Wolfram hier die ästhetische wie religiöse Marginalisierung Schwarzer Menschen überwindet und traditionelle Grenzen im Spannungsfeld von Geschlecht, Körper und Religion überschreitet. Erstmals in der mittelhochdeutschen Literatur würde einer „Heidin" sogar dieselbe moralische Qualität zugeschrieben wie Getauften, schreibt Alfred Raucheisen.[234] Wolframs Epos sollte eher als Indiz für das Obsoletwerden jahrhundertelanger Vorurteile gelesen werden.

Weltanschaulich ging Wolfram von Eschenbach in seinem unvollendeten Alterswerk *Willehalm* (um 1217) noch wesentlich weiter. In diesem Epos, das typologisch als Antwort auf das fast hundertfünfzig Jahre früher entstandene *Rolandslied* des Pfaffen Konrad interpretiert wird,[235] überwindet er das Kreuzzugsparadigma – auch „Heiden" führten seiner Ansicht nach einen aus ihrer Sicht gerechten Krieg – und bekennt sich zum Gedanken der Toleranz: „daß nach wahrhaft christlicher Auffassung alle Menschen gleichwertige Kinder desselben Schöpfers seien, daß jeder Kampf zwischen Heiden und Christen ein Kampf unter Verwandten und Brüdern [!] sei".[236] Die Idee der Gleichheit von Kulturen, Religionen und „Rassen" liegt hier bereits nahe, auch wenn sie nicht konsequent zu Ende gedacht wurde (oder werden durfte).[237]

Wolframs dichterisches Werk (vor allem der *Parzifal*) wurde im spätbabenbergischen beziehungsweise frühhabsburgischen Österreich zweifellos rezipiert; ob auch seine Grenzen überschreitende Weltanschauung, scheint allerdings fraglich.[238] So finden sich in Heinrich von Neustadts Roman *Appolonius von Tyrland* (um 1300 in Wien entstanden) zwar die erotischen Phantasien in sogar noch übersteigerter Form wieder, nicht aber Wolframs emanzipatorische Botschaft.[239] Dies mag an einer verzögerten, womöglich auch obrigkeitlich gebremsten Rezeption westeuropäischer kultureller Einflüsse im österreichischen Raum liegen, sicherlich aber am abrupten Ende der exotistischen Bestrebungen der Hohenstaufenzeit. Friedrich II. war 1250 verstorben, sein Sohn Konrad regierte nur für vier Jahre. Das darauffolgende sogenannte Interregnum bot wenig Anlass für einen Blick in die Ferne.

Der „Mohren"könig der Epiphanie

Erst um die Mitte des 14. Jahrhunderts rückte das Konzept der heiligen *aethiopes* wieder in den Vordergrund – nicht zufällig vor dem Hintergrund realer Kontakte zu Äthiopien. Es scheint sich wieder um eine Sonderentwicklung im Heiligen Römischen Reich gehandelt zu

232 Zitiert nach Nellmann, Parzival, 80.
233 Johnston-Arthur, Konstruktion, vor allem 109–219, differenzierter Ebenbauer, Belakane, 16–31. Zum Kontext vgl. Groebner, Feind.
234 Zitiert nach Flühler-Kreis, Darstellung, 153–154.
235 Sabel, Toleranzdenken, 79–86.
236 Müller, Feirefiz, 46; ähnlich die Analyse bei Sabel, Toleranzdenken, 87–162.
237 Zum Vergleich des *Willehalm* mit Lessings *Nathan der Weise* vgl. ebd., 138–142.
238 Vgl. die Hinweise bei Schirok, Parzivalrezeption.
239 Johnston-Arthur, Konstruktion, 136–219; Ebenbauer, Belakane, 33–39.

haben, die mit neuerlichen Bestrebungen zur Stärkung der kaiserlichen Macht in Verbindung gebracht wird. Karl IV. von Luxemburg (reg. 1347–1378) griff dabei auf die Repräsentation der hochmittelalterlichen Herrscher zurück. Ähnlich wie Friedrich II. förderte er den Kult des Reichsheiligen Mauritius, nicht nur durch den Erwerb von Reliquien für die Burg Karlštejn bei Prag.[240] Ein Wandgemälde in der dortigen Kreuzkapelle, welcher als Sinnbild des „Himmlischen Jerusalems" ein besonderer Stellenwert zugedacht war, nimmt dezidiert auf die Interpretation des Heiligen in Magdeburg Bezug. Die Metropole an der Elbe war für Karl IV. handelspolitisch und strategisch wichtig. Von Karlštejn aus inspirierte das Sujet des Schwarzen Mauritius zahlreiche Werke der spätgotischen Plastik und Malerei, insbesondere in Brandenburg.[241] In Österreich finden wir frühe Repräsentationen des afrikanischen Heiligen unter anderem auf einem Außenflügel des Wiener Neustädter Altars (1447) oder auf einem Tafelbild von Marx Reichlich (um 1498), ehemals im Salzburger Stift St. Peter.

Zumindest konzeptionell trat um die Mitte des 14. Jahrhunderts noch ein weiteres Motiv auf den Plan: der Schwarze beziehungsweise afrikanische König der Anbetungsszene. Laut Evangelium hatten „Magier aus dem Osten" dem neugeborenen Christkind ihre Reverenz erwiesen (Mt 2, 1–12). Seit 1164 befanden sich ihre angeblichen Gebeine im Kölner Dom. Auch wenn es die Drei Könige nie zu „Reichsheiligen" brachten, eine legitimatorische Funktion für den Anspruch der gewählten deutschen Könige auf die Kaiserwürde erfüllten sie durchaus.[242] Vermutlich deshalb maß ihnen Karl IV. einen hohen Stellenwert zu. Mindestens vier Mal ließ er sich als einen der Könige malen und initiierte damit eine auch von den Habsburgern fortgeführte Tradition.[243]

Schon Augustinus hatte die Magier als Repräsentanten verschiedener Regionen verstanden (*ab Oriente, et Occidente, ab Aquilone et Meridie*).[244] Die komplizierte Ideengeschichte des Motivs (welche Regionen, ob sie Magier oder Könige waren, wie viele usw.) muss hier ausgeblendet bleiben. Erst Johannes von Hildesheim brachte die Diskussion zu einem Ende, indem er in seiner *Historia Trium Regum* um 1370 für einen Schwarzen König eintrat, obwohl er von gegenteiligen Ansichten wusste: *Caspar, der König von Tharsis und der Insel Egrisoulla, der dem Herrn die Myrrhe schenkte, war der Größte unter ihnen; er war ein schwarzer Äthiopier, daran ist kein Zweifel.*[245] Spätestens nach der erwähnten Ankunft einer äthiopischen Delegation in Italien wurde der Priesterkönig Johannes nicht mehr in Asien, sondern in Afrika lokalisiert, und somit trat auch sein Ahnherr, der Schwarze König, als Repräsentant des afrikanischen Kontinents auf.[246]

Die *Historia* fand weite Verbreitung, brachte dem Schwarzen König aber zunächst keinen künstlerischen Durchbruch. Die meisten Künstler zeigten die Drei Könige weiterhin als Weiße, wenngleich manchmal mit „Mohrenwappen" und orientalischem Gefolge. Nicht zuletzt Köln, ein Zentrum der Dreikönigsverehrung, hielt an der Konzeption der Magier als Vertreter der drei Lebensalter fest (Stefan Lochner, sogenanntes Dombild, circa 1440). Of-

240 Suckale-Redlefsen, Mauritius, 56–62; Kaplan, Black Magus, 75–82.
241 Devisse, Maurice, 154–194 und Karte ebd. 299; Katalog bei Suckale-Redlefsen, Mauritius, 157–285.
242 Engels, Reliquien, 34.
243 Allgemein vgl. Kaplan, Black Magus, 87–90. Zur Einbeziehung der Habsburger in die Anbetungsszene: Graf, Herrscherporträts; Aram, Kings.
244 *Sermo In Epiphania Domini*, zitiert nach Kaplan, Black Magus, 232, Anm. 22.
245 Zitiert nach Christern, Historia, 38. Zu den Quellen vgl. Kaplan, Black Magus, 62–68; Schilling, Hildesheim.
246 Kaplan, Black Magus, 52–58.

Abb. 4: Universalistische Tradition: Der „Mohrenkönig" der Anbetungsszene (Tafel vom ehemaligen Hochaltar der Wiener Schottenkirche, sogenannter Schottenmeister, 1470er Jahre)

fensichtlich fanden die universalistischen Assoziationen zu den heiligen *aethiopes* nicht allgemeinen Beifall, vielmehr hielten sich afrophobe Feindbilder in so manchen Milieus, auch im frühhabsburgischen Österreich. Dies zeigt sich deutlich am Beispiel der *Concordantiae Caritatis*, eines um 1355 entstandenen, reich illustrierten Kompendiums des Abtes Ulrich von Lilienfeld. Hier figuriert Ägypten noch immer als eine *verdunkelte und durch ihre Nachlässigkeit erblindete Welt* (fol. 108^r^) oder Äthiopien als *das finstere Leben* (fol. 235^r^). Äthiopier werden als *die angreifenden Dämonen, die in der Schwärze ihrer Verhärtungen verharren,* bezeichnet (fol. 145r), *schwarz* gilt generell als Farbe der *Irrlehrer* (fol. 21r) usw.[247] Eine Auseinandersetzung mit dem Konzept der „heiligen *aithiopes*“ findet statt, aber ist von Distanziertheit geprägt: Auf einer gemeinsamen Bildseite werden sowohl der dritte Heilige König als auch die Königin von Saba samt Dienerin mit grauer Hautfarbe dargestellt. In beiden Fällen stuft der Kommentar ihren Stellenwert herab, wie zum Beispiel: *Saba heißt übersetzt „die Bekehrte“; dessen Königin symbolisiert die Seele, die zwar von der Sündenfinsternis bekehrt, aber noch nicht völlig* [!] *von der Gnade des Herrn erleuchtet ist* (fol. 20r)[248] – eine klare Diskriminierung.

Vergleichbar negative Bewertungen Schwarzer Menschen finden sich auch in Literatur und Kunst, wobei leider keine Untersuchung dieses Phänomens vorhanden ist. Schon erwähnt wurden die Schwarzen Begleiter des Dreikönigszugs in ländlichen Kirchen. Als einzige Figuren trinken sie jeweils aus einer Flasche – stehen sie für Harlekine oder Betrunkene?[249] Auch der in Süd- und Westeuropa feststellbare Trend, Schwarze als Scharfrichter von Heiligen oder als Folterknechte Christi zu zeigen, fand Eingang: in der Hinrichtung des heiligen Matthäus durch einen äthiopischen Henker auf einem Glasfenster der Stiftskirche Göttweig (erste Hälfte 15. Jahrhundert).[250] Unbewusst schuf der Tiroler Hans Vintler in seiner Schrift *Die Pluemen der Tugent* (1411) sogar ein Gegenbild zur Klosterneuburger Königin von Saba. In Bild und Text fasste er sie als Verführerin Salomos zum Götzendienst auf: *Man vindt doch in der alten schrift, do Salomon den tempel stift, das in zwang ain schwarze haidenin. Durch der selben willen verlos er sein sin.*[251] Der Hinweis war ihm wichtig, leitete er davon doch die wünschenswerte Unterordnung der Frau unter die Autorität des Mannes ab.

Das Motiv des Schwarzen Königs mochte zwar in den programmatischen Selbstdarstellungen des Kaisertums reüssieren, tat dies aber noch nicht in der breiteren Öffentlichkeit. Wenngleich die genaue Abfolge aufgrund von Datierungsproblemen schwer rekonstruierbar ist, scheinen die ersten Repräsentationen des afrikanischen Teilnehmers an der Epiphanie im süd- oder westdeutschen Raum erst nach 1400 verortbar zu sein, teils in der Buchmalerei, teils auf gotischen Altären.[252] Es muss bewusste Entscheidungen von Auftraggebern und/oder Künstlern erfordert haben, den Schwarzen König im sakralen Raum zu verankern und sich somit zu einem positiven Konzept von *aithiopes* zu bekennen; welche Motive dafür ausschlaggebend waren, wissen wir nicht. Tatsache ist aber, dass sich das Motiv ab Mitte des 15. Jahrhunderts schnell verbreitete.[253]

Als früheste Beispiele in Österreich gelten eine Skulptur im Wiener Stephansdom aus den frühen 1460er Jahren sowie eine Tafel des ehemaligen Hochaltars der Schottenkirche,

247 Douteil, Edition, I 218–219, 488–489, 296–297 und 42–43 (Übersetzungen) sowie II 529, 655, 566 und 442 (Faksimiles).

248 Douteil, Edition, I 40–41 sowie II 441.

249 Im Dreikönigszug der Pfarrkirche Feldkirchen (Kärnten), der vor 1400 datiert wird, scheint ein Weißer Trinkender auf (danke an Herwig Weigl). Möglicherweise handelte es sich um eine bereits etablierte „verhaltensauffällige“ Figur, die in späteren Darstellungen afrikanisiert wurde.

250 Lechner, Göttweig, 93, geht davon aus, dass die Hautfarbe des Scharfrichters nachgedunkelt ist. Da dies beim Gesicht des Hingerichteten allerdings nicht so ist, dürfte es sich allerdings eher um die Umsetzung des Sujets des Schwarzen Folterers handeln (Abb. bei Sauer, Expeditionen, 15). Allgemein: Devisse, Christians, 64–72; Devisse – Mollat, Appeal, 86–90.

251 Devisse – Mollat, Shield, 68–70 und Zitat auf 312, Anm. 218.

252 Als früheste Beispiele gelten, neben Manuskriptillustrationen, Tafelbilder aus Friedberg im Rheinland, 1410, beziehungsweise Staufen im Breisgau, 1420 (ebd., 61–63) sowie der Wurzacher Altar des schwäbischen Malers Hans Multscher, 1437 (Kaplan, Introduction, 21–22; Flühler-Kreis, Darstellung, 157–158).

253 Zum Überblick über die expansive Entwicklung siehe die Beiträge in Bindman – Gates – Dalton, Image, II/2.

entstanden etwa zehn Jahre später (Belvedere Museum). Dann beschleunigte sich die Entwicklung erheblich. Bis zur Jahrhundertwende wurden in praktisch allen habsburgischen Ländern einschlägige Kunstwerke, vor allem auf Flügelaltären, realisiert, insbesondere in Wallfahrtsorten und Siedlungsknotenpunkten. Eine detaillierte Auflistung nach Entstehungsdaten, Auftraggebern und Künstlern würde vielleicht Einblick in die dahinterstehende Motivation bieten. Wurden zunächst nur europäische Gesichter schwarz gemalt, so scheinen gelegentlich reale Afrikaner (oder Bilder von solchen) als Modelle oder Vorlagen gedient zu haben. Für die kommenden Jahrhunderte wurde der „Mohrenkönig" zum Standard in Kunst und Populärkultur – angesichts der tiefsitzenden Vorbehalte gegen Schwarze Menschen ein „ikonographischer Triumph".[254] Seine Darstellung wertete Afrika zu einem gleichberechtigten Teil eines „Weltregiments" unter göttlicher Führung auf. Im Verein mit dem Exotismus der säkularen Literatur wurden, zumindest tendenziell, die Negativklischees der Vergangenheit relativiert: Der *Schwarze Kontinent* nahm wieder paradiesische Züge an, aus den grausamen *azopati* wurden potentiell Bundesgenossen, an die Stelle der Hässlichkeit der *aithiopes* trat die erotische Anziehungskraft von Belakane.

Allerdings gab es Widersprüche in dieser Botschaft. Sie ging erstens nicht über die Grenzen des christlichen Weltverständnisses hinaus: Nur der *fromme* Schwarze König war akzeptiert, das Verhältnis zu *heidnischen* Herrschern hingegen – und als solche sollte man die realen Könige Afrikas bald kennenlernen – blieb davon unberührt. Und zweitens war und blieb das Motiv ein aristokratisches Projekt, das in Zeiten sozialer Unzufriedenheit und antifeudaler Konflikte nicht unbedingt mit Sympathie rechnen konnte.[255] In welcher Weise die weniger Gebildeten und speziell das bäuerliche Volk den Schwarzen Pilger zum Christentum erlebten, ob als sympathisch oder doch als unheimlich, wissen wir nicht.

Gleichzeitig ist festzuhalten: Auch die heilsgeschichtliche Aufwertung des „Mohren" im Rahmen der Epiphanie hatte mit einer realistischen Kenntnis Afrikas oder Schwarzer Menschen nichts zu tun. Flühler-Kreis bemerkt mit Recht, dass das Motiv des „Mohrenkönigs" in Italien, wo es im 14. Jahrhundert schon lange afrikanische Sklaven gab, kaum reüssierte – offenbar verlor es dort „weitgehend seinen exotischen Wert und die Möglichkeit, als Symbol zu gelten."[256] Angesichts der bestehenden sozialen Realität hätte man es wohl auch als kontraproduktiv – weil Sklav:innen aufwertend – empfunden. Das Sujet blieb eine mitteleuropäische Phantasie. Dass sich jedoch die mit Schwarzen Menschen verbundenen Stereotypen derart veränderten, dass im Lauf des Mittelalters aus dem Dämon ein heiliger König werden konnte, ist das Bemerkenswerte an der Entwicklung.

Konfrontiert mit der Realität

Ob sich mit den affirmativen oder abwertenden Bildern im Kopf auch das Verhalten gegenüber Menschen afrikanischer Herkunft veränderte oder verändert hätte, ist kaum zu sagen. Deren Präsenz war in heimischen Breiten nämlich weiterhin äußerst dünn. Neben Venedig konnte Rom ein Treffpunkt sein, am leichtesten für ungarische Pilger, deren Herberge zu

[254] So Kaplan, Black Magus, 1.
[255] Martin, Afrikaner, 73–74.
[256] Flühler-Kreis, Darstellung, 160 und öfter.

Ende des 15. Jahrhunderts in unmittelbarer Nähe der äthiopischen lag.[257] Und zweifellos gelangten Wallfahrer auch in Jerusalem mit pilgernden Äthiopier:innen in Kontakt. Die *Indiani seu Abasini*, die er 1507 in der Grabeskirche kennengelernt und als Untertanen des Priesters Johannes eingestuft hatte, beschrieb etwa der aus Kufstein stammende Ritter Martin Baumgarten von Breitenbach mit Neugier und einem fast ethnologischen Interesse: *Alle, sowohl Männer als auch Frauen, verhüllen ihre Häupter mit blauen Schleiern, sie tragen farbige Gewänder, die sich in ihren Mustern unterscheiden, sind demütig im Auftreten und gehen mit nackten Füßen. Sie pflegen die Beschneidung. Den Knaben brennen sie Kreuze auf die Stirn, die Nase oder die Wangen, wodurch sie glauben, sich von der Erbsünde zu reinigen. Sie verzehren gesäuertes Brot. Das Sakrament empfangen sowohl die Kinder als auch die Erwachsenen in beiderlei Gestalt. Bei den Feierlichkeiten zum höchsten Osterfest kommen sowohl Männer als auch Frauen zusammen und bringen Trommeln, Lauten und andere Musikinstrumente zum Klingen, sie lärmen mit lauten Stimmen und unharmonischen Liedern. Ihre Chöre begleiten sie mit Händeklatschen, und die ganze Nacht hindurch, bis zur Morgendämmerung, tanzen und springen sie so leidenschaftlich und heftig, daß oft Lähmungen und Ohnmacht die Folge sind.*[258]

Begegnungen in Österreich selbst sind in den Quellen kaum überliefert. Am ehesten hatte man mit Gruppen aus *Klein-Ägypten* zu tun – mit durchreisenden Roma und Sinti, deren Vorfahren angeblich die heilige Familie auf der Flucht aufgenommen hatten und die sich deshalb eines hohen Ansehens erfreuten (was sich freilich bald ändern sollte). Einem ihrer Anführer, *Graff Yacob* [...] *Graff iber all Graffen aus Clain Egipten*, wurde 1524 in der Stadtpfarrkirche von Tulln (NÖ) ein Grabstein gesetzt.[259] Auch die schon einleitend erwähnten äthiopischen Geistlichen, die 1517 im Benediktinerstift Melk Aufnahme fanden, sind als Indiz für Offenheit gegenüber Fremden dunkler Hautfarbe zu werten – solange dieselben standesgemäß waren und sich innerhalb eines christlichen Ambientes bewegten.

Genau zu der Zeit aber, als die Ikonographie des „Mohrenkönigs“ ihre Breitenwirksamkeit zu entfalten begann, erschloss sich im Westen des Kontinents ein völlig neues Paradigma: Die frühkolonialen Eroberungsversuche Portugals und der einsetzende Sklavenhandel führten zu einer rassistischen Abwertung Afrikas und seiner Völker. Ein konkretes Beispiel dafür bietet der Reisebericht des Tirolers Balthasar Springer, der 1505 auf einem Schiff Augsburger Handelshäuser nach Indien gelangte. Entlang der westafrikanischen Küste registrierte er *Menschen beiderlei Geschlechts ohne Scham untereinander wie die wilden Tiere* mit sonderbaren Gebräuchen, für deren politische Repräsentanten *wir nur Spott übrig* [hatten], *ein Land mit bösen Menschen und fauliger Luft*.[260]

Zum Zeitpunkt von Springers Reise war das habsburgische Österreich schon in Berührung mit Afrikanern gekommen, die unter Zwang nach Europa gebracht worden waren. Einige von ihnen gelangten in den Besitz heimischer Adeliger, die sich auf diplomatischer Mission oder Kavalierstour in Portugal befanden. So erhielt der einflussreiche Kärntner Ritter Christoph Ungnad 1451 in Lissabon einen Sklaven zum Geschenk. Dieser *iuuenis ethiops nomine Pero Blanco* war wohl an den Kampfspielen aus Anlass der Vermählung Fried-

257 Esche-Ramshorn, Pilgrim Centre, 179.

258 Baumgartner, Peregrinatio, 90 (Übersetzung aus dem Lateinischen durch den Autor); vgl. Mayer, Reise.

259 Kerschbaumer, Tulln, 475. Zum Mythos ihrer ägyptischen Herkunft, der zu Benennungen wie *Egipsions*, *Gypsies* oder *Egipcianos* führte, siehe Bogdal, Zigeuner, 23–43; Schubert, Fremde, 26–27.

260 Zitiert nach Erhard – Ramminger, Meerfahrt, 41–42.

richs III. mit der portugiesischen Königstochter Eleonore beteiligt gewesen.[261] Ob Ungnad den jungen Afrikaner mit ins Jauntal nahm, wo sich seine Stammburg befand, ist unbekannt. Ähnlich berichtet Ritter Leo von Rožmital aus Böhmen, er habe in Lissabon *moren und affen* erhalten und diese 1467 der Kaiserin Eleonore (und wohl auch ihrem damals achtjährigen Sohn Maximilian) in Wiener Neustadt präsentiert.[262] Offenbar war die Aristokratie auf derlei „Gastgeschenke" erpicht. So wünschte sich der Breslauer Niclas von Popplau etwa fünfzehn Jahre später vom portugiesischen König unter anderem *zwey lebendige Möhrin.*[263]

Das späte Mittelalter endete also mit einem tiefgreifenden Widerspruch: Während sich einerseits in der religiösen Wahrnehmung ein romantisiertes Image Schwarzer Menschen verbreitete – über die Kirchenkunst bis weit in den ländlichen Raum hinein –, gewannen in der Elite Sklavenhandel und koloniale Mentalitäten an Boden. Man muss nicht eigens betonen, dass Letzteres das konkrete Verhältnis zu Menschen afrikanischer Herkunft in der Frühen Neuzeit stärker bestimmte als Ersteres.

261 Lowe, Stereotyping, 32–33; Nascimento, Diário, 40. Pero Blanco könnte einer *der nackende Moren / die sprungen und frolocketen* gewesen sein, die sich einer späteren Quelle zufolge in einem Turm auf dem Rücken eines *grawsamer Elefant / von ungewöhnlicher gestalt* befanden (Megiser, Annalium Carinthiae, 1103).

262 Schmeller, Rožmital, 195.

263 Angeblich hatte es Unstimmigkeiten bei der Auswahl gegeben. Die ersten zwei in Aussicht genommenen *Mohren* waren getauft und durften deshalb (im Einklang mit einer früheren Entscheidung von Papst Pius II.) nicht verkauft oder verschenkt werden. So wurden zwei andere junge Männer ausgewählt, die noch „Heiden" waren und im Unterschied zu den ersteren als *Neger* bezeichnet wurden (Radzikowski, Reisebeschreibung, 74).

III. Sklaven oder Freie? Afrikanische Diaspora in den Erblanden der Frühen Neuzeit

Wien, 23. August 1704. *Eodem wurde ein getaufter Mohr / Nahmens Jacob Bock / welcher im jüngst erregten Tumult sich am meisten* [...] *vergriffen / auff dem Hohen-Marck / allwo eine starcke Mannschafft von der Stadt-Guardi und Burgerschafft im Gewehr stunde / aufgehenckt.*[264] Einige Tage zuvor war es in der Innenstadt zu Straßenschlachten zwischen angetrunkenen Dienstboten und *ander gemeines Pövel* auf der einen, Rumorwache und Militär [!] auf der anderen Seite gekommen; eine Polizeistation war in Brand gesetzt, ein Passant von einer Kugel getroffen worden. Der sogenannte Lakaientumult zählt zu den Unterschichtrebellionen im barocken Wien: 1700 Steuerprotest gegen die Oppenheimer-Bank, 1706 Kutscher-, 1722 Schuhmacherrevolte. In der Hofburg, wo man die sozialen Ursachen der Unzufriedenheit wohl nicht verstand, müssen die Alarmglocken geschrillt haben, befand sich Habsburg doch im Krieg gegen Frankreich und war mit Bauernunruhen in Ungarn sowie dem Rákóczi-Aufstand in Siebenbürgen konfrontiert. Befehle des Wiener Stadtkommandanten, während mehrerer Tage verlautbart, verhängten für das niedrige Volk ein Versammlungsverbot und drohten Zuwiderhandelnden die Todesstrafe an. Tatsächlich hingerichtet wurde aber ein zwanzigjähriger Afrikaner, der an den Raufereien beteiligt gewesen war; er stammte aus *Chongo*, einem bedeutenden Königreich im Norden Angolas.[265] Bevor man ihn zum Galgen führte, wurde er schnell noch getauft.

Das erschreckende Geschehen im Spätsommer 1704 muss aus heutiger Sicht als rassistischer Justizmord gelten. Widerstand gegen die Staatsgewalt, wenn nicht sogar Hochverrat,[266] hätte allen Unruhestiftern angelastet werden müssen, nicht nur dem einen, der aufgrund seiner Hautfarbe herausstach. Weder kennen wir seinen wirklichen Namen, noch sind authentische Aussagen von ihm überliefert. Dass sich die Menge mit ihm verbündete und anfangs sogar imstande war, ihn aus den Fängen der Polizei zu befreien – ganz anders als bei den üblichen Wirtshausraufereien, bei denen Anrainer und Sicherheitskräfte gemeinsam gegen Ausländer kämpften[267] –, ließ ihn umso mehr als Rädelsführer erscheinen. Insofern ist das drakonische Urteil auch als Warnung an die Bevölkerung zu verstehen, sich von Fremden nicht vereinnahmen zu lassen. *Ihme zur wohlverdienten Straff / anderen aber seines Gleichen zum erspieglenden Exempel und Abscheu.*[268]

---

264 Wiennerisches Diarium, 23. August 1704, 2, das Todesurteil ebd., 11–12. Vgl. Sauer – Wiesböck, Sklaven, 26–27; Gerichtsakten sind keine mehr vorhanden.

265 Die historische Hauptstadt Mbanza Kongo ist seit 2017 Weltkulturerbe (https://whc.unesco.org/en/list/1511; 6. Dezember 2021).

266 Mordfälle wurden üblicherweise mit Enthauptung, politische Delikte mit dem Galgen geahndet, wie die Durchsicht der Urteile beziehungsweise Hinrichtungsberichte der Wiener Zeitung von 1703 und 1704 ergibt.

267 Teply, Kaffee, 139–140.

268 Wiennerisches Diarium, 23. August 1704, 12 (eine Standardformel).

Szenarien der Rekrutierung

Versklavte Menschen aus Afrika beziehungsweise Übersee sind in Österreich seit Mitte des 15. Jahrhunderts dokumentiert (vgl. Kapitel II), nicht in großer Zahl – soweit wir wissen –, aber kontinuierlich. Abgesehen von den schon Erwähnten lesen wir 1552 vom indischen Mahout (Betreuer) eines Elefanten, der Wien nach einer mühsamen Reise aus Spanien erreichte. Zunächst euphorisch auf einem Relief am Elefantenhaus am Graben und auf Medaillen verewigt, wurde er später für den frühen Tod des Tieres verantwortlich gemacht. Ein böhmischer Reisender erzählte, den ausgestopften Elefanten und einen *Mohren mit einem Bogen* (ebenfalls ausgestopft?) in Kaiserebersdorf gesehen zu haben.[269] In Prag verrechnete eine Wirtin auf dem Hradschin zwei Jahre später für Kost und Quartier eines Schwarzen Lakaien des Statthalters Erzherzog Ferdinand einen Gulden rheinisch pro Woche.[270] 1573 notierte der Südtiroler Adelige Jakob von Boymont, sein Vetter, ein Landsknechtsführer in Sizilien, hätte ihm einen jungen, teuer angekauften Schwarzen geschenkt, der aber in Innsbruck die Flucht ergriff.[271] Hypothetisch habe ich weiters die afrikanische Herkunft eines auf Burg Reichenstein (OÖ) begrabenen Kindes vermutet; Ritter Christoph Haym (1571 ermordet) war in den Krieg gegen das Osmanische Reich involviert, sein Sohn Dietrich in den gegen Marokko.[272] Kehrte einer von ihnen mit einem einheimischen Buben zurück?

Bestrebungen früher Fernreisender, Sklaven direkt in Übersee zu erwerben, waren mäßig erfolgreich. So hatte Graf Hermann von Czernin, der 1598 in Kairo *ein Mauritanisch Knäblein* kaufen wollte, nicht ausreichend Geld mit sich.[273] Erfolgreicher schien es für Christoph Fernberger zu laufen, der 1627 aus dem niederländischen Batavia (Jakarta) zwei junge Sklaven herausschmuggeln konnte; der eine verschwand freilich in Kapstadt (von wo er offenbar stammte), der andere verstarb plötzlich.[274] Vereinzelt, wie sie waren, bildeten solche Episoden Vorläufer späterer Zeiten.

Systematisch betrachtet zeigt sich, dass die habsburgischen Länder bereits in einem frühen Stadium am iberischen Sklavenhandel partizipierten und sich, auch ohne manifeste Überseeinteressen, graduell in die atlantische Sklavenökonomie involvierten, tendenziell also zu einem Bestandteil von *slavery hinterland* wurden.[275] Waren afrikanische Sklaven in adeligem „Besitz" zunächst Einzelfälle gewesen,[276] so nahm die Zahl der von Afrika oder Übersee nach Österreich Verschleppten ab dem späten 17. Jahrhundert deutlich zu (in jedem Fall ist mit einer Dunkelziffer zu rechnen).[277] Angaben zur geographischen Herkunft

269 Opll, Rarität, 253; Reitterer, Incuria, 335. Abbildung des Reliefs bei Sauer, Expeditionen, 75.

270 Sauer, Beiträge, 244. Danke an Hansjörg Rabanser (Innsbruck).

271 Straganz, Boimont, 57. Über den prominenten Besitzer vgl. Tersch, Selbstzeugnisse, 256–267.

272 Sauer, Expeditionen, 272–273; der auf dem Renaissancegrabstein dargestellte Bub hat (im Gegensatz zu allen übrigen Figuren) gekräuselte Haare – schon in der Antike ein Hinweis auf Afrika (Winkes, Physiognonomia, 915–916). Zu Ritter Haym siehe Hoffmann, Oberösterreich, 80–81; Hirsch, Sagen.

273 Harant, Ulysses, 720 (danke an Lucie Storchova, Prag).

274 Lehner, Fernberger, 109–113.

275 Zu diesem Konzept, das speziell für den kontinentaleuropäischen Raum entwickelt wurde, siehe Brahm – Rosenhaft, Hinterland, insbesondere 1–23.

276 So scheint ein Schwarzer Diener um 1640 auf einem Porträt der Fürstin Elisabeth Sidonia von Liechtenstein auf (Abb. bei Knittler – Stangler – Zedinger, Adel, 408). „Mohren" als sogenannte Assistenzfiguren auf Adelsporträts signalisieren in der Regel die Existenz eines solchen in der Realität (Sauer, Beiträge, 234–235). Zum Gemäldetypus allgemein vgl. Schmidt-Linsenhoff, Mit Mohrenpage.

277 Dies kann sowohl einer absoluten Zunahme als auch einer besseren Quellenlage geschuldet sein; die Wiener Totenbeschauprotokolle wurden erst ab 1705 für den gesamten Linienbereich geführt.

Abb. 5: Musizierender Afrikaner, um 1580 (Stammbuch des Wilhelm Schurff, Innsbruck)

liegen zwar nur selten vor, die Quellen geben jedoch Hinweise auf die Mechanismen, die ihren Weg in die Erblande bestimmten. Idealtypisch machen wir drei Szenarien mit je unterschiedlichen Akteuren und unterschiedlicher sozialer Einbettung am Bestimmungsort aus.

1. *Überseehandel.* Ab dem letzten Viertel des 17. Jahrhunderts wurde der Ankauf von Domestiken aus dem süd- oder westeuropäischen Sklavenhandel zur Mode – ein Luxusphänomen, das sich nur die Spitzen der Gesellschaft leisten konnten. Als Trendsetter erwies sich Graf Ferdinand Bonaventura von Harrach, der 1676 mit gleich sechs „exotischen" Dienstboten – darunter drei Frauen, Paula († 1677), Fränzel (k. A.) und Emanuela († 1699) – von seinem Botschafterposten in Madrid zurückkam.[278] Ein namentlich ungenannt bleibender „Mohr" durfte 1704 mit den *Caunitzische freyla* und einem *Junger Caunitz* das für den Adel reservierte Frauenbad in Baden besuchen;[279] der „alte" Kaunitz, Graf Dominik Andreas, spielte in der Außenpolitik eine wichtige Rolle. Soziologisch zunächst also auf der Ebene der Diplomatie zu verorten, blieb die Instrumentalisierung Schwarzer Menschen für Repräsentationszwecke nicht auf diese beschränkt, sondern erfasste auch das Kaiserhaus (Joseph I., Karl VI. und seine Frau Elisabeth Christine) sowie die Spitzen des Adels; neben Harrach und Kaunitz finden wir zum Beispiel Lobkowitz, Liechtenstein, Esterházy, Khevenhüller, Schrattenbach, Kolowrat oder Seilern als „Besitzer".

Der Sklavenhandel aus Übersee, der als Rekrutierungskanal für die „Hofmohren" fungierte, lief zunächst – wie schon im 15. Jahrhundert – über Portugal. Salvator Ravoncius († 1698), der unglückliche Jacob Bock oder Peter Weiß († 1754, wahrscheinlich von den Kap Verden) verfügten über portugiesischen Hintergrund.[280] 1760 brachte Botschafter Johann Sigmund Graf Khevenhüller zwei junge Schwarze, einer davon Domingo genannt, aus Lissabon nach Wien.[281] Neben Portugal fungierte Spanien als Lieferregion. Wie erwähnt kam Harrach aus Madrid, und auch Kaiserin(-witwe) Elisabeth Christine übernahm die Mode wohl von dort, hatte sie doch zwei Jahre die Regentschaft über Spanien geführt; noch um

278 Sauer – Wiesböck, Sklaven, 37; Pils, Harrach, 89–97. Zum Botschafter: Lindorfer, Aristocracy, 79–82.

279 Maurer, Bäder, 14–15. Es wurde für ihn Eintritt bezahlt, ob er nur zur Bedienung dort war oder auch selbst baden durfte, erschließt sich nicht.

280 Sauer – Wiesböck, Sklaven, 26–29 und 32. Auf die Literatur wird im Folgenden nur bei der Erstnennung der jeweiligen Person verwiesen.

281 Sauer, Beiträge, 238–239.

1740 standen zwei Schwarze Jugendliche in ihrem Dienst.[282] Auch Johann Ramurch († 1770) und Franciscus Moreno (zuletzt erwähnt 1777) hatten spanischen Hintergrund.[283] In all diesen Fällen ist West- oder Nordafrika als Herkunftsregion wahrscheinlich, auch wenn mehrmals nur *Affrica* genannt wird und wir den genauen Beschaffungsvorgang nicht kennen.

Je stärker Westeuropa kolonial expandierte, desto mehr verbreiterte sich die Reichweite des Handels. So dürfte Ferdinand Draber († 1692), der *mohrische Hayduckh* eines in Wien lebenden holländischen Feldmarschalls, aus dem niederländischen Kolonialbesitz in Südafrika oder Indonesien gekommen sein.[284] Ab den frühen 1770er Jahren fungierten weiters die Kolonien in den Americas als Lieferregion. Von dort verzeichnen wir neben dem Lakaien eines englischen Diplomaten (Franciscus Hau † 1774)[285] vor allem drei Bediente des Grafen Seilern (Nikolaus Rock † 1776, Emanuel Farelli † 1781 und Carl Pastan † 1790), einen Carl Magnus († 1784) sowie einen weiteren Khevenhüller'schen Diener (Johann Malbring † 1805).[286] Auch der (freie) Musiker Friedrich Augustus Bridgetower, der Vater des „musikalischen Wunderkindes" (vgl. Kapitel IV), der sich einige Jahre lang am Hof der Fürsten Esterházy in Eisenstadt beziehungsweise Fertöd aufhielt, stammte wohl aus Westindien.[287]

Ein kolonialer Zusammenhang anderer Art – und zugleich ein Beispiel für den Einsatz „exotischer" Dienstboten im Großbürgertum – scheint bei Johann Emanuel († 1781) bestanden zu haben. Er war bei Karl Friedrich Bargum eingestellt, einem Großhändler und Bankier, der aus einer dänischen Unternehmerfamilie stammte und in den Sklavenhandel von Christiansborg (heute Accra) verwickelt war. Emanuel könnte einer der davon Betroffenen gewesen sein.[288]

2. *Kriegsgefangenschaft.* Dieses Szenario resultierte einerseits aus dem Landkrieg der christlichen Mächte mit dem Osmanischen Reich und andererseits aus dem „eingefrorenen" Konflikt im Mittelmeer.[289] Flotten des Malteserordens beziehungsweise des Papstes brachten Schiffe unter den Fahnen des Sultans von Marokko beziehungsweise der Herrscher von Algier, Tunis und Tripolis auf und verkauften Passagiere und Besatzung in die Sklaverei (umgekehrt geschah es genauso). Bei diesen Kaperungen sowie bei Angriffen auf küstennahe Städte oder einzelne Inseln fielen immer wieder (Nord-)Afrikanerinnen und Afrikaner – meist Muslims – in die Hände der Europäer. „181 Mohren, darunter auch Frauen und Kinder, waren eine begehrte Beute", heißt es zum Beispiel 1686 von der Eroberung einer Stadt durch den steiermärkischen Admiral Johann Joseph von Herberstein.[290] Oder einige Jahrzehnte später von einer Seeschlacht mit algerischen Schiffen: *Es wurden auf diesen eroberten Schiffen von denen 568. Mann, welche es an Bord hate, 194. Mann lauter Türken, und Mohren getödtet, und 80. verwundet, die übrige aber machte man miteinander zu Sclaven, bis auf 50., so den Christlichen Glauben angenommen.*[291] Die große Mehrheit der Gefangenen wurde auf Märkten im mediterranen Raum in die Zwangsarbeit verkauft, manche aber an die Malteserritter

282 Ebd., 235–237.
283 Sauer – Wiesböck, Sklaven, 32–33.
284 Ebd., 25.
285 Zu diesem und den folgenden ebd., 33–34.
286 Sauer, Beiträge, 239.
287 Ebd., 239–240.
288 Sauer – Wiesböck, Sklaven, 34. Zu Bargum, der später Konkurs machte und nach Frankreich flüchtete, siehe Matis, Schwarzenberg-Bank, 72–78 und 140–150.
289 Vgl. Bono, Piraten; Klarer, Piracy; Haag – Klarer, Piraten.
290 Graff, Herberstein, 105.
291 Wienerisches Diarium, 29. Jänner 1752, 2.

selbst beziehungsweise Adelige in ihrem Umkreis. Auf diese Weise landeten einige im habsburgischen Machtbereich.

So ersuchte der Salzburger Erzbischof Johann Ernst von Thun seinen Bruder Franz Sigmund, Malteserritter und Oberbefehlshaber der päpstlichen Flotte, ihm *zwey Unter 15. Jahren – schöne junge mohren* zu übersenden. Als der Admiral 1697 nach längerem Suchen zwei Burschen erwerben konnte, dankte es ihm der Kirchenfürst dadurch, dass er beim Kaiser für die Ernennung seines Bruders zum Feldmarschall intervenierte.[292] Andere Opfer der christlichen Seeräuberei waren der Marokkaner Joseph Reiske, der von einem Freiherrn Mittrovsky gefangengenommen wurde und 1698 in Syrakus die Taufe erhielt,[293] und möglicherweise auch der *Türck und Mohr*, den Freiherr Emanuel Johann Anton von Liechtenstein, kurzfristig ebenfalls Malteser, 1725 in der Wiener Minoritenkirche als Johannes Antonius Neukirchner taufen ließ.[294] Ein Jahr darauf wurde ein 21-jähriger aus Tripoli, der von einem Malteser *vor ungefehr 2. Jahren / in der Insul Malta / als einen Sclaven erkauffet / und mit ihme anhero in Ungarn geführet*, in Waitzen (heute Vác) vom dortigen Weihbischof feierlich getauft.[295]

Akteure in diesem Szenario waren Ritter oder Beauftragte des Malteserordens aus prominenten Familien, die durch die Übersendung kostbarer Geschenke familiäre oder freundschaftliche Beziehungen in die Heimat stärken wollten – was auch der eigenen Karriere förderlich sein konnte. Neben seltenen Tieren und anderen Kostbarkeiten[296] ging es dabei auch um „exotische" Menschen, meist wohl im jugendlichen Alter. Diese landeten dann in hocharistokratischen Milieus überall dort, wo die Verwandten der Ordensritter zur regionalen Elite gehörten, hauptsächlich aber außerhalb von Wien.

Gleichzeitig hielt der Krieg mit der Hohen Pforte an. Er erreichte seinen Höhepunkt 1683 in der Belagerung der kaiserlichen Residenzstadt durch ein osmanisches Heer. In den folgenden Jahrzehnten gelang den habsburgischen Truppen die Rückeroberung Ungarns und von Teilen des Westbalkans; für zwei Jahrzehnte befand sich sogar Belgrad in ihrer Hand. Im Verlauf dieser Operationen wurden von den Kaiserlichen tausende Gefangene gemacht, die entweder in staatliche Zwangsarbeit (zum Beispiel auf die Galeeren oder zum Festungsbau) abgegeben oder auf speziellen Märkten, auch in Wien, verkauft wurden. *Sonst seind diese Tagen viel gefangene Türcken und unter denen auch der Muffty anher gebracht worden; welche man öffentlich auf dem Traidtmarckt* [Neuer Markt] *verkauffet, und habe ich gehöret, daß man einen zimblich jungen starcken Türcken nur umb 12 Thaler gebothen*, heißt es beispielsweise 1686.[297] Wohlhabendere hatten die Möglichkeit, sich freizukaufen.

Afrikaner:innen hatten als Soldaten, Sklav:innen oder in sonstiger Funktion im osmanischen Heer gedient oder es begleitet, und so manche fielen in Gefangenschaft. Im Unterschied zu wohlhabenden „Beutetürken" hatten sie keine Möglichkeit, sich freizukaufen, sondern wurden (zwangs-)getauft und zum ständigen Aufenthalt im habsburgischen Öster-

292 Sauer, Beiträge, 240.

293 Sauer – Wiesböck, Sklaven, 32. Die biographischen Eckdaten finden sich auf einem Porträt Reiskes, das die Grafen Kolowrat-Novohradsky 1777 anfertigen ließen (Bild samt Text ebd., 45). Bei dem genannten Freiherrn handelte es sich möglicherweise um den Malteserritter Johann Joseph von Mittrovsky († 1737): Wurzbach, Lexikon 18, Stammtafel zwischen 396 und 397.

294 Wienerisches Diarium, 23. Mai 1725, 7; zum Taufpaten siehe Falke, Liechtenstein III, 232. Neukirchner könnte freilich auch im Landkrieg gefangengenommen worden sein.

295 Wienerisches Diarium, 16. Februar 1726, 5–6.

296 So erhielt Fürsterzbischof Johann Ernst von Thun von seinem Bruder noch Levantiner Wein, fünf ägyptische Vögel, einen Passer Solitarius, einen Strauß und fünf Pferde (Martin, Fürsten, 161).

297 Zitiert nach Teply, Gefangene, 38.

reich bestimmt. Parallel zum Vordringen des kaiserlichen Heeres scheinen in Wien mit Hans Hirsch († 1684) und Nicolaus Luschy († 1687) sogenannte „Mohren" auf sowie eine *Aithiopissa Turca* namens Anna Elisabeth (getauft 1690).[298] Auch die Eltern einer Maria Elisabetha Neyrin (oder Meyrin) waren in Ungarn gefangengenommen und nach Wien gebracht worden; ihre Tochter heiratete 1706 in Salzburg den Hoftrommler Anton Monteur, einen der Jugendlichen, die der Erzbischof geschenkt erhalten hatte.[299] Ansonsten finden sich afrikanische Kriegsgefangene außerhalb der Hauptstadt selten, etwa der Ägypter Johannes Franciscus Feldner aus Suez, der 1691 in Steyr getauft wurde.[300] Auch in Innsbruck sollen gegen Ende des Jahrhunderts „getaufte Mohren" gelebt haben, doch ist über ihren Hintergrund nichts bekannt.[301]

Während sich der Verbleib der im Mittelmeer Gekaperten nach den Verwandtschaftsbeziehungen der Malteser richtete und somit breiter gestreut war, scheint die Präsenz der Gefangenen aus dem Landkrieg auf Ostösterreich beschränkt geblieben zu sein.[302] Tendenziell hatte dies eine unterschiedliche soziale Einbindung zur Folge: Denn während die mediterranen Verschleppten in renommierten Adelskreisen landeten, überwogen bei den Balkangefangenen bürgerliche Milieus. Nur der noch zu erwähnende Balthasar (1629) sowie ein Anton Studericus († 1649)[303] verblieben in den Haushalten prominenter, in den Krieg involvierter Kommandanten – in dieser frühen Zeit war ihr Sensationswert offenbar noch hoch. Alle nach 1683 Eingebrachten aber landeten in einem bürgerlich-gewerblichen, allenfalls mit geistlichen Kreisen verzahnten Ambiente. Dies mag Zufällen der Überlieferung geschuldet sein, hing wohl aber auch mit der größeren geographischen Nähe der Sklavenmärkte in Ungarn oder Ostösterreich zusammen. Diese waren leichter zugänglich als etwa Sizilien, Korfu oder Malta, und es gab ein großes Angebot. So konnten sich auch wohlhabende Bürgerliche einen Sklavenkauf leisten. Der (Hoch-)Adel hingegen, der logistisch wie finanziell auf überregionale Verbindungen zurückgreifen konnte, demonstrierte auch im Beschaffungsvorgang Exklusivität.

3. *Frühkoloniale Aktivitäten.* Schon die Jesuitenmission in Süd- und Ostasien, an der Österreicher prominent beteiligt waren,[304] kann als frühkoloniales Projekt gelten. Nimmt man die Herkunftsangabe „von der Insel China" (Macao) ernst, ließe sich schon bei Johann Franzisch († 1686) an einen religiösen Kontext denken;[305] noch deutlicher steht Johann Baptist Somoß († nach 1748) in einem solchen Zusammenhang: Seine Kinder in Wien wurden von Verwandten des Jesuitenmissionars und späteren Bischofs von Nanking, Gottfried von Laimbeckhoven,[306] aus der Taufe gehoben und er selbst, zumindest eine Zeit lang, protegiert.

Generell spielten die Überseemission der Jesuiten beziehungsweise die zu ihrer Propagierung eingesetzten Medien eine wichtige Rolle für die Wahrnehmungskonstruktion der außereuropäischen Welt. In Theater, Literatur und Bildender Kunst wurden zum einen

298 Sauer – Wiesböck, Sklaven, 25; Teply, Diodato, 37 und 54.
299 Sauer, Beiträge, 245.
300 Sauer – Wiesböck, Sklaven, 53, Anm. 100.
301 Egg – Menardi, Krippenbuch, 27 – leider ohne Quellenangabe.
302 Von 651 zwangsgetauften „Beutetürken" wird allein in Wien berichtet, von 117 weiteren aus Graz; andere landeten in Kleinstädten Nieder- und Oberösterreichs, kaum aber weiter westlich (Bono, Schiavi, 239–240).
303 Sauer – Wiesböck, Sklaven, 24–25.
304 Otruba, Jesuitenpatres.
305 Sauer – Wiesböck, Sklaven, 25.
306 Ebd., 30–31; vgl. Puhl – von Elverfeldt-Ulm, Laimbeckhoven, 28–29 und 89 (mit weiterer Literatur).

die Schwierigkeiten des Projekts herausgestellt, etwa in der künstlerischen Darstellung des heiligen Franz Xaver mit einem „Äthiopier“ oder „Inder“ auf dem Rücken (zum Beispiel Jesuitenkirche Innsbruck). Die Szene beruht auf einem angeblichen Traum des prototypischen Missionars: *FRANCISCUS XAVERIUS ware durch gantze 10 Jahre der jenige unerdichte* [nicht erdichtete] *Atlas, welcher die schwartze Welt auf seinen Schultern / ja Händen getragen / da er das Evangelium in Indien geprediget / und mit disem Volck gelebet / welches so viel heißet / als das rasende Feuer in dem Busen / und die giftigen Schlangen tragen in seinen Händen.*[307] Zum anderen unterstrichen zahlreiche exotische Taufdarstellungen in gegenreformatorisch geprägten Regionen die Bereitwilligkeit der „Mohren“, sich dem katholischen Glauben und damit einhergehenden Normen der europäischen Zivilisation zu unterwerfen. Dabei veränderte sich das Motiv des überseeischen Täuflings von prunkvoll gekleideten afrikanischen König:innen (zum Beispiel Kollegienkirche Salzburg) zu halbnackten Kindern mit einem aus Straußenfedern gebildeten Lendenschurz, einer Federkrone und Glasperlen im Ohr (zum Beispiel Jesuitenkirche Wien) – ein charakteristisches Stereotyp des überseeischen Menschen.[308] Der „Mohren“könig des Mittelalters wurde zum „Mohren“sklaven, der sich nicht nur durch seine dienende Rolle, sondern auch durch zivilisatorische Mängel von ersterem unterschied und tendenziell infantilisiert wurde. Um eine frühere Formulierung meinerseits aufzugreifen: In der Realität, aber auch in der künstlerischen Repräsentation schlug die „äthiopische“ Perspektive auf Afrika in eine „guinëische“ um.[309]

Abgesehen von der Mission ist betreffend Rekrutierung an einen Zusammenhang mit der (2.) Österreichischen Ostindien-Compagnie zu denken, welche um 1780 über profitable Handelsstationen in der moçambikanischen Delagoa Bay, auf den Nikobaren sowie in Indien verfügte.[310] Dass Einheimische aus diesen Regionen an Bord des einen oder anderen ihrer Schiffe nach Österreich gelangten, ist im Fall zweier chinesischer Bootsknechte evident, die 1780 Schönbrunn besuchten.[311] Ähnlich könnten die Wege der fünfzehnjährigen Victoria Arcate aus Südostindien († 1789)[312] oder des etwa gleich alten Michael Anjou († 1799) verlaufen sein. Letzterer stammte aus Mauritius oder von der Malabarküste und wurde im zeitlichen Gleichklang mit der vom Kaiser beauftragten botanischen Reise in den Indischen Ozean nach Wien gebracht; Vizehof- und Staatskanzler Graf Cobenzl organisierte 1788 für den *petit garcon indien* Unterkunft, Taufe und Unterricht.[313]

Ob es sich bei diesen Menschen um Verschleppte handelte oder ob eine Art von freiwilliger Migration vorlag, ist nicht bekannt. Allerdings ist überliefert, dass die Ostindien-Compagnie zum Kauf und Verkauf von Sklaven berechtigt war[314] und dass sich die erwähnte naturkundliche Expedition auf die Logistik eines Sklavenhändlers stützte.[315] Insofern liegt erzwungene Migration nahe. Welche Motive auch immer zur „Mitnahme“ dieser Menschen aus der Region des Indischen Ozean geführt hatten – auch sie landeten nicht im aris-

307 Schinl, Xaverius, 2. Vgl. Osswald, Verehrung, 76–77.

308 Zur gegenreformatorischen Ikonographie der überseeischen Welt liegt meines Wissens noch keine umfassende Monographie vor; Ansätze finden sich bei Osswald, Verehrung. Das reichhaltige Material aus dem öffentlichen Raum in Sauer, Expeditionen, wäre durch Hinweise aus Literatur und Jesuitentheater zu ergänzen.

309 Sauer, Afrikanisches Wien, 19.

310 Siehe vor allem Meisterle, Delagoa.

311 Berger, Chinesen, 8.

312 Sauer – Wiesböck, Sklaven, 35.

313 Ebd., 34–35.

314 Meisterle, Delagoa, 310–311.

315 Ly-Tio-Fane, Schönbrunn, 91 und öfter.

tokratischen Milieu. Für das Prestigebedürfnis des Hochadels kamen sie wohl zu spät – eine Wirkung der Justizreformen des aufgeklärten Absolutismus, welche die Sklaverei beschränkten (siehe unten). Als einziger wurde Anjou in den kaiserlichen Dienst aufgenommen, aber nur in einer peripheren Funktion: als Tierwärter in der Menagerie von Schönbrunn.

Dass die Schwarze Diaspora Wiens – wenn wir sie rückblickend so bezeichnen können – eine sehr diverse und auf sehr unterschiedliche Weise zustande gekommen war, lassen nicht zuletzt die um 1800 angefertigten Porträtbüsten im Rollettmuseum Baden erkennen.[316] Insgesamt betrachtet erscheinen die habsburgischen Länder nicht als sklavereifreier Raum, sondern als Überschneidungsregion unterschiedlicher Paradigmen der Sklaverei. Einerseits zeigt sich, wie schon konstatiert, eine frühe Involvierung von Institutionen und Personen in die Ökonomie des westafrikanischen beziehungsweise transkontinentalen Sklavenhandels. Andererseits aber war das frühneuzeitliche Österreich auch in die von Salvatore Bono analysierte mediterrane Sklaverei einbezogen: Nicht nur gerieten christliche Europäer:innen im Mittelmeerraum in nordafrikanische Gefangenschaft, sondern auch Tausende und Abertausende von (oft muslimischen) Männern und Frauen aus Nordafrika und dem Osmanischen Reich in europäische. Als ein charakteristisches Element dieses Systems – und Unterscheidungsmerkmal zur transatlantischen Sklaverei – sieht Bono die Reversibilität an: Zumindest im Prinzip sei der Sklavenstatus durch Freilassung oder Freikauf zu überwinden gewesen, habe eine Rückkehr in die Heimat bewerkstelligt werden können. Letzteres war für christliche Betroffene in Nordafrika und Kleinasien mehrheitlich, für muslimische in Europa zum Teil möglich.[317] Für Sklav:innen aber aus dem subsaharischen Afrika (oder aus der Region des Indischen Ozeans etc.) war diese Reversibilität nicht gegeben, sei es aus pragmatischen Gründen (wer hätte sie freikaufen, wohin hätten sie zurückkehren sollen?), sei es aufgrund ihrer größeren Bedeutung als Statussymbol. Insofern waren sie im Rahmen der mediterranen Sklaverei schlechter gestellt als die anderen. Mediterranes und transatlantisches Paradigma der Sklaverei flossen so ineinander.

Lebensverhältnisse

Auf welchen Routen und unter welchen Rahmenbedingungen auch immer die Sklav:innen oder Gefangenen aus Afrika, Asien oder den Americas nach Österreich gebracht wurden – in der Regel war ihre Reise erzwungen und von Brutalität und Todesangst überschattet. Zwar blieb den Afrikanern die *middle passage*, die lange Überfahrt über den Atlantik, erspart, doch auch der Transport nach Europa, meist über mehrere Zwischenstationen, war gefährlich und voller Leid. Bei ihrer Ankunft am Bestimmungsort waren sie zweifellos traumatisiert und extrem vulnerabel.

Prinzipiell bildeten Hausgemeinschaften die grundlegenden Lebens- und Arbeitseinheiten der vormodernen europäischen Gesellschaft. In ihnen landeten normalerweise auch die Versklavten – die Haushaltsvorstände hatten ja in ihre Beschaffung investiert. Mit gewisser

316 Firla, Afrikaner-Büsten.

317 Bono, Schiavi, vor allem 251–299; Watzka-Pauli, Triumph. Auf muslimischer Seite nutzte man Gesandtschaften, um über Freilassungen zu verhandeln. So überreichte der Botschafter von Tripolis 1724 eine einschlägige Liste von Galeerensklaven in Neapel, über die er verhandeln wollte (HHStA, StAbt, Tripolis I, fasc. 1724, no. 15).

Berechtigung konzentriert sich die Forschung daher auf die in häusliche (oder höfische) Strukturen eingebundenen Menschen, zudem deren Existenz rudimentär dokumentiert ist. Die Zahl derer, für die ein solcher Anschluss nicht oder nicht mehr bestand, wird dabei freilich unterschätzt. Menschen aus Afrika gehörten unter gewissen Umständen auch dem „fahrenden Volk" an und reisten auf sich selbst gestellt durch die Lande, sei es auf der Flucht vor einer ungeliebten Herrschaft oder aus sonstigen Gründen. Dies lässt sich aus den wenigen verfügbaren Informationen belegen.

1705 nahm die Polizei in Innsbruck einen *gewisen alhier ankhomnen Affricaner* fest, der über Trient nach Rom reisen wollte, aber über keinen Pass verfügte. Seinen Angaben zufolge war er in Spanien getauft worden und stand im Dienst eines (welches?) Fürsten. Eine behördlich überwachte Weiterreise wurde ihm schließlich gestattet.[318] 1718 kam es in Wien zur Taufe eines Schwarzen Findlings, über dessen Eltern – Durchreisende? – nichts bekannt ist.[319] Aus Vorarlberg wiederum wird 1763 von dem in Äthiopien geborenen ehemaligen Sklaven Raphael Antoni Pau berichtet, der nach einer dramatischen Lebensgeschichte im Klostertal gelandet war; wegen Diebstahls wurde er zu Peitschenhieben verurteilt und des Landes verwiesen.[320] Für Wien wissen wir ferner von Pauperisierten, die möglicherweise früher zu einem Haushalt gehört hatten. Zu ihnen zählten die als *arm* bezeichneten „Mohren" Hirsch und Anton Dores, der 1730 auf dem Gelände des Josefstädter Ziegelofens verstarb.[321] Ein weiterer, der Afroamerikaner Magnus († 1784), war im Zucht- und Arbeitshaus inhaftiert, das unter anderem für Arbeitsscheue, aber auch Bettler bestimmt war.[322] Auch der hingerichtete Jacob Bock gehörte möglicherweise keinem Haushalt an (zumindest keinem in der Innenstadt). Last, but not least ist an frühe Schaugestellte zu denken, die durch halb Europa geführt wurden; so sah man 1687 in Wien einen südafrikanischen *Hodtendodt* (vgl. Kapitel IV), 1722 zwei *Indianische Printzen* aus Nordamerika.[323]

Abgesehen von dieser relativ freien – wenn auch sehr prekären – Mobilität war der häusliche Dienst die wichtigste Arbeitsmarktnische für Personen überseeischer Herkunft, zumindest in der ersten Zeit nach ihrer Ankunft. Einem Haushalt anzugehören, brachte einerseits weitgehende Abhängigkeit mit sich, verringerte andererseits aber das Risiko sozialer Marginalisierung – zumindest solange man jung, gutaussehend, gesund und gehorsam war. Je nach Ambiente bestanden erhebliche Unterschiede. Keine Rolle spielte die Landwirtschaft, was die Situation in Europa von jener in den Americas unterschied; es gab keine vergleichbaren Plantagen. In bürgerlichen, gewerblich geprägten Milieus aber zog man die Kriegsgefangenen wohl primär zu häuslichen Verrichtungen heran. Franzisch wird als *Laggey* eines

318 Sauer, Beiträge, 244.
319 Wiener Zeitung, 8. März 1719 [sic], 9.
320 Tschaikner, Prozessakt.
321 Sauer – Wiesböck, Sklaven, 30. Dores wurde als Obdachloser interpretiert, der beim Ziegelofen „vielleicht […] die Wärme seiner verlorenen Heimat gesucht" hätte (Gugitz, Mohren, 35). Allerdings belegen die Todfallsnachrichten der Wiener Zeitung bis circa 1750 zahlreiche Verstorbene in Ziegelöfen, das heißt wohl in Nebengebäuden derselben. Dabei handelte es sich teils tatsächlich um „Arme", „Witwen", „Tagwerker" beziehungsweise deren Kinder, teils aber um ebendort Beschäftigte (zum Beispiel einen Ziegelbrennmeister: Wiener Zeitung, 24. August 1729, 7) oder um unbefugte Handwerker, die offenbar dort wohnten. Da Dores als „arm" bezeichnet wird, dürfte er wohl zur ersteren Gruppe gehört haben (danke an Paul Mitchell, Wien).
322 Sauer – Wiesböck, Sklaven, 34.
323 Wienerisches Diarium, 20. Mai 1722, 7; vgl. Koslofsky, Native Americans.

Abb. 6: Karl VI. mit seinem Schwarzen Diener Johann Michael Martin (Ölgemälde von Johann Gottfried Auerbach, um 1720/30)

Bäckers bezeichnet, andere wurden wohl als Knechte beziehungsweise Dienstmägde verwendet. Vermutlich war ihre Behandlung dort nicht die beste.[324]

Auch wenn sie zur Exotisierung des Alltags beigetragen haben mögen – ein Schwarzer Kellner in einem Wirtshaus wird wohl eine Attraktion gewesen sein –, stand die Repräsentationsfunktion der Gefangenen im bürgerlichen Milieu im Hintergrund. Nur ihre spektakulären Taufen wurden als Triumph über die Hohe Pforte inszeniert. So bei einem als *Maurus* und *Aethiops* bezeichneten osmanischen Überläufer oder Flüchtling 1629 im Wiener Stephansdom – sein Taufname Balthasar war eine Referenz an den dritten Heiligen König: *Als sie zur Kirchen kommen, ist er daselbst mit unterschiedlichen Sprachen, als Türckisch, Arabisch, Sclavonisch und Teutsch öffentlich vor dem Volcke gefragt worden, warum er kommen, und was sein Begehren? Darauff er in allen Sprachen laut geantwortet, daß er an Gott den Allmächtigen, und die Heilige Dreyfaltigkeit glauben, getaufft werden, und ein Christ seyn will; dessen zum Zeichen hat er seinen Turbant vom Kopff gerissen, auff die Erden geworffen, die Mahometische Secte verflucht, vom schwartzen Roß herunter gestiegen, auf die Erden vor dem H. Chor-Meister nieder auf seine Knie gefallen, und mit auffgehobenen Händen drey mahl um die heil. Tauffe gebeten, welches ihm verwilliget, und darauff mit gewöhnlichen uralten Ceremonien fortgefahren, getaufft, und Balthasar genennet worden. Nachdem hat er den Mohrischen Habit abgezogen, an dessen Statt ihm ein Teutscher Mantel und Huth gegeben, vor der Kirchen auf ein anderes schönes weiß geziertes Roß gesetzet* [...].[325]

An den (hoch-)adeligen Höfen hingegen spielte die Prestigefunktion der Schwarzen Domestiken eine viel entscheidendere Rolle. Zwar hatten auch sie ihre Verpflichtungen – als Läufer und Pferdeknechte, als Kammerdiener:innen, Trompeter, Soldaten, Heiducken usw. –, Arbeitstätigkeit und Repräsentation flossen aber vielfach ineinander. So zählte Martin († 1719) zum Beispiel zu den Läufern des Oberststallmeisteramts, die unter anderem dringende Nachrichten zu überbringen hatten. Bei großen Events jedoch marschierte er hervorgehoben in einer eigenen Reihe.[326] Emanuel Soesa[327] und Anton Monteur wirkten in Salzburg als *tympanistae aulici* bei öffentlichen Auftritten des Fürsterzbischofs mit, waren zugleich aber an der Kirchenmusik im Dom beteiligt und hatten das Privileg, Kindern aus der Stadt Musikunterricht zu erteilen.[328] Die beiden Schwarzen Jugendlichen Elisabeth Christines wiederum waren einem Wiener Bürger in Kost und Quartier gegeben, der neben Kleidung, Unterricht und medizinischer Betreuung auch ihre pünktliche Teilnahme an den öffentlichen Auftritten der Kaiserinwitwe zu garantieren hatte – ein aufschlussreiches Detail zur Logistik von Haupt- und Staatsaktionen.[329] In gehobeneren Positionen standen die aus Spanien mitgebrachte Fränzel *alß erste cammerjungfraw* der Gräfin Harrach[330] und vor allem Angelo Soliman. Dieser befand sich unter den persönlichen Dienern des Fürsten Liechtenstein und hatte eine im Vergleich sowohl zu den inländischen Bedienten als auch zu afrikanischen Domestiken in anderen Häusern hervorgehobene und gut bezahlte Funktion inne (siehe unten).

324 Siehe die Beschwerde – allerdings ungetaufter – türkischer Kriegsgefangener bei Teply, Gefangene, 60.
325 Auszugsweise zitiert nach Teply, Türkentaufen, 77; Sauer – Wiesböck, Sklaven, 24.
326 Wiennerisches Diarium, 20. Juli 1709, 10.
327 *ex Africa oriundas Aethiops*, in Salzburg ab 1692 nachweisbar, 1698 verstorben (Sauer, Beiträge, 241).
328 Zur Bedeutung der Trompeter und Pauker in der Veranschaulichung geistlicher und weltlicher Macht siehe Neumayr – Laubhold – Hintermaier, Musik, 169–170.
329 Sauer, Beiträge, 236.
330 Pils, Harrach, 129–130.

Dessen ungeachtet lag die eigentliche Funktion des „exotischen" Personals nicht in der Arbeitsleistung, die es erbrachte, sondern im symbolischen Wert seiner physischen Verfasstheit – Bestandteil eines adeligen Repräsentationsverhaltens, dessen Inszenierung in der „höfischen Gesellschaft" mit Rangordnung und somit politischer (und ökonomischer) Einflussmöglichkeit verbunden war. Der repräsentative Stellenwert der *Hofmohren* zielte auf Breitenwirksamkeit ab. Bei den spektakulären Aufzügen der kaiserlichen Familie beziehungsweise hoher Adeliger oder Kirchenfürsten kam die Attraktion der dunklen Hautfarbe und der orientalischen Kleidung wirkungsvoll zur Geltung.

„Der Fürst", beschreibt etwa Gerald Schlag den Einzug von Fürst Nikolaus I. Esterházy zur Kaiserkrönung in Frankfurt (1764) in Begleitung seines Schwarzen Dieners Jean Siba, „reiste in einem von sechs Rappen gezogenen prächtigen Gala-Wagen in goldgesticktem Mantelkleid und Hut mit weißen Imperial-Federn. Vor dem Wagen ritt der Stallmeister, begleitet von Reitknechten, die sechs Hand-Pferde mit reich gestickten Decken führten. Ihnen folgten der Fürstliche Hof-Fourier, Bauer, zu Pferd, begleitet von zwei Portiers, sechs Läufern, 46 Bedienten, sechs Husaren und zwei Büchsenspannern, die alle prächtige Gala-Livrees trugen. Hinter der Prunkkutsche des Fürsten folgten der ‚Hochfürstliche Cammer-Mohr und sechs Hochfürstliche Pagen in reicher Gala-Livree, mit weißen seidenen Strümpfen zu Pferd'."[331] Auch dem englischen Kleriker Richard Pococke – um ein weiteres Beispiel zu nennen – sprangen 1737 *black slaves tip'd with Gold* ins Auge, diesmal in der Entourage des Kaisers.[332]

In der „repräsentativen Öffentlichkeit" des Feudalismus, die auf die Apotheose von Herrschern und Adeligen ausgerichtet war,[333] fungierten Schwarze Statisten als Indikatoren für Reichtum und Macht der politischen Elite. Da Visibilität wichtig war, scheinen ihre äußeren Lebensumstände – über ihre psychische Verfasstheit geben die Quellen ja keinen Aufschluss – passabel gewesen zu sein: Andere als wohlgestaltete, gut ernährte und gekleidete (sowie natürlich anpassungsfähige und gehorsame) Diener wollte kein Adeliger in seiner unmittelbaren Umgebung sehen – nur solche konnten seinem Prestige nützen. So verwundert es nicht, dass sie im Vergleich zum übrigen Personal mit besonders prächtigen, auch orientalischen Gewändern sowie teilweise mit Waffen ausgestattet wurden, wie für Soliman im Detail belegt ist.[334] Prominente setzten darüber hinaus Gesten symbolischer Akzeptanz, indem sie als Taufpaten agierten, etwa bei den Kindern des Läufers Martin. Es war für Bediente auch nicht selbstverständlich, dass sie oder ihre Kinder Unterricht erhielten, wie dies bei mehreren „Hofmohren" der Fall war. So durchlief Monteur eine Lehrausbildung, nach deren Abschluss er vom *Heyduck* zum *Hof- und Feldpauker* befördert wurde.[335] Von Fernantico, einem von den Harrachs aus Spanien mitgebrachten Buben, heißt es sogar, er sei *gewaltig gelob* [worden] *von den magister, wie guedt er studiert.*[336] Auch medizinische Versorgung beziehungsweise Betreuung im Alter war in einigen Fällen gegeben, wenn etwa die Gräfin

331 Schlag, Esterházy, 446–47. Zu Siba: Sauer, Beiträge, 239.
332 Pococke, Correspondence, 181.
333 Habermas, Strukturwandel, 14–24.
334 Morrison, Dressing Soliman, 364. Heiducken waren generell bewaffnet, so vermutlich auch Draber, der 1692 bei einem Straßenkampf ums Leben kam (Sauer – Wiesböck, Sklaven, 25).
335 Schuler, Hoftrompeter, 575 (dort auch zu den Dienstpflichten: 541–542); Sauer, Beiträge, 240–243.
336 Johanna Theresia Harrach 1677, zitiert nach Pils, Harrach, 147.

Harrach eine solche für die todkranke Paula organisierte;[337] andere wiederum scheinen auf sich allein gestellt gewesen zu sein. Mindestens zwei Mal (von Soliman und Reiske) wurden Kupferstichporträts angefertigt und verbreitet, ob aus Renommiersucht oder tatsächlicher Wertschätzung, sei dahingestellt.

Insgesamt bestätigt sich der Eindruck einer relativen Privilegierung im Vergleich zum übrigen Gesinde.[338] Dabei kann von einem hohen Bekanntheitsgrad ausgegangen werden, nicht unbedingt aber von allgemeiner Beliebtheit. Eifersüchteleien, Konkurrenz und Intrigen gegen sie – möglicherweise mit ausländerfeindlichen Vorurteilen verbunden – sind sehr wahrscheinlich. Nicht selten ist ein spezifisches Naheverhältnis zur jeweiligen Herrschaft erkennbar. Die „Hofmohren" fungierten als ein spezifisch aufgeladenes Element der herrscherlichen Repräsentation und wurden insofern auch besonders geschützt. Dies brachte zweifellos Vorteile mit sich, war für sie selbst aber ein vergoldeter Käfig.

Auswirkungen des gesellschaftlichen Wandels

Mit der Zeit begann sich der Stellenwert Schwarzer Domestiken zu verändern. Die Vereinfachung des Hofzeremoniells sowie moderatere Selbstinszenierungen des Adels reduzierten den Bedarf an farbenprächtigem „Aufputz". An die Stelle des öffentlich präsenten „Hofmohren" trat entweder sein nüchterner Einsatz als Arbeitskraft (zum Beispiel bei Anjou) oder – bei Kindern – eine stärkere Anbindung an die herrschaftliche Familie. So behielt Maria Theresia ein tscherkessisches Mädchen, das sie in Konstantinopel freigekauft hatte, in ihrer unmittelbaren Umgebung.[339] Eine ebenfalls kaukasische Sklavin, die Joseph II. von seiner Russlandreise mitgebracht hatte, schenkte [!] er 1787 seiner zukünftigen Schwiegertochter, Elisabeth von Württemberg, die mit der Erziehung freilich leicht überfordert war.[340] Jahrzehnte später sollte sich der Afrobrasilianer Emanuel Rio ebenfalls im Umkreis der kaiserlichen Familie finden (vgl. Kapitel IV). In all diesen Fällen ging es vorrangig nicht um öffentlichkeitswirksame Präsentation, sondern um eine exotische Anreicherung des Familienlebens, teils wohl verbunden mit der Intention, die Jugendlichen aus „wilden" Kontinenten zu „zivilisieren". Zunehmend ist darüber hinaus eine Verbürgerlichung festzustellen, wie sie der Aufklärer Johann Pezzl distanziert festhielt: *Der Hang zu dem Außerordentlichen macht, daß sich einige Männer und Weiber auch Neger halten, welche nach ostindischem Kostüm gekleidet sind und Lakaiendienste tun. Ihre Zahl ist sehr gering.*[341]

Langfristige Trends in Richtung auf mehr Individualisierung, Auflösung der Hausgemeinschaft und größeren persönlichen Spielraum wirkten sich in dreierlei Hinsicht aus. Erstens beim Wohnen: Traditionell war das Zusammenleben der herrschaftlichen Kernfamilie mit Verwandten und dem Gesinde unter einem Dach üblich. Dies war bei etlichen der hier

[337] Ärzte und eine Amme wurden für sie engagiert, *sie ist aber so madt, daz sie nit anziegen* [anziehen] *kan* (zitiert nach ebd., 209).

[338] Ähnlich in Deutschland: Martin, Afrikaner, 136–140. Dass daraus nicht auf eine harmonische Integration in die Mehrheitsgesellschaft geschlossen werden darf, wurde jüngst am Beispiel des Württembergischen Hoftrompeters Christian Real dargetan (Spohr, Trumpeter).

[339] Montjoye, Türkenkind.

[340] Weyda, Briefe, XII, 22 und öfter. Nach Unterlagen des Privat- und Familienfonds (HHStA) scheint die Sklavin 1844 verstorben zu sein.

[341] Pezzl, Skizze, 204.

diskutierten Afrikaner:innen auch der Fall, wobei die Adressen zwischen adeligen Palästen, wohlhabenden Bürgerhäusern oder – bei den Lakaien der ausländischen Gesandten – gemieteten Appartements variierten.[342] Schon in frühen Fällen kam es aber zur Trennung von Arbeitsplatz und Wohnung, war es doch gerade in Residenzstädten schwierig, Angehörige des Hofstaats unterzubringen. Der übliche Ausweg – Zuerkennung eines Hofquartiers – wurde als einzigem dem kaiserlichen Läufer Martin zuteil, welcher dasselbe trotz Einspruchs intriganter Kollegen bis zu seinem Tod halten konnte. Für andere wurde bei Privaten für Kost und Quartier bezahlt. Beginnend mit Monteur in Salzburg (1706) ist aber auch überliefert, dass afrikanische Bediente selbständig mit ihrer eigenen Familie wohnen durften, was eine Vergrößerung der individuellen Freiräume nach sich zog. Für Wien sind die Angaben für die erste Jahrhunderthälfte weniger deutlich, für die zweite ist die Quellenlage besser (Farelli † 1781, Pastan † 1790). Auch Angehörige der Zweiten Generation, etwa Theresia Martin († 1761), wohnten privat. Die Betreffenden müssen Geldlöhne erhalten (oder sonst ein Einkommen gehabt) haben, mit denen sie die Miete zahlen konnten. Ihre Adressen lassen freilich keine hohe Wohnqualität vermuten.

Zweitens in beruflicher Hinsicht. Sofern sie nicht obdachlos oder „fahrend" waren oder, vereinzelt, dem Militär angehörten, befanden sich praktisch alle Angehörige der afrikanischen Diaspora Wiens im häuslichen Dienst. Selbständige, geschweige denn höher qualifizierte Berufe waren für sie nicht erreichbar. Berichte über Schwarze Musiker oder Maler im 17. und 18. Jahrhundert, wie sie durch die Literatur geistern, konnten nicht verifiziert werden. Nur ein einziger mit selbständigem Gewerbe scheint auf, der Schneider Johann Baptist Somoß († nach 1748), der allerdings keiner Zunft angehörte und im Lauf der Jahre verarmte. Ob es Möglichkeiten gegeben hätte, Armut und prekäre Lebensumstände durch qualifizierte Jobs zu überwinden, wurde im Fall eines jungen Ex-Sklaven aus Ägypten diskutiert. Jakob Haly war 1789 einem osmanischen Kaufmann entflohen und wollte sich in Wien taufen lassen. Kein Geringerer als Kardinal Christoph Migazzi regte eine Ausbildung an der Orientalischen Akademie zum Dolmetscher an, doch lehnte der Kaiser eine solche ab. Haly wurde dezidiert auf den freien Arbeitsmarkt verwiesen: er habe *sich seinen Lebensunterhalt durch Arbeiten selbst zu verschaffen.*[343] Generell wird hier das Vordringen von Lohnarbeit in der Gesellschaft erkennbar, was für den jungen Ägypter – der kurz darauf verstarb – allerdings keine befriedigende Lösung geboten hätte: Mangels Qualifikation hätte er nur Hilfsarbeiten annehmen können – ein Thema, das auf das 19. Jahrhundert vorausweist.

Drittens: Eheschließung und Familiengründung. 1699 verstarb in Wien Emanuela, *ein Mohrin Wittib*,[344] und wenig später lesen wir von weiteren Familien mit mindestens einem afrikanischen Partner: Monteur/Neyrin in Salzburg sowie Martin, Silber (1721) und Mahlizky (1722) in Wien,[345] später Somoß, Soliman und andere. Sofern Menschen ausländischer Herkunft getauft waren, stellte die Eheschließung theologisch kein Problem dar. Allerdings gab es darauf kein generelles *Recht*. „Untertanen" hatten vielmehr bis 1781 die Zustimmung ihrer Grundobrigkeit beziehungsweise ihres Dienstherrn einzuholen; nach

[342] Im Folgenden nach Sauer – Wiesböck, Sklaven, 41–44.

[343] Resolution Josephs II. (Diözesanarchiv Wien, Konsistorial/Ordinariatsakten, Konvertiten I, fasc. 18. Jh., 1789); Sauer – Wiesböck, Sklaven, 35.

[344] Ebd., 26.

[345] Bei den beiden Letztgenannten deuten nur frühverstorbene Kinder auf die Eltern hin, über diese selbst konnten keine Unterlagen ermittelt werden (ebd., 29).

einer kurzfristigen Liberalisierung unter Josef II. – an die Stelle des *Eheconsenses* trat eine reine Informationspflicht – mussten sich ab 1815 neuerlich *alle* – ausgenommen Adelige, höhere Beamte sowie Haus- und Gewerbsinhaber – vor einer Vermählung die obrigkeitliche Erlaubnis besorgen.[346] Das bedeutet, dass alle erwähnten Eheschließungen vor 1781 von der Zustimmung der betreffenden Herrschaft abhängig gewesen waren. Die einzige, spektakuläre Ausnahme war Soliman, der dreizehn Jahre vor der josefinischen Reform das Eheverbot seines Herrn umgehen und die Gründung einer eigenen Familie durchsetzen konnte.

Angelo Soliman

Soliman ist der einzige Afrikaner im frühneuzeitlichen Österreich, über den ein ausführliches, nahezu zeitgenössisches Narrativ vorliegt, mittlerweile ergänzt durch archivalische Quellen. Laut Caroline Pichler, seiner ersten Biographin, soll „Mmad(i) Make" oder „Mmadi Maké" – so ihr zufolge sein ursprünglicher Name – als Siebenjähriger von Angehörigen eines verfeindeten Nachbarvolks geraubt und an Sklavenhändler verkauft worden sein; über mehrere Zwischenstationen gelangte er an eine Adelige in Messina.[347] Seine Heimat ist nicht zweifelsfrei zu lokalisieren; zeitgenössische Notariatsakten, so noch vorhanden, könnten einen Hinweis auf den letzten Verkäufer beziehungsweise die Transportroute geben.[348]

In Messina wurde Soliman während einer schweren Krankheit getauft. Üblicherweise erhielten Sklav:innen in Sizilien bei der Taufe den Familiennamen ihrer Herrschaft. Philipp Bloms Hypothese, Angelos Name „Soliman" könnte auf die Grafen Sollima zurückzuführen sein, eine der wichtigen Familien Messinas im 18. Jahrhundert, scheint daher wahrscheinlich.[349] Aus *Klugheit, die ihr rieth, sich den kaiserlichen General durch dieses Geschenk zu verbinden*, überließ die Marquise den Buben dem Fürsten Johann Georg Christian von Lobkowitz, der *eine innige Neigung* zu demselben fühlte.[350] Lobkowitz kommandierte die Verteidigung Messinas gegen Spanien, bis die österreichische Armee die Stadt im März 1735 aufgeben musste; die Schenkung wird daher auf 1735 zu datieren sein. Geraubt, gekauft, verschenkt – soweit haben wir es mit einem typischen Sklavenschicksal zu tun.

Über die folgenden knapp zwei Jahrzehnte, die Soliman im Dienst des späteren Feldmarschalls verbrachte, ist wenig bekannt; möglicherweise würden sich Hinweise im Familienarchiv Lobkowitz finden.[351] Laut Pichler soll Soliman in einer problematischen Lebensphase eine gute Erziehung genossen und seinen Herrn *auf Reisen und selbst in der Schlacht* begleitet, ihn einmal nach einer Verwundung sogar in Sicherheit gebracht haben. Narben im rechten

346 Sauer, Grund-Herrschaft, 135–138.

347 Pichler, Soliman, 112. Die angeblichen Namen sowohl Solimans selbst als auch seiner Heimat („Pangusitlang" oder Ähnliches) variieren in den verschiedenen Versionen ihres Textes. Pichler versuchte Solimans Herkunft zu rekonstruieren, inwieweit sie aber auf authentische Informationen zurückgreifen konnte, bleibt offen. Sie selbst erwähnt Erzählungen seiner *Freunde* sowie *Reisebeschreibungen*, die sie konsultierte; welche diese waren, wurde bislang nicht erhoben (zur Quellenkritik: Sauer, Soliman, 65–66).

348 Leopold Fitzinger, der als Museumsmitarbeiter das Präparat Solimans kannte, ordnete ihn den Galla (Oromo) in Äthiopien zu (Fitzinger, Hof-Naturalien-Cabinet II, 5), heute wird von einer Abstammung aus Westafrika ausgegangen (Firla – Forkl, Details, 123–125; Erkert, Westafrika), zumal eine Etappe von Solimans Reise *wahrscheinlich* auf einem spanischen Schiff erfolgte (Pichler, Soliman, 113).

349 Blom, Spurensuche, 73–74.

350 Pichler, Soliman, 114–115.

351 Maur, Soliman. Im Gefolge von Lobkowitz soll Soliman 1753 Schloss Mělník besucht und eine lokale Sensation verursacht haben. Danke an Eduard Maur (Pardubice).

Stirnbereich, die auf Solimans mutmaßlicher Totenmaske diagnostiziert wurden, könnten in der Tat von einer Kampfsituation stammen.[352] Ob ein im Besitz des Wien Museums befindliches Gemälde von Peter Jakob Horemans, „Jagdbankett des Großherzogs Gian Gastone de' Medici", tatsächlich Soliman zeigt, ist nicht gesichert.[353] Lobkowitz, seit 1739 Träger des Goldenen Vließes, stand in Siebenbürgen und Böhmen im Einsatz und amtierte 1743 bis 1745 als Gouverneur der Lombardei. Man kann davon ausgehen, dass sein Itinerar auch für Soliman zutraf. Weniger klar ist ein Hinweis in der Legende des wohl in den 1760ern entstandenen[354] Kupferstichporträts Solimans, demzufolge er *in Afrika, Sizilien, Frankreich, England, Franken, Österreich allen teuer* sei.[355] Dies legt bisher unbekannte Aufenthalte in Frankreich und England nahe. Hypothetisch stelle ich eine Reise Solimans als Begleiter von Christoph Willibald Gluck zur Diskussion. Gluck stand in engen Beziehungen zur Familie Lobkowitz und reiste 1745 von Mailand aus, dem Sitz des Gouverneurs, nach London. Gab dieser dem jungen Komponisten vielleicht Soliman als „Aufputz" mit, um ihm den dortigen Einstieg zu erleichtern?[356]

Lobkowitz verstarb im Oktober 1753 im damals ungarischen Preßburg, wohin man den zuletzt wenig erfolgreichen Feldmarschall abgeschoben hatte. Sein Tod stellte nicht nur Solimans Lebensumstände zur Disposition, sondern warf auch die Frage auf, wer befugt war, über sein weiteres Schicksal zu entscheiden. Caroline Pichler zufolge hätte Lobkowitz Angelo testamentarisch dem Fürsten Joseph Wenzel von Liechtenstein vermacht. Wenn dies stimmt, wäre es ein Indiz dafür, dass Soliman noch immer als Sklave, das heißt als Sachwert angesehen wurde; in der Tat ist eine Freilassung durch Lobkowitz nicht bekannt. Allerdings, so Pichler, hätten Liechtenstein und Kaiser Franz Stephan um den *Besitz* [sic] Solimans rivalisiert, und dieser selbst hätte sich schließlich für Liechtenstein entschieden.[357] Eine (erste?) eigenständige Lebensentscheidung, die möglicherweise an bestimmte Versprechungen geknüpft war?

Ausgaben des liechtensteinischen Majorats vom 13. August 1754 für *Unterschiedl. Nothwendigkeiten vor den Fürstl. Mohr* sind das erste belegbare Datum überhaupt im Leben Angelo Solimans. Die namhafte Summe (45 Gulden) deutet darauf hin, dass ihm im Liechtensteinischen Palais in der Herrengasse eine privilegierte Stellung bestimmt war.[358] Fürst Joseph Wenzel, bereits in seinen späten 50ern stehend, war Inhaber einer riesigen Herrschaft, Feldmarschall und Ritter des Goldenen Vließes.[359] Dem betont repräsentativen Charakter seiner Hofhaltung – schon in jungen Jahren hatte er sich mit einem Schwarzen Sklaven umgeben[360] – kam die Aufnahme Solimans entgegen. Er benutzte sie auch politisch-propagandistisch, indem er (oder seine humanistisch geschulten Berater) sich selbst wie auch seinen afrikanischen Diener in Analogie zu Persönlichkeiten des Imperium Romanum

352 Teschler-Nicola – Franzke – Hammer, Büste, 101.
353 Blom – Kos, Soliman, 174–175; Sauer, Beiträge, 237–238.
354 Erstmals 1769 zum Kauf angeboten (Wienerisches Diarium, 29. April 1769, 16); vgl. Sauer, Soliman, 62.
355 *in Afr. in Sicil. Gall. Angl. Francon. Austria omnibus Carus* (zitiert nach ebd., 67).
356 Croll, Gluck, 39–41. Dass Soliman *zur Noth* auch Englisch sprach (Pichler, Soliman, 117), könnte auf einer solchen Reise beruhen.
357 Pichler, Soliman, 115.
358 Dass er schon früher immer wieder Zeit in Wien verbracht hatte, ist anzunehmen. Die folgenden Angaben über Solimans Stellung und Remuneration sind den Gehaltslisten und Fassionen der jeweiligen Jahre entnommen (Sammlungen des Fürsten von und zu Liechtenstein, Hausarchiv, Karton 325). Vgl. Sauer, Soliman, 66–69.
359 Vgl. unter anderem Rudersdorf, Liechtenstein; Press, Aristokrat.
360 Dieser ist möglicherweise auch auf einem Porträt des Fürsten dargestellt (Oberhammer, Fürstenhaus, 220).

Abb. 7: „An Gestalt und Gesicht dem Jugurtha ähnlich“: Angelo Soliman (Schabkunstblatt von Johann Gottfried Haid nach einem Gemälde von Johann Nepomuk Steiner, 1760er Jahre)

setzte. Im Begleittext zum erwähnten Kupferstichporträt wird Soliman als „Nachkomme des königlichen Geschlechts der Numider" sowie als „an Gestalt und Gesicht dem Jugurtha ähnlich" charakterisiert, also mit dem nordafrikanischen Gegenspieler Roms zu Ende des 2. vorchristlichen Jahrhunderts gleichgesetzt.[361] Dadurch rückt einerseits Liechtenstein in die Rolle von Gaius Marius, des Reformers des römischen Heerwesens, der Jugurtha besiegte. Andererseits wird Soliman als Unterworfener imaginiert, was dem Text eine latent koloniale Ausrichtung verleiht. Überstrapaziert würde die Analogie auch eine versteckte Drohung enthalten – Jugurtha wurde ja in Rom exekutiert.

Soweit ging Liechtenstein zweifellos nicht. In einer Besoldungsliste von 1761 scheint Soliman als dritter von fünf Kammerdienern auf und befand sich somit in der persönlichen Umgebung des Fürsten; mit einem Jahresgehalt von 150 Gulden (im Jahr darauf auf 200 Gulden erhöht) lag er gegenüber anderen Dienstboten im oberen Mittelfeld, im Vergleich zu den meisten anderen Domestiken Wiens eine elitäre Position.[362] Pichler zufolge brachte er *den Fürsten* [Plural!] *die Bitten derjenigen vor, die etwas bey ihnen zu suchen hatten. Seine Taschen wurden nie von Memorialien und Bittschriften leer.*[363]

Im Jänner 1760 beauftragte Maria Theresia den Fürsten Liechtenstein, die Braut ihres Sohnes Joseph (II.) nach Wien einzuholen. Dokumentiert ist die prachtvolle Ausstaffierung Solimans für diese Gelegenheit.[364] In protokollarisch präzisen Gemälden wurden sowohl der Einzug der Delegation in Parma als auch deren feierliche Rückkehr in Wien festgehalten – Soliman im ersten Fall spektakulär, im zweiten diskret in Szene gesetzt.[365] Einige Jahre später wurde er ein zweites Mal zu einer Haupt- und Staatsaktion eingeteilt. Der Kaiserhof hatte die Entsendung des Fürsten als Botschafter nach Frankfurt beschlossen, wo Joseph gewählt und gekrönt werden sollte. Am 12. Februar 1764 hielt die österreichische Delegation – inklusive Liechtenstein und Esterházy, der erste von Soliman, der zweite von Siba begleitet – ihren Einzug am traditionellen Schauplatz der Königswahl ab.[366]

Frankfurt brachte für Soliman eine entscheidende persönliche Wende. Wie Pichler detailreich berichtet, soll er sich *auf Geheiß seines Fürsten* am berüchtigten Glücksspiel *Pharao* beteiligt und dabei zwanzigtausend Gulden gewonnen haben – hundert Jahresgehälter![367] Auch wenn die Einzelheiten literarisch ausgeschmückt sein mögen: Bei seiner Rückkehr hatte Soliman Geld zur Verfügung! Sein Kapital veranlagte er vermutlich bei den bekannten Finanziers Joseph Karl von Bender und Franz Xaver von Stegnern (ersterer sollte später *in*

361 *Regiae Numidarum gentis* beziehungsweise *Nepos os humerosque Jugurthae similis:* zitiert nach Sauer, Soliman, 67.

362 Einer vermutlich Ende 1761 entstandenen Besoldungsliste zufolge umfasste der Hofstaat Liechtensteins (inklusive der Kanzlei) 86 Personen, darunter 23 Hausoffiziere (für den persönlichen Dienst des Fürsten). An ihrer Spitze standen der Haushofmeister und die fünf Kammerdiener (Sammlungen des Fürsten von und zu Liechtenstein, Hausarchiv, Karton 325).

363 Pichler, Soliman, 115. Eine solche, allerdings erfolglose Intervention (bei Feldmarschall Franz Moritz von Lacy, 1761) ist dokumentiert (Firla, Freunde, 13–20).

364 Sauer, Soliman, 68–69; Morrison, Dressing, 364–365.

365 Haupt, Einzüge. Das Gemälde „Einzug Isabellas von Parma 1760 in Wien" befindet sich im Zeremoniensaal von Schloss Schönbrunn.

366 Macek, Krönung; Schlag, Esterházy, 446–447. Einer zeitgenössischen Schilderung des Festzugs zufolge war nach vier Liechtenstein'schen Bedienten *zuletzt der erste Fürstliche Cammer-Diener* [eingereiht] *ein Mohr in einer hell blauen sammeten mit Silber ausnehmend reichgestickten Mohren Kleidung* (zitiert nach Firla, Gesellschaft, 72). Dass Soliman somit „an der Spitze der Hierarchie der Kammerdiener und Lakaien" gestanden wäre (ebd.), kann daraus nicht abgeleitet werden, diese Funktion hatte jedenfalls der *Haushofmeister* inne. Eine Auflistung des Liechtenstein'schen Hofstaats für 1764/1765 liegt nicht vor.

367 Pichler, Soliman, 116. Zu *Pharao* vgl. Blom – Kos, Soliman, 191.

absentia als Taufpate von Solimans Tochter fungieren). Spätestens 1767, wahrscheinlich aber schon früher, muss er den Aufbau einer selbständigen Existenz geplant haben. In diesem Jahr nämlich kaufte seine spätere Ehefrau – mutmaßlich mit Solimans Vermögen – ein Haus in der Weißgerber Vorstadt (heute 3., Löwengasse 13). Wenig später, am 6. Februar 1768, wurden die Witwe Magdalena Christiano, geborene Kellermann, und Angelo Soliman durch den Chormagister von St. Stephan getraut.[368]

Dass Kardinal Christoph von Migazzi persönlich verfügt hatte, die Eheschließung geheim zu halten, deutet darauf hin, dass es sich um eine sogenannte Gewissensehe (*matrimonium conscientiae*) handelte, die der Ortsbischof aufgrund einer päpstlichen Vollmacht gestatten konnte.[369] Soliman muss damit gerechnet haben, dass ihm Liechtenstein den nach staatlichem Recht erforderlichen *Eheconsens* verweigern, die Ehe selbst aber aufgrund ihres sakramentalen Charakters gültig sein würde; wie es ihm gelang, die kirchliche Mitwirkung für diesen Affront gegen einen der mächtigsten Würdenträger der Monarchie zu erhalten, sei dahingestellt. Geheim blieb die Vermählung freilich nicht. Drei Monate später war sie nicht nur amtsbekannt – im Weißgerber Grundbuch wurde der Name der Eigentümerin von *Christiano* auf *Solimanin* geändert –, sondern blieb auch dem Fürsten nicht verborgen. Liechtenstein stellte Soliman zur Rede, *kündigte ihm die Verbannung aus seinem Hause an, und strich ihn gleichfalls aus seinem Testamente aus*.[370] Nicht auszuschließen ist, dass Soliman selbst durch die Verletzung der Geheimhaltung seine Entlassung herbeiführen wollte.

Ob von langer Hand geplant oder nicht: Die geschickt arrangierte Hochzeit hatte Solimans Emanzipation von seinem feudalen Dienstverhältnis zur Folge. Er verlor dadurch zwar Arbeit und Unterkunft, gewann aber ein selbstbestimmtes Familienleben – im Kontext der damaligen afrikanischen Diaspora in Österreich ein einzigartiger Vorgang, der intime Kenntnis der politischen Entscheidungsverläufe, ein bestehendes Netzwerk bis in höchste (kirchliche) Kreise und vor allem eine finanzielle Absicherung erforderte. Aber selbst Soliman, der über all diese Voraussetzungen verfügte, konnte seinen Erfolg nicht auf Dauer genießen. Weder er (da er kein Wiener Bürger und solchen auch nicht gleichgestellt war) noch seine Gattin (als Frau) waren eigentlich berechtigt, Grundbesitz zu erwerben. Nur mittels einer speziellen Konstruktion, die der Zustimmung des Stadtrats und der Mitwirkung des Grundrichters bedurfte, hatte es Frau Christiano ins Grundbuch geschafft. Das war zwar keine unübliche Vorgangsweise, dürfte aber doch *einige Straitt, oder Irrungen* herbeigeführt haben, sodass bei *künftiger Alienirung* (Besitzveränderung) nur mehr *Bürger, oder Bürger Rechtsfähigen* Berücksichtigung finden sollten.[371] Das Besitzrecht der Solimans war also prekär und lokalpolitisch umstritten.

Auch materiell verschlechterte sich ihre Lage, je länger Solimans Erwerbslosigkeit anhielt. Durch die Auslagen für Hauskauf und -umbau, die Unkosten für die Eheschließung sowie den laufenden Unterhalt war der Spielgewinn von Frankfurt wohl bald aufgebraucht. 1767 hatte sich Soliman außerdem an einem vielversprechenden Projekt beteiligt: der Inten-

368 Dazu und im Folgenden Sauer, Soliman, 71–73. Merkwürdigerweise hat sich noch niemand mit der Lebensgeschichte Magdalena Kellermanns befasst, die niederländischer Abstammung und eine Schwester des Duc de Valmy gewesen sein soll (Bauer, Soliman, 57).

369 Der auffallenderweise in Latein gehaltene Eintrag im Trauungsbuch der Pfarre St. Stephan – offenbar wollte sich der Chormagister absichern – ist wiedergegeben bei Bauer, Soliman, 55–56.

370 Pichler, Soliman, 116.

371 Zitiert aus dem Grundbuch nach Sauer, Vorstadtmilieu, 91.

sivierung des Bergbaus in Schladming.[372] Diese Investition scheint freilich wenig profitabel gewesen zu sein. Die Familie musste sich verschulden (siehe unten), und die Geburt der Tochter Josepha am 18. Dezember 1772 erfolgte unter einfachen Verhältnissen. Als Afrikaner in Wien zu leben, ohne einem adeligen Hof anzugehören, war auch für einen Soliman nur begrenzt möglich.

Der Tod des Fürsten im selben Jahr und die Übernahme des Majorats durch seinen Neffen Franz Josef brachten eine – zumindest nach außen hin – überraschende Wende: 1773 kehrte Soliman zu den Liechtensteins zurück, nun aber auf Basis eines Dienstverhältnisses, über dessen Ausgestaltung er mit Zähigkeit und Bestimmtheit verhandelte.[373] Zunächst wurde er neuerlich in den Hofdienst aufgenommen und scheint ab 1. April 1773 mit einem guten Jahresgehalt von 600 Gulden in den Rechnungen auf. Am 1. Oktober des Jahres unterschrieb er darüber hinaus eine Erklärung, im Fall des Ablebens des Fürsten *bey dessen ältesten Herrn Sohn unter gleichen Bedingungen so lange* [zu] *verbleiben* [...], *bis dieser entweder die Volljährigkeit erreichet, oder sich vereheliget haben wird.* Daraus scheint eine Art von Betreuungsfunktion für den damals vierzehnjährigen Erbprinzen Alois hervorzugehen, derer sich der neue Fürst, welcher der Handschlagqualität Solimans offenbar nicht traute, versichern wollte. 1775 erhielt Soliman wieder eine Dienstwohnung im Seitentrakt des Palais' in der Herrengasse. Ob das Vorstadthaus seiner Frau vermietet wurde oder leer stand, wissen wir nicht. 1782 wurde es zwangsversteigert; offenbar war die Familie ziemlich verschuldet.[374] Sechs Jahre später stand Soliman wegen eines offenen Darlehens von 200 Gulden sogar vor Gericht; Verlauf und Ausgang des Verfahrens sind unbekannt.[375]

Trotz *seinen nicht zu glücklichen Umständen* wurde Soliman am 17. August 1781 einhellig und unentgeltlich in die „Loge zur Wahren Eintracht" aufgenommen, einem Sammelpunkt der reformorientierten bürgerlichen Elite der Stadt.[376] Wann und unter welchen Umständen er mit der Loge in Kontakt gekommen war, ist unbekannt. Es könnte dies über seine Bankiers gelaufen sein oder über Kontakte, die er im Zusammenhang mit Schladming schließen konnte; auch der prominente Aufklärer und Naturwissenschaftler Ignaz von Born war am dortigen Bergbau interessiert.[377] Borns Vertraute ebneten Soliman den Weg in die Loge, und dieser wiederum schlug gegen Ende 1781 Born zur Aufnahme in die „Wahre Eintracht" vor; offenbar ging man nach einem abgestimmten Plan vor. Soliman muss sich mit Borns politischer Gesinnung identifiziert haben. Die Erinnerung Georg Forsters, ihn einmal bei Ignaz von Born angetroffen zu haben, passt gut ins Bild.[378]

Für Soliman bedeutete die Aufnahme in die Loge einen Zuwachs an gesellschaftlicher Anerkennung in Kreisen des Großbürgertums und der hohen Beamtenschaft.[379] Dass er mehr als ein „exotisches Aushängeschild" war, zeigt der Umstand, dass er zwei Mal in Lei-

372 WEISS, Soliman; SAUER, Gewerke.
373 Im Folgenden nach SAUER, Soliman, 74–75.
374 Wiener Zeitung, 6. November 1782, 20.
375 Der Prozess wurde von den Universalerben des 1788 verstorbenen Generalmajors Anton von Grechtler angestrengt (WStLA, Magistratisches Zivilgericht, B2/13 – Contentiosa: Bd. 13, 1788, N–Z, fol. 211; der Akt ist nicht erhalten). Laut Verlassenschaftsabhandlung hatte Soliman auch zur Zeit seines Todes ziemlich hohe Schulden, weshalb die Tochter nur eine „bedingte" Erbschaftserklärung abgab (SAUER, Soliman, 83).
376 Vgl. unter anderem REINALTER, Aufklärung, 154–177; IRMEN, Protokolle, 8–20.
377 SAUER, Gewerke, 33.
378 FIRLA, Gesellschaft, 79. Zur Ambivalenz von Forsters Haltung gegenüber Soliman siehe allerdings WIGGER – KLEIN, „Bruder Mohr", 99.
379 Zu Solimans freimaurerischer Tätigkeit vgl. IRMEN, Protokolle, sowie FIRLA, Gesellschaft, 75–80.

tungsfunktionen gewählt wurde: 1782 zum sogenannten *Fürchterlichen Bruder*, der für die Prüfung der beitrittswilligen Kandidaten verantwortlich war,[380] und 1784 zum Substituten des Zeremonienmeisters, dem unter anderem die Betreuung der Besucher aus anderen Logen oblag. Gemäß den Protokollen muss Soliman in dieser Funktion etlichen prominenten Zeitgenossen begegnet sein. Mehrmals beantragte er die Unterstützung mittelloser Personen und übernahm auch Geldbeträge zur Weitergabe an anonym bleibende Arme (befand er sich auch selbst darunter?). Allerdings schränkte die zunehmend restriktivere Innenpolitik des Kaisers den Spielraum der „Wahren Eintracht" ein; im Dezember 1785 wurde sie mit zwei kleineren Logen zwangsvereinigt und unter behördliche Kontrolle gestellt.[381] Soliman befand sich zwar unter den zugelassenen Mitgliedern, blieb allerdings nicht auf Dauer. Kurz nach Born verließ auch er die neue Loge. Irmens Bemerkung, er sei zur „Partei des Kardinal Migazzi" übergelaufen, was „ihm seine maurerischen Ordensbrüder nie verziehen" hätten, ist quellenmäßig unbelegt.[382]

Seit Ende 1783 befand sich Soliman in Pension. Seine Bezüge wurden ihm weiter bezahlt, und auch die Dienstwohnung konnte die Familie vorerst behalten. Anfang der 1790er Jahre, als der betreffende Trakt abgerissen wurde, übersiedelten Soliman und seine Tochter – Ehefrau Magdalena war 1786 an einem Nierenleiden verstorben – auf die nahegelegene Freyung ins Haus *Zum Rothen Mandl*, ein an der Ecke zum Tiefen Graben gelegenes, nicht gerade billiges Quartier.[383] Pichlers Bemerkung, dass er im Alter zurückgezogen lebte, könnte mit anhaltender Armut ebenso zu tun haben wie mit zunehmender Enttäuschung über die politische Entwicklung. Eine solche kommt jedenfalls in einem Brief an den ungarischen Literaten Ferenc Kazinczy – einen der wenigen nachweisbaren Freunde dieser Jahre – vom 16. November 1792 zum Ausdruck: *Ich lebe ziemlich ruhig, entfernt von der grossen Welt, seh ich zuweilen die Plötzliche Stats Veränderungen mit kaltem Blute zu* – offensichtlich eine Anspielung auf den Tod Kaiser Leopolds II. im März dieses Jahres.[384]

Eine *vaterländische, eine Art von Türkischer weiter Kleidung, meistens blendend weiß*, soll er getragen haben, *wodurch die glänzende Schwärze seiner Haut noch vorteilhafter erschien.*[385] Zweifellos war Soliman eine auffallende, in der Öffentlichkeit bekannte Erscheinung. Eine von Kazinczy erzählte Anekdote – wahr oder gut erfunden – zeigt ihn (oder beide) als Objekt eines exotisierenden Voyeurismus: *Eines Tages spazierte ich in ungarischer Tracht auf dem Graben, und dort habe ich ihn getroffen. Viele Augen beobachteten uns. ‚Sieh mal', sagte er, ‚denken sie nicht, daß du auch aus Afrika kommst?'*[386] Nicht gegenseitige Wahrnehmung auf Augenhöhe, sondern ein einseitiges Anstarren des Fremden brach sich hier Bahn, das ertragen zu müssen für Schwarze Menschen im frühneuzeitlichen Wien wohl eine Selbstverständlichkeit war.

[380] Darstellung des sogenannten Wiener Initiationsrituals bei Irmen, Mozart, 93–114. 1785 soll Soliman bei der Aufnahme Joseph Haydns in den Lehrlingsgrad als Fürchterlicher Bruder fungiert haben (ebd., 116).

[381] Reinalter, Aufklärung, 178–194.

[382] Irmen, Mozart, 22; vgl. Sauer, Mythos, 138.

[383] Hier und im Folgenden nach Sauer, Soliman, 78.

[384] Sauer, Soliman, 77; Firla, Freunde, 31–43. Kazincky war von 1794 bis 1801 als Hochverräter in der Festung Kufstein inhaftiert (Österreichisches Biographisches Lexikon 3, 278).

[385] Pichler, Soliman, 118. Morrison weist jedoch darauf hin, dass sich im Nachlass Solimans auch europäische Kleidungsstücke fanden und er in den Schattenrissporträts mit diesen dargestellt ist (Morrison, Dressing, 369).

[386] Zitiert nach Sauer, Soliman, 78.

Nicht nur mit der Schaulust der Menge war Soliman in seinen letzten Lebensmonaten konfrontiert, sondern auch mit der taxierenden Beobachtung der Wissenschaft. Am 15. November 1796 beantragte der Direktor des kaiserlichen Naturalienkabinetts, Abbé Simon Eberle, bei der niederösterreichischen Landesregierung *die Überlassung der Leiche des verstorbenen* [!] *Mohren Soliman.*[387] Soliman verstarb zwar erst eine knappe Woche später, am 21. November, es wäre aber immerhin möglich, dass sein Schlaganfall schon früher erfolgte und er noch einige Tage lebte.[388] Dass sein Leichnam nach der amtlichen Todeserklärung zur Obduktion an die Medizinische Fakultät transportiert wurde, die daran wohl interessiert war, scheint fraglich, eine Obduktion hätte ja die für die museale Verwertung benötigte Haut in Mitleidenschaft gezogen. Die taxidermische Präparation der Leiche erfolgte in einem Hof des Museumsgebäudes (am Josefsplatz).[389] Ein Tabubruch – handelte es sich doch nicht um einen Unbekannten, sondern um eine *wegen seiner* [sic] *Rechtschaffenheit allgemein bekannte* Persönlichkeit[390] –, der ohne Duldung, wenn nicht sogar Förderung durch die zuständigen politischen, polizeilichen und akademischen Institutionen nicht hätte zustande kommen können.

Erst mit Zeitverzögerung brachte Solimans Tochter *in sichere Erfahrung*, dass der Körper ihres Vaters im kaiserlichen Naturalienkabinett ausgestellt werden sollte. Ihre Forderung, *dass die Haut zu dem übrigen Körper ins Grab und geweihte Erde gelagert* werden sollte, wurde vom fürsterzbischöflichen Consistorium am 9. Dezember befürwortet und mit einem scharfen Protest gegen die Entehrung der Leiche Solimans versehen.[391] Nach der negativen Antwort der Regierung reichte Josephine (wie sie sich jetzt nannte) noch zwei weitere Gesuche ein, bei der Polizeihofstelle und der Landesregierung.[392] Ihre Bemühungen blieben weitgehend erfolglos, außer dass der tote Soliman bei der Neueröffnung des „Physikal-, Kunst-, Astronomie- und Naturkabinetts" im November 1797 nicht ganz ungeschützt, sondern in einem Kasten mit grünem Vorhang aufgestellt wurde, der vor einer Besichtigung zurückgezogen werden musste: *Angelo Soliman war in stehender Stellung mit zurückgerücktem rechten Fuße und vorgestreckter linker Hand dargestellt, mit einem Federgürtel um die Lenden und einer Federkrone auf dem Haupte, die beide aus roten, weißen und blauen, abwechselnd an einander gereihten Straußfedern zusammengesetzt waren. Arme und Beine waren mit einer Schnur weißer Glasperlen geziert und eine breite aus gelblichweißen Münz-Porcellanschnecken (Cyprea Moneta) zierlich geflochtene Halskette hing tief bis an die Brust herab.*[393]

387 Zitiert nach ebd., 94, Anm. 182. Zum Museum selbst Riedl-Dorn, Naturaliencabinete.

388 Reiter, Schädel, 333.

389 Zu Abfolge und Interpretation der Ereignisse siehe Sauer, Soliman, 79–86. Die Technik wird in etwa jener entsprochen haben, die in den 1780ern im Fall eines zwei- bis dreijährigen (inländischen) Mädchens angewendet wurde (Portele, Stopfpräparate, 322–324). Bei dem Präparator handelte sich um den Bruder des damaligen Direktors, Carl Eberle, der 1797 um finanzielle Anerkennung seiner unentgeltlichen Mitarbeit im Museum einkam: *Bey den meisten in daß Kabinett geschehenen auf Stopfung und Zubereitung der großen 4füßigen Thieren so wohl als bey dem Angelo Soliman, dessen Schwärn und mühesamen Zustandbringung nicht geringen Kummer verursachte* (zitiert nach Sauer, Soliman, 82).

390 Wie sogar die Landesregierung zugab: Konzept für das Erzbischöfliche Konsistorium vom 10. Dezember (NÖLA, Nö Regierung 1780–1850, C 23 Zl. 4254/1796).

391 Die Abschrift bei Bauer, Soliman, 87–89, ist ungenau, vgl. das Original im Diözesanarchiv Wien (Sauer, Soliman, 94, Anm. 172).

392 Bauer, Soliman, 86; die Akten sind nicht erhalten (danke an Waltraud Winkelbauer, St. Pölten).

393 Fitzinger, Hof-Naturalien-Cabinet, 6; archivalischen Notizen im Naturhistorischen Museum zufolge dürfte die Beschreibung Mitte der 1840er Jahre entstanden sein.

Die klischeehafte Präsentation Solimans als „Mohren"sklave – ein Stereotyp, das der Bevölkerung durch Altarbilder, Hauszeichen oder Kostümevents vertraut war – deutet weniger auf einen wissenschaftlichen, denn auf einen antiquarischen Zugang hin, waren als „Mohren" präparierte Afrikaner doch vereinzelt Teil von Kunst- und Wunderkammern gewesen, etwa im Stift Göttweig.[394] Davon unterschied sich die Installation im Naturalienkabinett nur insofern, als nicht der präparierte Mensch allein gezeigt wurde, sondern *eine tropische Waldgegend mit Strauchwerk, Wasserpartien und Geröhre*, die mit ausgestopften Tieren angereichert war – ein Diorama „der" überseeischen Natur.[395] Gleich mehrere „Naturmenschen" bevölkerten nach und nach dieses Habitat: abgesehen von Soliman ein sechsjähriges Schwarzes Mädchen, welche die Königin von Neapel 1798 präpariert dem Kaiser überschickt hatte, sowie der Ende 1799 verstorbene Tierwärter Michael Anjou, dessen Leichnam nach provisorischer Einsegnung in Hietzing *eingewikelt nach Wien und der hohen Regierung erhaltenen Erlaubnis gemäß zum Gebrauch für das k. k. Kunstkabinet übergeben und ausgefolgt* wurde.[396] Dass das Museum nicht etwa lebensgroße Wachsfiguren verwendete, sondern Leichen realer Personen, ist als Bestandteil eines populistischen Museumskonzepts zu bewerten, das nicht auf eine systematische Aufstellung der Objekte, sondern auf Sensationen hin ausgerichtet war.

Abgesehen von den religiösen und ethischen Aspekten der Leichenschändung[397] war die museale Inszenierung des Präparats insofern rassistisch, als sie durch fehlende Kleidung und Einbindung in ein Urwaldszenario den weithin bekannten, elitär vernetzten Soliman auf den Status eines „Wilden" reduzierte. Ob sie auch rassen*theoretische* Hintergründe hatte, sei dahingestellt. Fitzingers Bemerkung, die afrikanischen Präparate hätten als *Repräsentanten des Menschengeschlechtes* fungiert, erscheint als Interpretation ex post.[398] Solimans Präsentation war eher „Teil eines theatralischen Spektakels, das wenig mit der sich ausbreitenden wissenschaftlichen Systematik um die Wende zum 19. Jahrhundert, aber dafür umso mehr mit Jahrmarktsattraktionen und barocken Allegorien gemein hatte."[399] Direktor Eberle mag über die gleichzeitigen anthropologischen Diskurse über Afrikaner im Bilde gewesen sein, doch deutet nichts darauf hin, dass er sich selbst daran beteiligen oder sie gar im Museum vermitteln wollte.

Auffallenderweise nehmen weder die Ankündigung der Neueröffnung des kaiserlichen „Physikal-, Kunst-, Astronomie- und Naturkabinetts" 1797[400] noch die spärlich publizierten Berichte von Besuchern auf die Körperpräparate Bezug.[401] Vielleicht auch das ein Resultat der Proteste Josepha Solimans? Oder eine Auswirkung der Zensur, die eine Grenze des moralischen Empfindens überschritten sah? Unter einem neuen Direktor, Carl von Schreibers,

394 Blom – Kos, Soliman, 204 und 207.

395 Fitzinger, Hof-Naturalien-Cabinet, 12.

396 Zitiert nach Sauer – Wiesböck, Sklaven, 35. Der Vorgang erregte solches Aufsehen, dass selbst der *Eipeldauer* davon Notiz nahm. Wie sehr die „Leichengier" des Museums bekannt gewesen sein muss, zeigt der Umstand, dass demselben angeblich noch 1808 ein Verstorbener überlassen wurde, zu einer Zeit also, in der die Präparate schon längst aus der Ausstellung entfernt waren (ebd., 36).

397 Die „als zweiter, ‚sozialer' Tod der Toten gesehen werden" kann: Hund, Leichenschändung, 58.

398 Fitzinger, Hof-Naturalien-Cabinet, 30. Der Autor weist jedoch selber darauf hin, die Aufstellung der Sammlung durch Eberle sei *keine wissenschaftliche, sondern sogar von höchst eigenthümlicher, ja fast bizarrer Art* gewesen (ebd., 8).

399 Blom, Straussenfedern, 116.

400 Wiener Zeitung, 29. November 1797, 3530.

401 Firla, Rosenbaum, 18–19, weist auf einen Tagebucheintrag von 1798 hin, der allerdings eineinhalb Jahrhunderte unpubliziert blieb und somit keine Rolle im öffentlichen Diskurs der Zeit spielte.

wurden die menschlichen Präparate 1806 aus der Schausammlung entfernt – vor allem, weil die wissenschaftliche Ausrichtung des Museums (nach dem Linné'schen System) in den Vordergrund gerückt werden sollte. So wie die übrigen Figuren wurde auch jene Solimans ins Depot gestellt und zu einem späteren Zeitpunkt mit der Inschrift versehen: *Durch Zwang und nicht, weil er es verdient hätte, wurde Angelo* [oder: *wurde ein Engel*] *zwischen wilde Tiere gestellt* – quasi eine museumsinterne Entschuldigung.[402] In Einzelfällen (und gegen Trinkgeld) sollen die Präparate freilich weiterhin zugänglich gewesen sein.[403] Auch die zehnjährige Erzherzogin Leopoldine – später Kaiserin in Brasilien – soll hier zum ersten Mal Schwarzen Menschen (oder zumindest ihren konservierten Körpern) begegnet sein.[404] Ende Oktober 1848 fiel der dreistöckige Dachboden von Hofburg und Augustinertrakt, in denen sich die neun Depoträume der *Zootomischen Sammlung* befanden, der Rückeroberung des revolutionären Wien durch die kaiserliche Armee zum Opfer. Mit den Schädeln *der meisten menschlichen Raçen wie auch Mumienköpfen* verbrannten auch die Überreste der vier präparierten Menschen.[405]

Sklaverei in Österreich

Die 2007 formulierte These, Afrikaner:innen beziehungsweise Menschen überseeischer Herkunft hätten sich – von Ausnahmen abgesehen – auch in Österreich im Status der Sklaverei befunden, hat für mediale Aufmerksamkeit gesorgt. Freilich hätte schon ein Blick in das *Allgemeine Bürgerliche Gesetzbuch* (ABGB) von 1811 zum Nachdenken anregen können, welches *Sclaverey oder Leibeigenschaft, und die Ausübung einer darauf sich beziehenden Macht* für *in diesen Ländern nicht gestattet* erklärte (§ 16). Es verwundert, dass bis heute kaum rechtshistorische Forschung zu „Sklaverei“ als einem von „Leibeigenschaft“ abgegrenzten personenrechtlichen Status in der frühneuzeitlichen Gesellschaft Österreichs existiert.[406]

Die habsburgischen Länder waren Bestandteil eines Systems europäischer Staaten, in denen Sklaverei seit Jahrhunderten selbstverständlich war und die seit dem Spätmittelalter einen aggressiven transkontinentalen Sklavenhandel betrieben. Daraus ergibt sich als ein erstes Untersuchungsfeld (auf das hier nur kurz eingegangen werden kann) ihre politische wie ökonomische Involvierung in sklavereibezogene Strukturen und Mechanismen *außerhalb* des eigenen Staatsgebiets. Etwa ist an die Lizenz Friedrichs III. für Genua und Caffa 1466 zu erinnern, Sklaven *beiderlei Geschlechts und welcher Beschaffenheit auch immer* zollfrei im ganzen Reich zu handeln.[407] Unter kaiserlichem Schutz, teils sogar unter österreichischer Flagge, beteiligten sich Firmen von den habsburgischen Niederlanden aus aktiv

402 *Vi nec e merito est Angelus inter bestias situs* (Riedl-Dorn, Museum, 75). Fitzinger überlieferte die Inschriften, als deren Autoren er einmal Direktor Carl von Schreibers und dreimal sich selbst angibt, zum 11. Mai 1845 (Fitzinger, Neger).
403 Brabbée, Sub Rosa, 167.
404 Sauer, Mythos, 136, Anm. 12.
405 Natterer, Bericht, 4.
406 Zu den wenigen Ausnahmen zählt Harrer – Warto, ABGB.
407 Martin, Afrikaner, 61 und (Wortlaut) 402. Zu Kaffa (Krim) als Metropole des mittelalterlichen Sklavenhandels siehe Verlinden – Schmitt, Ursprünge, 179–184. Inwieweit derartige Privilegienerteilungen routinemäßig erfolgten – etwa im Rahmen des Reichshofrats – wäre zu untersuchen.

am Handel mit Sklaven, etwa das von Joseph II. geadelte deutsche Haus Romberg;[408] 1722 wurde von einem österreichischen Schiff in Ostende berichtet, das Sklaven aus Madagaskar nach Amerika verfrachten sollte,[409] und auf ähnliche Aktivitäten der 2. Ostindienkompagnie wurde bereits oben verwiesen. Reisende in Übersee werden Sklavenarbeit für sich genutzt haben wie Johann Natterer in Brasilien (vgl. Kapitel IV). Darüber hinaus scheint es in Wien auch Privatinvestoren ins Sklavengeschäft gegeben zu haben. So soll der Schriftsteller Lorenz Leopold Haschka, Autor der Kaiserhymne, 10.000 Gulden in den Sklavenhandel investiert und beim Sinken eines Schiffes verloren haben.[410] Last, but not least brachte der transatlantische Sklavenhandel auch Absatzchancen für heimische Betriebe mit sich, vor allem für die schlesische Textilindustrie (Tuch für die Bekleidung der Sklav:innen).[411] Ob nach dem Verlust Schlesiens an Preußen böhmische oder niederösterreichische Betriebe ähnliche Verbindungen aufbauen konnten, wäre zu klären.

Ein zweites Untersuchungsfeld bezieht sich auf Sklavenhandel und Sklaverei *innerhalb* der heimischen Grenzen. Wie bereits angedeutet, stellten die habsburgischen Länder keine Ausnahme vom europäischen Mainstream dar. Es bestand das – in der ständischen Gesellschaft übliche – System abgestufter Unfreiheit, das von Sklaverei über Leibeigenschaft und Grunduntertänigkeit bis zur simplen Abwesenheit individueller Grund- und Freiheitsrechte beziehungsweise politischer Mitsprache reichte. Hinsichtlich der Ersteren müssen wir zwischen ihrer rechtlichen Normierung und der faktischen Situation der Betroffenen unterscheiden. Anders als in den deutschen Landen existierte in Österreich eine juristische Grundsatzentscheidung mit entsprechender Relevanz. 1595 hatte die Hofkammerprokuratur anhand eines Anlassfalls, bei dem es um die Vererbung dreier osmanischer Frauen und eines Kindes ging, Kriegsgefangenschaft als eine von der Leibeigenschaft der Bauern (*die doch für Varnnde haab nit gehallten werden*) zu unterscheidendende Kategorie definiert. *Gefangene Türckhen* wurden demnach als ein fahrendes Gut angesehen, mit dem nach Gutdünken des Besitzers verfahren werden konnte: […] *khünnen possidirt, verkhaufft, verschenckht, vertauscht vnnd damit gehandelt werden, wie mit anders aines Jeden aigenthumblichen guet, vnnd sonderlich mit ainem andern vnuernunfftigen Vieh* […]; nicht einmal durch die Taufe konnten sie sich, dieser Rechtsauffassung zufolge, von diesem Status lösen.[412] In der Tat standen sie vielfach im Zentrum von Prozessen und Erbstreitigkeiten oder wurden in Inventaren „nach Grund und Boden, Barschaft, Mobilien, Silbergeschmeid" etc. angeführt.[413]

Sklav:innen als Sache zu bewerten, entsprach der klassischen antiken Definition, die 1595 – entsprechend dem Anlassfall – auf Kriegsgefangene angewendet wurde. Logischerweise galt dies somit auch für jene Angehörige der afrikanischen oder überseeischen Diaspora Österreichs, die während der kriegerischen Auseinandersetzungen mit dem Osmanischen Reich oder den nordafrikanischen „Seeräuberstaaten" gefangengenommen worden waren. Dass auch die über Handelskanäle beschafften Menschen – streng genommen im Erkenntnis der Hofkammerprokuratur nicht erwähnt – analog als Sachgüter betrachtet wurden, darf

[408] Everaert, Commerce; zu Romberg: Meissner – Mücke – Weber, Amerika, 94–95 sowie https://www.geschichte.uni-frankfurt.de/102309703/Romberg_Projekt.
[409] Wiener Zeitung, 3. Jänner 1722, 4–5.
[410] Pichler hielt letzteres zwar für unwahrscheinlich, wusste aber von einer Investition Haschkas bei einer Hamburger Firma, vermutlich Dahrl. Vgl. Gugitz, Haschka, 56; Pichler, Schriftsteller, 266; Weber, Kaufleute, 128.
[411] Zusammenfassend Weber, Germany, 30–33.
[412] Mikoletzky, Sklaven.
[413] Teply, Gefangene, 53 (mit dem Beispiel des Inventars nach dem Ableben des Freiherrn von Galler, 1660).

angenommen werden. Sie waren aus dem Ausland zugekauft worden und befanden sich demnach bereits bei ihrer Ankunft in einem Status extremer Unfreiheit, für dessen Lockerung es rechtlich keinen Anlass gab. In der Tat lassen die wenigen biographischen Informationen erkennen, dass es das Schicksal so mancher Schwarzer Domestiken war, *wie mit anders aines Jeden aigenthumblichen guet* verkauft, getauscht oder verschenkt zu werden – Reiske und Soliman als exemplarische Beispiele genannt. Auch die Übergabe eines *Mohren* des Fürsten Liechtenstein an den tripolitanischen Gesandten Mahomet Effendi, wiewohl sie als Freikauf eines muslimischen Gefangenen interpretiert werden könnte, wurde 1724 als „Tausch" gegen zwei Berberpferde und eine Stute inszeniert.[414]

Betrachten wir die faktische Situation der Betroffenen, so ändert sich das Bild. Bei den angeführten Fällen des Schenkens oder Verkaufens von Personen scheint es sich um Vorkommnisse im Umkreis des Militärs und vor der Mitte des 18. Jahrhunderts zu handeln. Die meisten bekannten Schicksale inkludieren zwar Verschleppung und Kauf durch österreichische Aristokraten (in wenigen Fällen auch Bürger), nicht aber die weitere Behandlung als *Varnnde haab*. Im Gegenteil scheinen ihre äußeren Lebensumstände in den Häusern ihrer „Besitzer" nicht ungünstig gewesen zu sein (siehe oben). Deutlich wird weiters, dass Angehörige der Zweiten Generation, sofern sie die Großjährigkeit erreichten, in keiner hausrechtlichen Abhängigkeit mehr standen, wie sich etwa an Martins Tochter Theresia zeigt, Sklaverei sich also nicht auf die Nachkommen vererbte. Förmliche Freilassungen sind in keinem einzigen Fall überliefert. Obgleich die Schwarzen Diener zwar juristisch als Sklavinnen und Sklaven angesehen wurden, scheint ihr Status in der sozialen Realität des Gesindedienstes aufgegangen zu sein, der ja ebenfalls mit nicht unwesentlichen Einschränkungen der persönlichen Freiheit verbunden war. Es handelte sich um eine Grauzone, wie sie faktisch auch in den deutschen Staaten bestand.[415] Im Zweifelsfall konnte dies zu Rechtsunsicherheit führen. So musste Angelo Soliman anlässlich seiner Vermählung 1768 schwören, *daß er kein Sklave sei.*[416] Offenbar lag schon damals keine dokumentarische Evidenz vor, sonst wäre eine solche Eidesleistung nicht nötig gewesen. Und gleichzeitig ging die kirchliche Behörde davon aus, dass er Sklave hätte sein können.

Um die Mitte des 18. Jahrhunderts begannen sich die juristischen Rahmenbedingungen zu verändern. Eine Lockerung brachte der 1758 endredigierte erste Teil des *Codex Theresianus*, der die *knechtische Dienstbarkeit* zumindest als *unter Christen vorlängst aufgehoben* erklärte, an der Sklaveneigenschaft kriegsgefangener *Ungläubiger* jedoch festhielt.[417] Obwohl das Gesetzeswerk nicht in Kraft trat, kam darin ein gesellschaftlicher Reformkonsens zum Ausdruck, der trotz der Einschränkungen *de facto* eine Abolition der Sklaverei für Schwarze Menschen inkludierte, die unserem Wissensstand zufolge ja fast ausnahmslos getauft waren. Einen weiteren Schritt vorwärts brachte der sogenannte Urentwurf des Bürgerlichen Gesetzbuchs, 1797 nur für Galizien kundgemacht, der die Sklaverei in den habsburgischen Staaten ohne Einschränkung abschaffte und schließlich in § 16 des ABGB von 1811 Eingang

414 Sauer – Wiesböck, Sklaven, 48.
415 Martin, Afrikaner, 136; Häberlein, „Mohren".
416 *se non esse mancipium:* Trauungsbuch der Pfarre St. Stephan, zitiert nach Bauer, Soliman, 55.
417 Caput II, § II, num. 7 und 8; num. 9 zufolge sollte sich die Willkür ihrer Herren allerdings nicht auf Leib und Leben erstrecken (zitiert nach Harrasowsky, Codex, 55–56); zur komplizierten Redaktionsgeschichte des Codex vgl. ebd., 1–13 sowie Strakosch, Privatrechtskodifikation, 25–33.

fand.[418] Schon zuvor galt die Sklaveneigenschaft einer Person bei Betreten österreichischen Bodens oder eines österreichischen Schiffes automatisch als erloschen, was 1789 im Fall Haly praktische Relevanz hatte, weil dieser in Wien einem ägyptischen Kaufmann entlaufen und somit juristisch in Freiheit war; er fürchtete jedoch eine Entführung durch den früheren „Besitzer" und versteckte sich deshalb bei Freunden oder Bekannten. 1796 verankerte Joseph von Sonnenfels den Grundsatz im rechtspolitischen Diskurs, was implizierte, dass Sklaverei in keinem der habsburgischen Länder mehr existieren durfte.[419]

Die Bemühungen Sonnenfels' und anderer josefinischer Juristen und Beamter um die schrittweise Stärkung der Rechte der Person sind umso höher einzuschätzen, als sie kaum von einer abolitionistischen Grundhaltung der öffentlichen Meinung begleitet waren. Neben vereinzelten Wortmeldungen enthielt Johann Pezzls Roman *Faustin* ein klares, wenn auch eher peripher eingestreutes Statement gegen die Versklavung von Afrikanern und Amerikanern.[420] Eine breite emanzipatorische Strömung zumindest im bürgerlich-liberalen Sinn, ähnlich wie in Westeuropa oder selbst in Teilen Deutschlands,[421] entwickelte sich in Österreich nicht. Insofern ist eine Ursache für fehlendes oder schwaches Menschenrechtsbewusstsein im Österreich des 20. Jahrhunderts schon zwei Jahrhunderte früher zu verorten. Das Interesse der aufgeklärten Elite rund um Sonnenfels stand eher im Kontext der „Systemkonkurrenz" mit der Französischen Revolution, die mit der *Erklärung der Menschenrechte* 1789 und der (vorläufigen) Aufhebung der Sklaverei fünf Jahre später einen inner- wie außerhalb Europas beachteten Standard gesetzt hatten.

Abgesehen von den Entwicklungen auf gesetzlicher Ebene begann sich die Realität des häuslichen Dienstes zu verändern, Tendenzen in Richtung Entlohnung *in cash* und private Haushaltsführung kamen auch der afrikanischen Diaspora zugute. Allgemeine gesellschaftliche Trends wie die Auflösung des „Ganzen Hauses" und der schrittweise Übergang zur Lohnarbeit taten ein Übriges, um die vorhandenen Spielräume für eine individuelle Lebensgestaltung außerhalb von hausrechtlicher Abhängigkeit zu erweitern.

Gegenteilig zu solchen emanzipatorischen Ansätzen schlugen freilich der wachsende Rassismus und die fortschreitende koloniale Diskriminierung zu Buche. So konnten sich Zuwanderer aus Afrika beziehungsweise Übersee, ursprünglich als Sklaven eingestuft, gegen Ende des 18. Jahrhunderts zwar einer Art persönlicher Freiheit erfreuen – soviel an Freiheit vor den verfassungsrechtlichen Schlüsseljahren 1848, 1867, 1907 und 1918 eben möglich war. Wie *alle, die in den Erblanden unter der landesfürstlichen Gewalt vereiniget leben*, durften auch sie sich juristisch als *Innländer, und Unterthanen* fühlen.[422] In ihrem sozialen Umfeld allerdings sahen sie sich häufig mit der Erfahrung einer ihnen zugeschriebenen Fremdheit konfrontiert, die sie weitgehend daran hinderte, die Früchte dieser Freiheit auch in der Praxis zu ernten.

418 § 276 (zitiert nach Ofner, Ur-Entwurf, XXVII; zum politischen Hintergrund Strakosch, Privatrechtskodifikation, 72–84).

419 Adler, Gesetzgebung, 122.

420 Pezzl, Faustin, insbesondere 203–206; Bodi, Tauwetter, 184–190.

421 Lentz, Abolitionsbewegung, 55–163.

422 Wie es 1786 in dem für Böhmen, Mähren und Galizien kundgemachten ersten Teil des Allgemeinen Bürgerlichen Gesetzbuchs hieß (II. Hauptstück, § 3, zitiert nach: Kropatschek, Handbuch 10, 319).

IV. Prekäre Existenzen: Vom Wiener Kongress bis zum Ende der Monarchie

In zwei aufeinander bezogenen Gemälden, dem *Reichen Prasser* und der *Klostersuppe*, erzählt Josef Danhauser in den späten 1830er Jahren auch die Geschichte eines afrikanischen Dieners, der nach der Verarmung seines Herrn auf die Unterstützung frommer Mönche angewiesen ist.[423] Abgesehen von der moralisierenden Botschaft spricht der Maler einen allgemeinen Missstand an: die mangelnde soziale Absicherung von Hausangestellten im Alter, bei Krankheit oder Entlassung – ein staatliches Sozialsystem gab es ja noch nicht. Stärker noch als bei einheimischen bestand bei fremden die Gefahr, ins Elend abzustürzen: Denn für sie existierte in der Regel weder eine Familie, die sie hätte auffangen können, noch besaßen sie die erforderliche Qualifikation, um in andere Berufe zu wechseln. Der häusliche Dienst, der zumeist Kost und Quartier garantierte, blieb somit auch während des 19. Jahrhunderts eine wichtige Arbeitsmarktnische für Einwanderer aus Übersee.

Abb. 8: Die Klostersuppe (Ölgemälde von Josef Danhauser, 1838)

[423] Grabner, Danhauser, 60–63.

Zunehmend bot freilich auch die Vergnügungsindustrie Arbeitsplätze für Schwarze Menschen, und mit der Zeit begannen sich noch andere Beschäftigungssektoren zu öffnen.[424] Gleichwohl blieb die Gefahr des Pauperismus immer gegeben, zumal in Kombination mit wachsender Diskriminierung. Gerade weil aus der schrittweisen Aufhebung persönlicher Bindungen – der bäuerlichen Leibeigenschaft, der Sklaverei und schließlich der Gesindeordnungen – eine Art Gleichheit aller vor dem Gesetz resultierte, gewannen kulturelle, nationale oder „rassische" Zuschreibungen an Bedeutung, um angesichts steigender Konkurrenz neue Ungleichheiten, etwa auf dem Arbeitsmarkt, zu etablieren.

Der in der Habsburgermonarchie ohnehin marginale Abolitionsdiskurs verkümmerte. Joseph von Hormayrs *Archiv* war eines der letzten Organe, das ihm gelegentlich Raum gab;[425] als sein Herausgeber 1829 Österreich enttäuscht verließ, schloss sich auch diese Lücke. Auch die aufklärerische Überzeugung von der „Zivilisationsfähigkeit" außereuropäischer Menschen, von der man mit Blick auf erfolgreiche Disziplinierungsprojekte in Europa selbst ausgegangen war,[426] blieb ambivalent. Als Voraussetzung dafür galten nämlich stabile politische Rahmenbedingungen, wie sie in Übersee vorgeblich nur durch die Herrschaft von Weißen, das heißt ein koloniales Engagement, geschaffen werden konnten. Diesem Grundgedanken folgte die mediale Berichterstattung hinsichtlich der Vereinigten Staaten, Brasiliens oder Südafrikas. In all diesen Fällen wurde die *Civilisirung* der jeweiligen autochthonen Bevölkerung – generell zu *Wilden* abgewertet – als ein erfolgreiches oder zumindest erfolgversprechendes Projekt dargestellt. Auch Erzherzog Johann, der bei einer Studienreise nach England 1815/1816 auch ein Seminar der Herrenhuter Mission besuchte, war optimistisch: *Wir sahen hier mehrere Schwarze, welche mit besonderem Fortgange sich bildeten, um als Lehrer in den Colonien und nach Africa, ihrem Vaterlande, zurückzukehren.*[427]

Angesichts von antikolonialem Widerstand und anderen widersprüchlichen Entwicklungen wurde die Humanität allerdings zunehmend brüchig. Britische und französische Sklavenhalter propagierten im Kontext der Aufstände in der Karibik und der Staatsgründung von Haiti 1804 rassistische Klischees. „Seit dem realen Aufstand der Sklaven von Saint-Domingue und der zum Teil hysterischen Reaktion der europäischen Öffentlichkeit darauf wurde der Schwarze zum Inbegriff von Bosheit, Grausamkeit und extremer Neigung zur Gewalt."[428] Die gut gemeinten Vorsätze schwanden dahin. So zitierte der *Österreichische Beobachter* 1828 einen britischen Siedler aus Sierra Leone, dessen Aussage sich wie eine Replik auf Erzherzog Johann liest: *O, wenn doch die großen Heiligen und Philanthropen bei uns zu Hause, hier bei ihren schwarzen Schülern hausen könnten! All das seit funfzig Jahren*

[424] Als absolute Ausnahme ist Eduard von Feuchtersleben zu werten, Angelo Solimans Enkel, dessen Beamtenkarriere (!) ihn 1842 auf den Posten des Sudhüttenmeisters von Aussee führte. Allerdings wurde er im Alltag wegen seines Aussehens und einer Behinderung diskriminiert. In einer vielleicht autobiographischen Bemerkung beschrieb er die Verwunderung der Lokalbevölkerung über das Auftauchen von *schwarzgeborenen Menschen* in Bad Ischl (Archiv für Geographie, Historie, Staats- und Kriegskunde 47, 19–21. April 1824, 262). Aussagen seines Halbbruders Ernst und Nikolaus Lenaus über ihn in Feuchtersleben, Werke 6/1, 199 und 338 sowie 6/2, 504–505 (danke an Hermann Blume, Wien). Vgl. auch Bauer, Soliman, 96–98.

[425] *Bemerkenswert ist es übrigens gewiß, daß es überhaupt noch Menschen geben kann, die den Gedanken zu hegen vermögen, sie seyen von einer besseren Art, weil ihnen die Natur eine weiße Haut gab.* (Archiv für Geschichte, Statistik, Literatur und Kunst 69, 9. Juni 1828, 368). Vgl. Wolfram, Einflüsse.

[426] Kaps, Civilizing Missions.

[427] Ableitinger – Brunner, Tagebuch, 347. Am *Vorgebürg der Guten Hoffnung*, in Genadendal, hatten die Herrenhuter die erste Missionsschule Südafrikas errichtet.

[428] Biloa Onana, Sklavenaufstand, 64. Inwieweit diese Kampagne auch in Österreich Eingang fand, wäre zu untersuchen.

verschwendete Menschenleben und Geld hat noch keinen einzigen wahrhaft Bekehrten erzeugt, noch einen einzigen befreiten Afrikaner für die Cultur gewonnen.[429] Die Skepsis gegenüber einer *Civilisirung* außereuropäischer Völker korrespondierte mit einem gleichzeitigen Schwenk in der britischen Diskussion, nachdem sich koloniale Hoffnungen in Westafrika zerschlagen hatten.[430]

Das Stereotyp der unveränderlichen „Wildheit" von Außereuropäer:innen fand Eingang in den öffentlichen Diskurs, vor allem bezogen auf Protagonist:innen im Unterhaltungsbereich, etwa von exotischen *Freak Shows*. Wie sehr es sich schon verankert hatte, demonstrierte der Massenauflauf bei der Ankunft zweier brasilianischer Indios (sogenannter Botokuden) 1821: *Das Gerücht hatte sich schnell durch die ganze Stadt verbreitet, und Schaaren von Neugierigen strömten herbey, um die wilden Menschenfresser (so nannte man sie anfangs in Wien) zu sehen.*[431] Je stärker es die Auflösung der ständischen Gesellschaft ermöglichte, dass Fremde aus Übersee in nicht-traditionellen Bereichen leben und Fuß fassen konnten, desto näher lag es auch, sie mit dem *role model* des „Wilden" zu identifizieren – genau so, wie man vazierende *Ägypter-Zigeuner* schon lange als Beispiele für gescheiterte *Civilisirung* ansah.[432] Hatte Angelo Soliman Mitte der 1760er Jahre noch als Königsspross und „treuer Hausgenosse von Fürsten" gegolten (vgl. Kapitel III), so wurde der Knabe Musa aus Palästina weniger als hundert Jahre später als „schwarzer Affe" beschimpft – ein erschreckender Paradigmenwechsel in der Bewertung von Menschen außereuropäischer Herkunft (siehe unten).

Vom adeligen zum bürgerlichen Statussymbol

Die Rahmenbedingungen für den Einsatz überseeischer Domestiken hatten sich seit dem ausgehenden 18. Jahrhundert verändert: In zahlreichen europäischen Staaten (nicht notwendigerweise in den Kolonien) war die Sklaverei aufgehoben oder in Aufhebung begriffen, und der Wiener Kongress hatte 1815 auch den Sklavenhandel geächtet. Daraus ergab sich nun ein Dilemma: Einerseits stieß die bisherige Rekrutierungspraxis an ihre Grenzen, andererseits faszinierte das exotische Flair im Auftreten der Reichen und Mächtigen auch weiterhin: *Sophie, die von all der Pracht der Magnaten und ihrer Kostüme geblendet ist,* heißt es etwa von der Eröffnung des ungarischen Reichstags 1825, *und staunend die silbergeschirrten Pferde und die Prachtkarossen des Fürsten Batthyány bewundert, den seine Lakaien goldbetreßt geleiten, zusammen mit dem in blau-gelb-weiß und Silber gekleideten „schönsten Neger", den die Erzherzogin je gesehen.*[433] Auch auf das Großbürgertum, das in seinem kulturellen Verhalten die Aristokratie imitierte, hatte die Nachfrage nach Schwarzen Dienstboten übergegriffen. Dafür kam es gelegen, dass es der verstärkte Einfluss Europas und die besseren Verkehrsverbindungen erleichterten, zu geschäftlichen, touristischen oder sonstigen Zwecken nach Übersee zu reisen und sich das gewünschte Personal vor Ort zu beschaffen.

429 Österreichischer Beobachter, 3. Dezember 1828, 1–2.
430 Curtin, Image I, 244–258.
431 Theater-Zeitung, 24. Jänner 1824, 41. Der Magistratsbeamte Matthias Perth nannte sie in seinem Tagebuch *zwey, zum Theile noch im rohsten Zustand lebende Indianer* (zitiert nach Sauer, Schaustellungen, 406).
432 Vaterländische Blätter, 24. Juli 1811, 3.
433 Corti, Franz Joseph, 11.

In den ersten Jahren nach dem Wiener Kongress scheint als Herkunftsregion zunächst Brasilien auf, wo die Sklaverei noch in voller Blüte stand. Um die dorthin geflüchtete portugiesische Königsfamilie an Habsburg zu binden, hatte man eine Tochter von Kaiser Franz, Leopoldine, 1817 mit Thronfolger Pedro vermählt; enge wirtschaftliche wie wissenschaftliche Beziehungen waren die Folge, darunter eine großangelegte naturkundliche Expedition. Leopoldine schickte aber nicht nur Mineralien und Pflanzen für die kaiserlichen Sammlungen nach Hause, sondern auch einen jungen Afrobrasilianer, der 1820 in Wien eintraf: Emmanuel Rio.[434] Zwei weitere Sklaven, die in einem Kahn aufs offene Meer geflüchtet waren, aber gerettet werden konnten, wurden von ihr nach Venedig vermittelt; dort taten sie Dienst *bey der Türkischen Musick, und spielen die Schenellen*, wie Touristen bemerkten.[435] 1821 brachte weiters ein Teilnehmer der Brasilien-Expedition die zwei schon erwähnten Indios nach Wien, offenbar Gefangene der brasilianischen Armee: einen 19-jährigen João, dem der Kaiser später die Heimreise erlaubte, und eine 22-jährige Francisca, die im Oktober 1823 in Wien verstarb.[436] 1836 kehrte schließlich der Naturforscher Johann Natterer mit drei Sklaven – Laureana, José und Candido – aus Brasilien zurück.[437]

Später rückte mit Ägypten, dem Sudan und Äthiopien eine Region in den Vordergrund, auf die sich heimische Wirtschafts- und Kolonialinteressen immer mehr konzentrierten.[438] Von hier kam 1830 ein Paolo aus Dongola, den Anton Prokesch in Elephantine gekauft hatte.[439] 1839 scheint weiters ein *in lebenslängliche Versorgung und Dienste aufgenommener africanischer Negerknabe aus Sennaar von dem Stamme oder Volk der /: sogenannten :/ Schilas-Neger mit dem Beynahmen Ramadah* auf. Graf August von Breuner, Besitzer der Herrschaft Grafenegg, hatte ihn von einer Jagdreise in den Sudan mitgebracht.[440] Ein Jahr später wird in Wien ein achtjähriger, aus Ägypten oder Äthiopien stammender *Bedienter* des griechischen Großhändlers Demeter Tirka erwähnt, der den Namen Oreste trug; dass Tirka im selben Haus wie der Industrielle Dumba wohnte, sollte sich für das weitere Leben des Buben als entscheidend erweisen.[441] Furore erregte 1840 – trotz amtlich eingeschränkter Berichterstattung – der Wienbesuch des deutschen Fürsten Hermann von Pückler-Muskau wegen des äthiopischen Mädchens Ajiamé, das er sich offensichtlich als Mätresse hielt.[442]

In der zweiten Hälfte des Jahrhunderts nahm die Zahl der Schwarzen Kinder noch zu, die als „Mitbringsel" von adeligen und zunehmend auch bürgerlichen Reisenden nach Österreich gelangten. So kaufte der Journalist Ludwig August Frankl in Jerusalem für 400 Gulden

434 Markova – Sauer, Gärtner.

435 Rabanser, Venedig-Reise, 440. Das Militär fungierte auch in anderen Fällen als Auffangbecken. So blieben die drei jungen Südafrikaner, die 1859 mit der Novara-Expedition nach Triest gelangten, bei der Kriegsmarine im Dienst; nur einer kehrte später nach Kapstadt zurück (Weiss – Schilddorfer, Novara, 161–162).

436 Sauer, Schaustellungen, 398. Francisca wurde im Allgemeinen Krankenhaus obduziert und ihr Cranium dem Anatomischen Museum Prof. Hyrtls geschenkt, wo es *den ersten und einzigen Raçenschädel repräsentirte* (Hyrtl, Museum, 79).

437 Schmutzer, Naturgeschichte, 119–122 und öfter. Die Namen ergeben sich aus Natterers am 20. Juni 1836 in London ausgestellten Reisepass (gezeigt in Seipel, Entdeckungen, jedoch außer Katalog).

438 Sauer, Jesuitenstaat, 9–15.

439 Prokesch-Osten, Briefwechsel, 346 und öfter.

440 Taufbuch Pfarre Haitzendorf, Tom VII (1838–1854), fol. 21.

441 Fremden-Tabelle vom Jahre 1840 (zitiert nach Kreisa, Mohr, 104).

442 Adalbert Stifter verarbeitete die Affäre in seiner 1842 veröffentlichten Novelle „Die Narrenburg". Zum Aufenthalt Pücklers in Wien: Görlich, Fürstentochter, sowie Sulzbacher, Funktionalisierung, 101–102. In einem Polizeirapport aus Budapest wird weiters ein Schwarzer Bub erwähnt (Glossy, Geheimberichte, 167) – wahrscheinlich Joladour, den Pückler später seiner geschiedenen Frau Lucie schenkte. Insgesamt siehe Klessmann, Machbuba.

einen Knaben ein,[443] und der Linzer Mediziner August von Genczik, der in Khartum als Militärarzt wirkte, kehrte gleich mit *drei Repräsentanten afrikanischer Menschenrassen* nach Wien zurück.[444] Zwei Schwarze Burschen, Ali und Said, die Erzherzog Ferdinand Maximilian aus Ägypten mitgebracht hatte, wurden 1856 in Triest getauft.[445] 1869 wiederum befand sich ein Mohamed in Begleitung des Wiener Fabrikanten Josef Weidman, der an der Eröffnung des Suezkanals teilgenommen hatte.[446] Der Wunsch Kaiserin Elisabeths, ihr Ehemann möge ihr von derselben Gelegenheit einen *Mohren* besorgen, blieb zwar vorderhand unerfüllt, ihre Stunde schlug aber anlässlich der Weltausstellung 1873, wo sie im Ägyptischen Palast den Diener Mahmoud (getauft Rudolf Rustimo) „entdeckt" und vom Khediven als Geschenk erhalten haben soll.[447] Die Liste könnte lange fortgesetzt werden. Selbst ein vorgeblich so unkolonialer Forschungsreisender wie Emil Holub brachte aus dem südlichen Afrika eine junge Tswana-Frau nach Prag.[448]

Überwiegend handelte es sich bei diesen sogenannten Reisebegleitern nicht um Erwachsene, sondern um Kinder, und zwar fast ausschließlich um Buben. Mädchen wurden – mit wenigen Ausnahmen – von Missionaren „exportiert", in den 1850er Jahren allerdings gleich mehrere hundert (siehe unten). Ein charakteristisches Merkmal afrikanischer (Zwangs-)Migration nach Mitteleuropa im 19. Jahrhundert war es demnach, dass Minderjährige einen hohen Anteil daran stellten.

Wie kamen die Touristen zu diesen Kindern? Am wahrscheinlichsten ist es, dass sie sie auf Sklavenmärkten kauften. Belegt ist dies beispielsweise für Natterer, Pückler-Muskau oder Frankl; auch Ramadah wird als *Negersclave itzt* [!] *in Diensten des Herrn Grafen* […] *Breuner* beschrieben. Bei den *Negermädchen* war dies ohnehin der Fall, sollten sie doch aus einer „doppelten Sklaverei" – der realen und der des „Heidentums" – freigekauft werden. Andere Kinder, wie Rustimo, kamen als „Geschenke", was freilich auf dasselbe hinauslief. Die Beschaffungspraxis für den häuslichen Dienst im 19. Jahrhundert unterschied sich also strukturell nicht sehr von jener in früheren Epochen – mit Ausnahme des Umstands, dass der Kauf nicht in Europa, sondern vor Ort und somit außerhalb oder an der Grenze des Gültigkeitsbereichs der europäischen Anti-Sklavereibestimmungen erfolgte.

Natürlich galten Sklav:innen nach geltender Rechtslage bei Betreten eines österreichischen Schiffes oder des österreichischen Staatsgebiets automatisch für frei. Doch abgesehen davon, dass es die Grenzbehörden damit nicht so genau nahmen,[449] war die Idee persönlicher Freiheit in der Praxis für die mitgebrachten Kinder ein irrelevantes Konzept. Als Kinder waren sie über Jahre hinweg auf die Fürsorge der sie aufnehmenden Familie angewiesen, als Fremde waren sie lokal nicht verwurzelt, und als Dienstboten wurden sie in der Regel nicht auf eine selbstständige Existenz vorbereitet. Theoretisch waren sie also frei, praktisch befan-

443 Frankl, Nach Jerusalem, 204–228; Hecht, Frankl, 307–311. Ein „Porträt des Negerknaben Musa", erwähnt in Boetticher, Malerwerke II, 348, ist offenbar verschollen.

444 Felder, Erinnerungen, 110.

445 Zgodnja Danica, 3. April 1856, 64 (für alle Übersetzungen aus der slowenischen Kirchenzeitung danke an Veronika Pflaum, Ljubljana); Crusvar, Massimiliano, 156.

446 Sulzbacher, Funktionalisierung, 103.

447 Corti, Elisabeth, 207. Die verschiedentlich kolportierte Angabe, Rustimo sei 1880 von Kronprinz Rudolf aus Ägypten mitgebracht worden, ist falsch; er wurde schon 1878 in Wien getauft (Sulzbacher, Funktionalisierung, 105). Einen Hinweis auf seine Herkunft aus dem Sudan gibt eine Notiz im Volksblatt für Stadt und Land, 20. Juni 1878, 11; Moderne Welt 8/3, Juli 1926, 9.

448 Prager Tagblatt, 13. November 1879, 5; Holub, Sieben Jahre II, 482 und 484 (Porträt).

449 Frank, Children.

den sie sich aber in einer unselbständigen, familiär eingebundenen Lage, die sich von jener der Sklaven des späten 18. Jahrhunderts nicht wesentlich unterschied. Nur bei Vorhandensein günstiger persönlicher Umstände gelang es manchen von ihnen, sich Freiraum zu verschaffen, etwa durch Heirat in eine lokale Familie.[450] Andere blieben bei ihren Dienstherrn und wurden gemeinsam mit ihnen alt.

Wie ist die Integration der afrikanischen Kinder in die europäische Gesellschaft zu bewerten? Seitens der Käufer mag argumentiert worden sein, sie hätten angesichts der oft tragischen Schicksale aus Mitleid gehandelt und einen individuellen Beitrag zur Abschaffung der Sklaverei leisten wollen. Ersteres ist nicht von der Hand zu weisen, Letzteres wurde schon von Zeitgenossen bestritten, etwa 1859 vom österreichischen Generalkonsul in Alexandria, Gustav Ritter von Schreiner: *Man mag die Sache ansehen, wie man will, die Negerkinder werden als Sklaven angekauft und als Sklaven verführt, und die englische Regierung würde den Vorgang stets ungeschaut als förmlichen Sklavenhandel bezeichnen, weil sie von dem vielleicht nicht ganz unrichtigen Grundsatze ausgehe, dass je mehr Sklaven an den Küstenstrichen verkauft werden, desto mehr Interesse die Sklavenhändler haben, neue Sklaven im Innern Afrika's zu kaufen und an die Küste zu bringen.*[451]

Darüber hinaus wurden die Schwierigkeiten der Eingliederung in die neue Heimat komplett unterschätzt. Viele Kinder litten während der Überfahrt an Todesangst, weil sie sich als Opfer eines weißen Kannibalismus wähnten – diese Propaganda wurde von Sklavenhändlern verbreitet.[452] Nach ihrer Ankunft in Europa sahen sie sich mit gewaltigen physischen und psychischen Herausforderungen konfrontiert. Speziell im häuslichen Ambiente standen sie vor der Notwendigkeit einer weitgehenden Assimilation. Jenen Angehörigen der High Society, die sich Schwarze Kinder leisten konnten, ging es in der Regel ja nicht darum, ihren Lebensstil multikulturell infrage stellen zu lassen – was sie bezweckten, war nur eine exotische Anreicherung desselben. Der kulturelle Hintergrund der Kinder, ihr eigene Lebenserfahrung wurden kaum respektiert – vielleicht mit Ausnahme jener, die in späteren Jahren von Sprachwissenschaftlern als Interviewpartner und Lehrer herangezogen wurden und somit eine gewisse Anerkennung fanden.

Vermutlich die erste dieser Gewährspersonen war der 1864 aus dem Südsudan nach Brixen geholte Franz Logwit; er hatte großen Anteil an den Standardwerken des Missionars Johannes Chrysostomus Mitterrutzner über die Sprachen der Dinka und Bari.[453] Viele Jahre später nutzte ein anderer bedeutender Linguist, Leo Reinisch, die Hilfe afrikanischer Jugendlicher. *Wesentliche dienste*, schrieb er im Vorwort eines Wörterbuchs, *leistete mir ein junger intelligenter Bogos namens Johannes Musa, neffe des Sim Bari, den ich 2 jare in Wien in meinem Hause erziehen liess. Im täglichen verkehr mit demselben lernte ich das Bilin sprechen wodurch es mir ermöglicht wurde, tiefer in den Geist diser Sprache einzudringen.*[454] Einige Jahre später wurde ihm vom Grafen Eduard von Wickenburg ein sprachkompetenter junger Somali namens Jusuf Ali zu Forschungszwecken beigestellt. Einen weiteren, Ibrahim Ab-

[450] So der Kammerdiener Anton Hahsan aus Kairo, der 1860 in Wien eine Weißnäherin heiratete; acht Jahre zuvor war er hier auch getauft worden (Zgodnja danica, 2. September 1852, 144; Pfarre Alservorstadt, Trauungsbuch 1858–1861, fol. 154).

[451] Zitiert nach Sauer, Schwarz-Gelb, 43; zu Schreiner vgl. Marakovits, Verbindungen.

[452] Kueppers-Braun, Kindersklaven, 148–151.

[453] Rohrbacher, Logwit-lo-Ladu.

[454] Reinisch, Wörterbuch, VI; Reinisch, Somali-Sprache, V; Gütl, Thoughts.

dullah, brachte Prinz Heinrich von Liechtenstein, ein begeisterter Ostafrikajäger, von einer Reise mit und überließ ihn dem Somali-Experten Kurt Berghold.[455]

Abgesehen von diesen Ausnahmen sahen sich die Schwarzen Kinder gedemütigt und mit Anfeindungen konfrontiert. Pubertätsprobleme schienen das allgemeine Wissen über die „Wildheit" von Schwarzen zu bestätigen. Frankl schildert zum Beispiel die Entwicklung des schon erwähnten Musa Said, den er in Jerusalem gekauft hatte: *Er wurde als ein Affe, der zur Belustigung dient, behandelt, es wurde sein Schamgefühl barbarisch verletzt und abgetödtet, er wurde angereizt und verführt, sich fremden Eigenthums zu bemächtigen und tolle Streiche auszuführen* […]. *Einer Magd im Hause, die ihm, hinter einem Fenster stehend, zurief: „Musa, Du bist ein schwarzer Affe!" schlug er mit der Faust die Scheiben in's Gesicht, mit den Worten: „Ich bin ein Mensch!"* […] *Ich konnte, so entsetzlich die Folgen waren, dem Knaben darum nicht zürnen, es war das tief beleidigte Selbstbewußtsein, das aus ihm hervorbrach, das jeden Tag von Müssiggängern, Neugierigen, Boshaften oft in gemeinster Weise herausgefordert und beleidigt wurde.*[456] Musa wurde schließlich in den Orient zurückgebracht.

Ähnlich problematisch verlief der Lebenslauf des erwähnten Emmanuel Rio. Nach seiner Ankunft aus Brasilien durfte er zunächst eine elitäre Privatschule besuchen und arbeitete danach als Gärtner in der Hofburg, wo er Kaiser Franz häufig begegnete. Nach dessen Tod, 1835, endete diese privilegierte Stellung allerdings rasch – man wusste nicht, was man mit dem jungen Mann anfangen sollte. Angesichts eskalierender Konflikte versetzte ihn der junge Franz Joseph letztendlich zum Militär, wo er in eine schwere Depression verfiel. Wahrscheinlich 1852 starb er.[457]

Auch Rustimo fand ein tragisches Ende.[458] Zunächst wurde er von Kaiserin Elisabeth protegiert, fungierte als Spielgefährte ihrer Tochter und erhielt 1884 eine entlohnte Position bei Hof. Hier standen ihm jedoch viele feindselig gegenüber, er wurde als hässlich beschimpft und diskriminiert. *Die Erzherzogin nahm unlängst den Mohren mit auf die Promenade* […]. [Sie] *gibt den Kindern am Weg stets Zuckerln. Nun traute sich aber keines in die Nähe, als die den Schwarzen sahen und suchten auf alle Art dem zähnefletschenden Ungethum auszuweichen, um zu den Zuckerln zu gelangen, was der Kleinen einen Hauptspaß machte.*[459] Zu heiraten wurde ihm verwehrt [!]. Bald fiel er in Ungnade, begann zu trinken und wurde in die Irren- und Versorgungsanstalt in Ybbs eingeliefert. Dort verstarb er im Jahr 1892.

Schaubude, Zirkus und Varieté

Neben dem häuslichen Dienst bildete das Show Business eine weitere Arbeitsmarktnische für Schwarze Menschen, nur selten aber die Hochkultur. Auf deren Bühne schafften es nur wenige künstlerisch Begabte. Eine dieser Ausnahmen war das musikalische „Wunderkind" George August Bridgetower (1778–1860), der seinen ersten Musikunterricht vermutlich bei Joseph Haydn erhielt. Beethoven widmete ihm später seine Sonate für Klavier und Violine Nr. 9 A-Dur op. 47, heute als Kreutzersonate bekannt. Bridgetower spielte bei der Uraufführ-

455 Innsbrucker Nachrichten, 18. Juni 1881, 8; Sulzbacher, Afrikanerinnen, 104–105.
456 Frankl, Nach Jerusalem, 218–220 (gekürzt).
457 Markova – Sauer, Gärtner.
458 Sulzbacher, Afrikanerinnen, 16–23; Sulzbacher, Funktionalisierung, 105–106.
459 Zitiert nach Hamann, Elisabeth, 351.

rung den Violinpart: *Als ich Beethoven zu Wien in dieser concertierenden Sonate begleitete, ahmte ich bei der Wiederholung des ersten Teiles des Presto den Lauf im 18. Tacte der Pianofortepartie dieses Satzes in folgender Weise auf der Violine nach* […]. Beethoven *sprang auf, umarmte mich und sagte: „Noch einmal, mein lieber Bursch!“*[460]

Eine zweite Ausnahme war der berühmte US-amerikanische „African Roscius“, Ira Aldridge, der 1853 und 1854 gefeierte Gastspiele in Wien, Budapest, Prag sowie in einigen Provinzhauptstädten gab und der, zum Teil weiß geschminkt, in großen Shakespearerollen brillierte. Als *künstlerisches Elementarereignis* bezeichnete der Neurologe Moritz Benedikt sein Auftreten als Macbeth, das er als Gymnasiast miterlebt hatte.[461] Neben seiner unbestrittenen Schauspielkunst trugen Aldridges angebliche Abstammung von einem Königshaus im Senegal sowie Gerüchte über ein vielfältiges Liebesleben zu seinem Nimbus bei.[462] Andere waren weniger erfolgreich. So gab Elizabeth Taylor Greenfield, eine Sängerin aus Mississippi, im Rahmen ihrer Europatournee 1852 auch in Wien ein Konzert, das eher spöttelnd aufgenommen wurde und auf wenig Interesse stieß. Erst als sie Monate später in London erfolgreich war, nahm man die Sängerin auch hier zur Kenntnis.[463]

Anders lief es in der Unterhaltungskultur. Hier hatte es exotische Akrobaten, Tierbändiger und dergleichen schon früher gegeben. *O Jemini, Herr Vetter! der Majeni, der engiländische Reiter, der stehend reiten kann, ist wieder z'Wien* […] *hernach kommen wieder andere z'Pferd; und die habn Dudelsackpfeifen, und auf d'letzt kommt ein schwarzer Mohr, der hat so ein lange Schachtel* […] *über's Pferd her liegn, und da trummelt er drauf; und sobald d'Wiener d'Trummel hörn, so laufen s' z'samm, und wenn er's am Tags hundertmal reiten soll, so steckn s' hundertmal den Schädl zum Fenster hinaus*, berichtete der Eipeldauer 1794 von einer Zirkustruppe, die einen Afrikaner (oder Afroamerikaner) zum Einsatz brachte.[464] Die Verbreiterung des kommerziellen Freizeitsektors erweiterte solche Erwerbsmöglichkeiten für Menschen aus Übersee. An den meisten Zirkus- oder Akrobatikevents im Vormärz waren Flugblättern und Plakaten zufolge Schwarze Reiter:innen, Seiltänzer:innen, Trommler usw. beteiligt. So hieß es 1846 über den „Circus Gymnasticus“ im Wiener Prater, er wäre *ganz im orientalischen Geschmack ausgestattet und* [würde] *einen überraschenden Anblick gewähren. Sechs Mohren und eine gleiche Anzahl Mohrinnen werden unter den ersten Reitkünstlern agieren.*[465]

In der zweiten Hälfte des Jahrhunderts – nicht zuletzt unter dem Eindruck der Wiener Weltausstellung von 1873 – nahm die Exotisierung der Vergnügungsindustrie weiter zu. Die Produktionen variierten nicht nur nach der Art der Etablissements, in denen sie gezeigt wurden, sondern auch in Reputation und Größe; zwischen der Schaubude im Prater, in der *ein falsche*[r] *Indianer lebendiges Geflügel verzehrt*[e],[466] und der grandiosen Revue „Königin von Abyssinien“ im Kabarett Renz, in der Giraffen und Elefanten samt einer jungen Schwarzen Frau auftraten, die mit einer Riesenschlange spielte, war die Bandbreite erheblich.[467]

[460] Zitiert nach Martin, Bridgetower, 45–46.
[461] Neues Wiener Journal, 7. März 1920, 5.
[462] Lindfors, Aldridge; Lindfors, Deutschland; Sulzbacher, Gastspiele; Dufour, Modèle noir, 138–141. In der Rolle des Othello wurde Aldridge vom italienischen Bildhauer Pietro Calvi in Marmor porträtiert.
[463] Neue Zeitschrift für Musik, 1. Jänner 1853, 10; Neue Wiener Musik-Zeitung, 30. Juni 1853, 3.
[464] Pannel, Eipeldauer Briefe, 228–229.
[465] Wiener Zuschauer, 6. März 1846, 1; ähnlich Der Wanderer, 16. März 1846, 4.
[466] Kikeriki, 28. September 1876, 2.
[467] Sulzbacher, Funktionalisierung, 109.

Zur Weltausstellung 1873 gastierte auch der berühmte US-amerikanische Löwenbändiger Ledgar Delmonico in Wien.[468]

Viele dieser Protagonist:innen waren auf Tournee und hielten sich nicht lange an einzelnen Orten auf. Wahrscheinlich standen sie in Lohnarbeitsverhältnissen, über deren Ausgestaltung wenig bekannt ist. Dass die Verhältnisse nicht zufriedenstellend waren, zeigen Proteste der Betroffenen um die Jahrhundertwende (siehe unten). Etliche flohen wegen schlechter Behandlung, wurden aber meist von der Polizei aufgegriffen, weil sie keine Ausweispapiere hatten – diese verwahrten wohl die Impresarios.[469] Nur Vereinzelte fanden lokalen Anschluss, so eine Kunstreiterin 1846[470] oder Josef Tom von der Ashantitruppe, der in Wien zurückblieb.[471]

Generell war die soziale Situation dieser Leute prekär, die Verelendungsgefahr im Alter oder im Krankheitsfall hoch. Ein Ali Hassan (alias Balthasar Josef Zelin) aus dem Sudan beispielsweise, der bei der Tiergartengesellschaft im Prater beschäftigt war, meldete sich 1866 für das Freiwilligenkorps gegen Preußen; er hoffte wohl auf eine Verbesserung seiner Lage. Zum Einsatz kam diese Truppe allerdings nicht, da die entscheidende Schlacht bei Königgrätz vorher verloren ging. Hassan arbeitete als Dienstmann weiter, bis er sich schließlich 1869 das Leben nahm.[472]

Die Erwartungen, mit denen Schwarze Menschen im Unterhaltungsbereich konfrontiert waren, unterschieden sich grundlegend von jenen, die sich an die Hausangestellten richteten. Bei ihnen ging es nicht um Anpassung – eher im Gegenteil. Mitwirkende am Zirkus, an sportlichen Vorführungen oder im Varieté mussten vielmehr laut und tollkühn sein oder Konventionen über Bord werfen bis an die Grenze der Schicklichkeit. Wenn sie sich so benahmen, wurde dies allerdings nicht der Erwartungshaltung des Publikums zugeschrieben, sondern ihrer „naturgegebenen Wildheit". So hieß es 1840 *vom tollen Freudentanz* einer *Gesellschaft der Beduinen aus der Wüste Sahara*, dass er *ein eingeschlummertes Urgefühl von dem Zustande der Urkultur* erwachen ließe und *auch in der Brust des in die spanischen Stiefeln der Bildung eingeschnürten Europakindes ein wehmüthiges Verlangen nach dem fessellosen Zustande der Völkerkindheit* weckte.[473] Jahrzehnte später, um ein zweites Beispiel zu nennen, wurde von auftretenden Sudanesen behauptet: *Die Naturwildheit, welche uns hier vor Augen geführt wird, läßt uns einen Einblick thun in die Geheimnisse des schwarzen Erdtheils, in die Lebensweise und den wilden Kampfesmuth – seiner nicht von der Cultur beleckten Bewohner.*[474] Selbst den Erfolg, den Ira Aldridge in seiner Traumrolle Othello einfuhr, schrieb die *Wiener Allgemeine Theaterzeitung* 1853 nicht seiner Schauspielkunst zu, sondern einer angeblich typisch afrikanischen Aggressivität.[475]

468 Sulzbacher, Funktionalisierung, 109–111; zu Delmonico vgl. Dufour, Modèle noir, 226–231.

469 Teplitz-Schönauer Anzeiger, 24. August 1898, 5; ebd., 29. August 1908, 10; Salzburger Volksblatt, 15. Februar 1910, 4. Einer, dem die Flucht aus einem Zirkus gelang, schlug sich als Hilfsarbeiter in halb Europa durch, machte eine Ausbildung zum Elektromechaniker und war später – in perfektem Wienerisch – als Reiseführer in Westafrika tätig (Eberl-Elber, Sierra Leone, 169–170).

470 Sulzbacher, Afrikanerinnen, 122.

471 Illustrierte Kronen Zeitung, 20. Juni 1933, 11. Herr Tom stammte aus Liberia (also nicht aus Ghana!), war als Feuerschlucker im Prater tätig und heiratete 1928 eine Wienerin (Kapitel V).

472 Sulzbacher, Funktionalisierung, 113; ergänzend Die Debatte, 18. August 1866, 3; Die Presse, 16. September 1869, 17 sowie Neues Fremden-Blatt, 18. September 1869, 4.

473 Österreichisches Morgenblatt, 5. September 1840, 3.

474 Morgen-Post, 12. November 1884, 4.

475 Zitiert nach Sulzbacher, Aldridge, 30.

Allerdings war man mit einer Aporie konfrontiert: Waren es doch professionelle Schauspieler:innen, die im Renz „Abyssinien“ verkörperten, wie letztlich auch Aldridge den „Othello“ glaubwürdig spielte, aber selbst nicht Othello war. Ein großer Teil des orientalistischen, exotistischen Kulturangebots *imaginierte* nur den Orient, die Exotik. War das auch wirklich *echt*? Veranstaltungsformate, die es (scheinbar) ermöglichten, einen von Zivilisation noch nicht gebändigten Zustand der Menschheitsentwicklung *real* und noch dazu vom sicheren Sessel des Zuschauers aus zu erleben, waren daher absolut faszinierend. Und solche gab es.

Seit langem waren einheimische „Riesen“, „Zwerge“, „Haarmenschen“ usw. bei Freak Shows zur Schau gestellt worden. Mit zunehmender Kolonialexpansion begann sich auch dieses Genre zu globalisieren. Einen ersten Boom erlebten exotische Schaustellungen im Wiener Vormärz; großzügig gerechnet sind aus den Jahren 1815–1835 (dann brach die Tradition ab) insgesamt zehn solcher Events bekannt. Drei Mal davon wurden (angebliche) Afrikaner:innen gezeigt: „Buschmenschen“ (1819), ein „Albino aus dem Inneren Afrikas“ (1826) und ein „Ashantée“ aus Ghana (1834).[476]

Was immer die Motive dieser Menschen gewesen sein mögen, sich für derartige Spektakel zu verdingen – konfrontiert waren sie mit der Erwartung, sich in einer authentischen „Wildheit“ besichtigen zu lassen. Denn wenngleich sich die Medien auch mit Rücksicht auf die Zensur bemühten, Bildungsaspekte in den Vordergrund zu stellen, erhoffte sich ein guter Teil des Publikums eher, Zeuge eines aggressiven und sittenlosen Verhaltens zu werden, wie es angeblich in Übersee nicht durch Zivilisation unterdrückt worden war.

De facto jedoch wurde diese Erwartung in den Freak Shows kaum befriedigt. Die von der Werbung angekündigten „Attraktionen“ – dass die Schaugestellten Kannibalen wären, rohes Fleisch äßen, dem Heidentum frönten oder nackt herumlaufen würden – durften nämlich nicht vorgeführt werden. In Wien untersagte die Polizei ausgerechnet den Höhepunkt der sogenannten „Buschmenschen“-Show – das Zerbeißen eines lebenden Huhns – und kontrollierte auch die Kleidung der Darsteller genauestens, die de facto nur die Arme unbedeckt lassen durften.[477] Damit war zwar die Sittlichkeit gewahrt, doch kam die „Andersartigkeit“ der Fremden kaum mehr zur Geltung.

Man versteht, wenn in Presseberichten Enttäuschung mitschwingt: *Außer der Befriedigung meiner Neugierde, eine noch nie gesehene Menschenraçe kennen zu lernen, habe ich wenig oder nichts* [an Normüberschreitung] *genossen*, schrieb der prominente Journalist Ebersberg.[478] Die Impresarios suchten sich zu helfen, indem sie die verbotenen Szenen in geschlossenen Vorstellungen zeigten. Weiters wurden Showeinlagen eingebaut und, soweit sprachlich möglich, direkte Kontakte mit den Schaugestellten gefördert, um das Publikumsinteresse zu steigern. Damit bahnten sich schon im Vormärz wesentliche Elemente der späteren Völkerschauen an. Der Erfolg hielt sich freilich in Grenzen, solange nur eine Handvoll Akteure auftreten durften. Eine Weiterentwicklung des Genres bestand darin, ganze Grup-

476 Details bei Sauer, Schaustellungen, 391–400. Zur Kontinuität von „Aschanti“-Schaustellungen siehe Brändle, Hongoo Rhyhoo.

477 *nach welcher* [Kleidung] *der Mann einen Theil der Brust und des Rückens, dann beyde Arme unbedeckt hält, sonst aber Unterbeinkleider, eine kurze um den ganzen Unterleib reichende Schürze, und über alles dieses ein Tiegerfell trägt. Fast auf dieselbe Art sind die beyden Weiber gekleidet, jedoch ist bey diesen Brust und Rücken mittels eines Kleides, das sie unter dem Felle tragen, und welches bis an die Waden reichet, vollkommen bedeckt, und nur die Arme sind nackt* (Bericht der Polizei-Oberdirektion an die Polizei-Hofstelle, 23. Oktober 1819: ÖStA/AVA, PH 9360/1819, Zl. 9360 ex 9429).

478 Der Wanderer, 3. November 1819, nicht paginiert.

pen zu engagieren und mit ihnen Events zu inszenieren, die als „authentische“ Wiedergabe von Alltags- und Festtagsleben in Übersee gelten konnten. Dies war der Weg, den im letzten Drittel des 19. Jahrhunderts der deutsche Tierhändler Carl Hagenbeck – „schon als Junge in die Welt der Schausteller hineingewachsen“[479] – eröffnete. Berichte über seine erste in Wien gezeigte Produktion – die „Nubierkarawane“ von 1878, die im Sudan vom gebürtigen Vorarlberger Bernhard Kohn[480] organisiert worden war – lassen die Wirkung dieser neuen Arrangements erahnen.[481]

Wohl gab es in Wien auch weiterhin Events in der Tradition der exotischen Freak Show. So wurden 1873 Schwarze siamesische Zwillingsmädchen gezeigt, die sich sogar der Kronprinz und die Kaiserin privat vorführen ließen.[482] Als massenwirksamer aber erwiesen sich Völkerschauen und ethnographische Dörfer, organisiert von verschiedenen deutschen oder französischen Firmen, nicht nur von Hagenbeck. Etwa die Hälfte der fast fünfzig exotischen Gruppen, die sich zwischen 1875 und dem Ersten Weltkrieg in der Kaiserstadt präsentierten, kam aus Afrika, meist in Verbindung mit gerade aktuellen kolonialen Konflikten: dem Mahdiaufstand im Sudan, der Eroberung der westafrikanischen Königreiche oder dem Burenkrieg in Südafrika. *Diese Expeditionen sind mit der Zeit immer großartiger organisiert worden* [...], beschrieb das *Interessante Blatt* 1899 den Genrewechsel von der Freak Show zur Völkerschau, *während zuerst nur einzelne Männer und Frauen sich producirten, kamen jetzt die Bewohner ganzer Dörfer mit ihren Hütten, Wohnungseinrichtungen, Gebetsgegenständen und Musikinstrumenten, so dass der Beschauer ein vollständig klares Bild von dem ganzen Leben und Treiben dieser kulturell rückständigen* [!] *Völker erhält.*[483] Kampfspiele sollten das Bedürfnis nach „Wildheit“, eine offenherzigere Kleidung der Frauen jenes nach „naturwüchsiger Erotik“ stillen. Wie Werner Michael Schwarz anhand der „Aschantischau“ feststellt, war die Erotisierung von Schaustellungen für den öffentlichen Diskurs zentral.[484]

Mit der Professionalisierung der Inszenierungen nahm freilich auch jene der Schaugestellten zu. Wie erwähnt, mehrten sich die Konflikte um fixe Arbeitszeiten, festgelegte Rechte und Pflichten, Arbeitsbedingungen und Entlohnung. 1899 kam es in Wien sogar zu einem Streik sogenannter Bischaris, durch den sie eine beträchtliche Lohnerhöhung durchsetzen konnten.[485] So wurde offensichtlich, dass auch bei den Völkerschauen der „Nationalcharakter“ der Gezeigten weitgehend gespielt war. Auch Peter Altenbergs Buch über die Ashanti-Schau von 1896 fand zu dieser Erkenntnis: *Wilde müssen wir vorstellen, Herr, Afrikaner. Ganz närrisch ist es. In Afrika könnten wir so nicht sein. Alle würden lachen. Wie ‚men of the bush‘, ja, diese. In solchen Hütten wohnt Niemand. Für dogs ist es bei uns, gbé. Quite foolish. Man wünscht es, dass wir Thiere vorstellen.*[486]

Immer wieder blitzt in den Medien Verblüffung über die „Normalität“ der Schaugestellten auf. Etwa über den *wilden Assaghai-Schwinger* einer Zulutruppe von 1879, der sich vor Gericht als ein *civilisirter* Master Charles Levis entpuppte, christlich getauft war und im Ge-

[479] Dittrich – Rieke-Müller, Hagenbeck, 10.
[480] Wiener Zeitung, 11. November 1884, 7; vgl. Dittrich – Rieke-Müller, Hagenbeck, 25 (hier Kohn fälschlich als „aus Bayern stammend“ bezeichnet), 29–30, 68 sowie 148–153.
[481] Zum Beispiel Die Presse, 20. Juni 1878, 9–10.
[482] Neue Freie Presse, Abendblatt, 4. Jänner. 1873, 21 sowie Corti, Elisabeth, 294–295.
[483] Das interessante Blatt, 6. April 1899, 7.
[484] Schwarz, Spektakel, 199–203.
[485] Schwarz, Spektakel, 160–164.
[486] Zitiert nach Kopp – Schwarz, Ashantee, 14 im Faksimileteil.

gensatz zu einer Tiroler Verehrerin über korrekte Dokumente verfügte.[487] Oder über einen im Extrazimmer eines Gasthauses kartenspielenden Ashanti,[488] zwei Senegambier, die vor Gericht *mit europäischer Eleganz* [auftraten] *und* [...] *ihre Aussage im fließenden Französisch* abgaben,[489] oder über einen „Zauberer" aus Kamerun, mit dem sich ein Weinviertler Bauer 1917 drei Stunden lang über den Weltkrieg, den europäischen Nationalismus und die Rolle des Christentums unterhielt.[490] Freilich: Auch wenn es fallweise zu solchen Begegnungen kam – Respekt und ein Verhalten zueinander auf gleicher Augenhöhe förderten die Schaustellungen nicht. Eher im Gegenteil.

Freigekaufte Mädchen im Kloster: Eine Befreiung?

[...] *am Samstag Nachmittag, als ihr die Oberin mit ganz guten Worten Etwas untersagte, u. ihren Willen brechen wollte, gerieth sie wieder in eine fürchterl. Wuth* [...] *man war genöthiget, sie mit Stricken an Händen und Füßen zu binden, indem sie mehrere Klosterfrauen nicht mehr zu halten vermochten, u. sie Alles zu zerreißen, sich u. Andere zu beschädigen drohte. Das war in Wahrheit ein erschrecklicher Auftritt, der ein Bild der Hölle genannt werden kann; sie lag bis spät Abends so gebunden auf dem Boden, wo sie immer zur Thür sich hin wälzte, schrie abwechselnd aus vollem Halse* [...].[491]

Was sich liest wie eine Teufelsaustreibung, war ein quasi-familiärer Konflikt – zwischen Mater Maria Aloisia Josefa von der hl. Dreifaltigkeit, der Oberin des Ursulinenklosters in Bruneck, und einem vielleicht zwölfjährigen afrikanischen Kind. Asue, getauft Angela, stammte aus einem Ort südlich von Khartum und war gemeinsam mit zwei anderen Mädchen im Jänner 1855 nach Südtirol gebracht worden. Der italienische Weltpriester Nicolò Olivieri hatte sie auf einem ägyptischen Sklavenmarkt gekauft. Nach langer Reise über ein stürmisches Mittelmeer und durch ein winterliches Italien fanden sie schließlich Aufnahme im Pustertal – für die dortige Bevölkerung eine Sensation. Am 29. Juli wurden sie vom Brixener Weihbischof getauft und gefirmt, am 6. Jänner des darauffolgenden Jahres empfingen sie die Heilige Kommunion. Hoffnungen der Ursulinen, die Kinder würden sich zu musterhaften Zöglingen entwickeln, relativierten sich allerdings rasch. „Weiterhin trennte jedoch die Mädchen und die Klosterfrauen mehr denn nur die Hautfarbe. Zu groß waren die Angst einerseits und die Vorurteile andererseits", schreibt Roland Sila.[492] Bei einem zweiten Besuch in Bruneck 1857 ermahnte Olivieri die Kinder zu mehr Disziplin. Zwei von ihnen, Schiama und Gambra, traten schließlich als Schwestern in den Ursulinenorden ein, verstarben aber früh. Die rebellische Asue kam nach Bayern, dann verliert sich ihre Spur.

Mit Hilfe seiner Haushälterin, einzelner Trinitarierpriester und korrupter Beamter in den sardischen, französischen und österreichischen Konsulaten trieb der 1792 geborene Olivieri,

[487] Montags-Revue aus Böhmen, 17. November 1879, 2.
[488] Wiener Bilder, 27. Juni 1897, Titelblatt und 9.
[489] Neues Wiener Journal, 7. Oktober 1898, 8.
[490] Berndl, Aufzeichnungen, 129–132.
[491] Klosterdiarium, zitiert nach Sila, Negermädchen, 221. Zum Kontext siehe Kueppers-Braun, Kindersklaven, 103–108.
[492] Zitiert nach Sila, Negermädchen, 219.

zunächst Beichtvater für Galeerensträflinge in Genua, sein Projekt zur Rettung afrikanischer Sklav:innen geradezu manisch voran.[493] Systematisch kaufte er in Ägypten Kinder auf, die er zur „Erziehung" in süd- und mitteleuropäische Klöster transportierte; befreundete Journalisten und Priester sorgten für die notwendigen Spenden. Angeblich siebzehn Transporte von Alexandria nach Genua, Marseille, Triest oder Venedig soll Olivieri, obwohl nicht mehr der Jüngste, begleitet haben. 1855 hatte er, einem Bericht der *Wiener Kirchenzeitung* zufolge, schon 431 Kinder *aus der Sklaverei befreit*; die meisten stammten aus Ägypten, dem Sudan und Äthiopien. 84 von ihnen befanden sich in österreichischen Klöstern – hauptsächlich in Lombardo-Venezien und (Nord- und Süd-)Tirol, weitere aber in Klagenfurt, Ljubljana und Škofia Loka, Zagreb, Salzburg, Wien, Budapest usw.[494] Hatten zuvor sich in Wien insgesamt nur *sechs Neger und zwei Negerinen* befunden[495] (in anderen Städten gar keine), so nahm nun die Zahl der Afrikaner:innen merklich zu. Bis zu seinem Tod, 1864, soll der Missionar über achthundert Kinder (darunter nur 60 Buben) nach Europa geschafft haben, die meisten im Alter zwischen sechs und vierzehn Jahren, manche sogar viel jünger und nur wenige älter.[496]

Die Motive für sein fanatisches, auch unter Zeitgenossen kontroverses Engagement sind nicht völlig geklärt. In den späten 1850er Jahren verwiesen seine Unterstützer auf die Notwendigkeit, einheimische Missionare heranzubilden: Nur Olivieiris Kinder würden *der Mission in Central-Afrika dauernden Bestand gewähren können; denn nur sie allein werden im Stande sein, die Hindernisse, welche ihr Geburtsland dem Vordringen des Europäer's entgegenstellt, zu überwinden.*[497] Olivieri selber hatte zwar 1838 einen Knaben aus dem Sudan bei sich aufgenommen, der später Priester wurde und im Senegal missionierte. Bei seinen späteren Käufen auf den Sklavenmärkten erwarb er aber keine zur Priesterausbildung geeignete Buben, sondern fast ausschließlich Mädchen, und von diesen gerade die schwächeren und kranken: *Für den Preis eines gesunden Kindes* [konnte er] *oft zwei oder drei gebrechliche kaufen*, so sein Biograph Campanella.[498] Offensichtlich stand für ihn Quantität im Zentrum, und es ging ihm wohl weniger um eine zukünftig von Einheimischen durchgeführte Mission im Inneren Afrikas als darum, die Seelen möglichst vieler Kinder zu retten. Welche weiteren Motive auch immer seinen Fokus auf Mädchen bestimmt haben mögen – es war damit sicher leichter, Frauen und Frauenklöster als Spenderinnen zu gewinnen, als wenn er es bei männlichen Spendern beziehungsweise Männerklöstern mit Buben versucht hätte.

Auch andere Missionare kauften Kindersklaven, schickten die Buben aber nicht nach Europa, sondern behielten sie in Afrika. So gründete der Leiter der unter dem Schutz des Kaisers stehenden Sudanmission, Ignacii Knoblehar, ein Erziehungsinstitut in Khartum und nahm dort geeignete Knaben auf; damit wollte man ihnen die Widrigkeiten des europäischen Winters und überhaupt eine kulturelle Entfremdung ersparen.[499] Olivieri hingegen verfolgte

[493] Zur Biographie siehe Kueppers-Braun, Kindersklaven, 22–25. Ein seit 1894 laufender Seligsprechungsprozess ist bis dato nicht abgeschlossen (http://www.santiebeati.it/dettaglio/96268; 12. Februar 2022).

[494] Wiener Kirchenzeitung, 21. Oktober 1856, 674.

[495] Grazer Zeitung, 23. Jänner 1850, 2.

[496] Kueppers-Braun, Kindersklaven, 17; die Autorin konnte knapp 600 namentlich identifizieren (ebd. 338–368).

[497] 7. Jahresbericht des Vereines zur Unterstützung der armen Negerkinder, Köln 1859, 7.

[498] Zitiert nach Kueppers-Braun, Oliveiri, 147–148.

[499] *Herr Knoblecher aber gewann die Ueberzeugung, daß die Naturkinder des innern Afrika's nur mit der größten Vorsicht, und erst durch eine gründliche Erziehung vorbereitet, in den Verkehr mit der übrigen Welt dürfen eingeführt werden.* (Marien-Verein, 3. Jahresbericht, 13).

eine genau gegenteilige Strategie. Gerade weil er die freigekauften Kinder den Einflüssen ihrer „heidnischen“ Umgebung entreißen wollte (siehe unten), verbrachte er sie nach Europa. Die daraus folgenden Probleme ignorierte er: *162 von den vorher genannten 512 Negerinnen sind schon gestorben*, schrieb er 1856; *wir haben aber tröstliche Hoffnung, daß sie im heiligen Paradies sind und für ihre Wohltäter und Wohltäterinnen bitten.*[500] Und Olivieri war nicht der einzige. Auch Luka Jeran, ein missionsbegeisterter Kaplan aus Laibach (Ljubljana), brachte 1854 einen siebenjährigen Buben aus Kairo mit und bestellte in Khartum noch weitere; mit Olivieris Unterstützung wurden es schließlich sechs.[501]

Auch wenn Olivieri die Schiffe des Österreichischen Lloyd und die Südbahn zum Teil gratis benutzen durfte – der Finanzbedarf seiner Operationen muss erheblich gewesen sein. Umgerechnet 300 Gulden soll er im Durchschnitt für Ankauf, Transport und Verpflegung eines einzelnen Kindes ausgegeben haben,[502] was grob gerechnet dem Jahreslohn eines Facharbeiters in Österreich entsprach. Seine Kosten wurden durch Spenden und „Beiträge“ der Klöster abgedeckt, die für die übernommenen Kinder zahlten; juristisch nicht korrekt, de facto aber zutreffend ist in Klosterchroniken daher manchmal von einem „Ankauf“ der Schwarzen Mädchen die Rede. Dafür und zur Finanzierung ihrer Unterhaltskosten ersuchten die Klöster nahestehende Honoratioren und vor allem deren Frauen um Unterstützung, was es wiederum erforderlich machte, die Kinder den potentiellen Spenderinnen vorzuführen. So heißt es etwa aus dem Ursulinenkloster Graz: *Dann kamen sie alle frisch gekleidet, u. vom Ungeziefer gereinigt wieder ins Sprechzimmer, wo sie, da inzwischen die Stadtbewohner die Ankunft der Negerinnen erfahren hatten, den Besuchenden bis spät in die Nacht, und den ganzen anderen Tag sich zeigen mußten. Erfreulich war es zu sehen, wie die Herzen der Besuchenden von Mitleid gerührt, die armen Kinder beschenkten.*[503] Auch während der Reisen von einem Kloster zum nächsten wurden sie gegen Spenden präsentiert – in einer Weise, die an Schaustellungen erinnert: *In Bozen mußten wir zwei Tage bleiben, daß wir die Neugier dieser so sehr guten Bürger befriedigen würden, die diese armen Negerinnen in solcher Masse schauen gingen, daß es nötig war, Militärwache vor die Tür zu stellen, um irgendwelche Ungünstigkeiten abzuwenden. Niemand trat mit leeren Händen in den Saal* [...] *und so kamen in dieser an sich armen Stadt bis 1000 Franken* [...] *zusammen.*[504]

Ausdrücklich nahm Olivieri gegen die Unterbringung der Kinder in Privathaushalten Stellung, weil er weltliche Einflüsse auf die Erziehung fürchtete. Ausschließlich Klöster schienen ihm geeignet, *sowohl um den Körper* [der Kinder] *zu kräftigen, als auch um Verstand und Herz zu belehren und auszubilden.*[505] Viele der angesprochenen Ordenshäuser führten Mädchenpensionate oder Schulen und verfügten somit über pädagogische Erfahrung. Aber es war nicht dasselbe, ob sie höheren Töchtern, deren Eltern dafür zahlten, eine gediegene Ausbildung verschafften, oder es mit afrikanischen Mädchen zu tun hatten, die mit europäischer Lebensweise nicht vertraut waren, unter schweren Traumata litten und sich bei ihrer Ankunft in einem verwahrlosten Zustand befanden. Schon die erste Säuberung sowie die neuen Kleider

500 Ebd., 29. April 1858, 67.
501 Kolar, Misijonska akcija, 67–88.
502 Wiener Kirchenzeitung, 21. Oktober 1856, 675. Eine andere Kalkulation nennt 250 bis 260 Gulden für den Kauf eines Kindes und 100 Gulden für weitere lokale Kosten, plus den Transport (Zgodnja Danica, 28. Februar 1856, 40).
503 Archiv des Ursulinenklosters Graz, Drittes Denkbuch, 1856, § 3 (nicht foliiert).
504 Zgodnja Danica, 29. April 1858, 67.
505 Negerkinder-Verein, 7. Jahresbericht, 24–25.

irritierten. Darüber hinaus herrschte Unsicherheit, wie ihre Ausbildung organisiert werden sollte. Wenn sie wie „Novizinnen" innerhalb der Klausur wohnten, kam es zu „Störungen" des klösterlichen Lebens, wenn aber im Schülerinnenpensionat, ergaben sich häufig Konflikte. *Einige Kostmädchen fürchteten sich vor den schwarzen, schmutzigen Gestalten; dies gefiel den Schwarzen. Sie lachten herzlich darüber und gingen desto mehr auf sie los*, heißt es wieder aus dem Ursulinenkloster in Graz.[506] In Bludenz eine ähnliche Entwicklung: Die einheimischen (zahlenden) Zöglinge fühlten sich vernachlässigt, und die Eltern beschwerten sich. Am Ende mussten die Afrikanerinnen von einer eigenen Lehrerin unterrichtet werden, die Chance einer Integration durch den Kontakt mit Gleichaltrigen blieb weitgehend ungenützt.[507]

Abb. 9: Ursulinenkloster Klagenfurt – Mater Constantia Gayer mit den afrikanischen Mädchen (Foto, nach 1855)

Neben der „Zivilisierung" lag die Priorität der Erziehung auf der Einübung von religiösen Ritualen und Formeln (in deutscher Sprache) – Taufe und Firmung, meist in spektakulärer Weise vom zuständigen Bischof vorgenommen, sollten baldmöglichst stattfinden können.

[506] Archiv des Ursulinenklosters Graz, Drittes Denkbuch, 1856, § 3 (nicht foliiert).
[507] Sauer, „Mohrenmädchen", 295; ausführlich zu den diversen Herausforderungen Kueppers-Braun, Kindersklaven, 89–196.

Schon in kurzer Zeit stellten sich Erfolge ein, die meisten Mädchen waren offenbar sehr intelligent. *Und so vergingen kaum acht Monate seit ihrer Ankunft in Klagenfurt; und die verwahrlosten Kinder des Sclavenmarktes hatten schon gründliche Kenntnis von ihrem Schöpfer und Erlöser und seiner Heilanstalt der Kirche inne; sie sprachen, lasen und schrieben deutsch; so zwar waren ihre Fortschritte überraschend, daß Alle die mit diesen Kindern in nähere Berührung kamen sich auf das Günstigste sowohl über ihre natürlichen Anlagen als auch die des Geistes und Herzens äußerten.*[508] Kirchlicherseits sah man darin eine Bestätigung für die „Zivilisierungsfähigkeit" von Afrikanern: *Es sind diese Negermädchen eine sprechende Widerlegung jener frevelhaft hochmüthigen Ansicht, hinter welcher sich der schändlichste Eigennutz verschanzt, daß diese Neger in ihrer von der Natur begründeten Unterordnung zur Sclaverei geboren seien* [...], so ein Bericht über die Taufe von sechs Afrikanerinnen in Klagenfurt mit einer kaum verhohlenen Polemik gegen Kant.[509]

Die Euphorie ging allerdings bald vorüber. Viele Mädchen hatten Angstzustände und Depressionen, zumal sie keine Hilfestellung zur Bewältigung ihrer dramatischen Lebensgeschichten erhielten. Von der Traumatisierung einer noch im Jahr ihrer Taufe, 1856, verstorbenen Katharina Adjamia berichtet zum Beispiel die Klosterchronik in Klagenfurt: *Vater erschoßen, Mutter erstochen, ich mich aus Furcht unter viele Steine versteckt, aber fremde schiche Männer mich bald gefunden und fortgeführt, mich viel, viel geschlagen.*[510] Hinzu kamen – zum Teil schwere – disziplinäre Probleme, die von den Schwestern nur als Rückfall in eine angeborene „Wildheit" beziehungsweise als Einwirkung des Teufels erklärt werden konnten. Wenn Ermahnungen nichts fruchteten, suchte man sich durch Arrest, Fesselungen und körperliche Züchtigung zu behelfen. Des Öfteren wandte man sich an Olivieri, der „Unruhestifterinnen" in ein anderes Kloster versetzte.

Die Gründung einer säkularen Existenz, wie sie manche heranwachsende Kinder versuchten, war schwierig. Einer von Jerans Burschen in Ljubljana bemühte sich in Wien um eine Stelle, scheiterte jedoch und wurde zu einer handwerklichen Ausbildung nach Verona geschickt.[511] Von den Mädchen ist die Nubierin Halima eines der wenigen bekannten Beispiele. Sie war von Oliveiri ins Salesianerinnenkloster in Wien gebracht worden, trat jedoch später aus und fand eine Stelle als Kammerzofe bei der Gräfin Hardegg. Schließlich trat aber auch sie wieder ins Kloster ein (Ursulinen in Linz), wo sie 1904 verstarb.[512] Jahre später bat eine Novizin Jakobina (früher Adamker), wiederum in Bruneck, Kaiser Franz Joseph anlässlich seines dortigen Besuchs *um das österreichische Bürgerrecht*, allerdings nicht erfolgreich.[513]

Obwohl viele Klosterarchive nicht zugänglich sind, deutet sich durch die Forschungen von Ute Kueppers-Braun eine generelle Einschätzung der Situation der jungen Afrikanerinnen an. Exzesse wie der eingangs geschilderte in Bruneck oder andere bei den Dominikanerinnen in Bludenz waren wohl nicht alltäglich, und es gab auch Gegenbeispiele, wie vereinzelte Dankesbriefe an Klosteroberinnen belegen.[514] Mehrere Mädchen spielten später

508 So die Chronik des Ursulinenklosters Klagenfurt, zitiert nach Sulzbacher, Funktionalisierung, 120.
509 Zitiert nach Moro, Klagenfurt II, 95.
510 Zitiert nach Sulzbacher, Funktionalisierung, 122.
511 Zgodnja Danica, 1. Dezember 1863, 272.
512 Kueppers-Braun, Kindersklaven, 234–235. Danke an Anissa Strommer.
513 Kueppers-Braun, Kindersklaven, 108–109; da sie sichtlich *keinen Beruf und Ordensgeist hatte*, wurde sie schließlich nach Alexandria zurückgeschickt.
514 Zum Beispiel bei den Salzburger Ursulinen: Kueppers-Braun, Kindersklaven, 279.

in der Tat eine Rolle in der Mission, etwa Petronilla (Zeinab), die bei den Nonnberger Benediktinerinnen in Salzburg Aufnahme gefunden hatte.[515] Die meisten blieben allerdings auf eine Existenz in oder im Umkreis eines Klosters festgelegt. Zahlreiche Quellen, die auf die „Rohheit" der afrikanischen Kinder und auf ständige Konflikte mit ihnen verweisen, legen den Schluss nahe, dass sie der übertriebenen Erwartung, sich quasi über Nacht zu heiligmäßigen Existenzen zu entwickeln, nicht gerecht werden konnten. Andererseits waren die Ordensschwestern mit der Erziehung pubertierender afrikanischer Mädchen, deren bisherige Lebenserfahrung sie sich kaum vorstellen konnten, klar überfordert.

Während kaum jemand die pädagogische Eignung der Klöster infrage stellte, führte ein anderes Thema schon früh zu Diskussionen: das Klima. Bereits die Transporte nach Europa, die der Asket Olivieri ohne Rücksicht auf die Jahreszeit und ohne entsprechende Vorkehrungen organisierte, forderten ihren Tribut. Immer wieder kam es zu Todesfällen – die sterbenden Kinder wurden vom Missionar notgetauft –, und die Überlebenden, die wie er selbst nur in dünnen Kleidern durch die „kalten Gegenden Deutschlands" ziehen mussten, befanden sich in einem beklagenswerten Zustand: *Erbärmlich war es zu sehen, wie die armen Kleinen von Frost und Kälte sich zusammen kauerten, eisige Zapfen hingen an ihren Kleidern* […] *Adjamia, Melle, Teova, Hagida und Maritta waren mit einem heftigen Katarrh behaftet, einige warfen durch starken Husten geplagt sogar Blut aus.* Bakitta, die Älteste, hatte Erfrierungen an ihren Füßen, in deren Folge sie alle Zehen verlor und schließlich nicht mehr selbständig gehen konnte.[516] Auch in den Klöstern selbst standen Abhärtung und Einfachheit im Vordergrund; Heizbarkeit der Gebäude und vor allem der Kirchenräume war kaum gegeben. Im Vergleich zu den afrikanischen Buben, die als Dienstboten in weltlichen Haushalten lebten, stellte der Winter für die Mädchen in Klöstern eine weit größere Herausforderung dar. Klerikale Blätter bemühten sich zwar zu kalmieren, waren aber selbst nicht überzeugt: *Man darf bisher die Hoffnung aussprechen, daß sie sich acclimatisieren werden, vorzüglich wenn sie diesen Winter überstehen* […].[517]

Die Erfahrung lehrte das Gegenteil: „Die meisten Kinder starben innerhalb der ersten drei Jahre", fasst Kueppers-Braun pointiert zusammen.[518] Auch für die heimischen Klöster trifft dies im Wesentlichen zu. Angesichts der hohen Sterblichkeit war Olivieris Strategie, Kinder nach Europa zu bringen, selbst im Klerus umstritten, und seine Kritiker gewannen langsam die Oberhand. Auf Befehl des Heiligen Vaters selbst, berichtete 1859 die slowenische Kirchenzeitung *Zgodnja Danica*, müsste Oliveiri die Kinder in ein Erziehungsinstitut in Neapel (geführt von Lodovico da Casoria) transferieren; ähnliche Institute existierten in Verona (unter Nicola Mazza) beziehungsweise wurden in Ägypten gegründet.[519] Die Neuregelung stellte einen Durchbruch für die Kritiker Oliveiris dar – insbesondere für Daniele Comboni, der für die Missionierung Afrikas durch Landsleute eintrat[520] – und bildete einen Kompromiss zwischen jenen, die für Missionarsausbildung vor Ort in Afrika plädierten, und anderen, die trotz aller Schwierigkeiten auf Europa beharrten. Den Spenderinnen und

515 Kueppers-Braun, Kindersklaven, 268–270.
516 Zitiert nach Sulzbacher, Afrikanerinnen, 57; zur Askese Olivieris, der auch im Winter nur dünne Kleider trug: Campanella, Lebensskizze, 30.
517 Augsburger Postzeitung, 15. Dezember 1855, Beilage.
518 Kueppers-Braun, Olivieri 158.
519 Zgodnja danica, 14. April 1859, 63.
520 Zu den Erfolgen und Misserfolgen der Comboni-Mission siehe Kueppers-Braun, Kindersklaven, 253–278.

Spendern jedoch, die man jahrelang auf den „heiligmäßigen Pater Olivieri" eingeschworen hatte, war die Umstellung schwer zu vermitteln. Zudem traten nun anstelle von österreichischen, deutschen und französischen Kloster*schwestern* italienische Franziskaner*priester* auf den Plan – ein Paradigmenwechsel in mehrfacher Hinsicht.

Auch außenpolitisch erschien Olivieris Vorgehen problematisch. 1854 hatten die europäischen Großmächte ein Verbot des Sklavenhandels in Ägypten durchgesetzt, das in den folgenden Jahren schrittweise umgesetzt wurde. Von dieser Warte aus gesehen erschienen die Aktivitäten der „Apostolischen Missionare", was immer auch ihre Motivation war, als offener Widerspruch: Sie basierten erstens auf einem Sklav:innenkauf und führten zweitens nicht zu einer „Freilassung" der Betroffenen, sondern zu ihrem „Weiterverkauf" ins Ausland. Olivieri und seine Helfer reagierten auf die neue Situation, indem sie die erworbenen Kinder zunächst in Alexandria bei Privaten oder in europäischen Einrichtungen sammelten und sie dann bei Nacht und Nebel an Bord eines österreichischen Schiffes brachten; dazu war die Bestechung ägyptischer Beamter und die Kollaboration europäischer Konsulate erforderlich, die unter anderem gefälschte Dokumente besorgten. Es handelte sich also um ein illegal operierendes Netzwerk, dessen Zweck nach heutigem Sprachgebrauch als Schlepperei gelten würde. Den ägyptischen Behörden kamen diese Umtriebe bald zur Kenntnis. Eine Gelegenheit zum Einschreiten bot sich, als im September 1859 der Schiffsarzt eines „Lloyd"-Dampfers acht von zehn afrikanischen Kindern, die nach Triest befördert werden sollten, als akut pockenkrank diagnostizierte und dies zu einem Aufruhr der übrigen Reisenden führte. Alle Kinder wurden daraufhin an den Kai zurückgebracht, von der ägyptischen Küstenwache in Gewahrsam genommen und für frei erklärt. Zwar protestierten sowohl der päpstliche Nuntius als auch der Patriarch von Venedig bei Kaiser Franz Joseph gegen diese Behandlung beziehungsweise gegen die als zu zaghaft beurteilten Interventionen des österreichischen Konsuls, am Ende wurden Olivieri und seinem damaligen Helfer jedoch die österreichischen Pässe entzogen.[521] Damit ging zumindest für die Habsburgermonarchie der fragwürdige klerikale Mädchenhandel zu Ende.

Ägypten und die Anfänge der afrikanischen Studienmigration

Schon im Vormärz entstand in Ägypten eine Tradition von Studienmigration, die sich bis weit hinein ins 20. Jahrhundert fortsetzen sollte. Entscheidend war dabei, dass afrikanische – und nicht europäische – Interessen ihren Charakter bestimmten. Nach der Festigung seiner Macht, unter anderem durch die Ermordung der meisten seiner Widersacher, initiierte der osmanische Statthalter Ägyptens, Muhammad Ali Pasha (reg. 1805–1849), tiefgreifende wirtschaftliche und kulturelle Reformen. Die Provinz sollte sich zu einer prosperierenden Region entwickeln, wobei dem Aufbau einer autarken Industrie eine wichtige Rolle zukam.

Bis zu einem gewissen Grad (und bis zur europäischen Militärintervention im 1840) waren diese hochfliegenden Pläne erfolgreich, blieben allerdings von schweren Problemen überschattet. So verfügte Ägypten kaum über Experten, die imstande gewesen wären, die technischen und organisatorischen Herausforderungen einer Industrialisierung zu meistern. In Erkenntnis dessen schickte Muhammad Ali junge Männer in europäische Länder, um sie

[521] Eine umfassende Darstellung Kueppers-Braun, Kindersklaven, 47–58.

in bestimmten Fächern ausbilden zu lassen. Den Anfang machten ab 1813 „Studienmissionen" nach Mailand (Druckereiwesen) und Paris (Militär- und Marinetechnik), zahlreiche weitere folgten. Schätzungen zufolge sollen von der ägyptischen Regierung zwischen 1813 und 1919 etwa 900 Personen nach Europa geschickt worden sein, die meisten nach Frankreich und Großbritannien, zwischen 50 und 80 aber auch in die Habsburgermonarchie, zu der Ägypten gute wirtschaftlichen Beziehungen unterhielt.[522]

Eine erste Studiengruppe traf Ende der 1820er Jahre in der slowenischen Region Gorenjska ein, dem damaligen Oberkrain: vier Lehrlinge, die das Tuch- und Strumpfmacherhandwerk erlernen sollten. Zu diesen zählte ein Ibrahim aus Kairo, von dem im slowenischen Staatsarchiv eine Schriftprobe erhalten ist.[523] Später folgte eine fünfköpfige Gruppe zum Studium des Bergbaus, vermittelt vom Salzburger Montanexperten Joseph Russegger, der zuvor im Auftrag Muhammad Alis nach Goldvorkommen im Sudan gesucht hatte. Die ausgewählten Bewerber wurden 1837 gemeinsam mit einem Dolmetscher und versehen mit einem ägyptischen Stipendium in die Steiermark geschickt. Nach mehrjähriger technischer Ausbildung am Joanneum in Graz machten sie sich 1843 nach Vordernberg am Erzberg auf, wo kurz zuvor eine Lehranstalt zur Eisenerzeugung – die heutige Montanuniversität Leoben – errichtet worden war. Wie sich hier das Zusammenleben zwischen den sechs muslimischen Ägyptern und der Bevölkerung gestaltete, ist leider nicht überliefert, wohl aber liegen Informationen über den Lehrbetrieb vor.[524]

Die eiserne Disziplin, aber wohl auch hohe fachliche Ansprüche forderten ihren Tribut. So wie einige einheimische Studenten schieden auch drei Ägypter wegen *auffallender Unzulänglichkeit ihrer Vorkenntnisse*[525] vor Beendigung des ersten Lehrjahres aus. Die beiden verbleibenden, Isa Ali und Muhammad Dajuri (beide aus Kairo), setzten ihr Studium bis zum Ende des zweiten Jahrgangs fort, wurden aber kurz vor den Prüfungen nach Russland versetzt; Ali sollte später eine leitende Position im ägyptischen Montanwesen bekleiden. Nur von einem weiteren Angehörigen der Gruppe ist uns Näheres bekannt: Der im ersten Jahr gescheiterte Muhammad Hassan kehrte nicht mehr nach Ägypten zurück, sondern ging nach Wien, wo er als erster Afrikaner eine akademische Laufbahn einschlug – allerdings nicht in einem technischen Fach (siehe unten).

Angesichts des Aufschwungs der Wiener Medizinischen Schule begann sich die Aufmerksamkeit der ägyptischen Bildungspolitik auf dieselbe zu richten. 1844 machte Muhammad Alis Enkel Ismail, später einer seiner Nachfolger als Vizekönig Ägyptens, auf dem Weg nach Paris länger Station in Wien, um eine Augenkrankheit behandeln zu lassen; einer seiner Begleiter hörte während dieser Zeit am k. k. polytechnischen Institut (der heutigen Technischen Universität) Vorlesungen aus Chemie. Noch im selben Jahr wurden zwei Ärzte zum Studium der Ophthalmologie nach Wien gesandt – sie gelten als die späteren Begründer der Augenheilkunde in Ägypten. Ab 1852 studierte Hassan Amer, der Sohn eines Kaufmanns aus Kairo, in Wien Medizin,[526] und einige Jahre darauf war die Anzahl der ägyptischen Studierenden bereits auf zehn angewachsen. Die meisten von ihnen rückten später

522 Silvera, Student Mission; Mitchell, Egypt, 71–74. Zu Österreich: Chahrour, „Morgenhauch".
523 Für die Übermittlung danke an Tomislav Kajfež (Ljubljana).
524 Jontes, Studentenleben, 651–652. Danke Lieselotte Jontes für die Angaben aus dem Matrikelbuch der Universität Leoben.
525 So der Studiendirektor, zitiert nach Chahrour, „Morgenhauch", 133.
526 Ebd., 139.

in ihrer Heimat in hohe Funktionen auf, teils im medizinischen Bereich, teils in der Armee. Abd al-Qadir Hilmi zum Beispiel machte Karriere im Militär und begleitete Kronprinz Rudolf 1880 durch Ägypten.[527]

Auch wenn die staatlichen Studienmissionen ausliefen, blieb die Tradition erhalten, zumindest einen Teil des Studiums in Wien zu absolvieren. Neben Medizin wurde des Öfteren Jus oder auch Musik gewählt. Mit der fortschreitenden kolonialen Penetration Ägyptens nach dem Staatsbankrott von 1876 waren es freilich eher Angehörige der europäischen Oberschicht (Italiener, Griechen usw.), die den Weg an die Universität in Wien suchten. Erst gegen Ende des Jahrhunderts kamen wieder indigene Ägypter. 1894 beziehungsweise 1896 zum Beispiel schlossen die Brüder Mahmud, Ahmad und Ali Muharram ihre Studien in Pharmazie und Medizin ab – vermutlich die ersten in Wien graduierten Akademiker aus dem Land am Nil.[528] Studierende aus Afrika außerhalb Ägyptens gab es kaum, vereinzelt höchstens Weiße Südafrikaner.

Neben der Universität stieß das Theresianum in Wien auf Interesse: Bis zum Sturz der ägyptischen Monarchie, 1954, wurden regelmäßig Prinzen aus der regierenden Familie sowie andere junge Adelige an das Privatgymnasium geschickt. Am bekanntesten von ihnen ist der spätere Vizekönig Abbas II. Hilmi (reg. 1892–1914), der 1887 eine fünfjährige Schulzeit in Wien begann. *Diesen armen Erbprinzen*, schrieb Karl Kraus in einem bösen Kommentar dazu, *hat man* […] *aus Afrika ins Theresianum gebracht, um ihn vor den schädlichen Einflüssen der modernen Cultur, die in seinem Vaterlande vordringt, zu retten* und ihn womöglich *zur alleinseligmachende Kirche* [zu] *bekehren. Der Prinz hatte keinen Geschmack an den Vorträgen seines Erziehers* [des späteren Ministerpräsidenten Max Hussarek-Heinlein] *gefunden; der Extract aus päpstlichen Decretalen und österreichischen Polizeiverordnungen wollte dem armen Zögling nicht munden.*[529] Ganz verloren waren die Wiener Jahre für den Kronprinzen dennoch nicht. Mit May Török von Szendrö lernte er die Tochter eines ungarischen Offiziers kennen, mit der er ab 1900 liiert war und die er 1910 heiratete; die Ehe wurde allerdings nach wenigen Jahren geschieden.[530]

Gesellschaftliche Ambivalenzen

Hausdiener aus dem Sudan, Klosterschwestern äthiopischer Herkunft, Akrobat:innen und Ethno-Performer aus Südafrika oder Ghana, ägyptische Studenten … – die Palette der Nischen, die Menschen afrikanischer Herkunft im Österreich des ausgehenden 19. Jahrhunderts offen standen, hatte sich offensichtlich verbreitert. Die Aufhebung personenrechtlicher Beschränkungen, die Festigung der allgemeinen Schulpflicht oder Ansätze zur sozialen Sicherheit stärkte – zumindest auf dem Papier – ihre Stellung. Ihre Chancen auf dem Arbeitsmarkt erhöhten sich. Dies führte zu mehr Mobilität, Eigeninitiative – und Widerstand.

527 Chahrour, „Morgenhauch", 139. Rudolf beschrieb ihn als einen *angenehmen, gebildeten Mann von halb türkischer, halb arabischer Abstammung* […]. *Wir lernten ihn alle ohne Ausnahme schätzen und achten und schieden nach langem täglichen Verkehr in wahrer Freundschaft von ihm.* (Rudolf, Orientreise, 11).

528 Chahrour, „Morgenhauch", 141.

529 Die Fackel 27, 15–16; Guglia, Theresianum, 152.

530 Hanum, Harem.

Abb. 10: Mohamed Medlum – nur durch Glück zu Wohlstand (Fotostudio Rudolf Mahlknecht, um 1885)

Allerdings blieb die Situation ambivalent, und selbst die Biographien der wenigen „Aufsteiger" blieben widersprüchlich. Gefördert von seinem Jugendfreund Nikolaus Dumba brachte es etwa Orest Riehs zum Jagdaufseher und stellvertretenden Feuerwehrkommandanten von Tattendorf (Niederösterreich). 1871 heiratete er die Tochter eines angesehenen Bauern – ein „Seitenblicke"-Event von damals: *Orest heiratet – auf fünf Meilen in der Runde spricht man von nichts Anderem und alle Bauernburschen und Bäuerinen* [sic] *freuen sich schon auf den Ehrentag.*[531] Mohamed Medlum, den der Fabrikant Weidman seinerzeit aus Ägypten mitgebracht hatte, erbte 1905 eine riesige Summe Geldes und gründete damit eine Handelsfirma im dritten Bezirk, die einen Teil des Weidman'schen Orientgeschäfts übernahm. *Ich selbst kannte ihn noch aus meiner Kinderzeit*, schrieb ein lokaler Chronist, *zuletzt habe ich mit ihm auf dem menschenüberfluteten Opernring gesprochen, als ganz Wien am Abend auf den Beinen oder zu Pferd war, um im Mai 1915 die Wiedereroberung von Lemberg und Přemysl zu feiern.*[532] Kaum jemand anderer mit afrikanischem „Migrationshintergrund" war so erfolgreich wie diese beiden. Gleichzeitig ist jedoch offensichtlich, dass ihre Karrieren ohne Protektion oder andere günstige Umstände nicht möglich gewesen wären. Chancengleichheit war nicht im Spiel.

Nur in einem Fall waren fachliche Qualifikationen entscheidend, die – auch das wieder Glück – gerade nachgefragt wurden. Muhammad (nach seiner Taufe Anton) Hassan, einer der in Vordernberg gescheiterten Studenten, begann 1849 als Korrektor bei der Staatsdruckerei in Wien, die damals Literatur in orientalischen Sprachen verlegte – eine Aus-

[531] Neues Fremden-Blatt, 13. November 1870, 5.

[532] Berg, Florilegium, 48. Medlum verstarb allerdings schon 1918, unverheiratet und als Muslim (Sulzbacher, Funktionalisierung, 103–104).

wirkung des wachsenden Interesses am Überseehandel.[533] Drei Jahre später stellte ihn das Polytechnikum als Arabisch-Lektor an, und Hassan wurde damit zum ersten afrikanischen Hochschullehrer Österreichs! In einem Inspektionsbericht über ihn heißt es, man *habe die Überzeugung gewonnen, dass Herr Hassan völlig befähigt ist, in der vulgär-arabischen, seiner Muttersprache, die er korrekt und geläufig schreibt, und liest, öffentlichen Unterricht zu ertheilen.*[534] Gegen Widerstände erhielt er einen Lehrauftrag an der Universität Wien, 1861 wurde er weiters zum Arabisch-Professor an der Orientalischen Akademie berufen und dadurch zum Ausbildner der zukünftigen Diplomaten im Osmanischen Reich. Publikationen zeugen von einer erfolgreichen akademischen Karriere.[535]

Auch Hassans Lebensumstände blieben allerdings prekär. Eine Ehe ging früh in die Brüche, die Kosten für eine Augenbehandlung zehrten an seinem Gehalt, und der geplante Wechsel in den ägyptischen Staatsdienst kam nicht zustande. 1876 starb er in bescheidenen Verhältnissen. Fast alle anderen afrikanischen Zuwanderer, von deren Lebens- und Berufsumständen wir wissen, führten eine noch fragilere Existenz. Dass die mediale Berichterstattung – unsere wichtigste Informationsquelle darüber – oft in Verbindung mit Schulden, Kleinkriminalität oder Selbstmord erfolgte, ist ein Indiz dafür.

Immerhin taten sich neue Berufsfelder auf, im Transport- und Beförderungsgewerbe oder in der Gastronomie. Ein von Zürich zugezogener „Wanderlehrer" aus Kamerun, Walter Barness, hielt 1900 *Vorträge über Afrika und seine Weltreisen in fast allen Wiener Gymnasien und auch im Offizierstöchterinstitute in Hernals.*[536] Kurzfristig (1903–1905) führte ein Johann Glatty aus Monrovia, der aus Dresden zugezogen war, sogar das *Erste afrikanische Restaurant* in der Innenstadt![537] Weiters finden wir Männer als Fiaker[538] und Dienstmann[539] beschäftigt oder als „Fabriksdiener"[540] oder Dolmetscher.[541] Eingeschränkter waren die Berufsaussichten für Frauen, die vorwiegend als Kellnerinnen oder als Dienstmägde Beschäftigung fanden.[542] Vereinzelt ist von einer Rezeptionistin in einem Schönheitssalon die Rede[543] oder von einer Schwarzen Prostituierten (in Budapest, aber es gab solche wohl auch in Wien),[544] beziehungsweise wurde ein Model für die Modebranche gesucht[545] oder eine Stelle als Verkäuferin.[546] Insgesamt waren die beruflichen Optionen also breiter geworden, blieben im Regelfall aber auf den Niedriglohnsektor beschränkt. Noch fehlten den Betroffenen die wesentlichen Voraussetzungen einer Karriere in der bürgerlichen Gesellschaft – Wohlstand, Bildung und politischer Einfluss.

533 Sauer, Schwarz-gelb, 36–39; zur Biographie: Chahrour, „Morgenhauch", 132–138.
534 Zitiert nach ebd., 134. Wie seine Kollegen am Polytechnikum hielt Hassan auch öffentliche Sprachkurse für Exportfirmen ab (Die Presse, 15. Oktober 1856, 2).
535 Hassan, Lesebuch; Hassan, Grammatik.
536 Über seinen Selbstmord berichteten die Arbeiter-Zeitung, 5. Februar 1900, 3 und mehr oder weniger gleichlautend alle anderen Wiener Blätter. Für den Hinweis danke an Rea Brändle †.
537 Brändle, Wildfremd, 124–133. Für einen Fotohinweis danke an Markus Purkhart.
538 Die Presse, 28. Juli 1885, 11; Neuigkeits-Weltblatt, 26. November 1887, 8.
539 Die Presse, 27. März 1866, 9
540 Fremden-Blatt, 1. Dezember 1861, 3.
541 Fremden-Blatt, 8. Februar 1872, 3.
542 Morgen-Post, 30. November 1880, 5; Neues Wiener Journal, 31. August 1898, 8; Neues Wiener Tagblatt, 10. September 1904, 8; Wiener Salonblatt, 29. April 1888, 15.
543 Die Neue Zeitung, 6. März 1908, 12.
544 Mährisches Tagblatt, 25. April 1883, 6.
545 Neues Wiener Tagblatt (Tages-Ausgabe), 9. Jänner 1916, 20.
546 Neues Wiener Tagblatt (Tages-Ausgabe), 8. November 1906, 25.

Zweifellos wirkte der steigende Alltagsrassismus als „gläserne Decke". Vereinzelte Berichte stellen nur die Spitze eines Eisbergs dar. Ein Fabriksdiener auf der Laimgrube wurde von anderen Arbeitern mit Wasser und Seife malträtiert (ob die Hautfarbe echt war?),[547] ein oberösterreichischer Bauer bekreuzigte sich dreimal beim Anblick einer gutgekleideten Afrikanerin,[548] für ein Schwarzes Baby konnte eine Pflegemutter nur um das vierfache Kostgeld gefunden werden.[549] Das Stelleninserat einer *der türkischen, arabischen und deutschen Sprache vollkommen mächtig*[en] Hausangestellten wurde unter der Schlagzeile *Eine junge Negerin* publiziert ...[550]

Die Überzeugung von der Primitivität außereuropäischer Menschen und der Unwahrscheinlichkeit, sie *civilisieren* zu können, hatte sich bereits im Vormärz verfestigt – vermutlich ein Hauptgrund dafür, dass Schwarze als bedrohlich erlebt wurden. Der politische Durchbruch des Liberalismus in den 1860ern ermöglichte die Rezeption von Rassentheorien, deren Verbreitung bisher unerwünscht gewesen war, und die Lockerung der Zensur begünstigte die Verbreitung „unanständiger" und „primitiver" Motive, etwa in Karikaturen. Die ausgelassene Eventkultur des Bürgertums hatte vielfach rassistischen Charakter. *Der Sklavenhalter Nikolaus Dumba*, hieß es etwa vom „Narrenabend des Wiener Männergesangsvereins" 1869 in Wien, *führte seine schwarzen Vereinssklaven zum Wettkampfe im Gesange* [...] *und trotz der tropischen Hitze auf dem Kampfplatze und des wüsten Lärmes büßte keiner die frische Farbe ein, welche er durch den erpreßten Schweiß oft einzubüßen Gefahr lief.*[551] Ähnlich bei einem Sommerfest in Ried im Innkreis, das als Persiflage auf David Livingstone konzipiert war: *Auch spielte die wilde Musik* [...] *in ihren berauschenden, feurigen Weisen und versetzte sie zurück in die tropischen Länder. Schnell griffen sie jeder zum Spieße und verderbenbringenden Mordwaffen, und ahmten nach der Schwarzen Mienen, Geberden und Stellungen unter bengalischen Flammen und tanzten herum wie die Wilden um's nächtliche Feuer.*[552] Der Wiener Geselligkeitsverein „Die Wilden [!] von Wah-Ring" wiederum dekorierte seinen Vereinssitz, das Gasthaus „Zum Wilden Mann", in den 1880er Jahren mit der Figur eines spärlich bekleideten Afrikaners samt Keule.[553] Exzessive und abwertende Darstellungen Schwarzer Menschen wurden zum *running gag* von Faschingsfesten, Fasnachtsumzügen usw.[554] 1885 stand das „Carnevals-Fest der Wiener Künstler" unter dem Motto *Der Congo-Congreß* – mit „schwarzen" Kriegern, „schwarzen" Sklavinnen etc.[555]

Blackfacing – die Gesichtsschwärzung von Weißen zur Darstellung Schwarzer Figuren, oft versehen mit übergroßen roten Lippen und anderen physischen Überzeichnungen – wurde zu einem gängigen Feature. Die Praxis an sich war natürlich nicht neu, sondern stammte aus dem 16. Jahrhundert. Zum einen waren „Mohrenmasken" bei Turnieren üblich gewesen, die den sportlichen Gegner als *anders*, aber *ebenbürtig* charakterisierten; der Schwarze Ritter verkörperte den Islam, war aber kein *Alien* (vgl. Einleitung).[556] Zum anderen traten „Moh-

547 Fremden-Blatt, 1. Dezember 1861, 3.
548 Tages-Post, 24. Juni 1886, 3.
549 Neue Freie Presse, 16. April 1873, 6.
550 Wiener Salonblatt, 29. April 1888, 15.
551 Die Debatte (Abendausgabe), 3. Februar 1869, 3. Vgl. generell Silberstein, Frohsinn.
552 Rieder Wochenblatt, 28. Juni 1875, 111.
553 Sauer, Expeditionen, 181 (mit Abb.).
554 Beispiele ebd., 50–51, 322, 404 etc.
555 Neue Illustrirte Zeitung, 22. Februar 1885, 340–345.
556 Erhaltene Exemplare zum Beispiel in Schloss Ambras, Hof- und Rüstkammer des Kunsthistorischen Museums etc.

ren" – in der Regel schwarz gefärbte Inländer – in knappen exotischen Outfits bei den festlichen Aufzüge der Renaissance auf, als „lebendige Mirabilie[n], aber auch Unterpfand der weitreichenden Beziehung und ausgedehnten Interessensphären des Veranstalters und als solches ein Mittel fürstlicher Repräsentation."[557] Gesichtsschwärzung wurde darüber hinaus am Theater bei der Verkörperung „schwarzer" Rollen[558] und vor allem im katholischen Dreikönigsbrauchtum praktiziert. Im Unterschied zu den US-amerikanischen Minstrel-Shows, die in Österreich viel später rezipiert wurden, ging es in diesen Kontexten nicht notwendigerweise um Degradierung.[559] Erst in der Faschings- und generell Unterhaltungskultur des „Liberalen Zeitalters" nahm *blackfacing* einen karikierenden Charakter an.

Um die Wende zum 20. Jahrhundert – im Einklang mit steigender Kriegstreiberei, deutschnationalen Umtrieben und der zunehmenden Unterdrückung sozialer Proteste – nahm die Aggressivität in der sogenannten Rassenfrage zu. Wenige wagten sich so weit vor wie der Sprachwissenschaftler Leo Reinisch mit seinem Bekenntnis zu einem monogenetischen Ursprung der Menschheit in Afrika: *Ich bin aber schon lange vom Glauben abgekommen, dass Racenunterschiede eine ursprünglich gemeinsame Herkunft von Völkern ausschließen sollen. Jedermann kann zwar auf den ersten Blick z. B. einen Neger von einem Europäer unterscheiden, wird aber gar in vielen Fällen den Unterschied nicht anzugeben vermögen, wenn er nur die Skelette solcher Typen vor sich hat.*[560] Ganz gegenteilig lief der Trend in den anthropologischen Disziplinen, die sich entweder durch die Vermessung menschlicher Körper, Skelette etc. (Rudolf Pöch[561]) oder erstmals auch mittels medizinischer Experimente der Herausarbeitung von „Rassenunterschieden" widmeten. Als Vertreter der letzteren Richtung wurde Robert Stigler[562] berüchtigt, der von einer Uganda-Expedition mit zwei jungen Afrikanern, „Kilimandscharo" Mori Duise und Simon Kasajja, zurückkehrte, die er zusammen mit Weißen schmerzhaften physiologischen Tests unterzog: *Dieser Versuch ging bis an die alleräusserste Grenze der Leistungsfähigkeit beider Versuchspersonen, welche zur vollständigen Durchführung desselben buchstäblich gezwungen wurden.*[563]

Philanthropische oder religiöse Ansätze, die in Richtung des Gleichheitsgedankens gingen, wurden vom akademischen Mainstream brüsk abgelehnt. *Es ist doch einfach thöricht*, schrieb Eugen von Philippovich, seit 1893 Professor für Nationalökonomie in Wien und Befürworter der deutschen Kolonialpolitik, *Menschen, welche nur die ersten Spuren einer sich entwickelnden Kultur an sich tragen, mit unsren deutschen Arbeitern zu vergleichen und für er-*

557 SCHEICHER, Fest, 129. Vgl. SAUER, Expeditionen, 260. Eine Beeinflussung der Tiroler Fasnacht, in der ebenfalls „Mohren"figuren eine Rolle spielen, durch diese Festkultur wird vermutet (PFAUNDLER, Fasnacht, 207–208).

558 Und war in diesem Zusammenhang nicht unbedingt beliebt, wie Grillparzer Ende der 1810er Jahre berichtet: *Der Neger Zanga war für Küstner bestimmt* [...]. *An ihm scheiterte aber das Vorhaben. Da er sich auf seine Mimik viel zu gute tat, die, die Wahrheit zu sagen, etwas ans Fratzenhafte grenzte, lag er mir unaufhörlich an, den Zanga keinen Schwarzen sein zu lassen, da der schwarze Anstrich ihn eines Haupthebels seines Spiels beraubte* (GRILLPARZER, Selbstbiographie, 189).

559 SIEG, Blackfacing, 119.

560 ROHRBACHER, Hamiten-Mythos, 132.

561 LANGE, Kriegsgefangene; SCHASIEPEN, Racial Capital.

562 Eine zusammenfassende Biographie Stiglers, dem die Universität für Bodenkultur ihren „Ehrenring" mittlerweile aberkannt hat, steht noch aus. Vgl. HUBENSTORF, Fakultät, 264–265; PACK, Stigler; LOIDL, Kolonialpropaganda, 190–204.

563 Bericht Stiglers 1915, zitiert nach GÜTL, Fragmente, 146; 1952 schwächte Stigler diese Passage erheblich ab. Auch Tonaufnahmen der beiden Ugander sind erhalten (GÜTL – LECHLEITNER – LIEBL, Recordings). Duise kehrte 1913 nach Uganda zurück (Neue Freie Presse, 15. März 1913, 9), das Schicksal seines Kollegen ist ungeklärt. Zu Rudolf Kmunkes Expedition siehe vor allem LOIDL, Safari.

stere Rechte in Anspruch zu nehmen, die die letzteren vermöge ihrer gesellschaftlichen Bildungsstufe verlangen können, die für jene aber nicht einmal die Bedeutung einer Zukunftsforderung haben, weil alle Voraussetzungen für ihre Durchführung fehlen.[564] Im Zusammenhang mit Diskussionen über die „Stärkung der weißen Rasse" plädierte der Münchner Rassenhygieniker Alfred Ploetz 1909 bei einem Vortrag vor dem Wiener Arbeiter-Abstinentenbund (!) für Eheverbote, *um die Minderwertigen von der Fortpflanzung und damit von der Vererbung ihrer Schwächen auszuschließen*, und gegen *eine Vermischung von Angehörigen zu weit auseinanderstehender Rassen, so z. B. von Negern und Weißen* – eine Rhetorik, die in erschreckender Weise die Praxis einer späteren Epoche vorwegnahm.[565] Einem prominenten Feuilletonisten, Theodor Herzl, blieb es vorbehalten, in einer abstrusen Kombination von Soemmerring und Hegel die schaugestellten Ashanti von 1896 mit den Affen eines nahegelegenen Tiergartens in Verbindung zu bringen. *Von der gleichen Art? In West-Afrika gibt es Stämme, die in einem wunderlichen Hysteron Proteron behaupten, die Schimpansen wären einst Menschen gewesen und seien durch ihre üblen Gewohnheiten von Geschlecht zu Geschlecht immer tiefer gesunken, bis aus dem Negerstamm eine Affenfamilie wurde.* [...] *Da, in demselben Tier- und Menschengarten sind auch Landsleute* [...] *zu sehen: Neger aus West-Afrika, mit kümmerlichen Hütten* [...]. *Es sind Menschen der Urzeit, wenn sie auch mit uns zugleich über die Erde wandeln. Alles ist immer da. Echte Urzeitmenschen, kenntlich an ihrer Einfalt und Grausamkeit, an ihrer Wildheit, die nur Angst ist* [...]. *Sie stehen erst am Anfang unserer Geschichte.*[566]

Spielarten des Rassismus, die letztendlich nicht auf wissenschaftliche Diskurse oder Medien beschränkt blieben, sondern für die Betroffenen mit Folgen verbunden sein konnten. Abgesehen von der alltäglichen Diskriminierung wurden die „Wilden" tendenziell zum Fall für die Polizei. Ein besonders krasser Vorfall ereignete sich im November 1879 in Prag, als Halbstarke zwei Mitwirkende an der erwähnten Zulu-Schaustellung mit Steinen bewarfen; Gegenwehr und anschließende Verfolgungsjagd führten zu einem Polizeieinsatz, durch den einer der Südafrikaner leicht, der zweite schwer verletzt wurde. Interessant ist die mediale Kommentierung: Während selbst Blätter, welche die Zulus verteidigten, davon schrieben, *daß ihre Wildheit, wenn sie gereizt wird, in schrecklicher Weise sich Bahn bricht*, traten andere dafür ein, Ausländer, *die mit den hiesigen Bräuchen nicht vertraut sind, nicht frei auf der Straße herumgehen* [zu] *lassen* – eine überraschend heutig klingende Forderung nach Einschränkung der Mobilität für Fremde.[567]

Rechtlich umgesetzt wurden diese Ideen zwar nicht, aber in ihrem Lichte ist es möglicherweise zu sehen, wenn Angehörige afrikanischer Völkerschauen, wenn sie einzeln auf der Straße angetroffen wurden oder gar von ihrer Truppe sich abzusetzen versuchten, mit ziemlicher Regelmäßigkeit der Polizei gemeldet wurden, so in Wien bei den Ashanti 1888 oder den Matabele 1894/1895.[568] Unter bestimmten Umständen galten Schwarze Menschen bereits um die Wende zum 20. Jahrhundert als Sicherheitsrisiko. Auch der junge Somali, der dem Sprachforscher Berghold assistierte, durfte – siehe Einleitung – nur in Begleitung auf der Straße erscheinen: *Der Graf scheint da irgendwo von der Polizei eine Weisung erhalten*

564 WEGMANN, Philippovich.
565 Zitiert nach FEICHTINGER, Wissenschaft, 73–74.
566 HERZL, Menschengarten, 155–156.
567 Zur „Prager Zuluschlacht" vgl. insbesondere Prager Tagblatt, 17. November 1879, 2–3; Die Presse, 20. November 1879, 10; Montags-Revue aus Böhmen, 24. November. 1879, 1–2.
568 Die Presse, 21. August 1888, 16; Deutsches Volksblatt, 4. Jänner 1895, 16; ebd., 23. Mai 1895, 6.

zu haben, weil er ungeschickter Weise und voreilig ihn als einen Wilden angegeben hat. Auch besteht der Auftrag, den Somali polizeilich durch Dr. Berghold als bei ihm im Unterstande befindlich zu melden.[569] Das oft klischeehaft überhöhte „fin-de-siècle“ im habsburgischen Österreich – für Schwarze Menschen dürfte es eher ein „début-de-siècle“ gewesen sein, der Beginn eines von Rassismus und staatlicher Repression geprägten Jahrhunderts.

[569] Brief Philipp Paulitschkes vom 31. Dezember 1898, zitiert nach Sulzbacher, Afrikanerinnen, 38.

V. Zwischen Raimundtheater und Rheinland: Black Vienna in der Ersten Republik

Für immer sollte der 27. Oktober 1920 das Leben des Michele Tella, eines *den meisten Wienern bekannt*[en] Aushilfsportiers im Hotel Bristol, verändern.[570] Beim Überqueren der Ringstraße wurde er vom Auto eines Fabrikanten angefahren und schwer verletzt. Monatelanger Krankenstand und Invalidität auf Lebenszeit waren die Folge. Gerichtliche Verfahren erwiesen zwar die Schuld des Lenkers und sprachen Tella Entschädigung zu, doch waren die Urteile nicht exekutierbar, weil sich das Vermögen des Fabrikanten durch die Inflation in Luft aufgelöst hatte. Selbst auf den Gerichtskosten blieb Tella sitzen. Der österreichische Rechtsstaat – inklusive Oberstem Gerichtshof und Verwaltungsgerichtshof – hatte zwar irgendwie funktioniert, aber für den Betroffenen, der in Wien das Heimatrecht besaß,[571] nicht zu Gerechtigkeit geführt. Inwieweit Herkunft und Hautfarbe des Hotelportiers eine benachteiligende Rolle spielten, ist mangels vorhandener Akten nicht feststellbar. In der Öffentlichkeit – zumindest der linken – blieb eher der Eindruck von Klassenjustiz haften. *Alles ist gesetzlich, auch daß jeder Haderlump ein Auto besitzen und andre niederrädern darf*, schrieb die sozialdemokratische *Arbeiterzeitung*.[572]

Strukturen der afrikanischen Diaspora

Auch wenn die Geschichte Österreichs im frühen 20. Jahrhundert gut dokumentiert ist, werfen die Quellen nur wenig Licht auf die individuellen Schicksale von Menschen afrikanischer Herkunft; Michele Tellas Unfall und sein erfolgloser Versuch, das ihm zustehende Recht durchzusetzen, sind ein seltenes Beispiel. Selbst die Gesamtheit dieser Gruppe – einer winzigen Bevölkerungsminderheit – ist nur in Umrissen erfassbar. Mit der gleichzeitig pulsierenden afrikanischen Diaspora in Berlin, geschweige denn der in Paris, war diejenige Wiens in keiner Weise vergleichbar – Resultat der gescheiterten Kolonialbestrebungen der Monarchie ebenso wie der gesunkenen internationalen Bedeutung Österreichs. 1934 wies die Volkszählung gerade einmal 99 „Bürger:innen afrikanischer Staaten" aus, davon 57 Männer und 42 Frauen; die große Mehrzahl von ihnen (75) stammte aus Ägypten, weitere 19 aus der Südafrikanischen Union, in der Regel meist Weiße. Nur fünf (drei Männer und zwei Frauen) kamen aus dem „sonstigen Afrika", womit wahrscheinlich Äthiopien und Liberia gemeint waren. 61 von den 99 Personen lebten in Wien, die übrigen verteilten sich auf die

570 Neues Wiener Journal, 31. Dezember 1921, 10; Neue Freie Presse, 23. Jänner 1923, 11; Neues Wiener Tagblatt (Tages-Ausgabe), 2. März 1923, 10; ebd., 10. Juli 1923, 9.

571 Tagblatt, 31. Mai 1925, 5. Zum Heimatrecht, das nach zehnjährigem ununterbrochenem Aufenthalt verliehen wurde, siehe Melinz – Zimmermann, Armenhilfe, 103–112.

572 Arbeiter-Zeitung 30. Mai 1925, 5. Ähnlich die kommunistische Rote Fahne, 20. Jänner 1923, 6: *Geprahlt haben die „Vornehmen" gern mit dem „Schwarzen Mann", aber dem Verunglückten Beistand leisten, dazu wollen sie sich nicht verstehen. Dazu sind sie – zu arm.*

Steiermark (21), Niederösterreich (7), Salzburg (5), Tirol (3) und Kärnten (2); in Oberösterreich, Vorarlberg und dem Burgenland scheinen gar keine Afrikaner:innen auf.[573] Sicher war die Gesamtzahl der afrikanischen Wohnbevölkerung um einiges höher, wurden doch Menschen mit „Geburtsort im kolonialen Afrika" den jeweiligen europäischen Mächten zugerechnet und scheinen somit in der Statistik als „Franzosen", „Engländer" etc. auf. Auch Staatsbürger:innen mit Migrationshintergrund wurden nicht eigens ausgewiesen, genauso wenig Afroamerikaner:innen. Um wie viele Personen es sich dabei jeweils handelte, ist jedoch unbekannt.

Hinzu kommt, dass die Wohnbevölkerung nicht sehr stabil war. Zum derzeitigen Forschungsstand sind für die Erste Republik nur drei Afroösterreicher bekannt, die schon vor 1918 hier lebten: eben der Hotelportier Tella, der seinen Job seit der Jahrhundertwende ausübte, der Feuerschlucker Josef Tom, der 1897 mit der Ashanti-Völkerschau in Wien gastiert und später eine Einheimische geheiratet hatte,[574] und Josef (Ibrahim) Abdullah (vgl. Kapitel IV), der ebenfalls eine Familie in Wien gegründet hatte.[575] In allen anderen Fällen wird auf eine rezente Einwanderung verwiesen. Vereinzelt mögen die Betroffenen einander gekannt haben, von der Bildung einer Community jedoch wird – eventuell mit Ausnahme der Ägypter[576] – kaum die Rede sein können.

Auch die Rekonstruktion des Alltagslebens dieser Menschen ist schwierig. Über ihre Wohnverhältnisse und soziale Lage wissen wir wenig. Binationale Beziehungen oder Ehen gab es mehrfach, von europäischen Frauen mit afrikanischen oder afroamerikanischen Männern. Teilweise handelte es sich um in Wien Ansässige, teil um gastierende Musiker, Sportler oder Artisten. Die Liaison des aufstrebenden US-amerikanischen Tenors Roland Hayes mit einer hiesigen Gräfin, der eine außereheliche Tochter entsprang, ging als Lifestyle-Event durch die Gazetten.[577]

In Bezug auf den Arbeitsmarkt sind Brüche, aber auch Kontinuitäten feststellbar. Ein geradezu klassischer Berufszweig, der noch zur Jahrhundertwende eine Rolle gespielt hatte,[578] wurde umständehalber bedeutungslos: der häusliche Dienst. Maßgeblich dafür waren die politische Abwertung des Adels sowie die Vermögensverluste der Ober- und Mittelschicht infolge der Geldentwertung. Generell nahm die Anzahl der sogenannten Hausgehilfinnen drastisch ab, Afrikanerinnen scheinen unter ihnen nicht mehr auf. Ansonsten dominierten Dienstleistungsjob, die keine besonderen Qualifikationen erforderten und demgemäß wohl schlecht bezahlt waren; wir finden Schwarze Menschen aber kaum in der Industriearbeiterschaft,[579] in Handwerksberufen oder als Beamte, Universitätslehrer:innen etc. – die eingeengten Arbeitsmarktnischen des 19. Jahrhunderts bestanden weiterhin fort. Chancen bot natürlich die Vergnügungsindustrie, die immer wieder „exotische" Tänzer:in-

573 Bundesamt für Statistik, Volkszählung 1934, 20–23.

574 Porträts von Herrn Tom in Kamera Kunst 11 (1933), 325 sowie Text 326–327; zur Biographie und den beengten Wohnverhältnissen der dreiköpfigen Familie: Illustrierte Kronen Zeitung, 20. Juni 1933, 11.

575 Das interessante Blatt, 30. Dezember 1909, 12. Abdallah scheint in Lehmanns Adressbuch bis 1927 auf.

576 Abgesehen von den Studenten, von denen später die Rede sein wird, ist hier auf exilierte Anhänger des von den Briten 1914 abgesetzten Khediven Abbas II. Hilmi zu verweisen. So residierte etwa der frühere ägyptische Finanzminister Mouheb Pasha in Wien; seine Tochter Jhijhi wurde 1928 Opfer eines Eifersuchtsmordes (Edelbacher – Seyrl, Kriminalchronik, 161–163).

577 Prager Tagblatt, 7. November 1926, 4; Illustrierte Kronen Zeitung, 13. März 1927, 5.

578 Ein ausbeuterisches Beispiel aus Kärnten bei Sauer, Omofuma, 151–153.

579 Offenbar eine Ausnahme bildete ein Holzbearbeitungsbetrieb in Fügen (Tirol), wobei die guten Deutschkenntnisse des Betreffenden hervorgehoben werden (Allgemeiner Tiroler Anzeiger, 21. Oktober 1921, 4).

nen oder Musiker:innen engagierte, doch waren diese meist nicht in Wien wohnhaft (siehe unten). Eine andere Möglichkeit stellte die Werbung dar, etwa wenn Schwarze Männer am Lenkrad von Automobilen[580] oder pikanterweise in einem Damenmodegeschäft posierten.[581] Die Firma Meinl engagierte einen „Abessinier", der – mit rotem Fez! – das weitverzweigte Netz ihrer Filialen bereiste.[582] Andere arbeiteten, wie Zeitungsnotizen belegen, als Schuhputzer,[583] Chauffeure,[584] beim Zirkus[585] oder in der Gastronomie.[586]

Beim Empfang in Wiener Luxushotels waren sie Teil des Stadtbilds. Es wird daran deutlich, wie sehr sich die öffentliche Wahrnehmung zwischen Exotismus und Diskriminierung bewegte. Dem kleinen Frederic Morton erschien der Türsteher des Hotels Imperial als *ein Riese wie aus dem Märchen mit einem silbernen Federbusch auf einer himmelblauen Kappe in einem himmelblauen Rock mit diamantenen Knöpfen und mit Epauletten, die golden auf heroischen Schultern leuchteten.* [...] *„Ein General!", flüsterte ich meinem Vater zu.– „Nicht ganz", flüsterte Papa zurück. „Er sieht aus wie ein General!".*[587] Andere Begegnungen verliefen weniger respektvoll, etwa die Exkursion einer ländlichen Volksschule ins Kaufhaus Kastner & Öhler in Graz in den 1930er Jahren, wo Abdullah Javer aus Kamerun als Liftboy tätig war: *Der Herr Direktor* [...] *sagte uns: „Buabn, da werdets ihr schauen! Dort im Aufzug, bzw. Pater Noster könnt ihr einen echten Neger sehen, ihr könnt ihn sogar angreifen, um festzustellen, dass die Farbe schwarz nicht weggeht, dass die echt ist."* [...] *Wir einfache Bauern- und Arbeiterbuabn durften das damals größte Kaufhaus der Steiermark (wenn nicht sogar das größte Österreichs?) besuchen. Wir wurden durch alle Abteilungen geführt – einige haben wirklich den „Neger" angegriffen und dann miesstrauisch* [sic] *ihre Finger betrachtet, ob die nicht schwarz geworden seien.*[588]

Abb. 11: Abdullah Javer aus Kamerun, beschäftigt bei Kastner & Öhler in Graz (Stammbuchzeichnung, 1930)

Durchreisende afrikanischer oder afroamerikanischer Herkunft prägten das öffentliche Bewusstsein nachhaltiger als die ansässige Schwarze Minderheit, vor allem wenn sie exponierte Funktionen erfüllten

580 Salzburger Chronik, 8. Juli 1929, 2.
581 Das kleine Blatt, 22. Dezember 1929, 9.
582 Vgl. zum Beispiel Allgemeiner Tiroler Anzeiger, 4. Oktober 1926, 10. Der Mann soll in den 1950er Jahren einen Nachtklub in Monrovia geführt haben, stammte also vielleicht aus Liberia: Die Presse, 29. November 2002, 3.
583 Neues Wiener Journal, 24. April 1921, 8.
584 Illustrierte Kronen Zeitung, 2. Jänner 1926, 5.
585 Illustrierte Kronen Zeitung, 20. Juni 1933, 11; 20. Mai 1935, 3 und andere.
586 Illustrierte Kronen Zeitung, 7. August 1919, 5; ein diesbezügliches Stelleninserat in Neues Wiener Tagblatt (Tages-Ausgabe), 6. November 1924, 22.
587 Die Presse, 27. Oktober 2012, I.
588 Hofgartner – Schurl – Stocker, Erinnerungen, 251.

wie etwa Sportler. Abgesehen von ungeregelter Migration in den ersten Nachkriegsjahren – sogenannten Landstreichern, desertierten Kolonialsoldaten usw., die von den Behörden in der Regel abgeschoben wurden, – tauchten vereinzelt bereits überseeische Touristen auf, wobei Großveranstaltungen wie die Wiener Festwochen oder die Salzburger Festspiele attraktiv waren beziehungsweise internationale Kongresse;[589] manche dieser Besucher:innen gelangten (per Auto) auch in ländliche Gebiete, wo sie entsprechendes Aufsehen erregten.[590] 1933 nächtigten in einer Jugendherberge in Wien sogar Schwarze Südafrikaner.[591]

Mehrfach hören wir aus den Bundesländern von afrikanischen Vortragenden, die – vermutlich zur Bestreitung ihres Lebensunterhalts – über ihre Heimat erzählten und zum Teil auch kabarettistische Einlagen boten.[592] Oft ging es dabei um die katholische Mission, doch waren die Vorträge kirchlich nicht autorisiert. Im Fall eines Marokkaners, der 1932 in Niederösterreich unterwegs war, kam es sogar zu einer Distanzierung der Diözese; verbieten konnte man derlei wegen der Versammlungsfreiheit ja eigentlich nicht.[593] Die Veranstaltungen setzten sich trotzdem noch mehrere Monate lang fort, mit relativ gutem Echo. Einer anderen Kategorie gehörte die 1927 von der Sozialdemokratischen Partei organisierte Tournee des südafrikanischen Gewerkschafters Clements Kadalie an, dessen Vorträge in Innsbruck, Salzburg, Linz, Wien, Wiener Neustadt und Graz von hunderten Partei- und Gewerkschaftsmitgliedern besucht und akklamiert wurden.[594]

Während die früher beliebten Völkerschauen an Bedeutung verloren,[595] boten neue, meist aus dem angelsächsischen Raum stammende Sportarten mit internationaler Vernetzung Auftrittsmöglichkeiten für *persons of colour* auf Tournee. Dasselbe galt für neue künstlerische Ausdrucksformen, insbesondere Musik und Tanz. Trotz ihrer Kurzfristigkeit waren solche Aufenthalte in Österreich wichtig: Sie trugen erstens zur öffentlichen Sichtbarkeit Schwarzer Menschen bei und dienten als Projektionsfläche für ideologische Diskurse. Die durch sie ausgelöste kulturelle Dynamik eröffnete zweitens auch in Österreich lebenden Menschen afrikanischer Herkunft vereinzelt Chancen zur Profilierung. Und in manchen Fällen schlugen sie drittens doch in längere Sesshaftigkeit um – aus privaten, beruflichen oder Studiengründen – und verstärkten die lokale Diaspora.

589 So verzeichnete die Fremdenverkehrsstatistik für Wien im Juli 1923 insgesamt 163 „Afrikaner“, im Dezember 29; 1925 betrugen die Zahlen in den Vergleichsmonaten 168 sowie 36 (Wiener Zeitung, 13. August 1923, 4 sowie ebd., 11. Jänner 1924, 3; 12. August 1925, 6; 17. Jänner 1926, 5). Zu Salzburg beziehungsweise Hofgastein siehe Kriechbaumer, Geschmack, 13, 25 und 87.

590 Tagblatt, 18. Juni 1924, 4.

591 Arbeiter-Zeitung, 8. August 1933, 7.

592 So eine Kameruner Familie in Vorarlberg (Vorarlberger Volksblatt, 17. Februar 1924, 2), ein angeblicher Südwestafrikaner in St. Lambrecht (Ybbser Zeitung, 28. März 1925, 3) oder ein Marokkaner im Bezirk Scheibbs (Ybbser Zeitung, 14. Mai 1932, 14–15).

593 Reichspost, 13. Mai 1932, 8.

594 Sauer – Scherr, Kadalie.

595 Von einiger Bedeutung waren nur mehr ein „Araberdorf“ 1928 (siehe unten) sowie „Senegalesenkolonien“ 1929 und 1930, beide im Wiener Prater. Typisch war eher, dass gastierende Zirkustruppen „exotische“ Menschen mit sich führten, die im jeweils laufenden Programm eingesetzt wurden. Über einen vermutlichen Beteiligten am „Araberdorf“, einen antikolonial eingestellten Berber aus Marokko, vgl. Gütl, Approach. Möglicherweise fand dieser Othmar Ben M. eine Heimstatt in Kärnten (vgl. Kapitel VI).

„Überlegene Technik“ gegen „rohe Kraft“: Schwarze Menschen im Spitzensport

Zunächst ging es um neue Sportarten, die auch in Wien populär wurden. Bei internationalen Turnieren brillierten durchreisende Stars oder Mannschaften mit afrikanischem oder afroamerikanischem Hintergrund. So im *Fußball*: 1924 gastierte die Nationalmannschaft des unabhängigen Ägypten in Wien,[596] kurz darauf Arsenal Kairo;[597] mehrere Gastspiele von Wiener Mannschaften (unter anderem *Rapid*) in Ägypten und auch Südafrika folgten. Mehrmals gastierten ägyptische Mannschaften auch in späteren Jahren in Wien, 1935 spielten sie zum Beispiel gegen *Admira*.[598] Vom *Wiener Athletiksport Club* (WAC) beziehungsweise dem *Grazer Athletiksport-Klub* (GAK) sollen sogar ägyptische Fußballer engagiert worden sein.[599]

In der *Leichtathletik* lieferte John Davis aus Liberia 1933 im Gewichtheben „die Sensation des Abends“,[600] und Eric Hobsbawm erinnerte sich an den Kurzstreckenläufer Silvio Cator aus Haiti, der 1925 in Wien gastierte.[601] Darüber hinaus begann sich der Kampfsport einer wachsenden Beliebtheit zu erfreuen. *Ringkämpfe* mit afrikanischen Athleten hatte es als Begleitprogramm zu Völkerschauen bereits früher gegeben, und die Aufnahme dieser Sportart in das olympische Programm (1896) erleichterte ausländische Engagements schon zur Zeit der Monarchie. So wurden 1906 „Internationale Ringkämpfe“ im Wiener Prater veranstaltet, an denen 21 bekannte Athleten teilnahmen, darunter der *herkulische* Anastase Anglio aus Martinique (1885–1929).[602] Anglio gastierte 1907 noch einmal in Wien, ebenso wie der Afroamerikaner Chambers Zipps.[603] Im selben Jahr fanden erste Damenkämpfe statt, an denen mit Sidonie Morgan eine Schwarze Brasilianerin teilnahm.[604] Ein Jahr später kam eine Südwestafrikanerin namens Johnson, die sowohl sportlich als auch in der Sympathie des Publikums reüssierte.[605] Vor allem Zipps, über den biographisch wenig bekannt ist, trat bis 1920 regelmäßig in Wien auf. Er galt nicht nur als eine sportliche Koryphäe, der sich zahlreiche Lokalmatadore geschlagen geben mussten, sondern erwarb sich auch eine gewisse Sympathie: *Er ist ein drolliger, humorvoller Geselle, dessen originelle Einfälle viel Abwechslung in die Kämpfe bringen. Dabei verfügt der flinke Neger über Kraft und hervorragende Technik und ist ein durchaus ernster Gegner.*[606] In den folgenden Jahren profilierten sich neben Wien auch Graz, Bregenz und Salzburg als Austragungsorte im Ringen. Besonderes Aufsehen erregte der Kameruner Zirkusathlet Jim Louis im März 1937 in Wien, laut *Wiener Zeitung* sogar ein *Maßstab für die Güte der Kämpfe*.[607]

596 Neues Wiener Journal, 24. Juni 1924, 5. Bemerkenswert, dass die Mannschaft auch gegen den jüdischen Spitzenverein Hakoah antrat und mit 2:0 siegreich blieb – ein Ergebnis, das heute als „nicht so wichtig“ eingeschätzt wird (Hachleitner, Hakoah, 133).

597 Sport-Tagblatt, 22. März 1927, 1 und 3.

598 Illustrierte Kronen Zeitung, 4. September 1935, 13.

599 Liegl – Spitaler, Legionäre, 58.

600 Sport-Tagblatt, 3. Jänner 1933, 6.

601 Hobsbawm, Zeiten, 29; Illustrierte Kronen Zeitung, 11. September 1925, 13.

602 Lokale Berichterstattung ab 31. Juli 1906; zu Lebensdaten und seinen Kämpfen in Wien 1907 siehe http://wrestlingdata.com (10. Oktober 2019).

603 Eine teilweise Übersicht über seine Auftritte ebd.

604 Neues Wiener Journal, 2. September 1908, 7.

605 Ebd.

606 Wiener Sport-Tagblatt, 28. Mai 1920, 3.

607 Zitiert nach Sauer, Kamerun, 19–20.

Eine ebenso populäre Disziplin, die sich gegen behördliche Bedenken allerdings erst durchsetzen musste, war das *Boxen*, eine Sportart aus den USA.[608] Einer der ersten Kämpfe unter Beteiligung eines Afroamerikaners, Kid Gordon, durfte 1911 nur intern im Klubheim des WAC abgehalten werden.[609] 1919 wurde eine spektakuläre Serie von Kämpfen im Wiener Apollotheater organisiert, zu denen man mehrere Schwarze Boxer einlud, darunter einen Alfred Köhler aus Kamerun. Auch in Graz fanden im selben Jahr Turniere statt, an denen derselbe sowie ein weiterer Kameruner, Adi from West [sic], beteiligt waren.[610] In der ersten Hälfte der 1920er Jahre war das Auftreten afroamerikanischer Stars bei Veranstaltungen in Wien ziemlich gängig, dann scheint die Tradition allerdings abgerissen zu sein. Erst 1929 brachte wieder mehrere Höhepunkte, als sich Rocky Knight aus Barbados[611] und gleich zwei Mal Eugen Alonzo aus Martinique produzierten. Dieser *kam auch der Vorliebe der Wiener für das Exotische entgegen, und seine feurigen Attacken gegen den eher langsamen Berliner Simon machten guten Eindruck. So einen Mann kann man immer brauchen, wenn er auch* [...] *als Boxer besser aussieht, als seinem wirklichen Können entspricht. Aber er kämpft sehr fair und verfügt über ein recht gut assortiertes Lager von Schlägen, die er mit Eifer an den Mann zu bringen versucht.*[612]

Die zunehmende Präsenz von Athlet:innen mit afrikanischem oder afroamerikanischem Hintergrund vor allem in Disziplinen, die mit körperlichem Krafteinsatz verbunden waren, war ambivalent. Auf der einen Seite bot ihnen der Sport eine Plattform der fairen Auseinandersetzung, auf der sie nicht selten Weiße Gegner besiegten; die damit verbundene öffentliche Aufmerksamkeit war unter Umständen geeignet, sie zum „role model" werden zu lassen. Auf der anderen Seite spielten immer wieder rassistische Bewertungen mit. Sportkommentatoren bedienten sich althergebrachter Klischees von „typisch europäischer" und „typisch afrikanischer" Eigenart. „Hervorragende Technik" hier stünde gegen „rohe Gewalt" dort – so wurde es breitgetreten. Generell wurde zwischen „höherentwickelten" und „natürlichen" Sportarten unterschieden, für welch letztere man „wilden Volksstämmen" beziehungsweise „Naturvölkern" eine besondere Begabung zuschrieb[613] – was gleichzeitig eine scheinbare Erklärung dafür bot, warum Schwarze so stark im Kampfsport präsent waren.

Die mediale Aufmerksamkeit galt ausländischen Stars, die zu internationalen Sportevents in Wien beziehungsweise Österreich kamen. Wie es um die lokale Beteiligung an einschlägigen Aktivitäten (also zumindest am Breitensport) stand, ist spärlich überliefert und wenn, dann erst in späteren Jahren. 1926 hören wir von Boxkämpfen eines in Neu-Erlaa lebenden Chauffeurs namens Simson gegen einen Lokalmatador.[614] Mehrfach ließen sich internationale Champions für längere Zeit in Wien nieder, so Kid Curney aus dem südfranzösischen Rouen[615] oder der US-Amerikaner Jimmy Lygett, der in Wien als Boxtrainer tätig war.[616] Im Fußball wird 1928 von einem in Wien geborenen Schwarzen Buben in der Jugendmann-

608 SCHNEIDER, Boxsport, 62–71.
609 Illustriertes Sport-Blatt, 27. August 1921, 11.
610 SAUER, Kamerun, 18–19. Dass Kameruner immer wieder präsent waren, deutet auf eine kolonialrevisionistische Agenda hin (siehe unten).
611 Illustrierte Kronen Zeitung, 7. Mai 1929, 13.
612 Zu Alonzo vgl. Sport-Tagblatt, 31. August 1929, 9 sowie (Zitat) ebd., 6. November 1929, 4.
613 Sport-Tagblatt, 1. April 1925, 1; Neues Wiener Journal, 17. Mai 1925, 30.
614 Illustrierte Kronen Zeitung, 2. Jänner 1926, 5.
615 Illustrierte Kronen Zeitung, 23. August 1934, 12.
616 Sport-Tagblatt, 16. Februar 1937, 5.

schaft des WAC berichtet.[617] Bei der Arbeiterolympiade 1931 in Mürzzuschlag schließlich fand der Auftritt des jungen Eiskunstläufers Arnold James Beachtung, dessen Mutter eine Wienerin war.[618] Zweifellos handelte es sich dabei um denselben James, der anlässlich der Österreichischen Meisterschaften im Schwimmen und Kunstspringen 1934 *zu den besten Kunstspringer*[n] *Oesterreichs* gezählt wurde und noch 1937 in Baden sein Können zeigte (vgl. Kapitel VI).[619]

Dass Schwarze aus der Diaspora vor Ort so selten bei sportlichen Aktivitäten oder in Sportorganisationen erwähnt werden, liegt neben der fragmentarischen Überlieferung in erster Linie an ihrer geringen Anzahl. Ob die heimischen Sportvereine allerdings gerüstet und bereit gewesen wären, Mitglieder mit afrikanischem oder afroamerikanischem Hintergrund aufzunehmen, ist eine offene Frage. Dass sich Mitglieder eines Wiener Arbeiterschwimmvereins – in der bürgerlichen Tradition des 19. Jahrhunderts – bei Wettbewerben als *Neger* schminkten und mit einem künstlichen Krokodil Schabernack trieben, lässt einen fragwürdigen Humor erkennen, der wohl als herabwürdigend erlebt worden wäre;[620] Ähnliches trifft auf das Benefiz-Fußballmatch eines Favoritner Sport- und Geselligkeitsvereins zu.[621] In den Bundesländern wurde *black facing* vor allem im Rahmen deutschnationaler Vereins- und Faschingsevents praktiziert.

Musik, Bühne und Varieté

Musik und Bühne bildeten den zweiten großen Schauplatz einer teilweisen Exotisierung, präziser: Afroamerikanisierung des öffentlichen Lebens. *Für die Schwarzen hat Wien nun einmal etwas übrig. Mögen es nun Tenöre, Steptänzer oder Fußballer sein, es bleibt sich gleich. Wenn Neger angekündigt werden, horcht Wien interessiert auf, und die Frauen sind begeistert und auch was männlich ist, freut sich wie ein Kind*, schrieb eine Wochenzeitung 1924.[622] Allerdings gab es einen wichtigen Unterschied: Während das „Blackening" des Spitzensports akzeptiert war und nur in Einzelfällen auf Widerspruch stieß, eskalierte es im Bereich der Musik zu einem Kulturkampf.

Zunächst setzte sich eine bereits im 19. Jahrhundert angelegte Entwicklung fort: Schwarze Sänger und Sängerinnen reüssierten in der *Klassischen Musik*, also einem traditionell wichtigen Segment heimischer Hochkultur. Das Auftreten des erwähnten Tenors Roland Hayes aus Georgia (1887–1977) im Musikverein, bei dem er unter anderem Lieder von Schubert, Brahms und Wolf sowie Spirituals vortrug, geriet 1923 zur Sensation: *als Konzertsänger* [erbrachte er] *den Beweis ernster hochstehender Künstlerschaft* [...].[623] In die Befriedigung über die Qualität der musikalischen Ausbildung in Wien (Hayes hatte am Konservatorium

617 Sport-Tagblatt, 19. Mai 1928, 2.
618 Illustrierte Kronen Zeitung, 7. Februar 1931, 12; in der Arbeiter-Zeitung, 7. Februar 1931, 6, wird darauf hingewiesen, dass James *für Oesterreich startete* – offenbar sollte das Außergewöhnliche seines Antretens betont werden.
619 Allgemeiner Tiroler Anzeiger, 6. August 1934, 7; Badener Zeitung, 14. August 1937, 7 etc. James war demnach in Wien geboren und sprach *reinstes Hernalserisch.*
620 Sport-Tagblatt, 26. Februar 1927, 8; Die Bühne 139 (1927), 25–26 (mit Foto).
621 Illustrierte Kronen Zeitung, 20. Dezember 1931, 5.
622 Wiener Sonn- und Montags-Zeitung, 23. Juni 1924, 9.
623 Neues Wiener Tagblatt, 27. April 1923, 8.

studiert) und die erwiesene Allgemeingültigkeit der musikalischen Klassik[624] mischten sich allerdings rassistische Untertöne: *Am Ausdruck der Worte singt er vorüber. Als ob die afrikanische Intelligenz nicht den deutschen Gedankenweg laufen könnte. Aber er hat den Ausdruck der Melodie.*[625]

Auch ein weiterer afroamerikanischer Sänger, der junge Bariton Aubrey Pankey (1905–1971), hatte seinen ersten großen Auftritt mit klassischem Repertoire und Spirituals im November 1931 im Musikverein; sein Konzert wurde öffentlich kaum besprochen.[626] Einige Monate später aber wirkte Pankey, offenbar bereits damals auf Seiten der Linken engagiert, an einem Afrika-Abend der sozialdemokratischen Freien Gewerkschaften mit.[627] Sein Konzert im Mai 1932 im Salzburger Mozarteum wurde von Protesten und Demonstrationen der Nationalsozialisten begleitet, fand beim Publikum aber Anklang.[628] Aufnahmen von ihm vorgetragener Lieder wurden in den Folgejahren mehrfach im Rundfunk gesendet.

Nicht nur von diesen bekannten Sängern, die beide in Wien studiert hatten und – wie die prominenten Locations belegen – mit dem musikalischen Establishment gut vernetzt waren, sondern auch von US-amerikanischen Chören auf Tournee wurden *Spirituals* vorgetragen, etwa 1927 von den *Utica Jubilee Singers* aus Mississippi[629] oder vom 40-köpfigen *Hampton Choir* aus dem US-Bundesstaat New York 1930, den begeisterte Kritiker gar als Erneuerer einer überalterten heimischen Chortradition sahen.[630] Ebenfalls mit Spirituals und „Volksliedern", aber mit einer stärker politischen Intention feierte Paul Robeson – in Wien durch Film- und Theaterkritiken sowie Schallplattenaufnahmen bereits bekannt – im April 1929 sowie im Jänner 1930 Erfolge. Offenbar gelang es ihm, zumindest einem Teil des Publikums die emanzipatorische Botschaft der Bürgerrechtsbewegung der USA zu vermitteln. *Man hört das Seufzen seiner geknechteten Brüder*, schrieb etwa *Der Morgen,*[631] und das *Neue Wiener Tagblatt* formulierte: *Erst wenn die Mehrzahl der Neger die gesellschaftlichen und wirtschaftlichen Schranken überwunden haben wird, werden sie am Kunstleben wieder aktiv teilnehmen können.*[632]

Während also hinsichtlich klassischer Musik und Spirituals Diskurse über Zivilisierungserfolge von Schwarzen im Vordergrund standen, ging es beim Mainstream der über Westeuropa aus den USA übernommenen neuen Musik- und Tanzrichtungen, dem *Jazz*, um gerade das Gegenteil: die Etablierung eines ungehemmten – Kritikern zufolge „unzivilisierten" – musikalischen und kulturellen Standards. „Der Jazz brach als lautes und rauhes Getöse, als ein Symbol für alles, was Journalisten, Prediger und Intellektuelle entweder anprangerten oder priesen, und als Name und Instrumentierung der Musik, die eine neue Epidemie des Gesellschaftstanzes der Massen begleitete, in das europäische Bewußtsein ein. [...] Es dürfte klar sein, daß sich in diesen Entwicklungen eine erhebliche Lockerung der Konventionen des Adels und der Mittelschicht widerspiegelt, zugleich stellen sie ein auffallendes Symptom

[624] Zu beiden Aspekten siehe Wiener Morgenzeitung, 27. April 1923, 6. Vgl. auch das Interview des Sängers in der Neue Freie Presse, 27. April 1923, 6. Danke an Hans Pehl (Frankfurt).

[625] Neues Wiener Journal, 26. April 1923, 4 (Zitat) und andere.

[626] Wiener Zeitung, 17. November 1931, 5; Arbeiter-Zeitung, 28. November 1931, 9.

[627] Arbeiter-Zeitung, 19. Februar 1932, 9. 1956 übersiedelte er aus politischen Gründen von den USA in die DDR.

[628] Salzburger Volksblatt, 10. Mai 1932, 6; Reichspost, 11. Mai 1932, 5.

[629] Die Stunde 27. September 1927, 6; Arbeiter Zeitung, 30. September 1927, 11.

[630] Neues Wiener Journal, 24. Mai 1930, 6.

[631] Der Morgen, 15. April 1929, 4. Zur Biographie vgl. unter anderem SCHWANDER, Robeson.

[632] Neues Wiener Tagblatt, 15. Jänner 1930, 5.

der bemerkenswerten Emanzipation der Frau […] dar".[633] Bereits „unter dem Doppeladler" hatten US-amerikanische Performer diverse Vorformen und Spielarten – etwa *Ragtime* oder *Cake Walks* – in Wien und anderen Städten Österreich-Ungarns bekanntgemacht.[634] Die 1920er Jahre sollten sich dann zu einem richtigen „Jazzage" (K. Schulz) entwickeln, sowohl durch Gastspiele ausländischer Ensembles als auch infolge der begeisterten Rezeption durch einheimische Musikschaffende, Tänzer und Kabarettisten. In beiden Fällen handelte es sich dabei zwar zum vermutlich überwiegenden Teil um Weiße Musiker und Orchester, doch traten auch immer wieder Schwarze in Wien in Erscheinung.

Eine frühe, „absolut authentische Begegnung [der Wiener] mit der neuartigen, ‚exotisch' klingenden Musik" sieht Schulz in den Konzerten des *Syncoopated Orchestra* im Metropoltheater im Frühjahr 1922. Dessen Star „war zweifellos der Schlagzeuger Buddy (Buddie) Gilmore. Er hat, als ‚König des Jazz' apostrophiert, […] auch außerhalb des ‚Syncoopated Orchestra' an diversen kleineren Veranstaltungen bis zum Spätsommer des Jahres mitgewirkt."[635] Weitere wichtige Schwarze Protagonisten mit Auftritten im Wien der späten 1920er Jahre waren unter anderem der US-amerikanische Jazztrompeter Arthur Briggs (1899–1991)[636] oder der Pianist Sam Wooding (1895–1985), die sich mit ihren Bands in der Weihburg-Bar oder im Moulin Rouge produzierten.[637]

„Die auch in Wien um sich greifende Begeisterung für den ‚Jass' wurde von afroamerikanischen Revuen zusätzlich angefacht."[638] Wooding selbst hatte zunächst als Regisseur und Bandleader bei „Chocolate Kiddies" fungiert, einer im November 1925 im Raimundtheater aufgeführten Revue aus New York, die über Berlin und Prag nach Wien gekommen war.[639] Auch „Black People" aus Philadelphia,[640] das im Februar 1927 unter der Leitung von Louis Douglas im Ronacher gespielt wurde, war erfolgreich, wozu vor allem die spektakuläre Choreographie sowie die spärliche Bekleidung der Darstellerinnen beigetragen haben sollen.[641] Allerdings wurde bereits hier jene „völkische" Kritik spürbar, die in den folgenden Jahren zu einer merklichen Verhärtung führen sollte.[642] 1928 lehnte das Konzerthaus ein Gastspiel von Briggs und seinem Jazzorchester ab,[643] und wenig später eskalierte der „Kulturskandal" um den Auftritt von Josephine Baker.

Die knapp 22-Jährige aus Missouri hatte als Tänzerin und Bühnenstar in Paris triumphale Erfolge gefeiert. Mit dem Gastspiel in Wien im März 1928 begann ihre erste große Europatournee.[644] Auf die einzelnen Elemente des dadurch ausgelösten Konflikts muss an dieser Stelle nicht eingegangen werden. Wichtig scheint vielmehr die Beobachtung Roman Horaks, dass die öffentlichen Diskurse – vom bevorstehenden Untergang des Abendlandes (christlichsozial), dem Verrat an der deutschen Kultur (völkisch-nationalsozialistisch) oder

633 Hobsbawm, Jazz, 333 (Reihenfolge der beiden Zitate vertauscht).

634 Schulz, Jazz, 11–12.; Harer, Verbreitung; zahlreiche Informationen über Ensembles (nicht nur Jazz betreffend) und Aufführungsdaten in Österreich-Ungarn bei Lotz, Entertainers.

635 Schulz, Jazz, 13–14.

636 Zu ihm vgl. Bergmeier – Lotz, Briggs.

637 Schulz, Jazz, 17 sowie 20–22; Bekesi – Kos, Kampf, 566.

638 Klösch, Unterhaltung, 199.

639 Schulz, Jazz, 23.

640 Lotz, Entertainers, 297–337.

641 Illustrierte Kronen Zeitung, 4. Februar. 1927, 10. Die Handlung selbst wird als dürftig beschrieben (Neues Wiener Journal, 4. Februar 1927, 9).

642 Schwarze Schmach und schwarze Haut, in: Salzburger Chronik für Stadt und Land, 4. Februar 1927, 4.

643 Tages-Post, 18. Februar 1928, 14.

644 Horncastle, Weltstar, 114–124; Hammond – O'Connor, Baker, 177–183, sowie Horak, Baker, 197–198.

der endlich einsetzenden Modernisierung des lokalen Kulturlebens (liberal) – mit der Realität der Baker'schen Revue wenig gemein hatten.[645] „Schwarz auf Weiß" war eine gegenüber dem Pariser Original, der „Revue Nègre", abgespeckte und sozusagen „eingewienerte" Version. Baker trat überhaupt nur in fünf von 42 Bildern auf, der ehemalige Burgtheaterdirektor Hugo Thimig leitete eine Folge von Schubertliedern ein, die Charleston-Tänzerinnen waren als Wäschermädeln kostümiert, und Josephine Baker selbst tanzte natürlich nicht vollständig nackt. Für die Sehgewohnheiten des Wiener Publikums mag vieles davon dennoch eine Herausforderung gewesen sein (zumal sich Baker Herren aus dem Publikum zum Mittanzen holte[646]). Es erklärt sich daraus aber vielleicht, dass ihr zweites Wiener Gastspiel, das im Mai 1932 im Ronacher stattfand, auf viel weniger Medienecho stieß als das erste und ein „Kulturskandal" diesmal ausblieb.[647]

Eine der Auswirkungen des allgemeinen Hypes von Jazzmusik, Charleston und generell US-amerikanischer Musikkultur lag darin, dass „traditionelle" Wiener Theater und Varietés verstärkt Jazzelemente integrierten oder gar Schwarze Menschen auf die Bühne stellten – die Palette reichte von der Staatsoper[648] bis zum Café Industrie im 9. Bezirk.[649] Eröffneten sich durch diese Mode Auftrittschancen für die lokale Diaspora? Zumindest vereinzelt scheint dies der Fall gewesen zu sein. 1932/1933 wird von einem tanzenden Buben namens Snowball im Ronacher berichtet, der auch Lieder vortrug und anlässlich einer späteren Revue in der Femina Bar sogar als *das schwarze Tanzwunder* apostrophiert wurde.[650] Ende 1937/Anfang 1938 trat die neunjährige Lilongo (Vally) Podhrobsky, die einer brasilianisch-wienerischen Beziehung entstammte,[651] in André Birabeaus Komödie „Südfrüchte" im Theater in der Josefstadt auf.[652]

Häufiger passierte es vermutlich, dass sich ausländische Schauspieler oder Tänzer für einige Jahre in Wien niederließen, so der US-Amerikaner John Richards, der am Raimundtheater spielte,[653] ein Student aus Kamerun, der in der genannten „Abessinien-Diele" tanzte[654], oder der ebenfalls aus Kamerun stammende Ingenieur Joseph Bilé, der in Deutschland arbeitslos geworden war und ab 1923 in Wien für Zirkus, Film und Bühne arbeitete, 1926 zum Beispiel für eine schlüpfrige Revue am Apollotheater.[655] Bilé war es allerdings auch, der im März 1929 bei einem „Afrika singt"-Abend der sozialdemokratischen Kunststelle *Negerlieder in der Originalsprache* vortrug, was auch in Anbetracht seines späteren politischen Engagements in Deutschland von Interesse ist.[656]

645 Horak, Baker, 200–209.
646 Ein Betroffener war Otto Tausig, der somit mit sechs Jahren seine „erste Theatererfahrung" machte; https://www.wien.gv.at/video/184/Otto-Tausig-(Schauspieler) (10. Dezember 2018).
647 Koca, Rezeption, 86–91 und 111.
648 Wo im Dezember 1927 Ernst Kreneks Oper „Johnny spielt auf" Premiere hatte – mit einem geschminkten Protagonisten (obwohl es ja etliche Schwarze Opernsänger gegeben hätte). Vgl. Neue Freie Presse, 1. Jänner 1928, 1–5 und andere; abgesehen von der Skandalisierung der Aufführung seitens der Nationalsozialisten wurde Krenek auch von den Christlichsozialen zunehmend marginalisiert (Ehs, Staatsoper, 13–15).
649 Sauer, Kamerun, 29–30 („Abessinien-Diele").
650 Wiener Zeitung, 30. Jänner 1932, 5; Freiheit!, 10. Februar 1932, 4; Die Stunde, 3. Dezember 1933, 6 sowie ebd., 7. Dezember 1933, 3.
651 Neuigkeits-Weltblatt, 13. Juli 1937, 9.
652 Der Morgen, 27. Dezember 1937, 10 (danke an das Archiv des Theaters in der Josefstadt).
653 Neues Wiener Journal, 7. November 1925, 11.
654 Sauer, Kamerun, 29–30.
655 Ebd., 20–23.
656 Bilé war Leiter der deutschen Sektion der „Liga zur Verteidigung der Negerrasse" und Mitglied der KPD. Siehe Aitken – Rosenhaft, Black Germany, 208–230.

Die Studenten

Afrikanische oder afroamerikanische Studierende, die sich für einige Jahre in Wien niederließen, trugen ebenfalls zur lokalen Diaspora bei. Die ägyptische Tradition, an österreichischen Hochschulen zu inskribieren, setzte sich in der Ersten Republik fort. 1920/1921 verzeichnete die Hörerstatistik der Universität Wien neunzehn Studierende aus dem Land

Prof. Spann
Wien XIX.
Blaastr. 3

Unentgeltlich!

V. b. b.

Die ägyptische Fahne

Organ der ägyptischen Nationalpartei in Oesterreich.

Erscheint monatlich einmal unentgeltlich.
Schriftleitung:
cand. rer. pol. Mustafa Kamal Fayed, Innsbruck, Postfach 169.
Für die Redaktion verantwortlich:
Paul Hauser, Innsbruck.
Zu beziehen durch die Schriftleitung.

Motto:
Wir können wohl das Unrecht leiden,
Aber niemals unser Recht aufgeben
Und unsern Nacken dem Feinde beugen.
Farid Bey.

Nr. 21 — Wien, Graz, Innsbruck, Oktober 1925 — 5. Jahrgang

Zum achten Jahrestag der Thronbesteigung
Seiner Majestät Königs Fuad I.

Die ägyptische Nationalpartei in Oesterreich entbietet ihrem heißgeliebten Monarchen in aller Erfurcht die herzlichsten Glückwünsche zur achten Wiederkehr des denkwürdigen Tages seiner Thronbesteigung.

König Fuad

Am 26. März 1864 wurde König Fuad im Schloß Gizeh geboren als erlauchter Sproß des Khediven Ismail.

Er kam bald nach Europa, um in Genf die fremden Sprachen zu studieren und alle Fächer einer höheren Schule.

Hierauf führte sein Weg in die Offiziersschule nach Turin und nach seiner Ausmusterung als Artillerieoffizier nach Wien, wo er als Attaché der dortigen türkischen Botschaft zugeteilt wurde. Die Wiener Jahre brachten ihn mit dem österreichischen Kaiserhaus in Berührung und der liebenswürdige junge Prinz war bald ein gern gesehener Gast am Hofe.

Sein offener, heiterer Charakter harmonierte aufs beste mit dem Wienertum und so gelang es ihm schon damals für sein Vaterland oft in diplomatischer Mission erfolgreich einzutreten.

Von Wien wurde er an den Hof des Khediven Abbas berufen und zwar als Befehlshaber der Leibgarde, aber dieser rein repräsentative Ehrendienst behagte ihm nicht lange und er schied nach drei Jahren freiwillig aus dem Hofdienste. Er begründete seinen Schritt mit dem Ausspruch:

„Ich will nicht zehren von dem Ruhm meiner Vorfahren, sondern selbst ein Mann sein, der seinem Vaterlande ein reiches Erbe hinterläßt".

Von da ab entfaltete der Prinz eine großzügige Reformarbeit für Aegypten auf volkswirtschaftlichem, kulturellem und politischem Gebiet.

Sie fällt zusammen mit der Morgenröte der modernen Zivilisation des aufstrebenden Pharaonenlandes.

Bald scharte sich eine Anzahl von Patrioten um ihn und Geld floß zusammen, um seine hochherzigen Pläne in die Wirklichkeit umzusetzen.

Eine edle Saat war auf fruchtbaren Boden gefallen, schlug Wurzeln und trug hundertfältige Frucht.

Eine der allerersten Schöpfungen Fuads war die Gründung einer privaten Hochschule, die dem Stand der modernen Wissenschaft angepaßt war.

Daran schloß sich seine reiche Tätigkeit sowohl im Felde der Wissenschaft als auch auf sozialem Gebiet.

Wir erinnern dabei an das hydrobiologische Institut, die Frauenberufsschulen, die freiwillige Rettungs-Abteilung, den roten Halbmond, den Fremdenverkehrsverein unter andern.

Es ist bewundernswert wie unser König auch heute trotz seiner großen Aufgaben die Schöpfungen seiner Prinzenzeit lebhaft fördert und unterstützt.

Politisch trat Fuad vor seiner Berufung auf den Thron selten offiziell in den Vordergrund. Nur bei zwei Gelegenheiten wurde sein Name im Gang der Tagesgeschichte viel erwähnt: einmal als er im Juli 1911 den Khediven Abbas nach Italien begleitete, wo ihn die herzlichsten Beziehungen mit dem Hause Savoyen verbanden, dann nach dem Balkankrieg, als die albanische Thronfrage im Vordergrund des Interesses stand.

Er lehnte es jedoch ab, Herrscher der Albanesen zu werden, denn seiner harrten in der eigenen Heimat ungleich größere und wichtigere Aufgaben.

Auf ihn ruhten die Hoffnungen der Nation und er hat in nichts enttäuscht. Er blieb immer dem Parteihader fern, um einzig und allein mit zäher Beharrlichkeit und eisernem Willen, das eine Ziel zu verfolgen, die Rettung Aegyptens. —

Seit er 1895 sich vom Palastdienst losgesagt hatte, arbeitete er am Gesamtwohl aller.

Nie war er in die politischen Wirren und Leidenschaften verstrickt.

So bewahrte er sich den klaren Blick, die Ruhe und Sicherheit für später, für sein Amt als König und erster Diener des Staates, zu dem er am 9. Oktober 1917 berufen wurde.

König Fuad, der Vater Aegyptens, der Freund der Musen und Künste, der moderne Philosoph auf dem Königsthron, er ist unserem Volke der Born nationaler Kraft und Erstarkung, Schild, Schutz und Wehr.

Um ihn rauschen die schweren Fittiche einer großen Vergangenheit und wie ein treuer Paladin steht Mohamed Ali, der Nationalheros, verkörpernd die glanzvollen Tage ferner Zeiten, wachend und schirmend über seinem Thron.

Es bleibt unsern Historikern vorbehalten, König Fuads Taten zu verzeichnen.

Geschart um seinen Thron erheben wir unsere Hände und geloben ihm unverbrüchliche Treue.

„Heil ihm und seinem Hause!"

Abb. 12: Ägyptischer Antikolonialismus: Die erste von Afrikanern produzierte Zeitschrift Österreichs

am Nil.[657] Für sie stand der Erwerb höherer Bildung auch im Kontext der nationalistischen Mobilisierung für die Unabhängigkeit ihres Landes. Ende 1921 veranstalteten sie eine diesbezügliche Demonstration in Wien, an der laut Medienbericht sechzig Personen teilnahmen – es muss also Sympathisanten über ihren Kreis hinaus gegeben haben.[658] Marcel Chahrour zufolge „gründeten arabisch-national orientierte Studierende 1923 ein monatlich erscheinendes Blatt namens ‚Die ägyptische Fahne', das sich als ‚Organ der ägyptischen Nationalpartei in Österreich' deklarierte und bis 1925 in Innsbruck, Graz und Wien erschien. In Graz gründeten Ägypter 1923 den ‚Verein der ägyptischen Studierenden beider Grazer Hochschulen', dem 1937 ein ‚Bund Hochschulstudierender arabischer Volkszugehörigkeit' nachfolgte."[659]

Zunehmend waren die ägyptischen Hörer an den Universitäten mit rassistischen Übergriffen konfrontiert. In Graz kam es zu Konflikten mit deutschnationalen Studenten. Eine Gruppe Ägypter wurde im Jänner 1932 von Nationalsozialisten angepöbelt und verprügelt; von der Polizei festgenommen wurden im Anschluss freilich nur sie selbst und nicht die Faschisten, und hinter die Namen der drei verletzten Ägypter schrieb ein Beamter mit Bleistift das Wort *Jude* [!].[660]

Vereinzelt ist von schwarzen Medizinstudenten aus Südafrika die Rede. Für sie, die in ihrer Heimat diskriminiert waren, stellte ein Studium im Ausland die einzige Chance auf eine akademische Qualifikation dar.[661] Stipendien führten sie zwar meist ins Vereinigte Königreich, die Reputation der Wiener medizinischen Schule aber erwies sich als attraktiv genug, um zumindest einen kürzeren Aufenthalt in Österreich zu planen. James Sebe Moroka, ein bekannter politischer Aktivist gegen die Rassengesetze der Regierung Hertzog, soll 1936 in Wien zum Chirurg graduiert worden sein.[662] Die Wiener Meldeunterlagen weisen ihn allerdings nur für August 1930 aus, andere Dokumente sind nicht vorhanden.[663] Moroka wurde später Generalpräsident des African National Congress, der heutigen Regierungspartei in Südafrika, und löste in dieser Funktion Alfred Bitini Xuma ab, einen Medizinerkollegen, der in Pécs und Budapest studiert hatte.[664]

Amerikaner bildeten die dritte Gruppe Schwarzer Studenten. Manche von ihnen inskribierten ebenfalls Medizin, viele aber Musik wie die schon erwähnten Sänger Hayes und Pankey. Ein aufstrebendes Talent auf anderem Gebiet war Percy L. Julian aus Alabama (1899–1975), der – nach diskriminierenden Erlebnissen an US-amerikanischen Bildungsinstitutionen – 1929 mit einem Stipendium der Rockefeller Foundation an die Universität Wien kam, um sein Chemiestudium mit dem Doktorat abzuschließen. *Ein ausserordentlicher Student, wie ich ihn in meiner Laufbahn als Lehrer niemals hatte* [sic], wird sein akademischer Lehrer Ernst Späth zitiert.[665] Julian verließ Wien 1931 nach seiner Promotion – im selben Jahr strahlte das Radio einen Vortrag von ihm *über den kulturellen Aufstieg der Neger*

[657] Im Folgenden nach Chahrour, „Morgenhauch", 143–144.
[658] Neues Wiener Journal, 31. Dezember 1921, 7.
[659] Chahrour, „Morgenhauch", 144.
[660] Höpp, Opfer, 8.
[661] Digby, Doctors.
[662] Siehe http://www.sahistory.org.za/people/dr-james-sebe-moroka (5. Februar 2017).
[663] Freundliche Mitteilung des Wiener Stadt- und Landesarchivs vom 14. Jänner 2002.
[664] Gish, Xuma, 48–49.
[665] Witkop, Julian 1890–1975, 13; zum Wienaufenthalt Julians generell 9–14. Danke an Gerhard Pohl (Linz).

in Nordamerika aus[666] – und begann, teilweise in Zusammenarbeit mit seinem Studienkollegen Josef Pikl, eine Forschungskarriere in den USA im Bereich synthetische Chemie (unter anderem betreffend Cortison); mehrfach war er rassistischen Schikanen ausgesetzt und wurde an Leib und Leben bedroht, andererseits aber als erster schwarzer Chemiker in die National Academy of Sciences aufgenommen. Eine der wenigen weiblichen afroamerikanischen Studierenden war die Bildhauerin Selma Burke (1900–1995), die zwischen 1935 und 1937 die Kunstgewerbeschule frequentierte.[667]

Diskurse

Wohl in keiner Epoche der Geschichte Österreichs – die ominösen 1990/2000er Jahre vielleicht ausgenommen – gab es derartig intensive mediale Diskurse über Schwarze Menschen wie in der Ersten Republik. *Prima vista* ist dabei eine tendenzielle Verhärtung des gesamtgesellschaftlichen Mainstreams von wohlwollendem Paternalismus Anfang der 1920er Jahre zu unverhohlenem Rassismus um die Mitte des folgenden Jahrzehnts zu konstatieren – eine Parallele zur generellen Radikalisierung des politischen Lebens in der Ersten Republik. Dessen ungeachtet bestand eine Differenziertheit der vertretenen Positionen je nach weltanschaulichem Milieu: ablehnend auf christlichsozialer und insbesondere deutschnationaler Seite, eher tolerant in liberalen und humanistischen Kreisen, auffallend zurückhaltend bei den Sozialdemokraten.

Im Kern ging es dabei um nichts weniger als um die gesellschaftliche Hegemonie – auch wenn dies zur Größenordnung der lokalen afrikanischen Diaspora in keiner Relation stand. Aus kurzfristiger politischer Sicht bedeutete die geringe Zahl der Eingebürgerten keine Gefahr. Auch auf dem Arbeitsmarkt waren sie keine Konkurrenz, selbst wenn dies immer wieder, vor allem seitens konservativer Musiker, behauptet wurde.[668] Es ging vielmehr um die grundsätzliche Definitionshoheit im Überbau der Gesellschaft, genauer gesagt: um die Aufrechterhaltung einer rassisch definierten Exklusivität der Normensetzung im kulturellen beziehungsweise „zivilisatorischen“ Bereich. Diese sollte „Weißen“ (oder je nach Weltanschauung „Deutschen“, „echten Österreichern“ etc.) vorbehalten bleiben.

In diesem Zusammenhang stellt sich die Frage, warum sich dieser normative Konflikt gerade an der Musik beziehungsweise Darstellenden Kunst entzündete und nicht, beispielsweise, im Sport. Hier war das Auftreten Schwarzer Protagonist:innen nämlich weithin akzeptiert.[669] Mehrere Ursachen sind dafür denkbar. Zum ersten verblieben die argumentativen Umrahmungen im Sport innerhalb eines rassistischen Diskurses, der die Siege von Schwarzen auf angeborene Körperkraft, solche von Weißen aber auf überlegene Technik zurückführte, der also letztlich den Gegensatz „Natur“ gegen „Zivilisation“ reproduzierte. Das stellte die traditionelle Rollenverteilung zwischen Afrika und Europa nicht infrage. Im musikalischen Bereich hingegen ging es nicht um einen Wettbewerb zwischen beispielsweise

666 Salzburger Chronik, 9. April 1931, 3.

667 Siehe https://www.hdgoe.at/selma_burke (28. Februar 2021).

668 SCHULZ, Jazz, 14.

669 Dass *jeder österreichische Staatsangehörige unbelästigt von konfessionellen und konventionellen Quertreibereien seinen Sport wird ausüben können,* war zum Beispiel Mehrheitsmeinung im Hauptverband für Körpersport (Wiener Sonn- und Montags-Zeitung, 25. Februar 1924, 10).

Klassik und Jazz, der nach Toren oder Punkten hätte entschieden werden können, sondern um die Etablierung eines neuen musikalischen *Standards*, den die Öffentlichkeit massenhaft rezipierte und der somit einem verbreiteten gesellschaftlichen Bedürfnis entsprach, Zivilisation neu zu denken.[670] Dieser Sehnsucht nach Alternativen stand ein Trauma des Verlusts sogenannter abendländischer/deutscher oder ähnlicher Tradition im Zeichen einer Modernisierung gegenüber, die sich als US-Amerikanisierung des heimischen Publikums, womöglich sogar als ein *Blackening* (Gilroy) desselben darstellte – als „eine Art Barbarei, die statthaft geworden ist."[671]

Eine zweite Überlegung bezieht sich auf die soziologische Verortung der Diskurse. Jazz war Sache eines Publikums, „das sich überwiegend aus Angehörigen der etablierten Mittelschicht und aus Akademikern zusammensetzte – ein Gemeinplatz der kontinentaleuropäischen Kulturgeschichte."[672] Kampfsportarten hingegen waren größtenteils in der sozialen Unterschicht verankert, der bei der Formulierung einer „Leitkultur" ohnehin keine Bedeutung zukam. Selbst die organisierte Arbeiterbewegung, sozialistischen Kulturidealen verpflichtet, hielt gegenüber den aus den USA übernommenen Formen der Freizeitgestaltung Abstand.[673] Unter diesem Gesichtspunkt beschränkte sich der Konflikt um die kulturelle Hegemonie in der Gesellschaft auf die Prägung der sogenannten Hochkultur, die zwischen den Eliten – der katholischen Kirche, deutschnationalen Honoratioren und den intellektuellen Trägern einer bürgerlichen Modernisierung – umstritten war.

Die Frage bleibt, warum sich dieser Konflikt zwar nicht ausschließlich, aber sehr wesentlich *rassistischer* Diskurse bediente, und warum keine relevante gesellschaftliche Kraft eindeutig anti-rassistische Positionen entwickelte. Selbstverständlich waren Abwertung und Diskriminierung Schwarzer Menschen kein neues Phänomen – schon die Vorkriegsjahrzehnte waren mit Rassismen aller Art durchsetzt gewesen. Um die Jahrhundertwende hatte sich ein pauschales Bild Afrikas als eines primitiven, schwer zu zivilisierenden und im internationalen Maßstab jedenfalls untergeordneten Kontinents verfestigt; antikoloniales Bewusstsein war kaum vorhanden.[674] Demgegenüber aber erscheint die Situation vor allem in der Spätphase der Ersten Republik noch aggressiver, noch stärker radikalisiert. Die allgemeine Verrohung der Sprache sowie die Brutalisierung der Umgangsformen während und nach dem Weltkrieg bilden dafür eine teilweise Erklärung. Auch die in den letzten Jahren erforschte Durchsetzung der medizinischen und anthropologischen Wissenschaften mit eugenischen und rassentheoretischen Ansätzen, die auch in die breitere Öffentlichkeit ausstrahlten, spielte eine wichtige Rolle.[675] Darüber hinaus aber war die Übernahme vulgärrassistischer Diskurse vor allem aus der Weimarer Republik entscheidend, welche die in Österreich bereits vorhandene Traditionen verstärkten. Dabei handelte es sich erstens um den Kolonialrevisionismus, also die Wiederbelebung der kolonialistischen Großmachtträume des wilhelminischen Reiches nach der Niederlage von 1918.[676] Abgesehen von deutschnatio-

670 Siehe die Faszination, die traditionelle afrikanische Kunst auf europäische Künstler:innen der Zwischenkriegszeit ausübte: Kutzenberger, Götter.

671 Hobsbawn, Jazz, 337.

672 Ebd.

673 Insbesonders das Boxen galt als der *ungeistigste Sport, der denkbar ist* und als *Kulturschande* (Arbeiter-Zeitung, 7. April 1922, 7; ebd., 29. Juni 1929, 7).

674 Sauer, Expeditionen, 49–53.

675 Gabriel – Neugebauer, Vorreiter; Berner, Anthropology.

676 Grundlegend Rüger, Kolonialrevisionismus; ferner Nöhre, Kolonialbewegung; Kundrus, Phantasiereiche, vor al-

nalen Organisationen, die später in der NSDAP aufgingen, sind hier die ziemlich erfolgreichen Veranstaltungen und Buchveröffentlichungen von Emigranten zu nennen, die Jahre in den ehemaligen deutschen Kolonien verbracht hatten, etwa des Steirers Robert Unterwelz.[677]

Kolonialrevisionistische Projekte fanden auch Anhänger in den Reihen der Christlichsozialen. So stellte der Handelsminister im Kabinett Dollfuß, Friedrich Stockinger, im Ministerrat vom 14. Juli 1933 (vier Monate nach der Ausschaltung des Parlaments) den Antrag, *bei der nächsten Tagung des Völkerbundes die Übertragung eines Mandates für eine Kolonie an Österreich anzustreben*; mit *Rücksicht auf die klimatischen Verhältnisse* [kämen dafür] *Deutsch-Südwestafrika oder Deutsch-Südostafrika in Betracht.*[678] Diese Vorschlag blieb natürlich folgenlos, illustriert aber deutlich, wie hartnäckig sich in der Bevölkerung und sogar Teilen der Staatsführung koloniale Ambitionen hielten.

Als zweite ideologische Übernahme aus der Weimarer Republik erwies sich deren aggressive Polemik gegen die angeblich liberale Rassenpolitik in Frankreich als extrem wirksam. Diese hätte, ihren Kritikern zufolge, nicht nur dort zu einer „Afrikanisierung“ von Kultur und öffentlichem Leben geführt („négrophilie“), sondern – aufgrund der Bestimmungen des Friedensvertrags von Versailles – auch auf „deutschem Boden“, nämlich im Rheinland. Dessen (bis 1935 befristete) Besetzung durch französische (Kolonial-)Soldaten diente der irrationalen Angst vor „rassischem“ Kontrollverlust gleichsam als Probe auf's Exempel. In den Augen der politischen Rechten wurde die Demütigung durch die militärische Niederlage gegen den französischen „Erzfeind“ ohnehin dadurch verstärkt, dass diese zum Teil durch afrikanische Truppen herbeigeführt worden war.[679] Und ausgerechnet am „deutschen Rhein“ hatten sich nun Deutsche den Befehlen von Afrikanern zu fügen, hatten deren – tatsächliche oder nur kolportierte – Übergriffe zu erdulden. Hier konkurrierten Schwarze und Weiße Männer um Weiße Frauen, und unter militärischem Schutz begann sich ein angeblich „undeutsches“ Kulturverhalten zu etablieren. Agitation gegen diese sogenannte „schwarze Schmach“ und gegen ein Frankreich, das dieser Obsession zufolge die sogenannten abendländischen Werte verraten hatte, wurde zu einem Mobilisierungsfaktor nicht nur der rechten und rechtsextremen Szene, sondern bis weit ins bürgerliche und christdemokratische Lager hinein; Iris Wigger nennt sie „die erste mit Hilfe moderner Medien verbreitete rassistische Propagandakampagne“.[680]

Auch wenn das klein gewordene Österreich von der Rheinlandproblematik nicht direkt betroffen war, thematisierten die Medien häufig die Erfahrung einer gleichsam umgekehrten Kolonialsituation im Rheinland – ein weiterer Beleg dafür, wie weit deutschnationales Gedankengut auf dem Weg zur Hegemonie im öffentlichen Raum bereits gekommen war. Deutlich im Vordergrund dieses Diskurses stand das Thema Sexualität. Insbesondere ging es um die angeblich zahlreichen Vergewaltigungen deutscher Frauen durch afrikanische Soldaten, die Verbreitung von Syphilis sowie die Geburt von „Mischlingskindern“.[681] Unterlegt wurde diese Propaganda, die nicht selten durch Vortragende aus der Weimarer Republik verbreitet

lem 243–301. Für Österreich siehe Weeks, Kolonialisten; Loidl, Kolonialpropaganda, 181–204; Suda, Reichskolonialbund.

677 Zu ihm siehe Sauer, Expeditionen, 410–411.

678 Dorner-Brader, Ministerrat, 186–188 und 198–199.

679 Koller, Kolonialtruppen; Koller, Stereotype.

680 Wigger, Schwarze Schmach sowie Wigger, Diskriminierung.

681 Zum Zusammenhang von pornographischen Männerphantasien, Rassismus und Deutschnationalismus siehe Wigger, Diskriminierung, 197.

wurde, mit rassenideologischen Argumenten. *Die schwarze Gefahr für Europa* titelte etwa das *Neue Wiener Journal*, das sich in dieser Thematik besonders hervortat. *Die Wirkungen des Einschleppens dieser schwarzen Barbaren sind unumgänglich, und diejenigen, welche dafür verantwortlich sind, wissen das sehr wohl. Die Neger können sexuell nicht gezügelt werden. Die wirtschaftliche Not, in die der Friedensvertrag die Arbeiter- und Mittelklasse in Deutschland gestürzt hat, reizt zur Prostitution. Aber das Schlimmste sei, daß diese schwarzen Gewalttaten mit der Politik verknüpft sind, welche im Friedensvertrag zum Ausdruck kommt und die darauf ausgeht, ein ganzes Volk zu zerstören, zu knechten, zu zersplittern und in die tiefsten Tiefen der Verzweiflung und Demütigung zu stürzen.*[682] Einige Jahre später sprach dieselbe Zeitung vom *Niedergang der weißen Rasse*, den sie aus der globalen Bevölkerungsentwicklung ableitete, und beklagte ein Desinteresse speziell der Wiener: *Der Deutsche kennt die Schwarzen aus dem besetzten Gebiet, der Wiener aus dem Raimund-Theater.*[683]

Indem sie die Situation im Rheinland verallgemeinerten, zeichneten solche medialen Diskurse Schwarze Menschen als Gefährder abendländischer zivilisatorischer Standards in Kultur (hier fiel die Ablehnung des Jazz und moderner Musik generell hinein), Sozial- und Familienleben (Sexualität) und Arbeitsmarkt. Wenn schon nicht für die Gegenwart, aber doch für die Zukunft wurde ein Verlust qualifizierter und entscheidungsbefugter Positionen befürchtet. *Schon lesen wir von Negern, die Mitglieder von Pariser Gerichtshöfen sind*, so beispielsweise Karl Lugmayers Kommentar zum Programm der christlichen Arbeiterschaft Österreichs 1924. *Es ist der natürliche Gang, daß die strebsameren Köpfe unter diesen Völkern nach und nach in die Offiziersstellen und Beamtenstellen eindringen, daß sie den Handel durchsetzen – ganz wie die Hilfsvölker des alten Rom [...]. Denken wir uns diesen Gang folgerichtig weiter, so sind wir in 200 Jahren als Europäer verschwunden. Unsere Nachkommen können dann für Neger, Chinesen und Juden Vieh hüten und Steine klopfen.*[684]

Kontrollverluste auf dem Arbeitsmarkt und in der Politik waren nach Ansicht der Protagonisten dieses Diskurses interdependent und somit für die Zukunft zu erwarten, Forderung nach politischer Entrechtung daher die Folge: *Juden, Neger sowie alle Angehörigen einer fremden Rasse können wohl in einem deutschen Lande geduldet werden, doch sei ihnen allezeit die Berechtigung abzusprechen, in die Führung der Staatsgeschäfte irgend etwas dreinplaudern zu dürfen.*[685] Anderenfalls wurden furchterregende Szenarios in den Raum gestellt: Würde einst *ein Neger im Weißen Haus regieren?*[686] Oder mit Hinblick auf antikoloniale Bestrebungen im Nahen Osten und in Afrika: *Die farbigen Völker haben den Respekt vor der weißen Rasse verloren*, schrieb Karl von Rössel-Majdan (der Ältere) 1936 angesichts des Widerstands gegen die italienische Invasion in Äthiopien, *und sind heute bereit, das einzige, was sie von den Weißen gelernt haben, die Handhabung technischer Mordinstrumente auch gegen ihre Unterdrücker zu verwenden.*[687] In solchen Statements flossen der Diskurs über die „Schwarze Gefahr" und eine pro-kolonialistische Argumentation ineinander.

682 Neues Wiener Journal, 8. Mai 1920, 2 (in Bezugnahme auf einen französischen Zeitungsartikel).
683 Neues Wiener Journal, 4. Dezember 1925, 7.
684 Koller, Kolonialtruppen, 309.
685 Niederösterreichischer Grenzbote, 21. Juli 1929, 3.
686 Salzburger Chronik für Stadt und Land, 24. April 1934, 9.
687 Neues Wiener Journal, 9. August 1936, 2. „Ungeist" meint natürlich Jazz und moderne Musik generell – Rössel-Majdan war ein prominenter klassischer Musikschaffender.

Gegenteilige Positionen waren vorhanden, aber weit weniger relevant – in Österreich lag die Meinungshegemonie noch eindeutiger beim rechten Lager als in Deutschland. Potentiell antirassistisches und antikolonialistisches Gedankengut kristallisierte sich beispielsweise um die relativ breite Berichterstattung über die Lynchjustiz in den Vereinigten Staaten heraus; auch die (später aufgehobenen) Todesurteile gegen acht schwarze Jugendliche 1931 in Alabama[688] wurden registriert. Proteste blieben allerdings auf die Linke beschränkt.[689] Auch über Bestrebungen in den afrikanischen Kolonien, ihre Unabhängigkeit zu erkämpfen, wurde hin und wieder berichtet, wohlwollend allerdings fast nur[690] in sozialdemokratischen und kommunistischen Publikationen. So beispielsweise über Marcus Garvey und die Negro Improvement Association,[691] das Verbot von Clements Kadalies Gewerkschaftsorganisation in Südafrika[692] oder einen Aufstand im Kongo.[693] Die KPÖ vertrat die Haltung der Kommunistischen Internationale, *daß der Sozialismus, der aller Sklaverei ein Ende bereiten will, nur denkbar ist im Kampfe mit dem Neger gegen die Negerhalter, daß er ein kategorisches Verdammungsurteil gegen die kapitalistische Kolonisation sprechen muß in Erwartung des Tages, an dem er sich zum Erlöster der Urvölker erhebt, ohne deren Befreiung die werktätigen Volksmassen der – übrigens ganz zu unrecht – zivilisiert genannten Länder niemals frei werden können.*[694] Demgegenüber rang sich die Sozialdemokratie, aus Loyalität zu den prokolonialen Bruderparteien Frankreichs und Großbritanniens, nie zu klaren antikolonialistischen Positionen durch.[695]

Abgesehen von Resolutionen waren praktische Solidaritätsaktionen nur im Fall Äthiopiens zu verzeichnen, das 1935 (mit Unterstützung des austrofaschistischen Regimes) von Italien überfallen wurde.[696] Bestrebungen, Diskriminierung und rassistische Repression zu thematisieren und Schwarze Menschen als rationale politische Akteure mit legitimen Interessen wahrzunehmen, stießen auf etablierte rassistische Vorurteile oder die Ablehnung von *Humanitätsduselei.*[697]

Letztere Polemik traf wohl auch auf die wenigen Appelle zu, Schwarzen oder generell Ausländern mit Respekt und Toleranz gegenüberzutreten. *Ich weiß noch, wie wir als Kinder den Chinesen, den Japaner, den Neger, wenn sie sich auf den Straßen unserer Stadt blicken ließen, sei es auch in vollkommen europäischer Kleidung, anstarrten, mit ungefähr dem gleichen Interesse, wie wir die seltsamen fremden Tiere in Schönbrunn anstaunen,*[698] brachte Elisabeth Toussaint, Mitarbeiterin der sozialdemokratischen Frauenzeitschrift *Die Unzufriedene*, die ambivalente Reaktion der Durchschnittsbevölkerung auf den Punkt. Toussaint, offensichtlich von der Friedensbewegung beeinflusst, hatte die Absicht, dieser Einstellung pädagogisch

688 Siehe dazu Miller – Pennybacker – Rosenhaft, Ada Wright.

689 Illustrierte Kronen Zeitung, 24. Mai 1932, 8; Die Rote Fahne, 6. März 1932, 8; Arbeiter-Zeitung, 25. Mai 1932, 5.

690 Bemerkenswerte Ausnahme ist zum Beispiel der Bericht eines Missionars aus Südafrika über eine Tagung des African National Congress, auf der gegen „Weiße" Heiligendarstellungen in den Kirchen polemisiert worden war. Dazu Josef Boenisch: *Gibt es denn nur schwarze Teufel und weiße Heilige? Es wäre Zeit, daß sich die katholischen Heiligenbildermaler daran gewöhnten, den Himmel auch mit schwarzen Heiligen und die Hölle auch mit weißen Teufeln zu bevölkern.* (Vorarlberger Volksblatt, 10. Dezember 1929, 3).

691 Arbeiter-Zeitung, 8. August 1920, 7 (im Text fälschlich „Harvey").

692 Arbeiter-Zeitung, 1. Jänner 1931, 3.

693 Die Rote Fahne, 4. Juni 1933, 4.

694 Die Rote Fahne, 30. Mai 1922, S. 3.

695 Schier, Kolonialfrage.

696 Mikoletzky, Abessinischer Krieg. Zur pro-Mussolini-Propaganda vgl. Ebner, Zischka.

697 Neues Wiener Journal, 29. Dezember 1921, 14; Tages-Post, 18. März 1928, 6.

698 Die Unzufriedene, 26. Juli 1930, 4.

entgegenzuwirken: *Das sind ja auch Menschen. Söhne von Müttern, die um sie weinen, wenn wir sie totschießen. Väter von Kindern, die dem Elend ausgeliefert sind, wenn der Ernährer getötet wird.– Und liebe Menschen. Menschen, die uns freundlich gesinnt sind, wenn wir ihnen freundlich entgegenkommen.*[699] Einige wenige solche Appelle erhoben sich auch im bürgerlichen beziehungsweise christlichsozialen Milieu, zum Beispiel von Irene Harand: *Warum regen wir uns auf, wenn in Amerika Neger gelyncht werden? Warum erschallen überall Protestrufe, wenn ein Mensch unschuldig verurteilt wird?* [...] *Weil eine Solidarität zwischen den Lebewesen besteht, die Menschenantlitz tragen.*[700] Einige Monate vorher hatte eine engagierte Lehrerin in einem Leserbrief an Harands Zeitschrift *Gerechtigkeit* eine ähnliche Ansicht geäußert: *Wir verurteilen den Haß gegen die Neger auf das schärfste. Warum billigen wir aber den Haß gegen die Juden?*[701]

Zweifellos waren das couragierte Statements. Denn der Mainstream der öffentlichen Meinung ging deutlich in eine andere Richtung.

Der Alltag

Wenig Solidarität und Verständnis, viel Diskriminierung und Rassismus. Auch wenn sie weitgehend ideologisch ausgerichtet waren und kaum zur Erklärung, geschweige denn Bewältigung der Realität beitragen konnten, hatten diese Diskurse Einfluss auf das konkrete Leben von Menschen afrikanischer oder afroamerikanischer Herkunft – auch wenn Quellen nur selten darüber berichten. So wurde ein Schwarz-Weißes Liebespaar in Wien von einer Straßenpassantin verbal – und beinahe auch tätlich – attackiert. Vor Gericht gestellt verantwortete sich Letztere folgendermaßen: *Es sei ihr damals plötzlich ein Bild von Negern im besetzten Rheinland vorgeschwebt* [...].[702] Ein anderes Beispiel stammt aus Graz, wo jemand öffentlich gegen Spendensammlungen *für arme Negerkinder* polemisierte, *der das tiefgreifende Elend unserer Bevölkerung kennt und der sich auch die Vergewaltigung deutscher Frauen durch Neger-Franzosen in den Rheinlanden vergegenwärtigt.*[703]

Übergriffe im öffentlichen Raum wurden gelegentlich berichtet – und sicher war das nur die Spitze eines Eisbergs. Im Oktober 1927 attackierte ein betrunkener deutscher Geschäftsmann einen US-Amerikaner auf der Mariahilfer Straße, der *natürlich* [!] *seinem europäischen Gegner im Boxen weit überlegen war.* Trotzdem erlitt er schwere Körperverletzungen, weshalb der Angreifer auch gerichtlich verurteilt wurde.[704] Im Sommer 1928 versuchte eine Menge von 300 oder 400 Praterbesuchern, zwei in einem Zirkus beschäftigte Afrikaner – einer aus Kamerun, der andere aus Marokko – zu lynchen; Rufe wie *Spielen wir Amerika* oder *gleich am nächsten Baum aufhängen, diese verdächtigen Mörder!* wurden laut. Vorangegangen war ein Wirtshausstreit, bei dem der Kameruner Thompson sich angeblich *abfällig über Oesterreich geäußert*, der Wirt hingegen *über das ganze Negervolk* geschimpft hatte.[705] Einige

699 Zu Toussaint liegen leider kaum biographische Angaben vor. Zur Zeitschrift: Billeth, Frauenbild.

700 Gerechtigkeit, 26. Dezember 1935, 1 (Sperrung im Original). Zu Harand vgl. unter anderem Greenberg, Campaign; Bailer-Galanda, Harand.

701 Gerechtigkeit, 14. Juni 1934, 3.

702 Illustrierte Kronen Zeitung, 1. September 1927, 10.

703 Grazer Tagblatt, 8. März 1922, 4.

704 Illustrierte Kronen Zeitung, 29. August 1928, 13; Arbeiter-Zeitung, 29. August 1928, 7.

705 Illustrierte Kronen Zeitung, 29. Juni 1928, 4–5; Die Rote Fahne, 29. Juni 1928, 3. Zu weiteren Schlägereien unter

Jahre später, im Juli 1931, wird aus Linz von einer Stänkerei zwischen betrunkenen Angehörigen der Heimwehr und Zirkusartisten berichtet, bei der die Äußerungen der Österreicher zwischen *Kulturschande, Neger hinaus* und *Juden hinaus* variierten.[706]

Schwer fassbar sind naturgemäß Diskriminierungen im Alltag, inklusive der Reaktionen, des Widerspruchs der Betroffenen. Am Raimundtheater wurde zum Beispiel der Schauspieler John Richards von den Bühnenarbeitern gemobbt. *Herr Richardson* [sic!] *nahm das eine Weile ruhig hin, dann aber riß ihm die Geduld und er sagte zu dem einen der Uebeltäter: „Wannst mi no amol frozzelst, kriegst a Tetsch'n, daß d' als Schnitzel an der Deck'n picken bleibst!" Niemand war erstaunter als die Bühnenarbeiter.*[707] Die damals angeblich einzige schwarze Volksschülerin Wiens, die schon erwähnte Lilongo Podhrobsky, klagte über die Schule: *Freundinnen hab' ich nur wenig* [...] *mit vielen Klassenkolleginnen leb' ich nämlich im Krieg, weil sie mich immerfort hänseln.* Aber auch: *Ich mach' mir nichts daraus und weiß mir schon zu helfen.*[708] Gemischte Ehepaare müssen unter Druck gestanden sein, auch wenn kaum Details dazu bekannt sind; immerhin gab es Warnungen an Frauen, sich nicht mit Schwarzen einzulassen.[709] Umkämpftes Territorium war die katholische Kirche, die – durch die Mission – mit Afrika verbunden war und schon aus theologischen Gründen eine „Gleichwertigkeit" von Afrikanern als „Kinder Gottes" vertreten musste. Die Beschwerde gegen eine Spendensammlung nach dem Gottesdienst im Grazer Dom wurde schon erwähnt. In Vorarlberg regten sich Deutschnationale drei Jahre später darüber auf, dass Afrikaner in Veranstaltungen über ihre Heimat Kamerun informierten und Spenden für die Mission sammelten.[710] In Innsbruck intervenierte eine Frau bei der Caritas für bessere Arbeitsbedingungen und Kleidung für schaugestellte Afrikaner. Sie habe das jedenfalls gut gemeint, meinte der Kommentator, aber gäbe es denn *keine größeren Schmerzen mehr als die Sorge um das Wohl der Neger im Vergnügungspark.*[711] Tendenziell lief das alles auf die soziale Exklusion und politische Entrechtung von Schwarzen Menschen hinaus.

Sieht man vom antikolonialen Engagement der ägyptischen Studenten ab, ist von politischen Aktivitäten wenig bekannt. Einzelne wie Joseph Bilé oder Aubrey Pankey engagierten sich punktuell in der Sozialdemokratie. Die Kommunistische Partei lud anlässlich eines Antikriegstages am 1. August 1931 einen führenden Funktionär der Komintern aus Deutschland ein, der prompt in Graz verhaftet wurde; es handelte sich um den bekannten afroamerikanischen Politiker James Ford.[712]

Angesichts des immer engeren Klimas ist es bemerkenswert, wie relativ häufig Schwarze Menschen die Gerichte bemühten, um Diskriminierungen gegen sie entgegenzutreten – sie nutzen die demokratischen Institutionen. So auch das erwähnte Liebespaar, das 1927 von

den Mitwirkenden am Araberdorf selbst und mit Praterbesuchern kam es wenige Wochen später (Sauer, Kamerun, 23–27).

706 Tagblatt, 28. Juli 1931, 8.

707 Neues Wiener Journal, 7. November 1925, 11. Die Aussage im Dialekt wurde von Richards zwar später dementiert, der Vorfall an sich aber nicht (ebd., 10. November 1925, 9).

708 Neuigkeits-Weltblatt, 13. Juli 1937, 9–10; Gerechtigkeit, 23. September 1937, 8.

709 Der Morgen, 20. Februar 1922, 2.

710 Von Befürwortern wurde entgegnet, dass *der gute Schwarze aus Kamerun ist, also jenem Negerstamm* [sic!] *angehört, um den sich Deutschland vor dem Kriege stark gerissen hat. Der Mann ist zufällig sogar deutscher Staatsbürger!* (zitiert nach Sauer, Kamerun, 28–29).

711 Allgemeiner Tiroler Anzeiger, 6. Oktober 1931, 5.

712 Neues Wiener Tagblatt, 4. August 1931, 4; Salzburger Chronik für Stadt und Land, 5. August 1931, 2. Zu Ford vgl. Geiss, Panafrikanismus, 258–259; Aitken – Rosenhaft, Black Germany, 211.

einer Passantin insultiert worden war und Anzeige erstattete: Das Verfahren endete per Vergleich mit einer Entschuldigung der Beklagten. Das politische Klima aber ging in eine andere Richtung. Der Gerichtsfall wurde von der extremen Rechten politisch instrumentalisiert: *Ich empfehle dieses Vorgehen* [nämlich den Übergriff auf das Liebespaar], *das einem gesunden Rasseninstinkt entspringt, zur allgemeinen Nachahmung*, so der Nationalsozialist Walter Riehl. *Nur muß sich die Abwehr gegen rassischen Unfug dieser Art künftig in viel nachdrücklicheren und energischeren Formen äußern und sich nicht nur gegen Neger kehren, sondern gegen alle Fremdrassigen überhaupt. (Stürmische Zustimmung und Rufe: „Gegen die Juden!").*[713] Noch schrieb man 1927, aber die Stimmung begann sich in Richtung 1938 zu drehen.

[713] Arbeiter Zeitung, 23. Oktober 1927, 6.; vgl. unter anderem Illustrierte Kronen Zeitung, 1. September 1927, 10; Neues Wiener Journal, 18. Oktober 1927, 13.

VI. Rassismus als Staatsdoktrin: NS-Herrschaft in Österreich (1938–1945)

Mit der Intervention deutscher Streitkräfte ging am 12. März 1938 die Eigenstaatlichkeit Österreichs vorerst zu Ende. Manifesten Widerstand gab es nicht. An die Stelle des austrofaschistischen „Ständestaats" trat das politische System des Nationalsozialismus, wie es in Deutschland seit 1933 brutal durchgesetzt worden war. Es war von einer elementaren Missachtung der demokratischen Grund- und Freiheitsrechte geprägt und stand auf einer dezidiert rassistischen Basis: Als Verfassungsprinzip galten *die Erkenntnisse von der naturgesetzlichen Ungleichheit und der Verschiedenartigkeit der Menschen.*[714] Anders formuliert: Im Unterschied zu früheren Epochen war das Prinzip der formalen Gleichheit vor dem Gesetz aufgehoben. Das nationalsozialistische System war insofern keine singuläre, in seinen Auswirkungen aber die brutalste Ausprägung dieses Paradigmas in der Geschichte des 20. Jahrhunderts.[715] Pseudowissenschaftliche Begründungen dafür lieferten die wirren Rassentheorien einer physischen Anthropologie, die sich durch die Legitimierung des NS-Unrechtsstaats nachhaltig diskreditierte.[716]

Verfassungs- und strafrechtlich flossen diese Maximen in eine Rechtsordnung ein, die nur für eine bestimmte, nämlich die sogenannte arische „Abstammungsgemeinschaft" Gültigkeit besaß. Personen, die derselben nicht angehörten, standen *eo ipso* außerhalb des rechtlichen Rahmens (selbst wenn sie „Staatsbürger:innen" waren), genossen also keine Rechtssicherheit oder unterlagen allenfalls einem separaten „Juden-" oder „Polenregime". Schwarze Menschen weitestgehend zu marginalisieren, war demzufolge eine logische Folge. Allerdings blieb die nationalsozialistische Politik ihnen gegenüber ambivalent. Einerseits verweigerte man ihnen Chancen auf Bildung, Familie und Beruf, andererseits sprachen außen- und vor allem kolonialpolitische Überlegungen zeitweise zu ihren Gunsten, und es gab keinen Vernichtungsbefehl gegen sie wie gegen Juden.[717] Angesichts ihrer geringen Anzahl und ihrer mageren Vermögensverhältnisse – es fehlte der „antikapitalistische soziale Neid", um ein Wort von Gabriella Hauch zu übernehmen[718] – bestand für einen solchen auch kein Anlass. Selbst eine Kennzeichnung durch irgendwelche Symbole war nicht erforderlich – für die „Sichtbarkeit" sorgte ihre Hautfarbe ohnehin.

Die neue Ordnung ermöglichte jenen *backlash* bei den Grund- und Freiheitsrechten, den die Rechte seit langem gefordert hatte. Am 20. Mai 1938 wurden die „Nürnberger Gesetze" auf das besetzte Österreich übertragen. Wenngleich hier vor allem ihre anti-jüdische

714 So der offiziöse Kommentar zu den „Nürnberger Gesetzen" (zitiert nach Pauer-Studer, Rechtfertigungen, 70).

715 In den Vereinigten Staaten war eine gesetzlich fundierte Diskriminierung von Afroamerikaner:innen bis 1964 in Kraft, die Rassengesetze des südafrikanischen Apartheidregimes teilweise bis 1993/1994. NS-Juristen wie -Politiker verwiesen nicht zufällig gern auf vergleichbare Bestimmungen in den USA beziehungsweise den britischen Siedlerkolonien.

716 Pauer-Studer, Rechtfertigungen, 67–69; Essner, „Nürnberger Gesetze", vor allem 21–75; Kühl, Rassenforschung.

717 Lusane, Hitler's Black victims, 98–101; Hondius, Feindbilder; Pommerin, Sterilisierung, 52–56 und 61–71.

718 Hauch, Frauen.Leben.Linz, 490 (mit Bezug auf Sintizas und Romnis).

Stoßrichtung im Vordergrund stand,[719] hatte die ursprüngliche Intention Schwarze Menschen ebenfalls, nach juristischer Ansicht sogar stärker betroffen: *wird regelmäßig bei einem Mischling mit einem Viertel oder noch weniger artfremden Blute ein Bedenken gegen die Eheschließung mit einer deutschblütigen Person nicht zu erheben sein. Dies gilt jedoch nicht, wenn der Mischling einen Einschlag von Negerblut hat. Das Negerblut wirkt so stark, dass es häufig noch in der siebenten oder achten Generation äußerlich deutlich in Erscheinung tritt.*[720] Zuvor schon hatte es in einer Durchführungsverordnung geheißen: *§ 6. Eine Ehe soll ferner nicht geschlossen werden, wenn aus ihr eine die Reinerhaltung des deutschen Blutes gefährdende Nachkommenschaft zu erwarten ist.*[721] Damit bestand ein Eheverbot für Schwarze Menschen.

Ab 1. Jänner 1940 galt in Österreich darüber hinaus das deutsche „Gesetz zur Verhütung erbkranken Nachwuchses“, welches als Grundlage für die Sterilisierung von Kindern afrikanischer Kolonialsoldaten im Rheinland herangezogen worden war.[722] Gelegenheit für weitere behördliche Willkür bot die am 3. Juli 1938 erlassene „Verordnung über die deutsche Staatsangehörigkeit im Lande Österreich“. Sie verwies auf ein Gesetz von 1933, das eine Aberkennung der deutschen Staatsangehörigkeit vorsah, *falls die Einbürgerung nicht als erwünscht anzusehen ist.*[723] Mit Erlass des Reichsministers für Wissenschaft, Erziehung und Volksbildung vom 15. Juni 1939 wurde schließlich *die Zulassung von Zigeunern und Negermischlingen zum Besuch öffentlicher Volksschulen* in Österreich verboten – eine Schikane, die erst 1941 auf das sogenannte Altreich ausgedehnt wurde [!] – wobei *hinsichtlich der zwei in Wiener Schulen befindlichen Negermischlinge* [...] *noch eine Entscheidung nach*[folgen] sollte.[724]

Anlassbezogen ergänzten sozial- und fürsorgepolitische Maßnahmen die personen- und eherechtlichen Beschränkungen, zum Beispiel die Aberkennung der Kinderbeihilfe für „fremdrassige Mischlinge“.[725] Schauspieler:innen, Musiker:innen oder Tänzer:innen wurden mit Auftrittsverboten belegt, die beliebten Hotelpagen oder andere Beschäftigte oft in voreilendem Gehorsam gekündigt.[726] US-amerikanische Musik und entsprechende Tänze (Swing) wurden zwar nicht generell, aber im Radio sowie in einzelnen „Gauen“ verboten.[727]

719 *Dieses Gesetz* [das sogenannte Blutschutzgesetz] *zieht einen scharfen Trennungsstrich zwischen allen Menschen deutschen Blutes und Fremdrassigen, seien es nun Neger, Mongolen, Indianer, Zulukaffern, Hottentotten usw. Für uns kommen als Fremdrassige hauptsächlich Juden in Frage, denn da war die Gefahr der Mischung am größten.* (Illustrierte Kronen Zeitung, 27. November 1938, 20).

720 Runderlaß des Reichs- und Preussischen Ministeriums des Innern, 3. Jänner 1936, zitiert nach Czech, „Rassenmerkmale“, 162. Die „Obsession [...] im Hinblick auf das ‚negrische Blut'“ stammte aus der Kolonialzeit und war erstmals 1908 in einem Urteil des Obersten Kolonialgerichtshofes in Windhoek formuliert worden (Essner, „Nürnberger Gesetze“, 24).

721 Erste Verordnung zur Ausführung des Gesetzes zum Schutze des deutschen Blutes und der deutschen Ehre (http://alex.onb.ac.at/cgi-content/alex?aid=dra&datum=1935&page=1481&size=45; 23. April 2018).

722 Siehe http://alex.onb.ac.at/cgi-content/alex?apm=0&aid= dra&datum=19390004&seite=00002230&zoom=2 (23. April 2018). Pommerin, Sterilisierung, 52–53.

723 Siehe http://www.documentarchiv.de/ns/1938/deutsche-staatsangehoerigkeit-oest_vo.html sowie http://www.documentarchiv.de/ns/1933/deutsche-staatsangehoerigkeit_ges.html (17. April 2018).

724 Text bei Martin – Alonzo, Stechschritt, 417; vgl. Hammond, Lebenssituation, 122–123. Zu der – auch in anderen Politikbereichen feststellbaren – Tendenz, schärfere Repressionsmaßnahmen in Österreich zu testen und dann auf Deutschland zu übertragen, siehe auch Essner, „Nürnberger Gesetze“, 181, 258 und öfter.

725 Czech, „Rassenmerkmale“, 163.

726 Beispiele aus Deutschland bei Martin – Alonzo, Stechschritt, 417–421. In Wien wurden zwei Mitglieder einer Jazzband – ein deutsch-jüdischer Pianist und ein afrospanischer Bassist – erschossen (Hammond, Lebenssituation, 151–152).

727 Etwa in Tirol (Neues Wiener Tagblatt, Tages-Ausgabe, 12. Jänner 1939, 12). Allgemein Lusane, Hitler's Black victims, 201–204.

Natürlich stand die Politik des NS-Regimes in Bezug auf Menschen afrikanischer Herkunft in Kontinuität zum bereits bestehenden Rassismus, nicht zuletzt als Folge der Kampagne „Schwarze Schmach“. Das Motiv der „Degeneration“ Frankreichs durch die Vermischung mit Einwanderern aus den afrikanischen Kolonien war schon früher zu einem Allgemeinplatz der NS-Propaganda geworden.[728] Die Wirksamkeit dieser Hassparolen aber wurde durch die gesetzlichen Vorgaben, die gleichgeschalteten Medien und den praktizierten Gesinnungsterror extrem verschärft. Der Wegfall der Grundrechte und einer unabhängigen Gerichtsbarkeit prädestinierte Menschen außerhalb der konstruierten „Abstammungsgemeinschaft“ zu Opfern von behördlicher Repression wie von privaten Übergriffen im Alltag. Als zentrale Argumentationsfigur fungierte dabei die Befürchtung einer Schädigung des „Erbguts“ der Weißen/arischen „Rasse“. Ein großer Teil der Alltagsrepression zielte daher auf die Verhinderung sexueller Kontakte – der sogenannten „Rassenschande“ – ab.[729] Weiters diente die stereotype Verbreitung negativer Klischees über Afrika beziehungsweise über Menschen mit afrikanischem Migrationshintergrund nicht nur deren Diskriminierung, sondern auch dazu, Interesse oder gar Solidarität seitens der Mehrheitsgesellschaft zu diffamieren.

Diskriminierung und Verfolgung: Der Alltag

Achmed Kranzmayr erlebte die Zeit des Nationalsozialismus im oberösterreichischen Ort Mauthausen. Er wurde 1932 als außereheliches Kind einer österreichischen Mutter und eines afrikanischen (möglicherweise ägyptischen) Vaters in Wien geboren. Im September 1941, also mit neun Jahren, wurde er vom Wiener Hauptgesundheitsamt anthropologisch untersucht. Als einer von wenigen Zeitzeugen konnte er 2005 noch aus eigener Erfahrung über die Schikanen des NS-Staates gegen Afroösterreicher berichten:[730] Ausschluss aus höherer Schule, aus der Hitlerjugend, aus dem Kino. *Ich habe überhaupt nirgends dabei sein dürfen. Aus. Ich bin dann irgendwo im Wald herumgerannt, oder ich bin wieder einmal daheim gesessen und habe geweint, das frisst sich ja in einen hinein.* Speziell bedrückend die Schilderung der „anthropologischen Untersuchung“ im Gesundheitsamt in Wien: *Da haben sie dann Messungen an meinem Kopf gemacht und irgendwie noch etwas, aber das habe ich nicht mehr mitgekriegt* [!]. *Und meine Großmutter auch nicht, denn die hat nicht mit hineingehen dürfen in das Zimmer. Auf alle Fälle hat sich dann herausgestellt, jüdischer Abstammung bin ich nicht, aber im Sinne des deutschen Reichsgesetzes als Nichtarier eingestuft und von allem ausgeschlossen.*

Wie viele Personen waren von dieser Repression betroffen? In der Volkszählung von 1939 wurden für Wien 37 Personen mit afrikanischer Staatsangehörigkeit verzeichnet – 29 Ägypter:innen und acht Südafrikaner:innen, in jedem Fall mehr Frauen als Männer. Etwa zwei Drittel von ihnen waren allerdings als „Volksangehörige“ eingestuft, das heißt es handelte sich vielleicht um Rückwanderer deutscher oder österreichischer Abstammung aus den genannten Ländern. Nur 14 Personen gaben Deutsch nicht als ihre Muttersprache an.[731] Wie

728 Martin – Alonzo, Stechschritt, 194–209.
729 Essner, „Nürnberger Gesetze“, 18; vgl. Martin – Alonzo, Stechschritt, 417–421.
730 Czech, „Rassenmerkmale“, 166–170; die folgenden Zitate 168 und 169.
731 Magistrat Wien, Jahrbuch 1939–1942, 32–33.

bei früheren Volkszählungen wurden weder Menschen aus afrikanischen Kolonien erfasst noch Angehörige der Diaspora, die es unter den 203 Amerikanern nicht-deutscher „Volksangehörigkeit" wohl gegeben haben wird. Mehr Aufschluss geben die Akten des Wiener Gesundheitsamts. In einer undatierten (1943?) und nicht vollständigen Liste scheinen 13 Kinder mit je einem sub-saharischen oder afroamerikanischen Elternteil auf, zwei weitere mit einem ägyptischen und vier mit einem asiatischen. Zwei Personen werden als (erwachsene) Ägypter klassifiziert, ein weiterer Name trägt keine nähere Bezeichnung.[732] Sie alle und so manche andere gerieten durch die Einführung der „Rassengesetze" in eine prekäre persönliche Situation.

Kinder „nicht-arischer" Herkunft wurden zunächst innerhalb der Klassen separiert, dann in eigene Schulen, oft auch in Heime gesteckt. In einer Schule in Purkersdorf beschwerte sich die Mutter des achtjährigen Percival R. (der Vater war Jamaicaner) gegen dessen räumliche und soziale Isolierung in der Klasse.[733] In Wien wurden zwei Kinder der Berlinerin Herta Köhler – sie war mit einem Afrikaner aus der ehemaligen deutschen Kolonie Kamerun verheiratet, der beim Reichskolonialbund in Berlin und bei Filmprojekten beschäftigt war – trotz der Proteste der Mutter für den Besuch der öffentlichen Schulen gesperrt.[734] Auch Elfriede Tom, die 1934 geborene Tochter des erwähnten Praterartisten (vgl. Kapitel V), durfte keine Schule besuchen,[735] Percival R. wurde „ausgeschult" und 1941 in die sogenannte Jugendfürsorgeanstalt „Am Spiegelgrund" eingewiesen.[736] Achmed Kranzmayr[737] und Erich Brunner (Vater Afrokubaner)[738] durften gnadenhalber in der Volksschule bleiben. Das Schicksal Lilongo Podhrobskys, zuletzt Anfang 1938 als Akteurin im Theater in der Josefstadt erwähnt,[739] ist unbekannt. Auch über die sechs minderjährigen Kinder von Othmar Ben M., einem desertierten Kolonialsoldaten aus Marokko, der in Kärnten verheiratet war, liegen keine Nachrichten vor.[740]

Eine Schlüsselrolle bei der Umsetzung spielten die Gesundheitsämter, die in enger Abstimmung mit dem Rassenpolitischen Amt der NSDAP und der Geheimen Staatspolizei operierten.[741] Aus Wien ist ebenso wie aus Linz die Anlegung einer „Fremdstämmigen- und Mischlingskartei (Juden, Zigeuner, Neger, Mongolen)" bekannt.[742] Vermutlich war die medizinische „Untersuchung" der Erfassten zum Teil mit Sterilisierung verbunden.[743] Vor allem Heim- und Pflegekinder befanden sich in einer extrem gefährdeten Lage. Einer amtlichen Anordnung von 1942 zufolge waren (unter anderem) *Zigeuner und Zigeunermischlinge und Fremdrassige bzw. Mischlinge aller Grade außereuropäischer Herkunft* [...] *auszuschei-*

[732] WStLA, Rassenpolitisches Amt, A1 – Rechtsfragen, Bevölkerungspolitik: 8, Mappe 1, A 1–9 e (nicht foliiert).
[733] WStLA, Rassenpolitisches Amt, A1 – Rechtsfragen, Bevölkerungspolitik: 8, Mappe 1, A 1–9 d, P–Z.
[734] Czech, „Rassenmerkmale", 161.
[735] Danke an die Kongregation der Dienerinnen des heiligsten Herzens Jesu in Wien für biographische Unterlagen.
[736] Czech, Gesundheitsamt, 41–59.
[737] Czech, „Rassenmerkmale", 168.
[738] Neuhold, Leben.
[739] Neues Wiener Tagblatt (Tages-Ausgabe), 8. Jänner 1938, 19.
[740] DÖW, Akt Nr. 40.710, 4. Othmar Ben M. könnte mit dem im „Araberdorf" von 1928 Beschäftigten gleichen Namens ident gewesen sein (vgl. Kapitel V).
[741] Dazu ausführlich Czech, Gesundheitsamt, insbesondere 61–72; Goldberger, NS-Gesundheitspolitik.
[742] Hammond, Lebenssituation, 125; Rafetseder, „Ausländereinsatz", 1204.
[743] Hammond, Lebenssituation, 112, weist auf eine dem Nationalfonds bekannt gewordene Zwangssterilisierung an einer Person afrikanischer Herkunft hin; die meisten derartigen Fälle blieben wahrscheinlich im Dunkeln.

den [sic],[744] was in vielen Fällen ihren Tod bedeutete: „Am Spiegelgrund" wurden während der NS-Herrschaft an die 800 Kinder ermordet.[745]

In Einzelfällen wurden außenpolitische Überlegungen einkalkuliert. Den schon erwähnten Percival R. steckten sie 1942, vermutlich in Anbetracht seiner britischen Staatsbürgerschaft, in ein *Caritas*-Heim, wo er vielleicht überlebte. Eine rege Diskussion entspann sich über Personen japanisch-europäischer Herkunft. Für sie wurden „Ehefähigkeitszeugnisse" ausgestellt, in Einzelfällen intervenierte der japanische Konsul in Berlin, sehr zum Missfallen der Wiener Behörden sogar manchmal erfolgreich.[746] Eine vergleichbare Möglichkeit konsularischen Schutzes gab es für Menschen aus Kolonien natürlich nicht.

Ab 1941 verschärfte sich die Repression gegen „fremdvölkische" Kinder. Denunziationen spielten eine wichtige Rolle. So wurde der junge und beliebte Sportler Arnold J. (vgl. Kapitel V) angezeigt, weil er *im ständigen Umgang* [...] *mit deutschen Frauen* beobachtet worden war und außerdem Kontakte zu einer *gegnerischen* Familie pflegte.[747] Kinder mit afrikanischen oder afroamerikanischen Elternteilen wurden vom Hauptgesundheitsamt Wien systematisch zu „rassenkundlichen Untersuchungen" vorgeladen, so Achmed Kranzmayr, die 14-jährige Valerie B. (südamerikanischer Vater), die erwähnten Pflegekinder von Herta Köhler, ein Andreas K. (berberischer Abstammung) oder (1944) der zwölfjährige Adolf J., der *durch seine mehr als lausbübischen Manieren Ärgernis erregt*[e] und in ein „Heim" abgeschoben werden sollte.[748] Grecia S., der Tochter eines österreichischen Diplomaten und seiner dominikanischen Gemahlin, wurde die Eheerlaubnis verweigert.[749]

Wenn „rassische" und „politische" Verfolgungsgründe einander überlagerten, reagierten die Behörden besonders rasch. Aufgrund einer Denunziation wurde am 1. September 1939 der 21-jährige Mechanikergehilfe Heinrich Machacek von der Gestapo verhaftet und später *wegen hetzerischer* [...] *Äußerungen* [...], *die geeignet gewesen sind, das Vertrauen des Volkes zur politischen Führung zu untergraben*, angeklagt. Nach Verbüßung einer siebenmonatigen Haftstrafe kam er zwar frei, wurde jedoch 1942 von einem NSDAP-Ortsgruppenleiter erneut angezeigt, diesmal mit rassistischen Argumenten: *Dieser Negermischling ist jetzt 24 Jahre alt und wird sehr häufig mit deutschblütigen Mädchen gesehen. Ich bin nun der Meinung, daß zum Schutz des deutschen Blutes etwas unternommen werden muß.* Spätestens 1944 wurde Machacek neuerlich verhaftet und verblieb bis Kriegsende im Gestapo-Gefängnis am Morzinplatz.[750]

Neben Machacek gerieten zwei geborene Marokkaner wegen Widerstands in die Mühlen der NS-Justiz. Othmar Ben M. und Ali Ben M. waren beide aus der französischen Armee desertiert und nach Aufenthalten in Deutschland in Kärnten beziehungsweise der Steier-

744 Zitiert nach Czech, „Erb- und Rassenpflege", 41.

745 Vgl. unter anderem Czech, Gesundheitsamt, 103–126; Czech – Neugebauer – Schwarz, NS-Medizin, insbesondere 90–121; Sieder – Smioski, Gewalt, 45–47.

746 So fühlte sich der aus Deutschland entsandte Leiter des Wiener Hauptgesundheitsamtes, Hermann Vellguth, im Februar 1942 zu einem Protest dagegen veranlasst, dass *die Japanerfrage* [...] *in den Kreisen der Partei auffallend oft falsch behandelt wird* (WStLA, Rassenpolitisches Amt, A1 – Rechtsfragen, Bevölkerungspolitik: 8, Mappe 1, A 1–9 e). Eine konkrete diplomatische Intervention ist dokumentiert in ebd., A1–9 d, P–Z; dieser Fall musste schließlich an das Innenministerium in Berlin abgetreten werden. Zu Vellguth siehe Czech, Gesundheitsamt, 24–25 sowie Essner, Nürnberger Gesetze, 134–136.

747 Im Folgenden: WStLA, Rassenpolitisches Amt, A1 – Rechtsfragen, Bevölkerungspolitik: 8, Mappe 1, A 1–9 d, A–O.

748 Der genaue Verlauf ist ungeklärt, aber Adolf J. überlebte (Czech, „Rassenmerkmale", 160).

749 Ebd., 162.

750 Ebd., 159–160.

mark gelandet. Beide wurden 1938 und 1939 beziehungsweise 1940 wegen Hörens von Radio Moskau und NS-feindlichen Aussagen zu mehrjährigen Zuchthausstrafen verurteilt.[751]

Instrumentalisierung für Propaganda

Die NS-Herrschaftspraxis war freilich, wie erwähnt, nicht konsistent. Dem rassistischen Cluster von Bürokraten und Medizinern standen außenpolitische Interessen gegenüber, denen in bestimmten Fällen an einer Schonung von Schwarzen Menschen gelegen war, insbesondere wenn sie aus den früheren deutschen Kolonien in Afrika stammten. *Die Entwicklung der Rassenprobleme in Deutschland hat für die hier lebenden, aus unseren ehemaligen Schutzgebieten stammenden Neger sehr nachträgliche Folgen gehabt* [...]. *Daß bei dieser Sachlage eine Mißstimmung unter den Negern entsteht, ist selbstverständlich. Diese Mißstimmung ist deswegen für uns besonders unangenehm, weil sie nicht auf die hier lebenden Neger beschränkt bleibt, sondern sich durch die Beziehungen, die sie selbstverständlich nach Afrika haben, auch in Afrika auswirkt* [...]. *Sollte die Frage einer Mandatserteilung in Deutschland in Afrika einmal akut werden, kann dieser Umstand für Deutschland höchst unangenehme Rückwirkungen haben*, so ein Aktenvermerk des Abteilungsleiters für Kolonialfragen im Berliner Außenministerium 1934.[752]

Unter Berücksichtigung dieser Argumente gab es Ausnahmen von den verhängten Auftrittsverboten in gewissen Sparten der Unterhaltungsindustrie. So waren vereinzelt Schwarze Artisten im Zirkus zu sehen, was ein Zugeständnis an die traditionellen Erwartungen des Publikums sein mochte – oder auch ein Versuch, diese durch eine rassistische Präsentation in die „richtigen Bahnen" zu lenken.[753] Ähnliches galt für den (Kraft-)Sport, besonders wenn außenpolitische Interessen für eine Lockerung sprachen. So bemühte sich das Regime aus propagandistischen Gründen, internationale Wettbewerbe beziehungsweise Teams für Gastspiele nach Deutschland zu holen; für Ausländer wurden eben Ausnahmen gemacht. Hier wirkte noch das Vorbild der Berliner Sommerolympiade 1936 nach.[754] Wiener Beispiele für solche Veranstaltungen sind ein Leichtathletik-Sportfest im Praterstadion im August 1938, an dem unter anderem zwei Schwarze US-Amerikaner teilnahmen,[755] sowie im Oktober desselben Jahres die Weltmeisterschaften der Gewichtheber mit Beteiligung afroamerikanischer

[751] DÖW, Akten Nr. 40.710 und 7.384 beziehungsweise Nr. 11.240 und 8.274. Den Hinweis verdanke ich HÖPP, Discourse, 201–202. 1943 wurden weiters zwei Frauen verurteilt, welche Ehefrau und Kinder des Erstgenannten während der Inhaftierung finanziell und mit Altkleidern unterstützt hatten (DÖW, Akt Nr. 8.274).

[752] Zitiert nach MARTIN – ALONZO, Stechschritt, 410. Ähnlich in einem Rundschreiben Martin Bormanns an die Gauleiter 1936 (BECHHAUS-GERST, Askari, 42). Laut POMMERIN (Sterilisierung, 67) war es ein Anliegen des Außenministeriums gewesen, „die ‚Ariergesetzgebung' durch interne Weisungen an die lokalen Behörden- und Parteistellen auf die Juden zu beschränken."

[753] Siehe für Wien die Aufführungen von Sarrasani und Hagenbeck 1938 und 1942 (Das Kleine Blatt, 3. Juni 1938, 13 beziehungsweise Wiener Kronen-Zeitung, 10. Februar 1942, 6); für Niederösterreich und das Burgenland die Tournee des Zirkus Hoppe 1940 (Illustrierte Kronen Zeitung, 17. August 1940, 11) oder für Linz das Gastspiel des Circus Konrad 1944 (CHRISTL, Circusgeschichte, 295).

[754] Über Schwarze Sportler und die NS-Sportpolitik siehe insbesondere LUSANE, Hitler's Black victims, 215–230.

[755] Neues Wiener Tagblatt, 20. August 1938, 44; Das Kleine Blatt, 29. August 1938, 21, mit Porträtfoto des Läufers Ellerbee unter der Überschrift: *Ein prächtiger amerikanischer Sprinter.*

und ägyptischer Athleten.[756] Kriegsbedingt, und vielleicht auch aus anderen Gründen, fanden solche Wettbewerbe später nicht mehr statt·

In anderen Bereichen war es anders, hier wurden Auftritte Schwarzer Protagonist:innen grundsätzlich nicht mehr gestattet. Die noch in der Ersten Republik beliebte Exotisierung (und Erotisierung) der Varietés kam so zum Erliegen. Zu den wenigen Ausnahmen zählte der orientalische Nachtklub des Ägypters Achmed Beh am Petersplatz, der von der Geheimpolizei überwacht wurde und dem Vergnügen von NS-Größen, aber auch von Touristen aus befreundeten Staaten diente.[757] Zwar scheiterte Behs Antrag auf Erlangung der deutschen Staatsbürgerschaft im Sommer 1940 am Widerstand des Rassenpolitischen Amtes, sein Lokal blieb zunächst aber bestehen, zumal er Beziehungen zu „hohen Parteikreisen" glaubhaft machen konnte; darüber hinaus legte er eine von ihm verfasste NS-Propagandaschrift in arabischer Sprache vor, die in Ägypten verteilt worden war, und verwies auf die günstige Berichterstattung im *Völkischen Beobachter*.[758] Im Mai 1942 freilich veranlasste ein in Berlin erschienenes Inserat, demzufolge *vor einigen Monaten noch eine Mulattin als Nackttänzerin aufgetreten sein soll*, die NSDAP-Reichsleitung zu einer Anfrage an Wien. Hier hatten sich offenbar in der Zwischenzeit die behördlichen Schikanen verstärkt, Beh selbst wurde im Herbst 1942 als Geschäftsführer und Eigentümer des Lokals abgelöst.[759] In Beantwortung der Berliner Anfrage hielt das Reichspropagandaamt Wien im März 1943 daher fest, *das Auftreten von Negermischlingen* [wurde] *bereits vor längerer Zeit untersagt und es ist uns nicht bekannt, dass in der letzten Zeit Neger in diesem Lokal auftreten.* Auch die *Femina*-Bar in der Johannesgasse beschäftigte zeitweise eine Tänzerin mit karibischen Wurzeln. Sie wurde 1942 zur „rassenpolitischen" Untersuchung vorgeladen, ihr weiteres Schicksal ist unbekannt.[760]

Das wirksamste übergeordnete Interesse, aufgrund dessen Afrikaner und ihre Familien Beschäftigung und eine Art von Zuflucht finden konnten, resultierte aus dem Kolonialrevisionismus. Wie schon erwähnt, hatten sich maßgebliche Lobbies die Wiedergewinnung der verlorenen deutschen Kolonien zum Ziel gesetzt, und es gab konkrete Überlegungen zur Schaffung eines deutsch beherrschten „Mittelafrika".[761] In Vorgriff darauf wurden Afrikaner:innen teils als Sprachlehrer, ortskundige Hilfskräfte etc. in Reserve gehalten,[762] teils für kolonialistische Propaganda eingesetzt. Ein wichtiges Feld dafür bot die Filmindustrie, die in nicht wenigen Streifen die Kolonialpolitik des wilhelminischen Reiches glorifizierte und dafür Komparsen benötigte, um ein einigermaßen „realistisches" Ambiente zu schaffen.[763] Primär wurden dafür Afrodeutsche rekrutiert, erforderlichenfalls aber auch

756 Neues Wiener Tagblatt, 6. Oktober 1938, 33; im Folgenden laufende, nicht unfreundliche Berichterstattung. Das Kleine Blatt (6. November 1938, 60) brachte sogar ein Foto des Afroamerikaners Davis, Weltmeister im Halbschwergewicht mit der Überschrift: *Einer der besten Kraftsportler.*

757 Nsiah, Nachtclub; der dort erwähnte Film wurde 2016/2017 auch in der Ausstellung „Sex in Wien. Lust – Kontrolle – Ungehorsam" des Wien Museums gezeigt. In Presseberichten über den Klub werden *Frauen aller Schattierungen, von der blonden Wienerin bis zur dunkelhäutigen, exotischen Schönheit* angepriesen und wird weiters ein *schwarzer Preuße* aus Kamerun erwähnt, der während seiner Tänze immer wieder *Kolonien! Kolonien!* gerufen haben soll (vgl. unter anderem Die Bühne 23 [1939], 29 sowie Neues Wiener Tagblatt, 19. Mai 1940, 9).

758 Völkischer Beobachter, 28. Juli 1939, 11 (der Club dort als „Cairo City" bezeichnet). Die Dokumente, auf die hier und im Folgenden verwiesen wird, erliegen im WStLA, Rassenpolitisches Amt, A1 – Rechtsfragen, Bevölkerungspolitik: 8, Mappe 1, A 1–9 d.

759 Völkischer Beobachter, 26. August 1942, 6 sowie ebd., 23. November 1942, 4.

760 Czech, „Rassenmerkmale", 162; Hammond, Lebenssituation, 151.

761 Ndumbe, NS-Planung; van Laak, Infrastruktur; Linne, Äquator.

762 Beispiele dafür bei Stoecker, Folli, 231; Martin – Alonzo, Stechschritt, 443–448.

763 Siehe Lusane, Hitler's Black Victims, 185–191; Hake, Mapping.

afrikanische Zwangsarbeiter aus Italien oder dunkelhäutige Prostituierte aus Paris – das war offenbar billiger.[764] All dies war demütigend und diskriminierend, bot aber manchen eine Nische zum Überleben – solange sie nicht politisch oder sozial „auffällig" wurden.

Vereinzelt hatte es deutsche Kolonialfilme in Österreich schon früher gegeben,[765] nun aber brach eine Serie einschlägiger Machwerke über das besetzte Land herein. Stark beworben und von lokalen NS-Parteiorganisationen empfohlen wurden nostalgische Streifen wie „Deutsches Land in Afrika",[766] der die deutschen „Kulturleistungen" in Südwest- und Ostafrika verherrlichte und in Wien auch Volksschülern gezeigt wurde.[767] Auch italienische Spielfilme wurden vorgeführt, zunächst „Die weiße Schwadron" mit Handlungsort Libyen[768] und ab Juni 1940 „Zwischen Leben und Tod" über die Militärintervention Mussolinis in Äthiopien.[769] Auch die deutschen Produktionen wurden mit dem Kriegsverlauf außenpolitisch pointierter (sprich: englandfeindlicher), insbesondere „Ohm Krüger" zum Thema südafrikanischer Burenkrieg oder „Carl Peters" über die Anfänge der deutschen Eroberung von Ostafrika. In „Ohm Krüger", in Wien Ende Dezember 1940 uraufgeführt, fungierten Emil Jannings als Burenpräsident und der afrodeutsche Schauspieler Louis Brody als Matabelekönig Lobengula.[770] Wie im Fall von „Carl Peters" (dargestellt von Hans Albers) wurden auch hier schon die Dreharbeiten mit besonderer Aufmerksamkeit verfolgt.[771] Die Wiener Premiere im März 1941 bot Gelegenheit, auch die spärlich bekleideten Statisten – und Statistinnen – ins Bild zu rücken;[772] die Kritik sprach von *ungemein echt wirkenden Szenen, an denen im afrikanischen Teil zahlreiche echte Neger mitwirkten.*[773]

Natürlich wurden die beteiligten Afrikaner:innen für propagandistische Zwecke missbraucht. Die Filme dienten ja nicht nur der medialen Vorbereitung der nationalsozialistischen Kolonialprojekte in Afrika, sondern bekräftigten rassistische Vorurteile, indem sie Afrika und seine Bevölkerung als primitiv (Nacktheit!), infantil und irrational, gleichzeitig aber auch im Fall guter (= deutscher) Führung als gehorsam und treu porträtierten. Insbesondere traf dies auf die sogenannten Askaris, die Hilfstruppen in Deutsch-Ostafrika, zu. Für die Darsteller und Darstellerinnen war es immerhin ein Job, wurde aber zweifellos als demütigend und entwürdigend empfunden.

Eine weitere Auftrittsmöglichkeit für Schwarze Menschen, mit ähnlicher Problematik, bot die sogenannte *Deutsche Afrikaschau*. Es handelte sich um eine auf Messen und Jahrmärkten gezeigte Veranstaltung in der Tradition der Völkerschauen beziehungsweise „ethnographischen Dörfer", bei der Afrodeutsche Beschäftigung fanden. Einer der ursprünglichen Betreiber, Adolf Hillerkus, war mit der in Wien geborenen Juliette Tipner verheiratet, der Tochter einer österreichischen Mutter und eines Vaters aus Liberia.[774] Einer der Schutz-

764 Hake, Mapping, 170.
765 Etwa „Die Reiter von Deutsch-Ostafrika" Ende 1934 (Österreichische Film-Zeitung, 1. Dezember 1934, 4).
766 Salzburger Volksblatt, 6. Mai 1939, 9; Neues Wiener Tagblatt 13. Mai 1939, 39 sowie zahlreiche weitere Artikel.
767 Jedenfalls hat sich die Inhaltsangabe erhalten, die eine Schülerin in ihr Heimatkunde-Heft schrieb (danke an Maria Hoschek †).
768 Das Kleine Volksblatt, 27. November 1938, 19; Aufführungsnotizen in den Bundesländermedien bis Ende 1942.
769 Illustrierte Kronen-Zeitung, 20. Juni 1940, 7.
770 Wiener neueste Nachrichten, 27. Dezember 1940, 6; Nagl, Brody.
771 Neues Wiener Tagblatt, 5. Jänner 1941, 19; Illustrierte Kronen Zeitung, 20. Februar 1941, 6.
772 Siehe Bildreportage in Das Kleine Blatt, 14. März 1941, 8–9; Premierenbericht unter anderem in Das kleine Volksblatt, 27. März 1941, 5; Neues Wiener Tagblatt, 27. März 1941, 4.
773 Linzer Tages-Post, 29. März 1941, 13.
774 Im Folgenden nach Bechhaus-Gerst, Afrikaner, 16–22; Joeden-Forgey, Afrika-Schau; Lewerenz, Afrika-Schau, 87–141.

Abb. 13: Die Deutsche Afrikaschau (Werbepostkarte, circa 1940).

herren des ursprünglich privaten, dann halbstaatlichen Unternehmens war der frühere Gouverneur von Deutsch-Südwestafrika und Staatssekretär im Reichskolonialamt, Friedrich von Lindequist; im Hintergrund standen die kolonialrevanchistischen Verbände. 1939/1940 trat die Afrikaschau auch in Österreich auf, allerdings nicht in Wien. Es sollte ihre letzte größere Tournee sein. Schon im November 1939 hatte die NSDAP ein Verbot des öffentlichen Auftretens Schwarzer Menschen verhängt, das in Bezug auf die Afrikaschau aber zunächst wirkungslos blieb.[775] Erst als Reichsminister Goebbels im Vorfeld der deutschen Offensive an der Somme (Juni 1940) eine anti-französische Propagandakampagne startete, die unter anderem gegen die Kolonialsoldaten polemisierte,[776] kam es zur Stilllegung der NS-Völkerschau, in der Askaris – also ebenfalls Kolonialsoldaten – eine Rolle spielten.

Die Show gastierte damals zufällig in Niederösterreich, wo es in Tulln und vor allem in Horn, der überhaupt letzten Station, zu Protesten kam: „*Neger kämpfen* [in Frankreich] *gegen unsere Väter, Brüder, Sohne, morden sie in grausamer Weise und hier sitzen sie mit unseren Vg.* [Volksgenossen] *an einem Tische, verkehren in öffentlichen Lokalen, grüßen mit dem Deutschen Gruß und sprechen unsere Frauen und Mädel an.*“ *Diese Tatsachen wurden von allen Seiten an mich herangetragen. In der Volksschule Horn stand ein kleiner Junge auf und erzählte, dass er Neger gesehen habe, die Neger sind gar nicht so wild und grausam wie immer*

775 Vgl. im Folgenden Lewerenz, Afrika-Schau, 131–140.
776 Scheck, Massaker, 107–109.

erzählt wird […]. *Dieselbe Ansicht wurde auch teilweise von der Bevölkerung geäussert und damit die Glaubwürdigkeit der Reichspropaganda erschüttert.*[777]

Die Einstellung der Afrikaschau nahm den Aufschub der Kolonialpläne vorweg, der in Vorbereitung und während des Überfalls auf die Sowjetunion erfolgte. Nicht nur sollten vorderhand alle verfügbaren Ressourcen an der Ostfront konzentriert werden, sondern es rückte auch die Vision eines hegemonialen Deutschlands in Europa in den Vordergrund, dem die Ukraine und Teile Russlands als Quasi-Kolonien untergeben sein sollten. *Auch in puncto Schulwesen der nichtdeutschen Bevölkerung dürfe man nie vergessen, daß man in den besetzten Ostgebieten dieselben Methoden anwenden müsse wie* [die Engländer] *in Kolonien.*[778] Nicht nur wurde der Plan, deutsche Juden in Madagaskar zu konzentrieren, aufgegeben,[779] das Regime fuhr vielmehr auch alle Formen kolonialer Propaganda zurück, inklusive der Filme. Der letzte deutsche Kolonialfilm, „Germanin" (mit Luis Trenker), propagierte deutsche Medizin in Afrika, stellte aber keine kolonialen Ansprüche mehr; er wurde 1943 auch in Österreich gezeigt.[780] Dass sich, wie erwähnt, 1941/1942 die Repression gegen Schwarze durch die Polizei- und Gesundheitsbehörden verstärkte, hing wohl mit dem Erlöschen des kolonialpolitischen Interesses an Afrika und einer dafür benötigen menschlichen „Reserve" zusammen, stand aber auch im Kontext der verschärften Repression gegen Juden und des Übergangs zur Deportationspolitik.[781]

Zwangsarbeit und Kriegsgefangenschaft

Der bislang dargestellte alltägliche Terror der NS-Behörden zielte darauf ab, Schwarze und andere als „minderrassig" bewertete Menschen zu isolieren und ihre Integration, insbesondere die Aufnahme sexueller Verbindungen mit Angehörigen der Mehrheitsgesellschaft, zu verhindern. Kinder waren besonders gefährdet, in die Vernichtungsmaschinerie der diversen Anstalten zu geraten. Gleichzeitig geriet durch den Kriegsverlauf eine wesentlich größere Zahl an Menschen afrikanischer, (afro)arabischer oder afroamerikanischer Herkunft außerhalb Deutschlands unter NS-Herrschaft und wurden zu Opfern einer politisch, ökonomisch oder rassisch begründeten Repression – als Zwangsarbeiter, Kriegsgefangene oder KZ-Häftlinge in Lager deportiert. Ihre Rekrutierung war „nicht nur die Voraussetzung für die Fortsetzung des Krieges, sondern zugleich auch ein Vorgeschmack darauf, wie sich der NS-Rassenstaat die künftige Ordnung seines neuen europäischen Reiches vorstellte: ein Heer von Entrechteten, die ihren Dienst für die deutsche ‚Volksgemeinschaft' leisten mussten."[782]

Mehr als dreizehn Millionen ausländische Arbeitskräfte standen während des Zweiten Weltkriegs auf dem Territorium Hitlerdeutschlands im Einsatz, die meisten davon zwangs-

[777] So der NSDAP-Kreisleiter von Horn, ein gewisser Hofmann, am 1. August 1940 an die Gauleitung Niederdonau (zitiert nach Lewerenz, Afrika-Schau, 134).

[778] Adolf Hitler 1942, zitiert nach Kühnl, Faschismus, 332.

[779] Aly – Heim, Vordenker, 257–265; Essner, „Nürnberger Gesetze", 289–292.

[780] Kleine Volks-Zeitung, 21. Juli 1943, 6. Zum Film vgl. ausführlich Hake, Mapping.

[781] Essner, „Nürnberger Gesetze", 447–448 und öfter.

[782] Süss, Zwangsarbeit, 245. Vgl. dazu Himmlers Niederschrift über die *Behandlung der Fremdvölkischen im Osten* vom 15. Mai 1940 (und ähnliche Dokumente) bei Kühnl, Faschismus, 328–331.

rekrutiert.[783] Für Österreich wird die Anzahl auf etwa eine Million geschätzt. Dass sich unter ihnen auch Nordafrikaner befanden, ist aufgrund einiger weniger, eher zufällig bekanntgewordener Fälle bekannt. So wurden im „Arbeitserziehungslager" Oberlanzendorf ein Marokkaner und ein Algerier festgehalten, Ibrahim M. und Moussa B.; beide wurden Anfang 1945 wegen „Arbeitsscheue" nach Mauthausen überstellt.[784] Ein aus Libyen stammendes jüdisches Ehepaar, italienische Staatsbürger, war im Innsbrucker Lager Reichenau interniert; die 1944 dort geborene Tochter wandte sich später an den Versöhnungsfonds.[785] In Wolfern, einer Nachbargemeinde von Steyr, ist weiters von einem arabischen Zivilarbeiter aus „Afrika" namens Mohemed Naim die Rede, der nach Kriegsende vom Roten Kreuz repatriiert werden sollte.[786] Ob beziehungsweise wie viele *People of Colour* darüber hinaus das Schicksal der Zwangsarbeitskräfte teilten, ist beim derzeitigen Forschungsstand unbekannt. Dass aber – wie bei „Ostarbeitern" und Juden – ihre Einsatzbedingungen wesentlich schlechter waren als die von Westeuropäern,[787] darf angenommen werden.

Besser als für die zivilen Arbeiter afrikanischer Herkunft ist die Informationslage bei den Kriegsgefangenen, obwohl auch hier noch große Forschungslücken bestehen.[788] Hunderte afrofranzösische, aber auch afroamerikanische Soldaten wurden allerdings gar nicht erst in Lager überstellt, sondern aufgrund ihrer Hautfarbe gleich bei ihrer Gefangennahme von SS- und Wehrmachtseinheiten ermordet.[789] Offensichtlich waren diese Kriegsverbrechen von der jahrelangen skrupellosen Propaganda gegen die französische Besetzung des Rheinlands motiviert.[790] In den letzten Kriegsmonaten fanden Vorfälle von „Fliegerlynchjustiz" auch auf österreichischem Gebiet statt, einige davon betrafen afroamerikanische Piloten.[791]

In Österreich bestanden fünf Compounds für Kriegsgefangene im Wehrkreis XVII (Wien) und sechs im Wehrkreis XVIII (Salzburg).[792] In den ersteren, ab Herbst 1939 errichtet, fluktuierte die Gesamtzahl der Gefangenen pro Jahr zwischen hundert- und hundertzwanzigtausend, davon 1940 etwa zwei Drittel Franzosen, Ende 1944 die Hälfte. Die Zahl der Belgier (zunächst circa vierundzwanzigtausend) nahm während des Krieges deutlich ab, hingegen stieg die Zahl der sowjetischen Gefangenen auf fast dreißigtausend. US-Soldaten wurden erst ab Anfang 1944 verzeichnet, ihre Zahl erhöhte sich bis Kriegsende jedoch auf mehr als viertausend. Die Belegung der Lager in Ostösterreich nach Nationalität der Kriegsgefangenen folgte also im Wesentlichen dem Kriegsverlauf. Generell wurden etwa zwei Drittel der Kriegsgefangenen in der „Ostmark", zum Teil sogar deutlich mehr, für Arbeitskom-

[783] Vgl. allgemein Herbert, Fremdarbeiter; Herbert, Zwangsarbeiter. Für Österreich: Freund – Perz – Spoerer, Zwangsarbeiter; Bacher – Karner, Nachkriegsschicksal.
[784] Höpp, „Gefährdungen", 377 und 379. Zu den Bedingungen im Lager: Arnberger, Oberlanzendorf.
[785] Rafetseder, Schicksale, 288–289 und 478–479.
[786] Danke an Martin Hagmayr (Museum Arbeitswelt Steyr).
[787] Süss, Zwangsarbeit, 249–250.
[788] Siehe die Beiträge (und Fotos!) bei Martin – Alonzo, Stechschritt, 566–603; weiters Martin, Kriegsgefangene.
[789] Bilé, Opfer, 49–65; Fargettas, Massaker; Scheck, Massaker.
[790] Belege Scheck, Massaker, 110–122.
[791] Lusane, Hitler's Black Victims, 154 (Exekution mehrerer US-amerikanischer Luftwaffenangehöriger in Salzburg am 20. April 1944). Im April 2018 wurde am Fliegerhorst Vogler in Hörsching eine Gedenktafel für den in Oberösterreich ermordeten US-Piloten Walter P. Manning enthüllt, wobei ein ehemaliger Kamerad, ebenfalls Afroamerikaner, die Festrede hielt (http://www.bundesheer.at/cms/artikel.php?ID=9411). Zu Manning siehe https://www.findagrave.com/memorial/56657981/walter-peyton-manning (25. April 2018). Danke an Bernhard Bouzek.
[792] Speckner, Kriegsgefangenenlager, 30; vgl. auch (mit leicht abweichenden Gefangenenzahlen) Freund – Perz – Spoerer, Zwangsarbeiter, 148–175.

mandos bei Bauarbeiten, in Industriebetrieben oder auch in der Landwirtschaft abgestellt.[793] Ein Farbfoto im Zeitgeschichte Museum Ebensee, aufgenommen Ende 1940 oder Anfang 1941, zeigt zum Beispiel zwei Schwarze Gefangene, vermutlich der französischen Armee, die in einem der beiden Lager interniert waren, die Betrieben zugeordnet waren (Saline oder Solvay).[794]

Wie hoch war die Zahl der Kriegsgefangenen afrikanischer beziehungsweise außereuropäischer Herkunft? Eine Aufstellung des Berliner Reichsarbeitsministeriums von 1940 verzeichnete für Kaisersteinbruch („Stalag XVII A") 954 „farbige Gefangene" für den 3. Juli, für den 24. Juli bereits 1.143, etwa zwei Prozent des damaligen Gesamtbelags; in Gneixendorf stieg die Zahl im selben Zeitraum von null auf 400, das lag unter einem Prozent aller PoWs.[795] Die Zahlen fluktuierten also stark. Eine andere Quelle spricht für Juli 1940 sogar von etwa 2.400 Marokkanern, Tunesiern und Algeriern sowie von *63 Tonkinesen, 2 Annamiten, 12 Neger*[n], *darunter 9 aus Westafrika, 3 aus tropisch Amerika, und 16 europäische*[n] *Juden* in Kaisersteinbruch.[796]

Wie die Recherchen Hubert Speckners belegen, wurden Angehörige unterschiedlicher Nationalitäten nicht nur von den Lagerverwaltungen und Wachmannschaften unterschiedlich behandelt – es gab „eine Art ‚Rangordnung' unter den Kriegsgefangenen" –, sondern auch von der Zivilbevölkerung der jeweiligen Umgebung unterschiedlich akzeptiert.[797] Angesichts der ohnehin gegebenen rassistischen Vorurteile sowie der Propaganda gegen die Kolonialsoldaten in den alliierten Armeen war die generelle Stimmung der Bevölkerung gegenüber Schwarzen Gefangenen sicher nicht positiv.

Zwar fanden die Nürnberger Gesetze auf Kriegsgefangene keine Anwendung, doch sind Diskriminierungen gegenüber Juden in den Lagern belegt, ebenso Eingriffe der Gestapo.[798] Aus Kaisersteinbruch wurden mehrfach nordafrikanische Kriegsgefangene ins KZ Mauthausen deportiert (siehe unten). Wenn Martin und Alonzo im Hinblick auf Deutschland konstatieren, dass Schwarze Kriegsgefangene „oft von Angehörigen der Wehrmacht oder der SS schonungslos behandelt wurden" beziehungsweise „unter meist unzureichenden Bedingungen und oft streng getrennt von den übrigen Gefangenen interniert waren",[799] so wird dies auch für die österreichischen Gültigkeit besitzen, auch wenn uns keine Berichte von Betroffenen oder Augenzeugen bekannt sind. Erhalten sind absurderweise aber 16-mm-Farbfilmaufnahmen, die zwischen 1940 und 1943 von Mitarbeitern des Naturhistorischen Museums in Kaisersteinbruch aufgenommen wurden und die – weil die Intention eine „rassenkundliche" war – zu einem nicht unbeträchtlichen Teil Gefangene außereuropäischer, vor allem afrikanischer Herkunft zeigen.[800] Der verantwortliche Anthropologe, Josef Wastl, sprach begeistert von der *Vielfältigkeit der vereinigten Völker aus allen Kolonien.*[801] In erschreckender Perspektive werden Alltags- und Untersuchungsszenen mit teils reserviert

793 Speckner, Kriegsgefangenenlager, 32.
794 Sauer, Expeditionen, 283. Danke an Wolfgang Quatember.
795 Martin – Alonzo, Stechschritt, 585. Die Gesamtanzahl der Gefangenen in beiden Lagern ebd., 218 und 229.
796 Stigler, Untersuchungen, 26.
797 Speckner, Kriegsgefangenenlager, 214–215.
798 Ebd., 68, 70 und 215.
799 Martin – Alonzo, Stechschritt, 566; Lusane, Hitler's Black Victims, 149.
800 Berner, Filmaufnahmen. Ausschnitte aus dem von Albert Messany gedrehten Film („Rassenkundliche Untersuchungen an gefangenen Franzosen und Belgiern im Kriegsgefangenenlager Kaisersteinbruch [Niederdonau]") finden sich auf der Burgenland-DVD des Filmarchivs Austria. Danke an Margarethe Cras.
801 Schreiben an den Völkischen Beobachter, zitiert nach Berner, Filmaufnahmen, 171.

wirkenden, teils aber fröhlichen Gefangenen gezeigt, die nicht unbedingt den Eindruck einer Zwangssituation vermitteln. Der propagandistische Charakter der für „Volksbildungszwecke" gedachten Aufnahmen ist eindeutig und ergibt sich außerdem im Vergleich mit den Inspektionsberichten des Internationalen Roten Kreuzes; dabei wurden für Kaisersteinbruch immer wieder Unzukömmlichkeiten bei Kleidung, Ernährung oder medizinischer Versorgung aufgezeigt.[802] Auch der Umstand, dass fast zehntausend Menschen die Internierung in diesem Lager nicht überlebten, spricht Bände.[803]

Die Filmaufnahmen standen im Kontext der „rassenkundlichen" Forschung, welcher sich Mitarbeiter der Anthropologischen Abteilung des Naturhistorischen Museums in Wien – in Kontinuität zu Rudolf Pöchs Vermessungen während des Ersten Weltkriegs[804] – in Kaisersteinbruch und Wolfsberg widmeten.[805] In teilweiser Absprache mit ihnen führte weiters ein Ärzteteam um den österreichischen Nazi-Mediziner Robert Stigler, inzwischen Professor an der Hochschule für Bodenkultur, Untersuchungen in Kaisersteinbruch durch.[806] Während Stigler vor allem am Nachweis einer physiologischen Differenz von Außereuropäern interessiert war, ging es Wastl eher um die Vergrößerung der musealen Sammlungen, auch wenn er und andere versuchten, den praktischen Wert ihrer Forschung für die deutsche Kolonialpolitik zu betonen.[807] Das besondere Interesse beider Forscherteams richtete sich auf Schwarze beziehungsweise speziell Afrikaner, die ja für die Anthropologie seltener verfügbar waren als etwa (Ost-)Europäer.

Die großteils erhaltenen Produkte dieser Forschungen – biographische Angaben über die Betroffenen, Tabellen mit ihren Körpermaßen, diverse Fotografien und Gipsabformungen ihrer Gesichter – vermitteln sehr eingehende, die Intimsphäre vielfach verletzende Einblicke in die physiologische Konstitution der Kriegsgefangenen von Kaisersteinbruch. Wastl und seine Mitarbeiter nahmen für sich in Anspruch, insgesamt 6.620 Personen erfasst zu haben, darunter 612 Afrikaner, zum größten Teil aus den nord- und westafrikanischen Kolonien Frankreichs.[808] Die Zahl der von Stiglers Blut-, Kreislauf-, Atmungs-, Hörfähigkeits-, Reaktions- und Penistests betroffenen Personen variierte; stets herangezogen wurden aber die zwölf bis vierzehn Gefangenen aus Westafrika (zehn davon aus dem Senegal) und der Karibik – die meisten hatte wohl schon Wastl untersucht; ansonsten waren bis zu 60 Marokkaner, zehn Tunesier und mehrere Berber sowie 62 Männer aus Indochina, mindestens die Hälfte von ihnen aus Vietnam, von den Untersuchungen Stiglers und seines Teams betroffen.[809]

802 Speckner, Kriegsgefangenenlager, 217–227; es konnten sogar verschiedene Verbesserungen durchgesetzt werden.

803 Ebd., 212.

804 Vgl. Lange, Forschungen.

805 Berner, Filmaufnahmen; Pawlowsky, Erweiterung, insbesondere 83.

806 Zusammenfassend: Berner, Rassenforschung; Pawlowsky, Erweiterung; Czech, „Rassenmerkmale", 164–165.

807 Czech, „Rassenmerkmale", 165.

808 Nach Herkunftsgebieten aufgeschlüsselt befanden sich darunter 181 Algerier, 226 Marokkaner, 164 Tunesier, 27 Juden aus Algerien und 14 „Neger", und zwar drei aus dem Senegal, je zwei aus Martinique, dem (französischen) Sudan und Côte d'Ivoire sowie je einer aus dem Kongo (als „Mischling" klassifiziert), Französisch-Guinea, Niger, Guadeloupe und Guyana (Wastl, Untersuchungen, ergänzt durch Dokumente aus dem Archiv der Anthropologischen Abteilung des NHM; danke an Margit Berner).

809 Die Zahl variierte je nach Versuchsanordnung (Stigler, Untersuchungen, 32, 36–37, 39, 41).

Konzentrationslager Mauthausen

Schon 1933 hatte eine sozialdemokratische Zeitung in Salzburg von zwei in einem sächsischen KZ internierten Afrodeutschen berichtet.[810] In Österreich war die Drohung mit Einweisung ins KZ nachweislich eine gängige Form des Terrors gegen Schwarze Menschen,[811] es sind aber keine konkrete Fällen bekannt. Die Häftlingsgesellschaften in den Lagern des NS-Regimes spiegelten eher die Migrationsbeziehungen Europas zu anderen Kontinenten wider. „Gefangene Rotarmisten, jugoslawische Partisanen, Neger und Chinesen, Antifaschisten aller Staaten wurden nach Mauthausen gebracht", schrieb Hans Maršálek.[812] Viele von ihnen fanden in den Konzentrationslagern den Tod.

Aus mehreren Gründen handelt es sich um ein weiteres in Forschung und Öffentlichkeit unterbelichtetes Thema.[813] Zum einen geht es um eine vergleichsweise kleine und keineswegs einheitliche Gruppe – für Mauthausen sprechen wir von einigen hundert Menschen außereuropäischer Herkunft –, die auch in den Erinnerungen der Überlebenden kaum Niederschlag fand.[814] Zum anderen stand sie auch nie im Fokus der einander abwechselnden oder überlagernden Forschungs- und Gedenkinteressen, die sich einerseits auf die großen nationalen Häftlingskontingente (Polen, Sowjets, Franzosen etc.) und andererseits auf deren politisch-ideologische Zugehörigkeit (Kommunisten, Sozialdemokraten, Christlichsoziale) konzentrierten.[815] Ab den 1990er Jahren wiederum beschränkte sich das öffentliche Interesse weitgehend auf die jüdischen Gefangenen.[816] Dass aus all diesen Gründen kleinere oder politisch weniger gewichtige Gruppen unberücksichtigt blieben, ist bekannt – auch Roma und Sinti zum Beispiel hatten lange um Anerkennung für die Opfer aus ihren Reihen zu kämpfen.

Ähnlich steht es um die Gefangenen außereuropäischer Herkunft. Ihre Existenz wurde von der KZ-Forschung zwar nicht vergessen, aber doch vernachlässigt, die weiterführenden Impulse kamen von außen. So identifizierte der deutsche Orientalist Gerhard Höpp im Jahr 2002 mehr als 60 „Araber" im KZ Mauthausen, von denen ein Teil aus Nordafrika, ein anderer aus dem Nahen und Mittleren Osten stammte.[817] Später wurde auch die Existenz von Häftlingen subsaharischer beziehungsweise afrokaribischer Herkunft bekannt.

Aufgrund zweier von simon INOU und dem Autor initiierter Kleinprojekte zur Identifikation afrikanischer oder afroamerikanischer Gefangener in Mauthausen deutet sich mittlerweile ein Gesamtbild an.[818] Dabei wurden in den Datenbanken des *Mauthausen Memorial*[819] die erhaltenen Personalangaben von circa 28.000 Personen untersucht, die im KZM entweder als Angehörige der europäischen Kolonialmächte (Frankreich, Vereinigtes König-

810 Salzburger Wacht, 28. August 1933, 6.

811 Dies berichteten sowohl Achmed Kranzmayr (Czech, „Rassenmerkmale", 169) als auch Elfriede Tom: *Viele Ängste stand ich aus, da ich nach dem nazistischen Gesetz vergast werden sollte. Der Einmarsch der russischen Armee verhinderte dies.*

812 Maršálek, Mauthausen mahnt, 7. Vgl. Berger – Botz – Dejnega – Fritz – Prenninger, Deportierte.

813 Siehe unter anderem Höpp, „Gefährdungen"; Lusane, Hitler's Black Victims, 155–177; Martin – Alonzo, Stechschritt, 624–673; Okpara-Hofmann, Häftlinge; Hammond, Lebenssituation, 183–190.

814 Zur Selektivität von Erinnerungen vgl. Bilé, Opfer, 91.

815 Perz, KZ-Gedenkstätte.

816 Höpp, „Gefährdungen", 381, berichtet sogar von der Intervention eines israelischen Diplomaten gegen das Gedenken an arabische KZ-Opfer in Mittelbau-Dora.

817 Höpp, „Gefährdungen", 375; Höpp, Discourse.

818 Siehe die Projektberichte von Fuchslehner – Röhrling sowie Sauer – Stamatiou.

819 Dürr, Häftlinge; Lechner, Erfassung, 30–33; Kranebitter, Häftlingsgesellschaft, 154–174.

reich, Belgien, Portugal und Spanien, Belgien, Italien, Niederlande) oder als Bürger:innen unabhängiger Staaten wie Ägypten und Südafrika klassifiziert wurden. Die Bestimmung der Herkunft einer Person erfolgte dabei primär – wenngleich nicht ausschließlich – nach dem jeweiligen *Geburtsort* und nicht nach der von der KZ-Verwaltung erhobenen *Nationalität.*[820] Dadurch veränderte sich die Perspektive. Gefangene, die man bisher als Europäer erinnert hatte, wurden nun als überseeische Immigrant:innen erkennbar, etwa der „Franzose" Emile B. als geborener Algerier, der gleichfalls als „französisch" registrierte René Lescoute als Südafrikaner; die karibischen Wurzeln des „Niederländers" Lionel Romney wurden ebenso offenbar wie die brasilianischen des „Italieners" Arthur Sch.[821] Dies ist nicht nur für allfällige biographische Forschungen relevant. Vielmehr wird damit der Multikulturalität der Häftlingsgesellschaft stärker Rechnung getragen als bisher und gleichzeitig dem Internationalismus der Mauthausen-Erinnerungskultur eine weitere Facette eröffnet.

Freilich verdeckt die Fokussierung auf den Geburtsort die Differenzierung zwischen Kolonie und Metropolis, zwischen „colonial subjects" und „citizens". Zugespitzt formuliert konnte zum Beispiel die Gruppe der Häftlinge algerischer Herkunft sowohl Nationalisten wie Angehörige des Siedler-Establishments (Pieds-noirs) umfassen (und tat dies auch). Zur Differenzierung konnten zusätzlich Indikatoren wie Familiennamen oder religiöses Bekenntnis herangezogen werden, allerdings auch nicht immer erfolgreich. Trotzdem ist die Unterscheidung von Bedeutung. Sie macht sensibel für politisch-ideologische Differenzierungen innerhalb des antifaschistischen Widerstands und genauso innerhalb der nationalen Gruppen im KZ, insbesondere der französischen. Potentiell denkbar, dass pro- und anti-koloniale Einstellungen nebeneinander existierten – angesichts der ohnehin gegebenen weltanschaulichen und politischen Differenzen innerhalb der Häftlingsgesellschaft nicht verwunderlich. Darüber hinaus tritt die unterschiedliche Situation der Überlebenden nach der Befreiung ins Blickfeld. Die Wiederherstellung demokratischer Verhältnisse bedeutete nämlich etwas anderes für vollberechtigte Staatsbürger:innen Frankreichs als für dessen „koloniale Subjekte". „Angenommen, algerische Häftlinge seien unmittelbar nach ihrer Befreiung in die Heimat zurückgekehrt, so hätten sie erleben müssen, dass ausgerechnet am 8. Mai 1945, dem Tag des Sieges über den Nationalsozialismus, eine französische Terrorwelle Algerien überschwemmte, die, wie angenommen wird, etwa 40000 ihrer Landsleute das Leben kostete."[822]

Als Ergebnis sind die Zahlenangaben der bisherigen Literatur nach oben zu revidieren. Die erwähnte Studie von Sauer und Stamatiou identifizierte im KZM 405 Gefangene außereuropäischer Herkunft, davon 212 mit Geburtsort in Afrika. Von diesen wiederum stammten 107 aus Algerien, 40 von den Kanarischen Inseln (bis heute spanisches Territorium), 55 aus dem restlichen Nordafrika (Marokko, Tunesien, Ägypten und Libyen) sowie zehn aus dem subsaharischen Afrika (Südafrika, Madagaskar, La Reunion, Benin, DR Kongo und Mali). Weitere zehn Personen waren in der Karibik geboren (Kuba, Guadeloupe, Martinique, Santo Domingo), 62 in Süd- beziehungsweise Nordamerika, 117 in Asien (inklusive Türkei), und vier Gefangene waren Europäer mit klar migrantischer Herkunft. Unter den 405 Häftlingen befanden sich neun Frauen (fünf erst Anfang 1945 aus Ravensbrück eingeliefert),

820 Abgesehen von Fehlern und willkürlichen Zuordnungen trugen die Einstufungen nach „Nationalität" auch dem Umstand nicht Rechnung, dass es sich vielfach um „koloniale Subjekte" und nicht um vollwertige „Bürger:innen" der jeweiligen Staaten handelte. Siehe zum Beispiel Coquery-Vidrovitch, Nationalité.

821 Alle Beispiele aus der unveröffentlichten Projektdatenbank der Studie von Sauer – Stamatiou.

822 Höpp, „Gefährdungen", 381.

nämlich vier Algerierinnen und je eine US-Amerikanerin, Argentinierin, Palästinenserin sowie eine Französin aus Neukaledonien (zu einer weiteren Frau liegen keine Angaben vor). Angesichts des Umstands, dass ein großer Teil der KZ-Personalunterlagen vernichtet wurde, sind alle Zahlen als Untergrenze zu betrachten.[823]

Umrisshaft werden biographische Hintergründe, Deportationsverläufe und Haftgründe der erfassten Häftlinge deutlich. Bei den meisten von ihnen handelte es sich wohl um Migrant:innen (erster Generation) oder Re-Migrant:innen, die aus beruflichen, militärischen, Studien- oder anderen Gründen im kolonialen „Mutterland" lebten – also Ein- oder Rückwanderer aus Algerien, Marokko oder Tunesien in Frankreich, Kanarer in Spanien, Libyer in Italien oder Indonesier in den Niederlanden. Die Staaten West- und Südeuropas, die von Deutschland erobert oder abhängig gemacht wurden, waren aufgrund ihrer Geschichte Einwanderungsländer!

Für fast alle erfassten Häftlinge liegen Berufsangaben vor. Bezogen auf Branchen überwiegen handwerkliche Professionen, gefolgt von Dienstleistungen, Gastronomie und Handel. Ihrer Stellung im Produktionsprozess nach dürften die meisten (Hilfs-)Arbeiter gewesen sein, andere werden als Angestellte oder Techniker bezeichnet, einige besaßen Handwerksbetriebe. Vereinzelt wurden aber auch Ärzte, leitende Angestellte, Beamte, mehrere Militärangehörige beziehungsweise Schüler und Studenten registriert sowie ein Universitätsprofessor – der in Algerien geborene französische Historiker Robert Fawtier[824] –, insgesamt ein sehr breites Spektrum mit Schwerpunkt auf manuelle Berufe.

In Mauthausen waren die außereuropäischen Häftlinge zum überwiegenden Teil aus politischen, weniger aus „rassischen" Gründen interniert – das oberösterreichische KZ war ja für politisch Unliebsame bestimmt.[825] Mehrheitlich (bei 258 von 405 erfassten Personen) galt zunächst der Einweisungsgrund „Schutzhaft", die gängige Bezeichnung für Festnahme aus politischen Gründen, die freilich kaum Rückschlüsse auf den konkreten Sachverhalt zulässt, aufgrund dessen Verhaftung und Deportation erfolgten.[826] Hinzuzurechnen sind 57 spanische Republikaner afrikanischer oder karibischer Herkunft, die im KZ-Jargon als „Rotspanier" und nicht als „Schutzhäftlinge" bezeichnet wurden und mit einem blauen statt dem für politische Gefangene üblichen roten Winkel gekennzeichnet waren. Offenbar aus politischen Gründen waren auch zwei „Geistliche" außereuropäischer Herkunft (so der Haftgrund, nicht die Berufsangabe!), ein aus Kanada stammender Angehöriger der Wehrmacht sowie die erwähnte Neukaledonierin inhaftiert, bei der dezidiert „politischer Widerstand" vermerkt ist. Insgesamt bestanden bei circa drei Vierteln der Häftlinge mit außereuropäischen Wurzeln politische Gründe für die Einweisung ins KZ.

„Rassische" Motive wurden nur bei 58 meist in Nordafrika oder der Türkei geborenen Juden angegeben, die 1945 aus Auschwitz oder anderen Konzentrationslagern nach Mauthausen evakuiert wurden, sowie bei einem geborenen Brasilianer, den man als französischen

823 Lee, Les Français, 150, erwähnt zum Beispiel einen als Schwarz klassifizierten Gefangenen namens Barnabé Corula aus Martinique, andernorts werden weitere Häftlinge aus Algerien und Tunesien namentlich genannt (Amicale, Anthologie) – alle diese fanden sich in unseren Quellen nicht.

824 Siehe https://fr.wikipedia.org/wiki/Robert_Fawtier (20. April 2021).

825 „Die politische Funktion des Konzentrationslagers Mauthausens stand trotz dieser wirtschaftlichen Aktivitäten im Vordergrund. Der Lagerkomplex diente in dieser Phase vorwiegend der ‚Bestrafung' der politisch-ideologischen Gegner, was in der Einstufung als einziges Lager in die ‚Lagerstufe III' mit der ‚schärfsten' Behandlung der Häftlinge zum Ausdruck kam." (Freund – Perz, Fremdarbeiter, 321). Vgl. Maršálek, KZ Mauthausen [2016], 31–33.

826 Zur SS-Bezeichnung der verschiedenen Kategorien siehe Kranebitter, Häftlingsgesellschaft, 48–49.

„Mischling" (wohl jüdischer Herkunft) eintrug. Wie üblich, erhob die KZ-Verwaltung zwar auch bei Arabern oder Afrikanern körperliche Merkmale – wie Größe, Gewicht, Tätowierungen etc. –, nicht aber Hautfarbe oder „Rasse". Nur in drei Fällen (Naudar, Romney und Kouyaté) findet sich als Nebenbemerkung der Vermerk „Neger" – bei letzterem in Verbindung mit „Pol. Franzose" –, bei anderen jedoch (Greykey, Parfait) fehlt er. Diese zumindest inkonsistente Erfassung phänotypischer Merkmale, die üblicherweise mit Menschen afrikanischer Abstammung assoziiert werden, erstaunt angesichts der rassistischen Besessenheit der NS-Diktatur. Sie ist einerseits wohl durch die relativ kleine Zahl der Betroffenen erklärbar, andererseits aber dadurch, dass zum Unterschied von Juden sowohl Araber wie Afrikaner in den Kriegs- und Kolonialplanungen des Regimes eine Rolle spielten.[827]

Bevor sie in Mauthausen eintrafen, hatten die Häftlinge meist mehrere Lager durchlaufen, eine zusätzliche physische und psychische Tortur. Die Grenzen zwischen den verschiedenen „Typen" von Haftanstalten waren durchlässig, Gefangene wurden oft willkürlich hin- und herverlegt. Dies entspricht dem generellen Befund, dass „die KZ zusammen mit Gefängnissen, temporären Durchgangslagern, Zwangsarbeits- und Kriegsgefangenenlagern, Ghettos und vielen anderen Haftorten Teil eines gigantischen Netzwerks des Terrors, eines Lagerarchipels" waren.[828] Haftgründe und Deportationsverläufe der Internierten mit überseeischen Wurzeln entsprachen jenen ihrer europäischen Leidensgenossen – sie waren Teil der charakteristischen Häftlingsgruppen, die nach Mauthausen eingewiesen wurden.

Eine solche Gruppe bildeten die spanischen Republikaner, die nach Frankreich geflüchtet waren und aufgrund eines „Führerbefehls" vom September 1940 *en bloc* in Konzentrationslager verlegt wurden, nach Mauthausen mehr als siebentausend.[829] Unter ihnen befanden sich 57 Männer außereuropäischer Herkunft, 33 davon von den Kanarischen Inseln. Ein weiterer „Rotspanier" war der aus Marokko stammende Ben Tahar M., der aus Kaisersteinbruch eingeliefert wurde; im August 1941 gelang ihm die Flucht aus dem Nebenlager Vöcklabruck.[830] Auch José Carlos Greykey aus Barcelona, dessen Eltern aus dem spanischen Äquatorial-Guinea stammten, war im antifaschistischen Widerstand aktiv gewesen.[831]

Frankreich, seit 25. Juni 1940 von der Wehrmacht besetzt, scheint als primäre Deportationsregion von außereuropäischen „Schutzhäftlingen" im KZM auf. Hier erfolgte die Festnahme der spanischen Republikaner, und hier richtete sich die Repression des deutschen Sicherheitsapparats gegen Aktivisten der Résistance beziehungsweise linker Parteien. Ende 1941 setzte der sogenannte „Nacht und Nebel"-Erlass eine Spezialaktion der SS in Gang, in der politische Gefangene, die nicht innerhalb einer Woche exekutiert wurden, zur Abschreckung *heimlich* nach Deutschland gebracht wurden.[832] Spätestens Ende März 1943 trafen in Mauthausen die ersten „Nacht und Nebel"-Transporte aus Frankreich ein. Insgesamt waren unter ihnen 13 gebürtige Araber (aus Nordafrika), auf die bereits Höpp in seiner Studie auf-

827 Scheck, Propaganda. Etwa zweihundertfünfzig Araber wurden in einem Lager in Zwettl (Niederösterreich) für den Partisanenkampf in Nordafrika trainiert (Sauer, Expeditionen, 238; Wimmer-Lamquet, Balkenkreuz, 105–126 und öfter). Zu kolonialrevisionistischen Auffassungen siehe oben.

828 Prenninger – Fritz – Botz – Dejnega – Berger, Deportierte, 16.

829 Bermejo, Boix, 56–57; Fabréut, „Espagnols"; Maršálek, KZ Mauthausen [2016], 139–149.

830 Höpp, „Gefährdungen", 377 und 379. Maršálek, KZ Mauthausen [2016], 339, nennt für diesen Monat insgesamt acht Flüchtlinge; den meisten gelang die Flucht nicht.

831 Martin, Kriegsgefangene, 89–90; Bilé, Opfer, 137–140; Hammond, Lebenssituation, 183–186.

832 Zu den verschiedenen SS-Aktionen, die zu Häftlingstransporten ins KZ Mauthausen führten, siehe im Folgenden generell Lee, Les Français, 26–78.

merksam machte,[833] sowie zwei karibische Aktivisten: Georges Naudar aus Guadeloupe und Edouard Parfait aus Martinique („der Mulatte"), ein Aktivist der Kommunistischen Partei und Partisan (Détachement Valmy).[834] Ein weiterer „Nacht und Nebel"-Gefangener war Tiémoko Garan Kouyaté aus dem heutigen Mali, in den 1930er Jahren ein prominenter Wortführer der antikolonialen und pan-afrikanischen Bewegung Europas. Von Paris aus war er unter anderem an der Organisation des „Internationalen Gewerkschaftskomitees der Negerarbeiter" in Hamburg beteiligt. 1933 wurde er aus der Kommunistischen Partei Frankreichs ausgeschlossen, nach der Besetzung Frankreichs durch die Wehrmacht fiel er in die Hände der Gestapo und wurde am 18. September 1943 in Mauthausen registriert.[835]

Auch René Noël Lescoute, geboren 1920 in Tarkastad in der östlichen Kapprovinz Südafrikas, kam aus der Résistance. Während die Mutter aus Südafrika stammte und familiär als *coloured* erinnert wird, war der Vater ein französischer reformierter Missionar. In Montpellier begann Lescoute mit dem Studium der Theologie. 1943 schlossen er und zwei Studienkollegen sich einer Partisaneneinheit an, die in einer Bergregion nahe Grenoble operierte. Dort wurden sie im Oktober gefangengenommen. Nach schweren Folterungen in verschiedenen Lagern und bereits geschwächt von Mangelernährung und Zwangsarbeit traf er am 22. April 1944 in Mauthausen ein; im Zugangsbuch des Lagers wurde er als Nummer *64135 (Cap de Bonne Esperance)* erfasst.[836]

„Nacht und Nebel" war nicht die einzige deutsche Spezialaktion in Frankreich. Eine andere war die „Operation Meerschaum" mit der Intention, Zehntausende arbeitsfähige Männer – im Widerstand engagiert oder nicht – ins KZ-System einzugliedern. Unter den ungefähr zweitausend, die nach Mauthausen kamen, waren 13 Nordafrikaner und zwei von den Französischen Antillen; sie wurden im April 1944 in Mauthausen registriert. Weitere außereuropäische Häftlinge, die in Frankreich von der Gestapo oder dem Vichy-Regime festgenommen worden waren, trafen 1944 mit zwei großen Transporten im KZ Mauthausen ein; die meisten waren Algerier, die übrigen sehr disparater Herkunft. Ein letztes Kontingent von Gefangenen, die aus Algerien oder Marokko stammten, wurden 1945 mit dem Vermerk „im Reich arrestiert" registriert; zwei davon waren Zwangsarbeiter, die wegen „Arbeitsscheue" aus Oberlanzendorf überstellt worden waren.[837]

Von den spanischen Republikanern und den Aktivisten der Résistance grenzt sich eine dritte Gruppe der eingelieferten Häftlinge ab, nämlich solche, die infolge des Kriegsverlaufs aus verschiedenen Lagern evakuiert wurden – ein Vorzeichen der deutschen Niederlage im Weltkrieg. Alliierte Verbände rückten ab September 1943 in Süditalien vor und zwangen die Wehrmacht zur Räumung dieser Region. In Folge dessen wurden zahlreiche Internierte in weiter nördlich gelegene Camps verlegt. 18 meist aus den Amerikas stammende Mauthau-

833 Höpp, „Gefährdungen", 376.

834 Cartigny, Parfait.

835 Kouyatés Zerwürfnis mit der KPF resultierte aus seinem Eintreten für Gewerkschaftsautonomie, spiegelte aber auch einen Interessengegensatz zwischen zentralamerikanischen und afrikanischen Aktivisten wider: *the African Negroes do not listen to the Antilleans.* Siehe dazu und generell Goebel, Metropolis, 77 und passim; Aitken – Rosenhaft, Black Germany, passim; ferner Martin – Alonzo, Stechschritt, 187 und 659; Randrianja – Roy, Kouyate. Zum Verhältnis der kommunistischen Bewegung zur afrikanischen, speziell proletarischen Diaspora vgl. Adi, Pan-Africanism.

836 Sauer – Bouzek, Lescoute. Danke an Ingrid Barnard (Kapstadt), Bernard Monteverdi (Orthevielle) und Daniel Lescoute (St Maur des Fosses). Einblicke in Lescoutes Schicksal bieten die Aufzeichnungen seines Mitgefangenen Haro, Décembre (danke an Patrice Lafaurie, Nancy).

837 Höpp, „Gefährdungen", 377.

sen-Inhaftierte ordnen wir diesem Verlauf zu, unter ihnen den mittlerweile wohl am besten dokumentierten Schwarzen Gefangenen, Lionel Romney.[838] Romney stammte aus Sint Maarten, einer niederländischen Insel in der Karibik, und hatte an Bord eines griechischen Schiffes gearbeitet, das im Mittelmeer auf eine Seemine auflief und sank. Die Besatzung wurde von einem italienischen Kriegsschiff gerettet und zunächst auf Pantelleria interniert. Im Zusammenhang mit dem Rückzug der deutschen Truppen wurde Romney mehrfach verlegt und schließlich von Fossoli aus ins KZ Mauthausen deportiert, wo man ihn am 25. Juni 1944 als „Schutzhäftling" [!] registrierte.

Aus dem Westen, wo die Alliierten im Juni 1944 in der Normandie landeten und der französische Widerstand – und mit ihm auch die deutsche Repression – eskalierte, wurden im September etwa zweitausend Gefangene über Dachau nach Mauthausen geschafft. Unter ihnen befanden sich mehrere Nordafrikaner, unter anderem der Marokkaner Ben-Lhassen Mohamed, der mit zahlreichen anderen bei einer Vergeltungsaktion der SS in Trondes deportiert worden war.[839] Mehr als zwanzig Internierte außereuropäischer Herkunft kamen im Februar 1945 aus dem KZ Sachsenhausen. Einer davon war der Algerier Lakhdar Amiche, der bei seiner Ankunft im KZ Mauthausen verstarb und gar nicht registriert wurde.[840] Darüber hinaus wurden infolge des Vormarsches der Roten Armee in Osteuropa auch Konzentrationslager in Polen und im Baltikum aufgelöst.[841] Allein im Jänner/Februar 1945 trafen mehr als neuntausend Auschwitz-Häftlinge in Mauthausen ein, unter ihnen 55 Außereuropäer: 30 in der Türkei geboren, 22 Nordafrikaner, fast alle jüdischer Herkunft.

Abb. 14: „Diener des KZ-Kommandanten": José Carlos Greykey (Foto, 1941 oder später).

Auch wenn uns die erwähnten Recherchen einem Gesamtbild der außereuropäischen KZ-Internierten näher gebracht haben, bestehen naturgemäß noch Lücken. Ein Beispiel: Unter den verschiedenen Arabern, nordafrikanischen sephardischen Juden, Kanarern sowie Schwarzen und Roma aus Spanien, die Romney im KZ Mauthausen wahrnahm,[842] blieb ihm speziell ein Musiker aus Prag in Erinnerung: *He was born in China, his mother was a Czech woman. They came all the way from Asia, and they settled in Czechoslovakia. That guy spoke German,*

838 Die ältere Literatur ist durch die von seiner Tochter verfasste Biographie überholt: Romney-Schaab, Afro-Caribbean.
839 Lafaurie, Ben-Lhassen Mohamed.
840 Bulletin Amicale de Mauthausen 340 (April 2015), 16 (https://campmauthausen.org/wp-content/uploads/2021/01/MAUTHAUSEN-340.pdf; 20. April 2021)
841 Maršálek, KZ Mauthausen [2016], 149 und 151.
842 Romney-Schaab, Afro-Caribbean, 105, 108, 113.

Polish, Russian, Czech [...]. *He was a mulatto, but he was more on the Black side. He told me, his said he was born in China, his father was an American negro, his mother was Czech, and they was in show business. That was in the First World War, und he settled down in Prague. He was a brilliant guy.*[843] Ob er aus rassischen Gründen ins KZ eingeliefert worden war oder wegen Widerstands, ist leider unbekannt. Auch unter den sowjetischen Internierten soll ein dunkelhäutiger Soldat namens Armen gewesen sein.[844]

Über die Behandlung, welche die afrikanischen beziehungsweise afrokaribischen Häftlinge – als „Politische" und als Schwarze – im Lager erfuhren, können nur Mutmaßungen angestellt werden.[845] Anders als bei Jüdinnen und Juden finden sich bei ihnen, wie erwähnt, kaum „rassische" Zuschreibungen in den verfügbaren Dokumenten – was nicht heißt, dass Hautfarbe oder außereuropäische Herkunft nicht doch eine Rolle bei ihrer Verhaftung beziehungsweise Behandlung durch Gestapo oder SS gespielt haben könnten. Für die „Araber" kommt Höpp zu dem Schluss, ihre Herkunft habe „keinen erkennbaren Einfluß auf [ihre] Position in der Häftlingsgesellschaft der Konzentrationslager" gehabt; „sie gehörten weder zu seinen ‚privilegierten', noch zu seinen ‚ausgewählten', sondern zu seinen ‚alltäglichen' Opfern."[846] Für die Schwarzen Gefangenen, die aufgrund ihrer Hautfarbe ziemlich sichtbar gewesen sein müssen,[847] liegen vereinzelte Erinnerungen vor. So wurde der spanische Antifaschist José Carlos Greykey vom Lagerkommandanten als sein persönlicher Diener abgestellt. *Die Deutschen waren an den Anblick Schwarzer nicht gewohnt,* erzählt Juan de Diego, ein spanischer Mitgefangener. *Daher haben sie Carlos in eine Uniform der königlichen jugoslawischen Garde gesteckt, eine rote Uniform, um aus ihm eine Art Pagen zu machen, wie man sie in den Hotels sieht. Einen Pagen, der ihnen die Tür öffnen und sie bei Tisch bedienen musste.*[848] Anlässlich eines Besuchs Heinrich Himmlers im KZ Mauthausen 1941 soll Greykey von Kommandant Franz Ziereis diesem vorgeführt worden sein mit der demütigenden Bemerkung, es handle sich um einen Spanier, der aus „einem Kannibalenstamm" käme und dessen Vater noch Menschenfleisch gegessen hätte.[849]

Lionel Romney berichtete von einem brutalen Übergriff gleich bei seiner Ankunft im KZ Mauthausen, aber auch von der Verwunderung eines Wächters, einem Schwarzen Häftling zu begegnen: *And the first thing they do was they line us up, and an SS man come and kick me ...* [laughter] *Had those big heavy boots* [...] *„Du Hund!"* [...] *So when we lined up, the SS man came and ... „Schwarzer! Was machen Sie hier?"* [...] *„Ich bin Matrose."* [He said:] *„Ach, Matrose gewesen."*[850] Später, als er zum Holzfällen im sogenannten Wiener Graben eingesetzt war, hatte er einem Bewacher die Stiefel zu putzen, was er als demütigend erlebte.[851] Auch er wurde regelmäßig Besuchern vorgeführt, und zwar von einem österreichischen „Blockältesten", wie er seiner Tochter erzählte: *So this Hans, he called me Yambo* [...]. *Jumbo, because I was tall and* [...]. *He used to call me every time a new person come in, another visitor from*

843 Ebd., 107.
844 Sacharow, Aufstand, 8.
845 Erfahrungen aus anderen Lagern bringen Bilé, Opfer, 104–107 und öfter; Hammond, Lebenssituation, 178–180.
846 Höpp, „Gefährdungen", 378 und 380.
847 *Allí, todos desnudos, Greykey no pudo camuflarse entre sus cinco mil compañeros:* Ribera, Cómo sobrevir.
848 Bilé, Opfer, 138. Es sind drei Fotos überliefert, die Greykey in Uniform zeigen, ob sie von Francisco Boix, dem „Fotografen von Mauthausen" stammen oder von der SS gemacht wurden, ist ungeklärt (Bermejo, Boix, 127).
849 Amicale, Anthologie, 44; Ribera, Cómo sobrevir.
850 Romney-Schaab, Afro-Caribbean, 101.
851 Ebd., 116.

the camp, you know, „Yambo, von wo bist Du?" I say „Ach, die niederländische Antillen." And he say „Ach, der Hund spricht Deutsch!" But he ask me the same thing all the time, you know, so I get to know what the hell he's saying. [laughter] *„Yambo, von wo bist Du? Ach, der Hund spricht Deutsch! Ach, Du lieber Gott, der schwarze Hund!"*[852] Alexander Prenninger teilte mit uns die Erinnerung eines Mauthauseners, der als Kind in Begleitung seiner Mutter, der Postmeisterin, ins KZ Mauthausen gekommen war und dem ein Schwarzer Gefangener gezeigt wurde – vermutlich Greykey oder Romney.

Zur Frage diskriminierenden Verhaltens seitens anderer Gefangener – angesichts der soziologischen Differenziertheit der Häftlingspopulation und der individuellen Verarbeitungsstrategien des KZ-Alltags wäre dies nicht verwunderlich – können kaum Aussagen gemacht werden.[853] Reinhard Florian, ein Sinto mit dunkler Hautfarbe, erzählte von einem rassistisch motivierten Übergriff im Zuge einer „Bestrafung": *In Gusen gab es einen hochrangigen Funktionshäftling, der besonders „Zigeuner" nicht leiden konnte, der hasste uns regelrecht. „Zigeuner, was hat du ausgefressen?", herrschte er mich an, ich konnte ihm gar nicht antworten, da hatte er mir schon eine reingehauen. Das war ein riesiger Kerl; der schlug mir also mit voller Wucht ins Gesicht.*[854] Für die afrikanischen Häftlinge ist Ähnliches nicht überliefert, wäre jedoch nicht verwunderlich. Romney erinnerte sich, dass ihm Sprachkenntnisse den Kontakt zu anderen Häftlingen erleichterten,[855] und in Bezug auf Greykey vermerkte de Diego, die Solidarität der spanischen Mitgefangenen hätte ihn gerettet, als die SS seiner überdrüssig geworden wäre.[856] Betreffend die arabischen Häftlinge ist die Informationslage noch spärlicher. „Ob sich bei den Muslimen […] besondere, solidarische Beziehungen herausgebildet haben oder ob sie in den Konzentrationslagern ihren religiösen Pflichten nachgingen bzw. nachgehen konnten", ist unbekannt, ebenso ob „der im KZ Dachau und im KZ Mauthausen inhaftierte Algerier Abdelkader M. in seiner Eigenschaft als ‚Geistlicher' oder ‚Mufti' seinen Glaubensgenossen beigestanden hat."[857] Allerdings ist die Bezeichnung „Muselmänner", die im Lagerjargon jene Häftlinge bezeichnete, „die ausgehungert und apathisch kurz vor dem Tod standen",[858] als latent diffamierend zu deuten, ebenso der Ausdruck „Negerschweiß" für den Ersatzkaffee der Gefangenen[859] – Alltagsrassismus aus der Zeit vor der Internierung.

Angesichts des bevorstehenden Zusammenbruchs des faschistischen Deutschlands zeichnete sich auch das Ende des NS-Lagersystems – und Mauthausens – ab. Einzeln oder in Gruppen begannen sich die Wachmannschaften abzusetzen, am 4. Mai wurde die innere Verwaltung von Vertretern der im Untergrund organisierten Häftlingskomitees übernommen. Einen Tag später trafen die ersten US-amerikanischen Truppen vor dem Konzentrationslager ein. Die Bilanz war in jeder Beziehung erschütternd – auch was die außereuropäischen Gefangenen betrifft. Von den 405 in unseren Studien Erfassten war zweien die Flucht gelungen, neunzehn (darunter Naudar) wurden im April 1945 aufgrund von Bemühungen

852 Ebd., 108.
853 Eine ausführliche Auseinandersetzung mit diesem Phänomen schon bei Kogon, SS-Staat, 362–384. Siehe auch Kranebitter, Häftlingsgesellschaft, 94–95 sowie Rizy, Aversionen.
854 Florian, Sinto, 57 (zur Hautfarbe ebd., 24). Danke an Laura Dressel.
855 Romney-Schaab, Afro-Caribbean, 105–106.
856 Bilé, Opfer, 140.
857 Höpp, „Gefährdungen", 379.
858 Kranebitter, Häftlingsgesellschaft, 55.
859 Über den Gebrauch des Begriffs siehe Horsky, KZ-Häftlinge, 48 und öfter, über seinen vulgärrassistischen Charakter Arndt – Hornscheidt, Sprache, 32.

des Roten Kreuzes entlassen, 26 in andere Lager deportiert, und für 94 liegt keine Information vor. In 188 Fällen ist der Todesfall nachgewiesen, nur 76 erlebten nachweislich die Befreiung.

Tiémoko Kouyaté war im Juli 1944 im Außenlager Linz zu Tode gekommen, angeblich wegen „Herzschwäche", wie die SS vermerkte. René Lescoute ging im Jänner 1945 in Ebensee zugrunde, wo die Häftlinge unter unvorstellbaren Bedingungen Stollen und Kavernen für eine unterirdische Raketen- und Panzerproduktion ausheben mussten.[860] Den Marokkaner Bouayad Mohamed, einen „Meerschaum"-Häftling, hatten sie noch am 24. April 1945 in Mauthausen ins Gas geschickt – in einer der letzten Massenexekutionen im KZ Mauthausen.[861] Edouard Parfait war im sogenannten Sanitätslager, Ben-Lhassen Mohamed im Außenlager Melk verstorben.[862] Unter den Überlebenden befanden sich José Carlos Greykey, Imam Abdelkader Mesli sowie die Zwangsarbeiter Ibrahim M. und Mowe Moussa B. Lionel Romney ging nach der Befreiung in die Niederlande und emigrierte dann in die Vereinigten Staaten; erst 1989 begann er seiner Tochter von Kriegsgefangenschaft und KZ zu erzählen.

Auch einige Afroösterreicher:innen hatten die sieben langen Jahre der NS-Herrschaft überlebt – Achmed Kranzmayr, Elfriede Tom, Erich Brunner und vielleicht noch ein paar andere. Am 27. April proklamierten die Gründungsparteien der Zweiten Republik (SPÖ, ÖVP und KPÖ) die Unabhängigkeit Österreichs vom Deutschen Reich und erklärten den sogenannten Anschluss von 1938 für null und nichtig. Die verfassungsrechtlich festgelegten Grund- und Freiheitsrechte wurden wiederhergestellt, die staatlichen Institutionen auf demokratischer Grundlage neu konstituiert. Ab nun galt wieder die Gleichheit aller Staatsbürger:innen vor dem Gesetz. Österreich war befreit – was würde das für *people of African descent* und ihre Lebensumstände bedeuten?

860 Freund, Ebensee.
861 Höpp, „Gefährdungen", 379; Maršálek, KZ Mauthausen (2016), 320.
862 Projektdatenbank der Studie von Sauer – Stamatiou sowie Lafaurie, Ben-Lhassen Mohamed.

VII. Studierende und Asylwerber:innen: Von temporärer Migration zu Community-building in der Zweiten Republik

#Blacklivesmatter! Rund 50.000 Menschen zogen am 4. Juni 2020 durch die Wiener Innenstadt. Ihr Protest richtete sich gegen eskalierende Polizeigewalt in den USA, aber auch gegen Rassismus in Österreich. *Wir sind müde, wir sind wütend und wir haben Angst, aber wir sind hier*, rief Marie Noel Ntwa, die die Kundgebung moderierte. Aus Anrainerfenstern hingen solidarische Transparente, selbst die Busse der Polizei zeigten „Black Lives Matter" in Leuchtschrift. Mireille Ngosso, damals noch stellvertretende Bezirksvorsteherin im Ersten, spielte darauf an: *Solidarität zeigen ist mehr als nur ein Hashtag! Solidarität erfordert Inklusion auf allen Ebenen, auch in der Bildung und der Politik. Akzeptanz und Respekt auf Augenhöhe, das ist das, was wir wollen. Und das nicht nur einmal im Jahr, sondern immer!* Die Demonstration am 4. Juni in Wien und darauffolgende Kundgebungen in den Bundesländern waren die breitesten von Schwarzen Aktivist:innen initiierten politischen Aktionen der Geschichte.[863]

Kolonialsoldaten und „Besatzungskinder"

April 1945 – der Kontrast könnte nicht größer sein. Die wenigen Menschen afrikanischer oder afroamerikanischer Herkunft, die den Nazi-Terror überlebt hatten, befanden sich praktisch im Untergrund. In einer Gesellschaft, die nicht nur jahrzehntelang rassistisch indoktriniert worden war, sondern auch – mit zu wenigen Ausnahmen – ein System gesetzlich institutionalisierter Rassendiskriminierung mitgetragen hatte, bestand ihre Überlebenschance in Unsichtbarkeit. Unter den alliierten Truppen allerdings, die Österreich von der deutschen Herrschaft befreiten, befanden sich Kolonialsoldaten, sie waren unübersehbar und kamen noch dazu als Sieger: Marokkaner in der französischen, Schwarze GIs in der US-amerikanischen, Afrikaner und Asiaten in der britischen Armee. Standen große Teile der Bevölkerung den „Besatzern" generell mit Ambivalenz gegenüber, so wurde die Anwesenheit dieser Einheiten als speziell demütigend erlebt.

Schon seit Monaten hatte die NS-Propaganda mit Hinweis auf die angebliche Grausamkeit von Kolonialsoldaten ein „letztes Aufgebot" zu mobilisieren versucht. Reichsminister Josef Goebbels hatte zur Jahreswende im Rundfunk gegen *betrunkene Neger* polemisiert, welche mit *USA-Terrorbomber*[n] deutsche Städte in Schutt und Asche legen würden.[864] Ähnliches wurde im Folgenden von den gleichgeschalteten Medien immer wieder gebracht, wobei man sich dezidiert an Propagandaelementen der „Schwarzen Schmach" orientierte. In Linzer Schulen wurde verbreitet, *die Amerikaner haben Neger auch dabei und die Neger sind ja bekanntlich Menschenfresser*,[865] und aus Vorarlberg wird berichtet: *Die Tage vorher*

863 Siehe https://wien.orf.at/stories/3051825/ (5. November 2021); eigene Beobachtung.
864 Völkischer Beobachter, 2. Jänner 1945, 2; Kleinschmidt, Besatzer, 650.
865 John, Bevölkerung, 329–330.

[Kriegsende] *wurde die Bevölkerung durch NS-Mundpropaganda aufgefordert, Widerstand zu leisten, zumal bekannt sei, daß an der Spitze der französischen Streitmacht ein Marokkaner-Regiment marschiere. Wer diesen Soldateskas in die Hände gerate (Frauen und Kinder nicht ausgenommen), dem würde kurzerhand die Kehle durchgeschnitten.*[866]

Welche Reichweite diese Propaganda noch erzielte, welche Wirkung sie auf die kriegsmüde Bevölkerung ausübte, ist schwer abzuschätzen und war vermutlich unterschiedlich je nach Region, politischer Einstellung und sozialem Milieu.[867] Auf der einen Seite stellte sich schnell heraus, dass die verbreiteten Gräuelgeschichten ein Unsinn waren, welcher der realen Erfahrung im Alltag nicht standhielt. Andererseits wurden die Slogans gegen Kolonialsoldaten nicht erst in der letzten Kriegsphase erfunden, sondern bauten auf tief verankerten rassistischen Klischees auf. Diese wurden durch Heimkehrer, die an der Westfront senegalesischen Tirailleurs gegenübergestanden waren, noch verstärkt.[868] In ländlichen Gebieten, wo Schwarze Menschen vielleicht erstmals gesichtet wurden, herrschte verbreitet Angst.[869]

Nach den ersten, oft als „schockartig" beschriebenen Begegnungen waren es die konkreten Erfahrungen im Alltag, die zählten. Ein charakteristisches, im Nachhinein romantisierendes Narrativ betont die Freundlichkeiten der fremden Soldaten – dass sie den Kindern Schokolade, Kaugummi usw. geschenkt und allgemeinen einen „coolen" Eindruck (heutige Wortwahl) hinterlassen hätten· Von der Residenz des US-amerikanischen Hochkommissars etwa, einer Villa in Wien-Gersthof, erzählt Hans Werner Scheidl: *Vor dem Gartentor bewachten zwei baumlange Ami-Soldaten die Straße, und man sah zum ersten Mal in seinem Kinderleben einen ‚Neger', was für uns damals kein Schimpfwort war. Vor allem dann nicht, als sie das erste Rennen mit Seifenkisten organisierten, mit denen wir die Hasenauerstraße zu Tal rasten.*[870] In Klagenfurt, das von den Briten befreit worden war, *brodelte im Essenszelt Wasser im großen Kessel. Ein baumlanger schwarzer Teekoch warf eine Handvoll Schwarztee hinein, dann kam Kondensmilch dazu und bald reichte er uns Buben im Blechhäferl duftenden Tee mit den Worten: „Try it."*[871] In Mauthausen genoss Achmed Kranzmayr als Überlebender eine Vorzugsbehandlung durch afroamerikanische GIs – was ihm freilich Neid und neuerliche Ablehnung seiner Altersgenossen eintrug.[872]

Ein zweites Narrativ kreist gegenteilig um die Übergriffe der militärischen Besatzung. Während die sowjetischen Truppen sowieso gefürchtet waren, fokussierte sich die Kritik an den Westalliierten vorzugsweise auf die afrikanischen beziehungsweise afroamerikanischen Soldaten. Angesichts des Umstands, dass diese weder in der US Army noch in den französischen Streitkräften für voll genommen wurden, war das Risiko einer Kritik an ihnen geringer; man appellierte im Konfliktfall an die „Zivilisiertheit" der Weißen Besatzer. Ein charakteristisches Beispiel aus dem Vorarlberger Beitrag für ein Weißbuch der Bundesregierung: *Wenn auch die Marokkaner an vielen Orten Beweise einer gutmütigen Gesinnung gaben, so liegt es doch im Wesen jener wenig zivilisierten Völker, das* [sic] *ihr* [sic] *Begriffe von Frauenehre und Eigentum* […] *andere sind als die von Europäern* […]. *Tatsache ist, dass die*

866 Coffey, Soldaten, 87 (ein Bericht aus Bludenz).
867 Kleinschmidt, Besatzer, 650–653.
868 Jemand wäre „blöd wie ein Wolof", hieß es im Alpenvorland (Geisslhofer, Kältesee, 57–58).
869 Bauer, Vater, 51.
870 Die Presse, 16. Mai 2015, 29.
871 Wiener Zeitung, 27./28. Oktober 2018, 13.
872 Czech, „Rassenmerkmale", 169.

Abb. 15: Alliierte Truppen auf dem Wiener Heldenplatz (Pressefoto, Anfang 1950er Jahre)

Beschwerden der Bevölkerung sich zu einem auffallend hohen Prozentsatz gegen „Franzosen" richten, die nur das Kleid der französischen Armee tragen, ohne aber Franzosen zu sein.[873]

De facto waren die Unterschiede zwischen Weißen und Schwarzen Soldaten in Bezug auf „Disziplinlosigkeit" jedoch gering, wie der frühverstorbene Historiker Peter Coffey für Vorarlberg nachweisen konnte.[874] Die Palette der Übergriffe – von Vergewaltigungen über sonstige Gewalttätigkeit bis hin zur „gefürchteten Fahrweise" – war breit und wird in lokalgeschichtlichen Schriften häufig geschildert. Tiefpunkte waren der „Zwischenfall von Sulz", in dessen Verlauf ein österreichischer Hilfsgendarm am 7. Oktober 1946 einen marokkanischen Soldaten erschoss, sowie der daran anschließende sogenannte Marokkaneraufstand in Bregenz.[875]

Mit der Zeit bildeten sich spezifische Muster der Wahrnehmung heraus, meist irgendwo zwischen Exotisierung und *hard core*-Rassismus angesiedelt, aber kaum je auf Augenhöhe. Für Vorarlberger Frauen, die im Rahmen eines Oral History-Projekts interviewt wurden, konstatiert Renate Huber einerseits ein Verharren „in einer rassistisch geprägten Denkweise", die Franzosen als „edler", Marokkaner hingegen als „Naturmenschen" und „kulturlos" ansah. Andererseits stellt sie aber auch ein exotistisches Mitleid mit den Marokkanern fest, die als „ein von den Franzosen unterdrücktes und ausgebeutetes Kolonialvolk, als das ‚Ka-

873 Zitiert nach Nachbaur, Dokumentationsmaterial, 31.
874 Coffey, Soldaten, 105.
875 Nachbaur, Dokumentationsmaterial, 23–24 sowie die dazugehörigen Quellen; Coffey, Soldaten, 101–104.

nonenfutter von den Franzosen'" bewertet wurden.[876] Tatsächlich war die Diskriminierung der Kolonialsoldaten innerhalb der alliierten Truppen offensichtlich.[877] Auch in Salzburger Befragungen sticht der Mitleidsaspekt heraus, hier aber primär von Männern (ehemaligen Wehrmachtssoldaten) formuliert. Ingrid Bauer interpretiert dies folgendermaßen: „Die afroamerikanischen Soldaten und deren Diskriminierung wurden auch deshalb so ausdrücklich registriert und rückblickend in den Interviews herausgestrichen, weil man in ihnen offenbar das eigene Lebensgefühl gespiegelt und auf den Punkt gebracht sah. [...] Ihre [dieser Aussagen] Stellung im Interaktionsgefüge des jeweiligen Erzählmaterials signalisiert, dass sie auch – gut verpackt – selbstentlastende Kritik an den siegreichen US-Truppen transportieren: ‚Auch ihr habt keine weiße Weste', ‚auch ihr seid Rassisten'."[878]

Auch der Umstand, dass die Schwarzen Soldaten beziehungsweise die in ihrem Hintergrund agierenden Informations- und Kulturagenturen der jeweiligen Besatzungsmacht einen anderen („fremden") *way of life* verkörperten und diesen in die heimische Gesellschaft einfließen ließen, war kontrovers – manche sahen darin eine Bereicherung, andere zivilisatorischen Verfall. Während Versuche der marokkanischen Truppen in Vorarlberg, kulturelle Brücken zu bauen, als „exotische" Folklore verstanden wurden,[879] lief es im Einflussbereich der US Army anders. Nicht nur die Symbolprodukte der westlichen Konsumkultur – Kaugummi, Coca Cola, Konserven, Blue Jeans etc. – erwiesen sich als verführerisch (und gleichzeitig kontroversiell),[880] auch Swing und Jazz erlebten eine Renaissance.[881] Zwar wurde dieselbe zunächst noch von Weißen Musikern getragen, doch erhielten schließlich auch Schwarze eine Chance. Aus Salzburg wird von einem Club „Royal Roost" berichtet, in dem der lokale Jazzmusiker Joe Wagner gemeinsame Sessions mit afroamerikanischen GIs organisierte.[882]

Ein wesentliches Element des Diskurses über Kolonialsoldaten bildeten Liaisonen mit einheimischen Frauen. Sowohl Marokkaner in Westösterreich als auch afroamerikanische GIs in Salzburg, Oberösterreich und Wien beeindruckten nicht nur durch kleine Gefälligkeiten im Alltag, sondern auch durch exotisches Flair. *Sie haben etwas Leichtes, Fröhliches gehabt, schon vom Gang her*, erinnerte sich eine damals 14-Jährige in Salzburg, *Sie haben auch andere Schuhe gehabt wie unsere Soldaten, viel leichtere. Ja, sie haben etwas Heiteres und eine gewisse Naivität ausgestrahlt – im Gegensatz zur Schwere unserer Leute. Die sind gerade aus dem Krieg zurückgekommen, abgemagert, fertig. Und die anderen waren – trotzdem sie Mili-*

876 Huber, Beziehungen, 179.

877 Zur französischen Armee vgl. unter anderem Coffey, Soldaten, 20–21 sowie 62–64, zur US-amerikanischen Bauer, Welcome, 167–168. 1947 berichteten Zeitungen über einen Überfall Weißer GIs auf Schwarze Kameraden in Wien, der zu einer Straßenschlacht führte. Die herbeigerufene US-Militärpolizei verhaftete schließlich die Überfallenen [!] (Österreichische Volksstimme, 16. September 1947, 3; Salzburger Tagblatt, 17. September 1947, 5).

878 Bauer, Amis, 235. Anti-Schwarzen Rassismus in den USA zu kritisieren, zählte zu den Topoi der NS-Propaganda (Lusane, Victims, 181–185).

879 So wurde über ein *Fest der Besatzungstruppe im Bregenzerwald* in der Art einer Völkerschau berichtet: [...] *lösten sich plötzlich Gestalten aus der Tiefe der angrenzenden Dunkelheit. Eintönig zirpten Geigentöne und begleiteten in ungestümer, monotoner Folge den Trippeltanz der aufgetauchten Gespenster. Es begann der Tanz des Wüstenbergvolkes. Händeklatschen einer Marokkangruppe* [sic] *bekräftige den Rhythmus der Musik. Mit uns fremden Gebärden tanzten die Marokkanerinnen* [!] *in wallenden, vielfarbenen Seidenkleidern, um die Männer ihres Volkes, die den Takt der eintönigen Melodien mit schnellem, hartaufschlagendem Trippeln unaufhaltsam schlugen [...] Aufpeitschend schien der Tanz zu sein in der wilden, exotischen Art; endlos in der abwechslungslosen Aufeinanderfolge.* (Vorarlberger Nachrichten, 6. Oktober 1945, 3).

880 Bauer, Welcome, 139–141 sowie 216–227; Wagnleitner, Coca-Colonisation, insbesondere 327–353.

881 Ebd., 234–251.

882 Bauer, Welcome, 171–172.

tär waren – fast bubenhaft.[883] Vor allem in Bezug auf die US-Amerikaner spielte der Mythos vom „Land der unbegrenzten Möglichkeiten" eine gewichtige Rolle; am anderen Ende des politischen Spektrums bestand gelegentlich eine analoge Faszination für die Sowjetunion.[884] Insbesondere erotische Attraktivität spielte eine Rolle – wohl auch ein Widerhall des Stereotyps von der intensiveren Sexualität Schwarzer Männer.[885] Die Bandbreite der Annäherungen zwischen Österreicherinnen und amerikanischen Besatzungssoldaten sei groß gewesen, resümiert Ingrid Bauer, „sie reichte von Flirts, Beziehungen für ab und zu, für einen Sommer oder die Dauer der Stationierung, bis hin zu mehreren tausend Eheschließungen."[886]

Familien und große Teile der Öffentlichkeit reagierten auf das Verhalten der jungen Frauen emotional, ja empört. Häufig wurden die betreffenden Frauen pauschal zu Prostituierten erklärt – anders als aufgrund materieller Gegenleistungen schien die Attraktivität der fremden Männer kaum erklärbar. Der komplexen Motivationslage der Frauen[887] wurde kaum Raum gegeben. In besonderer Weise wurden Intimbeziehungen skandalisiert. Das Konzept „Rassenschande" lag nahe, auch wenn es zensurbedingt oder der *political correctness* halber so nicht formuliert wurde. Frauen, die sich mit alliierten Soldaten „einließen", wurden beschimpft, sogar in Gottesdiensten diskriminiert, in ihrem sozialen Umfeld beziehungsweise oft auch in ihren Familien ausgegrenzt, waren Opfer physischer Attacken.[888] Moralische Kritik mischte sich mit einem patriarchalischen Rollenverständnis und schlichtem Sexualneid. Letzterer dominierte vor allem unter jüngeren, gerade aus dem Krieg heimkehrenden Männern: *Völlig fertig und halb verhungert bin ich nach Linz zurückgekommen.* […] *Und dann, schauen dich die Mädeln nicht einmal an, sondern interessieren sich nur für die Amerikaner. Uns haben sie ausgespottet. Und nicht nur einem ist die Freundin, oder das Mädchen, das er halt verehrt hat, davon. Also einige, viele… Aber was solls, die Ami waren die Sieger!*[889]

Ob es sich um kurzfristige Affären oder anhaltende Liebesbeziehungen handelte, um Gelegenheitsprostitution oder Vergewaltigung – Schwangerschaften waren eine häufige Folge. Die Anzahl der Kinder alliierter Soldaten mit österreichischen Frauen insgesamt wird für die Zeit 1945 bis 1956 auf circa 30.000 geschätzt.[890] Wie viele davon aus Beziehungen mit Kolonialsoldaten stammten, ist nicht genau bekannt. Gestützt auf einen Zeitungsbericht von 1950 geben Philipp Rohrbach und Niko Wahl die Zahl von Babys afroamerikanischer Herkunft mit etwa 300 bis 400 an.[891] Bei den Kindern mit marokkanischen Vätern lag die Zahl niedriger; in Riedenburg bei Bregenz wurden von April bis August 1946 insgesamt 79 registriert,[892]

883 Zitiert nach Bauer, Besatzungsbräute, 263.
884 Stelzl-Marx, Kinder, 97–98.
885 Kleinschmidt, Besatzer, 651.
886 Bauer, Besatzungsbräute, 263.
887 Siehe dazu insbesondere Huber, Beziehungen; Maltschnig, War Brides, 218–237 sowie die Publikationen von Ingrid Bauer. Ergänzend verweise ich auf ein einfühlsames Hörfunkfeature des ORF-Landesstudios Tirol von 1988 (Hedwig und Agnes, in: Costa – Triend, Breit).
888 Eisterer, Fraternisierung; John, Haarabschneidekommando.
889 Zitiert nach ebd., 343; vgl. Bauer, Besatzungsbräute, 265–267.
890 Satjukow – Stelzl-Marx, Besatzungskinder, 11. Aus der reichhaltigen Literatur dazu siehe betreffend die Marokkaner insbesondere Lechhab, Mein Vater; Lechhab, Besatzungskinder; Mutombo, Damnés; Huber, Besatzungskinder. Zu den GI-Kindern: Bauer, Welcome, 237–257; Bauer, Vater; Bauer, Relationships; Wahl – Rohrbach – Adler, SchwarzÖsterreich.
891 Wahl – Rohrbach – Adler, SchwarzÖsterreich, 46.
892 Ebd., 5–6. und 46; vgl. Das kleine Blatt, 4. März 1950, 1.

eine unbekannte Zahl weiterer befand sich in einem Säuglingsheim in Natters in Tirol.[893] Insgesamt wird man für Österreich also von circa vier- bis fünfhundert Nachkommen alliierter Kolonialsoldaten ausgehen können. In Bezug zu den circa 30.000 Besatzungskindern insgesamt war dies eine ziemlich geringe Zahl – angesichts des Umstands aber, dass sonst kaum Schwarze Menschen in Österreich lebten, doch bemerkenswert.

Die meisten Kinder kamen unehelich zur Welt. Für die Angehörigen der US Army galt ja zunächst ein „Fraternisierungsverbot", das private Kontakte mit der einheimischen Bevölkerung (*mingling with Germans upon terms of friendliness, familiarity, or intimacy, whether individually or in groups, in official or unofficial dealings*[894]) generell untersagte. Ab 1946 durften Österreicherinnen und GIs zwar heiraten, benötigten dazu allerdings die Zustimmung des jeweiligen Kommandanten. Eine solche wurde für Schwarze Soldaten nur ungern erteilt, sei es allgemein aus Furcht vor einer nationalsozialistischen Beeinflussung der Truppe[895] oder mit Hinblick auf die Segregationspolitik in den Vereinigten Staaten: *A mixed marriage would subject him and his family to problems of a social nature hard to overcome.*[896] Rechtsanspruch auf Unterhaltszahlungen hatten die Mütter nicht, weil die Angehörigen der alliierten Streitkräfte der heimischen Gerichtsbarkeit nicht unterlagen. Marokkanischen Soldaten waren Beziehungen zu Österreicherinnen zwar nicht ausdrücklich verboten, doch wurde der Großteil dieser Einheiten schon nach wenigen Monaten abgezogen, und viele Frauen blieben schwanger und in Folge als alleinerziehende Mütter zurück.[897]

Abgesehen von den Diskriminierungen, denen sie ausgesetzt waren, sahen sich viele Mütter mit einer schwierigen materiellen Lage konfrontiert. Da ihre Babys außerehelich geboren waren und sie teilweise selbst von ihren Müttern abgelehnt wurden,[898] ging die Vormundschaft häufig an die Jugendämter über. Fürsorgerinnen beziehungsweise Pflegerinnen spielten daher über weite Strecken eine wichtige – und zwiespältige – Rolle im Leben dieser Kinder. Anlässlich der Budgetdebatte im Wiener Gemeinderat von 1946 sprach der zuständige Wohlfahrtsstadtrat Dr. Freund von insgesamt 735 *Armeekindern* in kommunaler Betreuung, unter denen sich *zwei kleine Neger* befanden; *sie alle* [Armeekinder] *werden mit derselben Liebe betreut und großgezogen werden wie die übrigen* [mehr als 23.000 Mündel].[899] Die Zahl der Schwarzen Kinder in Obhut der Stadt Wien stieg in den darauffolgenden Jahren merklich an. Ein Zeitungsbericht von 1952 erwähnt 30 Nachkommen afroamerikanischer oder marokkanischer Soldaten in kommunaler Betreuung.[900]

Nicht wenige Kinder wurden von der Fürsorge in Heime eingewiesen. Dass sie dort mit besonderer *Liebe betreut und großgezogen* wurden, ist angesichts des Zustands, in dem sich Kinderheime in den 1950er und 1960er Jahren befanden, nicht sehr wahrscheinlich – auch das

893 Eisterer, Fraternisierung, 30–31.
894 Zitiert nach Kleinschmidt, Besatzer, 653.
895 Junge deutsche Frauen galten den US-Strategen als die „most nazified section of the population" (ebd., 657). Aus der französischen Besatzungszone wird berichtet, dass sich aufgrund des dort fehlenden Fraternisierungsverbots ehemalige Nationalsozialist:innen bevorzugt an französische Soldaten anzubiedern versuchten (Eisterer, Fraternisierung, 24–25).
896 Gutachten eines kommandierten Offiziers in Wels vom März 1950, zitiert nach Wahl – Rohrbach – Adler, SchwarzÖsterreich, 33.
897 Lechhab, Besatzungskinder, 181.
898 Bauer, Vater, 58–59.
899 Neues Österreich, 17. Dezember 1946, 3; Wiener Zeitung, 18. Dezember 1946, 2.
900 Neue Wiener Tageszeitung, 23. März 1952, 4.

eine Nachwirkung des NS-Regimes.[901] Ende 1945 wurden zwar „belastete" Mitarbeiter:innen von der Stadt Wien entlassen, „minder belastete" – großzügig interpretiert – aber in den Dienst übernommen; selbst die Ausbildung blieb mit Ausnahme des Faches „Erb- und Rassenkunde" gleich. Da außerdem nach Kriegsende die Nachfrage nach Heimplätzen stark anstieg, wurden ungelernte und somit häufig überforderte Kräfte eingestellt – alles insgesamt ein enormes Potential für katastrophale Zustände im Heim- und Fürsorgewesen, exzessive Gewaltausübung und eben auch Diskriminierung aufgrund der Herkunft. Belastende Heimerfahrungen wurden in Interviews immer wieder thematisiert, etwa, *dass wir kaum Essen bekommen haben, ich immer stets unterernährt war. Ich wurde immer verprügelt, Strafarbeit musste ich tun, abstauben, den Staubfetzen beim Fenster hinausschütteln, natürlich als kleines Kind ist mit der immer wieder heruntergefallen.* […] *Ich bin aufgewachsen mit vielen Ängsten, Ängsten, Ängsten.*[902]

Vielfach drängten Fürsorgerinnen die Mütter dazu, ihre Töchter und Söhne zur Adoption freizugeben – oft nicht nur aus Sorge um die schlechte finanzielle Situation der Alleinerzieherinnen, sondern auch aufgrund eines rassistischen Weltbilds oder weil es die einfachste Lösung war: „Ließen sich damit doch nicht nur die störenden ‚Negermischlinge' selbst, sondern auch alle sexual-, geschlechter- und gesellschaftspolitischen Fragen exportieren, welche die Ordnungs- und Schonungsbedürfnisse der Wiederaufbaugesellschaft und die von ihr anvisierte restaurative Harmonie hätten stören können."[903] Oft landeten die zur Adoption vorgesehenen Kinder im Ausland, das heißt bei Eltern mit afrikanischem Hintergrund in Frankreich oder den USA.[904] In Salzburg wurde diese Praxis länger als in anderen Bundesländern geübt. Die Kinder wurden oft alleine – in Salzburger oder Tiroler Tracht – in die USA geschickt, wo sie mitunter in ungeeigneten oder instabilen Familien landeten.[905] Eine andere Möglichkeit war die Abgabe an das Waisenhaus für „farbige Soldatenkinder", das ein Angehöriger der US Army Air Force und seine aus Wien stammende Ehefrau in einer Mühle in Salzburg eingerichtet hatten.[906]

In Österreich wuchsen die Kinder – so sie nicht von den Müttern nach der Geburt weggegeben wurden oder sich in Adoptivfamilien befanden – in vaterlosen Familien auf; über die Beziehung ihrer Eltern und den Verbleib der Väter wurde kaum gesprochen. Aufgrund ihrer Hautfarbe waren die Kinder mehrfachen Stigmatisierungen ausgesetzt: Als unehelich Geborene entsprachen sie nicht den moralischen Vorstellungen der Zeit, als Besatzungskinder waren sie Nachkommen des „Feindes", und als Schwarze wurden sie mit alltäglichem wie auch strukturellem Rassismus konfrontiert.[907] Die Erfahrungsberichte, die unter anderem von „Lost in Administration" gesammelt wurden, zeigen ein Spiegelbild von Alltagsrassismus am Anfang der Zweiten Republik.

901 Zum Folgenden siehe Sieder – Smioski, Kindheit, insbesondere 41–58; Czipke, Jugendfürsorge.

902 Zitiert nach Wahl – Rohrbach – Adler, SchwarzÖsterreich, 73.

903 Bauer, Vater, 60; Malanda, Race. In Deutschland thematisierte der 1952 entstandene Film Toxi das Schicksal eines schwarzen Besatzungskindes, das letztlich von seinem Vater in die USA geholt wird (Brauerhoch, „Toxi"). Eine Studie über die Rezeption des Films in Österreich wäre wünschenswert.

904 Rohrbach, Adoption.

905 Bauer, Vater, 61; Wahl – Rohrbach – Adler, SchwarzÖsterreich, 67–87.

906 Nach dem Abzug der alliierten Truppen im Oktober 1955 kam es zu tätlichen Angriffen auf die Kinder, und das Gebäude wurde mit „Neger raus aus Österreich" beschmiert; ein Jahr später wurde die Einrichtung in die USA verlegt (Urrisk-Obertyński, Garnisonsstadt, 184).

907 Bauer, Vater, 57.

Zunächst waren es die Frauen, gegen die sich Diskriminierung, ja offene Aggression richtete. *Meine Mutter wurde wegen mir auf offener Straße ‚Negerhure' und so weiter geschimpft.*[908] Die sexualisierende Herabwürdigung unterstellte einen Verstoß gegen einen rassisch abgrenzenden angeblichen Moralkodex und intendierte die öffentliche Beschämung der attackierten weiblichen Person. Worin die Befriedigung der Insultierenden dabei liegt, wäre vermutlich tiefenpsychologisch zu klären, aber die Wirkung blieb in solchen Fällen nicht aus: *die Umstehenden zogen sich mit eisigen Mienen zurück,* heißt es 1955 über eine junge Wiener Mutter, die ein Kind von einem Puertorikaner hatte.[909] Noch jahrzehntelang sollte die Stigmatisierung sogenannter Mischehen andauern, wie auch Arabella Kiesbauer im Rückblick auf ihre Mutter festhielt: *Ende der Sechzigerjahre als Weiße in Österreich oder auch in Deutschland ein uneheliches, dunkelhäutiges Kind auf die Welt zu bringen, dazu bedurfte es schon einer gehörigen Portion Mut, Selbstbewusstsein und Kraft.*[910]

Auch für die Kinder selbst wurden die abwertenden Zuschreibungen seitens Gleichaltriger auf der Straße, in Kindergärten oder in Schulen eher früher als später zum Thema. Dass eine innerfamiliäre Aufarbeitung dieser Erfahrungen vielfach nicht möglich war und Kontakte zu anderen Betroffenen kaum bestanden, führte zu Verunsicherung und psychischer Belastung. Erinnerungen an die Schulzeit zeichnen häufig ein negatives Bild. *Da bin ich nur sekkiert worden. Es hat geheißen, ich bin ein ‚Neger' und sie haben sich die Nase zugehalten und sind vorbeigerannt an mir.* [...] *Der Direktor hat zu mir gesagt, dass ich in den Urwald zurückgehen soll, wo ich herkomme.*[911] Berichtet wird von verbaler wie auch körperlicher Gewalt – sowohl seitens der Schüler:innen als auch der Lehrkräfte und sogar Direktoren. Der verwendete N-Begriff fungierte in solchen Kontexten ausschließlich als Schimpfwort, fand teilweise sogar anstelle des Vornamens Verwendung. Auch die kontextuelle Verwendung von „Urwald" – noch dazu gegenüber einer geborenen Österreicherin – war herabwürdigend.

Allerdings wird auch von Unterstützung und Solidarität in den Schulen berichtet – von Lehrer- wie von Schülerseite. *Dann habe ich mich den größeren Jungs angeschlossen, die von höheren Klassen waren. Mit denen war ich dann unterwegs und die haben mich beschützt. Ich habe mich oft nur mit Raufereien wehren können. Das war nur zu Überleben.*[912] Lehrkräfte, die Diskriminierungen entgegentraten und sich für Integration – etwa durch außerschulische Aktivitäten – einsetzten, waren sehr wohl in der Lage, Konflikte in den Klassen zu entschärfen, wie Helmut Köglberger aufgrund seiner Erfahrung erzählte.[913] Eine Untersuchung darüber, inwieweit es mehr oder weniger „solidarische" Milieus gab – etwa aufgrund von sozialer, religiöser oder politischer Prägung –, wäre wünschenswert.

Das Berufsleben wird im Großen und Ganzen als befriedigend beschrieben; Kompetenzerwerb und die Selbständigkeit im Erwachsenenalter überlagerten mindestens teilweise die Erinnerungen aus der Kindheit. Vereinzelt ermöglichte die Herkunft sogar interessante Projekte, etwa im Fall eines Wieners, der in einem UN-Auslandseinsatz tätig war und später in Axel Cortis Filmtrilogie „Wohin und zurück" (1986) einen afroamerikanischen Besatzungs-

908 Wahl – Rohrbach – Adler, SchwarzÖsterreich, 113 und öfter.
909 Arbeiter-Zeitung, 3. November 1955, 5.
910 Kiesbauer, Herz, 123.
911 Zitiert nach Wahl – Rohrbach – Adler, SchwarzÖsterreich, 95.
912 Zitiert nach ebd., 99.
913 Zitiert nach ebd., 105.

soldaten spielte.[914] Allerdings ist auch von Diskriminierung bei Stellenbewerbungen die Rede. *Sie haben gesagt: „Geh zu dieser Frau, die sucht ein Lehrmädchen als Friseuse." Ich bin da hingegangen und sie hat gesagt: „Ich würde Dich schon nehmen, aber ich weiß nicht, ob sich meine Kundschaft von Dir die Haare waschen lassen möchte."*[915] Nicht nur im Privatsektor gab es solche Probleme. Bei einer anderen Gelegenheit – angestrebt wurde ein Hausbesorgerposten bei der Gemeinde Wien – bedurfte es einer Intervention durch den Bundeskanzler, damals Bruno Kreisky.[916]

Trotz Diskriminierung und Unsicherheit gab es „Erfolgsstorys" – aber nicht unbedingt im Bereich des klassischen Arbeitsmarkts. Der Fußballer Helmut Köglberger (1946–2018), „Österreichs wohl berühmtestes Besatzungskind" (Barbara Stelzl-Marx), machte seine Karriere im Sport – einer Nische, in der es für Schwarze traditionell möglich gewesen war zu reüssieren, trotz immer wieder feststellbarer rassistischer Tendenzen.[917] Die schon erwähnte Hausbesorgerin, Christine Mjka (1949–2015), war als Gewerkschafterin engagiert und wurde schließlich von der SPÖ in den Bezirksrat von Wien-Liesing entsendet.[918] In Vorarlberg trat der Biobauer Georg Fritz mit „FRIZZ – Liste für alle Unzufriedenen und Selbstdenker" vier Mal ergebnislos bei Landtagswahlen an, bei der Landwirtschaftskammerwahl 2001 eroberte er ein Mandat.[919] Die meisten Besatzungskinder fanden jedoch kaum Aufmerksamkeit. Erst die Gründung des „Marokkanischen Vereins in den deutschsprachigen Ländern" 1999 sowie die Vorarbeiten für die Ausstellung „SchwarzÖsterreich" schufen für die Kinder der Schwarzen Soldaten erste Plattformen für Begegnung und Austausch.

Nischenmigration seit den 1950ern

Obwohl ihrer Hunderte waren – und somit mehr Menschen afrikanischer oder afroamerikanischer Herkunft gleichzeitig in Österreich lebten als in vergangenen Epochen –, blieben die „Besatzungskinder" unterhalb der öffentlichen Wahrnehmungsschwelle. Es war leicht, sie als isolierte Einzelfälle zu sehen und sozial auszugrenzen. Zwar verfügte die Zweite Republik im Gegensatz zur NS-Herrschaft über eine demokratische Verfassung mit dem Gebot der Gleichheit aller vor dem Gesetz. Dies hätte eigentlich für diejenigen, die von Diskriminierung welcher Art auch immer betroffen waren, günstige Voraussetzungen bedeuten müssen, Gleichberechtigung zu erkämpfen. In der Praxis aber war das nicht unbedingt der Fall – automatisch realisierten die gesellschaftlichen Mechanismen und Normen die Gleichheit „aller" keineswegs. Noch dazu war die Gesellschaft der Nachkriegszeit in erheblichem Ausmaß von restaurativen Traditionen geprägt, und es bestand keine organisierte Kraft, die sich den Kampf gegen rassische Diskriminierung zum Ziel gesetzt hätte.

Zunächst setzten sich die Muster der Zwischenkriegszeit fort. Schwarze Sportler und Kulturschaffende, die im Rahmen von Tourneen in Österreich Station machten, spielten dabei

[914] Wahl – Rohrbach – Adler, SchwarzÖsterreich, 164–165.
[915] Ebd., 113.
[916] Ebd., 115.
[917] Köglberger selbst dazu in Salzburger Nachrichten, 9. Mai 2015, Magazin, 4 sowie in Wahl – Rohrbach – Adler, SchwarzÖsterreich, 115. Zur Biographie siehe Habringer, Jahrhundertspieler.
[918] Lichtblau, Mjka.
[919] Huber, Besatzungskinder, 371; https://vbgv1.orf.at/magazin/klickpunkt/tipps/stories/19351/index.html (11. September 2019).

eine Rolle. Schon im Herbst 1945 war ein Wettkampf mit dem in Wien wohlbekannten Kid Curney, der mittlerweile in Prag lebte, in Planung gewesen,[920] und ab 1946 traten afroamerikanische oder afrofranzösische Boxer wieder regelmäßig auf.[921] Als erster afrikanischer Fußballer kam im Frühjahr 1963 der Ägypter Saleh Selim für ein halbes Jahr zum *Grazer Athletiksport-Klub* (GAK) – eine kleine Sensation.[922] Im selben Jahr folgten zwei Spieler aus dem Kongo, die nach Überwindung diverser rassistischer Vorbehalte in der *Sportvereinigung Mattersburg* Aufnahme fanden,[923] sowie vier Brasilianer, darunter der als Jacaré beliebt gewordene Waldemar Graciano.[924] Auf musikalischem Gebiet wurde ein teils klassisches, teils religiöses Repertoire (Spirituals) geboten, so 1948 von Ellabella Davis und Todd Duncan,[925] während Jazzer seltener Chancen erhielten. Als einer der ersten gastierte ebenfalls 1948 der Kornettist Rex Stewart im Konzerthaus,[926] 1951 folgte der in Paris lebende Billy Coleman.[927] Solche Auftritte fanden meist im Rahmen des Angebots der US-Auslandskultur statt; Künstler:innen aus dem kolonial unterworfenen Afrika hatten solche Möglichkeiten nicht. Weiße Musiker:innen aus Südafrika hingegen – etwa die Sängerin Mimi Coertse im klassischen Fach – fanden in Österreich leicht Zugang.[928]

Diese Ansätze einer Schwarzen Präsenz beschränkten sich nicht zufällig auf ein Milieu, das „Exoten" schon zur Zeit der Monarchie eine gewisse Existenz- und Arbeitsmöglichkeit geboten hatte, nämlich die Kultur- und Unterhaltungsindustrie. Hier setzte sich nicht nur eine von den Nazis unterdrückte Aufführungstradition der Ersten Republik fort, sondern auch der damit verbundene Kulturkampf – freilich gemildert dadurch, dass Jazz als Bestandteil des Musikrepertoires einer Siegermacht nun einen höheren Stellenwert einnahm. Dennoch stießen die diesbezüglichen Angebote auf Kritik. Fast 21.000 Hörerinnen und Hörer lehnten in einer Publikumsumfrage des Senders *Rot-Weiß-Rot* Tanzmusik aus den Vereinigten Staaten *teilweise grundsätzlich und außerordentlich heftig ab* [...]. *„Was soll ich mit der Musik der aus dem Urwald gelockten Neger?"*[929] Vielfach tarnte sich NS-Nostalgie als Anti-Amerikanismus, und das „Deutsche"/„Heimatliche"/„Abendländische" wurde gegen die einsetzende kulturelle Hegemonie der USA und einen davon beeinflussten Lebensstil ausgespielt.

Wie stark rassistische Vorurteile verankert waren, zeigt sich am Beispiel des Auftritts einer afroamerikanischen Sängerin im Oktober 1956: *Vor acht Wochen hatte der Manager Theresa Greenes in einem Wiener Hotel ein Zimmer für die Sängerin bestellt. Wenige Tage vor dem Konzert rief die Hoteldirektion plötzlich den Konzertagenten an: „Wir haben den Plakaten entnehmen müssen, daß Mrs. Greene eine Negerin ist und bedauern, Ihnen mitteilen zu müssen, daß wir die Sängerin nicht bei uns unterbringen können. Es ist uns unmöglich, an Neger Zimmer zu vergeben. Wir haben so viele amerikanische* [!] *Gäste, die daran Anstoß nehmen*

920 Die Weltpresse, 3. Oktober 1945, 7.
921 Neues Österreich, 14. Juli 1946, 5; Volkswille, 16. Juli 1946, 3; Wiener Kurier, 30. Juli 1946, 5.
922 Liegl – Spitaler, Legionäre, 61–63.
923 Ebd., 58–59.
924 Ebd., 26 sowie 59–60.
925 Weltpresse, 7. April 1948, 14; Wiener Tageszeitung, 21. Oktober 1948, 4.
926 Die Weltpresse, 31. März 1948, 6. Generell vgl. Wagnleitner, Coca-Colonisation, vor allem 234–251.
927 Urrisk-Obertyński, Garnisonsstadt, 303.
928 Enichlmayr, Musik.
929 Berichte und Informationen des österreichischen Forschungsinstituts für Wirtschaft und Politik 1/29 (1946), 462. Auch hier ist die Assoziation Schwarzer Menschen mit „Urwald" frappierend.

könnten.“[930] Das „Problem“ wurde also durch das Vorbild der Segregation in den Vereinigten Staaten, der ideologischen Leitmacht des „freien Westens“, noch verstärkt. Es verfestigte sich eine Tradition der Dienstleistungsverweigerung gegenüber Schwarzen Menschen, die – abgemildert durch das Gleichbehandlungsgesetz von 2004 – bis heute nicht abgerissen zu sein scheint. Einen spektakulären Tiefpunkt markierte 1981 die Abweisung des afroamerikanischen Musikers Harry Belafonte in einer Linzer Diskothek.[931]

Neben den Kontinuitäten begannen sich aber auch neue Muster afrikanischer Migration in Richtung Österreich zu entwickeln. Die Proklamation der immerwährenden Neutralität Österreichs und der Beitritt zu den Vereinten Nationen 1955 waren erste Schritte einer Neupositionierung auf dem internationalen Parkett – in einer Welt, die nicht nur vom Kalten Krieg, sondern auch von der Dynamik der Dekolonisation geprägt war. Vor 1960 hatten nur zwei unabhängige Staaten Afrikas Gesandtschaften in Wien eröffnet, Ägypten und Südafrika.[932] Beide fügten sich gut ins herrschende Weltbild ein: Die ägyptische Vertretung repräsentierte eine konservative Monarchie, zu der Österreich seit Jahrzehnten gute Beziehungen unterhielt, und die südafrikanische erfreute sich trotz der rassistischen Eskalierung im Entsendestaat („Apartheid“) einer hohen Akzeptanz.[933] Da sie bis Anfang der 1990er Jahre nur mit Weißem Personal besetzt war, waren Ägypter vorderhand die einzigen Botschaftsangehörigen *of colour*. 1960, das „afrikanische Unabhängigkeitsjahr“, wirkte sich zunächst kaum aus. Erst die 1970er Jahre, in denen die heimische Außenpolitik Afrika einen höheren Stellenwert zumaß,[934] sahen die Eröffnung weiterer Botschaften und demzufolge eine Vermehrung Schwarzer Diplomatinnen und Diplomaten. Ende 2021 bestanden in der Bundeshauptstadt fünfzehn afrikanische Missionen (davon acht aus der subsaharischen Region): Ägypten, Algerien, Angola, Burkina Faso, Côte d'Ivoire, Ghana, Kenya, Libyen, Marokko, Namibia, Niger, Nigeria, Südafrika, Sudan und Tunesien. Dies machte für das genannte Jahr in Summe 135 akkreditierte Diplomaten und Diplomatinnen aus plus eine unbekannte Zahl von Ehepartner:innen, Kindern und Angestellten aus ihrem Heimatland.[935]

In stärkerem Ausmaß trugen die internationalen Organisationen zur Zuwanderung aus afrikanischen Ländern bei, beginnend 1957 beziehungsweise 1966 mit der Ansiedlung der *International Atomic Energy Agency (IAEA)* und der *United Nations Industrial Development Organisation (UNIDO)* in Wien. Am 23. August 1979 wurde in Kaisermühlen das *Vienna International Centre (VIC)* eröffnet; neben New York und Genf gilt Wien als dritter Amtssitz der Vereinten Nationen. Zusammengenommen wurde die Gesamtzahl der bei den Einrichtungen des VIC Beschäftigten 2004 mit etwa 4.000 aus mehr als 120 Staaten angegeben.[936] Im Einklang mit dem in der UNO üblichen Verteilungsschlüssel liegt die Anzahl der Personen afrikanischer Herkunft unter ihnen vermutlich bei mehreren hundert. Von diesen sind die meisten gemeinsam mit Familienangehörigen in Wien sesshaft, und das im Gegensatz zu den periodisch abgelösten Botschafter:innen für längere Zeit. In Form des

930 Neuer Kurier, 23. Oktober 1956, 3.
931 John, Afrikaner, 87–88.
932 Amtskalender 1960, 80–82.
933 Sole, Reminiscences, 190–226. Zu den wenigen „Irritationen“ siehe Sauer, Auswanderung, 99–104.
934 Hödl, Dritte Welt, 81–104.
935 Siehe https://www.bmeia.gv.at/fileadmin/user_upload/oracle/gesamtliste_de.pdf (14. November 2021).
936 United Nations Information Service, Presseaussendung vom 17. August 2004 (UNIS/VIC/119).

Josephus Okonkwo hat der afrikanische UN-Beamte mittlerweile Eingang in die Populärkultur gefunden („Kaisermühlen-Blues").[937]

Die stärkere internationale Vernetzung Österreichs etablierte ein neues und im Nachkriegskontext wichtiges Szenario temporärer Migration – wenngleich auf exklusivem Niveau. Schon von ihrem Status her („Wiener Übereinkommen über diplomatische Beziehungen", 1961) ist die Arbeits- und Lebenssituation der Diplomat:innen generell privilegiert; Fragen wie Aufenthalts- oder Arbeitserlaubnis, standesgemäße Lebensführung oder Armutsgefährdung sind *per definitionem* nicht relevant. Diesbezüglich sind allerdings Einschränkungen zu machen. Die Privilegierung verliert erstens an Wirkungskraft, sobald der Status der Betroffenen nicht mehr erkennbar ist, bei Benützung öffentlicher Verkehrsmittel zum Beispiel. Zweitens besteht innerhalb der Botschaften eine hierarchische Differenzierung. Administrative Kräfte ohne Diplomatenstatus oder Hausangestellte befinden sich in einer wenig abgesicherten Stellung. Fälle von miserablen Arbeitsbedingungen und Missachtung sozialer Mindeststandards können wegen der diplomatischen Immunität schwer aufgegriffen werden und finden selten den Weg in die Medien.

Die Stationierung diplomatischer Repräsentant:innen – auf die wir im Folgenden nicht mehr eingehen können – war die eine neue Schiene temporärer afrikanischer Migration, die in den 1950er Jahren begann. Die zweite, die wir ausführlicher darstellen wollen, betraf afrikanische Studierende an den heimischen Universitäten. Zunächst ging es dabei um Ägypten, das seine traditionelle Bildungsmigration nach Österreich wieder aufnahm. Von den 61 ordentlichen Hörern, darunter drei Hörerinnen, aus Afrika, welche die Hochschulstatistik im Wintersemester 1954/1955 für die heimischen Universitäten sowie die Hochschule für Musik und Darstellende Kunst insgesamt ausweist, kamen 58 aus Ägypten und drei aus Südafrika, aber kein einziger aus einer Kolonie.[938]

Erst langsam setzten auch Inskriptionen aus dem subsaharischen Afrika ein, 1955/1956 mit zwei Äthiopiern; später kamen Hörer:innen aus noch nicht oder gerade erst unabhängig gewordenen Kolonien hinzu.[939] Insgesamt erreichte die Zahl der „ordentlichen" Hörer:innen aus Afrika im Wintersemester 1959/1960 zwar einen vorläufigen Höchststand von 765 Personen, doch stammten davon fast alle aus Ägypten und dem Maghreb; nur vereinzelt waren Ghana, Nigeria, Rhodesien, Sierra Leone, der Sudan und Südafrika vertreten.[940] Damit machte das afrikanische Kontingent in etwa ein Viertel aller außereuropäischen Hörer:innen an den heimischen Hochschulen aus und entsprach außerdem mehr oder weniger der Gesamtzahl aller von der Volkszählung 1961 erfassten afrikanischen Staatsbürger:innen.[941]

937 Hinterberger, Kaisermühlen Blues, vor allem 60–63. In zwölf Folgen der Filmserie spielte der in Nigeria geborene, in Wien ausgebildete und lebende Schauspieler Frank Oladeinde die Rolle des Josephus (https://de.wikipedia.org/wiki/Frank_Oladeinde; 24. Juni 2020).

938 Hochschulstatistik, WS 1954/55, 5, 7 sowie 27–28. Vereinzelt werden sich afrikanische Studierende auch unter den „außerordentlichen Hörer:innen" befunden haben, doch wurden diese nicht regelmäßig nach Nationalität aufgeschlüsselt und daher hier auch nicht berücksichtigt. Zur Vereinfachung rechne ich hier die Inskribiertenzahlen von wissenschaftlichen und künstlerischen Hochschulen zusammen (ab WS 2006/07 tut dies auch die Hochschulstatistik) sowie – für spätere Jahre – auch jene von Fachhochschulen und Privatuniversitäten.

939 Ebd., 1955/56, XXI sowie 7, 9 und 30.

940 Ebd., 1958/59, 82–83.

941 Die Hochschulstatistik, 1960/61 (ebd., 54–55, 76–77 und 86) weist insgesamt 705 Student:innen aus Afrika aus, davon 95 % aus dem ägyptischen Teil der Vereinigten Arabischen Republik. Die Volkszählung 1961 ergab 626 Staatsbürger:innen aus Afrika, davon 89 % aus Ägypten (ÖStZA, Wohnbevölkerung, 68). Abgesehen von statistischen Unschärfen könnte die Differenz auf den rückläufigen Trend bei den Studierendenzahlen zurückgehen.

Mehr oder weniger alle in Österreich lebenden Afrikaner:innen waren damals also Studenten!

Ein Detail, das später wichtig werden sollte: Fünf von dreizehn ordentlichen Hörern aus Nigeria studierten im Wintersemester 1961/1962 katholische Theologie.[942] Finanziell ermöglicht wurde ihr Studium in der Regel durch private Spendenaktionen in missionarischer Tradition. So wurde Simon Okeke, der erste in Innsbruck studierende Nigerianer, von einer Patenschaftsgruppe aus dem vorarlbergischen Egg unterstützt.[943] Ebenfalls im August 1961 trafen weitere Seminaristen aus dem südnigerianischen Onitsha ein, die für Wien bestimmt waren, Hypolite Adigwe und Aaron Ejikemeuwa Ekwu.[944] Ihnen wurde das Studium durch die Wiener Fahrschulbesitzerin Gabriele Ilming ermöglicht.[945] Einen Kaplan aus Ghana, der zunächst auch im Rahmen des Vereins PASUA (siehe unten) aktiv war, unterstützte die Katholische Frauenbewegung.[946] Adigwe und Ekwu wurden 1965 von Kardinal Franz König zum Priester geweiht und promovierten an der Katholisch-Theologischen Fakultät in Wien mit Arbeiten zur Missionsgeschichte Nigerias. Wie andere Theologiestudenten aus der Volksgruppe der Igbo konnten auch sie wegen der Sezession der erdölreichen Provinz Biafra 1967–1970 nicht wie geplant nach Nigeria zurückkehren und kamen deshalb vorläufig in Wiener Pfarren zum Einsatz, wo sie ziemlich populär wurden.[947] Hier liegen die Anfänge des Einsatzes katholischer Priester aus Afrika, später auch aus Indien, in österreichischen Pfarren, auf den an dieser Stelle nur kurz hingewiesen werden kann.

Studienmigration

Diskriminierung, Widerstand, Repression. Nur langsam schwächte sich in den folgenden Jahrzehnten die dominante Position der ägyptischen Studierenden ab. Zwar befand sich das Bildungswesen in den früheren Kolonien Subsahara-Afrikas in tiefer Krise und Studienmigration in die Industrieländer schien ein Gebot der Stunde, doch war Österreich eine nachrangige Destination. Es hatte sich in Afrika mit Ausnahme Ägyptens nie als Bildungsstandort profiliert und verfügte auch über kein institutionelles Vertretungsnetz als Multiplikator. Die offiziösen Argumente, mit denen das Studium in Österreich beworben wurde, waren hanebüchen und kaum attraktiv: *1. Österreich ist als ein Land bekannt, gegen das aus früherer Zeit keine Ressentiments einer Kolonialepoche vorhanden sind; 2. Österreich ist kein Land, das irgend jemand eine politische Anschauung aufzwingen will, ja nicht einmal geneigt ist, seinen Lebensstil, seinen ‚way of life' als den besten der Welt zu sehen; 3. Österreich genießt den Ruf, zwar politisch neutral zu sein, aber innerhalb dieser Neutralität vollkommene Freiheit zu verbürgen; 4. Österreich hat noch immer den Ruf, gute Schulen zu besitzen; 5. Österreich hat als Unterrichtssprache Deutsch, welche neben Englisch in Asien und Afrika als wichtigste Verkehrs- und Wissenschaftssprache gilt.*[948] Die spezifischen Bildungserfordernisse der frühe-

[942] Hochschulstatistik, 1961/62, 36–39.
[943] Okungbowa, Lebensgeschichten, 32.
[944] Biographisch vgl. Reiter, Ekwu; Mikrut, Mann Gottes.
[945] Reiter, Ekwu 41–44.
[946] ÖStA/AdR, BMI, Zl. 22.533-17/66 [Staatspolizeiakt 2], fol. 21.
[947] Für Ekwu, der 1989 an den Folgen eines Autounfalls starb, wurde kurz nach der Jahrtausendwende die Seligsprechung beantragt (Mikrut, Mann Gottes, 96–98 und 113–117). Das Verfahren ist nicht abgeschlossen.
[948] Zitiert nach Eppel – Lotter, Dokumentation, 450.

ren Kolonien, um Nationswerdung, staatlichen Aufbau sowie wirtschaftliche Entwicklung voranzutreiben, konnte man in Wien nicht verstehen, wie spätere Klagen über irrelevante Lehrinhalte bezeugen.

Eher notgedrungen denn aus Überzeugung setzten Bestrebungen ein, sich um die bildungshungrige Jugend der unabhängigen Staaten der *Dritten Welt* (vgl. Einleitung) zu kümmern. Ein hauptsächlicher Beweggrund lag in der Systemkonkurrenz zwischen Ost und West. Ende Juli/Anfang August 1959 fanden in Wien die *VII. Weltfestspiele der Jugend und Studenten für Frieden und Freundschaft* statt – ein großangelegtes Event mit Kulturprogramm für junge Menschen aus aller Welt, unter anderem mit einem Auftritt von Paul Robeson. Die Bundesregierung hatte dem Projekt zwar mit Blick auf die Neutralität zugestimmt, von weiten Teilen der Öffentlichkeit aber wurde es als kommunistische Vorfeldaktivität abgelehnt.[949] Unterstützt von den Regierungsparteien, den Sozialpartnern sowie der katholischen Kirche organisierte der Bundesjugendring ein Gegenfestival, das aus der Perspektive des Kalten Krieges auf die Entkolonisierung Bezug nahm: *Hab acht du Jugend aus Afrika, Amerika und Asien vor dem Wolf im Schafspelz*, hieß es beispielsweise auf einem Transparent.[950] 1958 wurde die *Österreichische Orient-Gesellschaft Hammer-Purgstall (OÖG)* gegründet, die sich Studierenden aus dem arabischen und nordafrikanischen Raum widmen sollte.[951] Mit Unterstützung von ÖMV-Vorstandsdirektorin Margarethe Ottilinger, die auch für die Finanzierung des Gegenfestivals sorgte,[952] erfolgte im Jahr darauf der Startschuss für das *Afro-Asiatische Institut* in Wien, einer weiteren Betreuungsinstitution mit Fokus auf die christliche beziehungsweise zu christianisierende Welt in Übersee. Der Österreichische Gewerkschaftsbund (ÖGB) rief in Kooperation mit der Industriellenvereinigung (IV) und gefördert durch Bundesmittel ein Programm zur Qualifizierung afrikanischer Lehrlinge ins Leben,[953] und die steiermärkische Landesregierung ermöglichte es 1963/1964 sechzehn Stipendiaten aus der Republik Kongo, nach Absolvierung eines Deutschkurses verschiedene Studienrichtungen in Graz zu belegen.[954]

Obwohl diese spät, aber doch einsetzenden Aktivitäten einer internationalen Verpflichtung Österreichs entsprachen, sich gut in die herrschende Mentalität des Kalten Krieges einpassten und die dafür vorgesehenen Budgetmittel ohnehin größtenteils in Österreich verblieben,[955] waren sowohl Studienmigration als auch Entwicklungszusammenarbeit insgesamt sehr umstritten – zu tief war ein kolonialer Rassismus in den Köpfen verankert. So äußerte sich Gustav Jamnig, damals österreichischer Handelsdelegierter in Léopoldville (heute Kinshasa, Kongo), skeptisch über die Initiative der Steiermark. Weil er die erwähnten Stipendiaten für unfähig hielt, mit den Errungenschaften der modernen Zivilisation umzugehen, schlug er für ihren Aufenthalt in Graz eine gefängnisähnliche Kasernierung vor: *Außerdem sollte es einem Kandidaten unmöglich gemacht werden, ohne Erlaubnis den Ausbildungs-, Schul- oder Wohnplatz zu verlassen, was überhaupt nur vorkommen sollte, wenn eine*

949 Vgl. zusammenfassend Hautmann, Weltjugendfestspiele; Berger, Kinderjause, 45–49.
950 Hautmann, Weltjugendfestspiele, 4.
951 Zauner – Strickner, Sozialhilfe, 18–19. Zu den weiteren Betreuungsorganisationen ebd., 19–27.
952 Schödl, Ottillinger, 102–106.
953 Zu den Afrika-Aktivitäten des ÖGB siehe Paulesich, Gewerkschaftsbund; Lechner, Gewerkschaftsbeziehungen, 209–214.
954 Steiner, Kongo, 195.
955 Sagun, Entwicklungshilfepolitik.

glaubwürdige Begründung vorgebracht wird.[956] Selbst die renommierte *Sozialistische Monatsschrift für Politik, Wirtschaft, Kultur* fragte im März 1962 *Soll man den Kongonegern helfen?* Die meisten Antworten darauf waren grundsätzlich positiv, etwa jene des Gewerkschaftssekretärs Kurt Prokop, der von einer moralischen Verpflichtung der Arbeiterbewegung sprach, *in ihrer Solidarität mit den notleidenden Menschen in den Entwicklungsländern nicht wankend* zu werden.[957] Die Redaktion entblödete sich aber nicht, auch eine „Stimme dagegen" abzudrucken, deren Primitivität in Wortwahl und Argumentation kaum zu übertreffen sein dürfte: *Wir können unser Geld selbst brauchen. Die Kongoneger aber, die das „Kolonialjoch" nicht wollten, sollen sich jetzt selber helfen.*[958]

Leicht waren Studium und Alltagsleben für afrikanische Studenten unter diesen Umständen zweifellos nicht. Weder auf den Universitäten noch in der Gesellschaft insgesamt hatte ein Aufbruch in die Moderne stattgefunden. *Zynismus, Desillisionierung* [sic], *Beleidigung, Überdruß und Gefühllosigkeit, – und das alles erlebt man in Österreich* [...]. *Die Österr. Studenten meiden ihre afrik. Kollegen, soweit es ihnen nur möglich ist als ob diese an einer anstreckenden Krankheit litten* [...] *niemand scheint Interesse daran zu haben, uns mit den Verhältnissen und Einrichtungen dieser Stadt vertraut zu machen, und im allgemeinen sind die Wiener sehr kühl und reserviert,* schrieb ein ungenannter afrikanischer Autor 1963.[959] Beklagt wurden neben der Arroganz der meisten inländischen Studierenden die ablehnende Haltung der Österreichischen Hochschülerschaft – obwohl auch Ausländer:innen den ÖH-Beitrag leisten mussten (!) – sowie Schwierigkeiten der überwiegend männlichen Afrikaner, Kontakte zu einheimischen Frauen zu schließen. Die wenigen gemischten Partnerschaften, die sich ergaben, stießen, soweit bekannt, auf Probleme. Eine Krankenschwester, die einen nigerianischen Medizinstudenten heiraten wollte, wurde von ihren Eltern verstoßen,[960] eine andere junge Frau, die von einem Technikstudenten aus Zambia ein Baby erwartete, musste dasselbe wegen familiärer Widerstände in Prag zur Welt bringen und dort adoptieren lassen.[961]

Abgesehen von persönlichen Problemen fanden sich viele in der Armutsfalle wieder. Studiengebühren und Lebenshaltungskosten waren hoch, die meisten ausländischen Studierenden lebten von Zuwendungen aus ihrer Heimat. Nur wenige verfügten über ein Stipendium, und die erwähnten heimischen Betreuungseinrichtungen standen erst am Anfang.[962] Eine schwer zu überwindende Hürde war die Wohnungssuche. *Viele österr. Familien, die Zimmer vermieten, sagen von vorneherein, daß „Juden und Neger sich erst gar nicht bemühen sollen".*[963] Ein Redakteur der *Presse* begleitete einen Neuankömmling aus Sierra Leone bei der Zimmersuche zu sechs von der Hochschülerschaft vermittelten Adressen – und sechs Mal endete der Test mit fadenscheinig begründeter Ablehnung seitens der Vermieter.[964] Nicht weniger als 35 % der Befragten stimmten zum Beispiel bei der ersten Vorurteilsstudie 1969 der Ansicht zu: *Für die Negerstudenten in Europa sollten eigene Internate geschaffen werden; man*

956 Zitiert nach ebd., 59.
957 Arbeit & Wirtschaft 18/5 (1964), 1.
958 Die Zukunft 3 (1962), 67–68, Zitat: 68.
959 Afrika Heute (Dezember 1963), 3–5 (Einlage in ÖStA/AdR, BMI, Zl. 22.533-17/66 [Staatspolizeiakt 2], fol. 6–7).
960 Shonubi, Zerreißproben, 5–12.
961 Persönliche Information an den Autor.
962 Zauner – Strickner, Sozialhilfe, 7–16.
963 Afrika Heute (Dezember 1963), 5.
964 Die Presse, 9./10. März 1963, 5.

kann es Zimmervermietern nicht verargen, wenn sie sich scheuen, Neger aufzunehmen. Noch höher (bei 47 %) lag die Zustimmung bei: *Ich würde meiner Tochter verbieten, mit einem arabischen Studenten tanzen zu gehen.*[965]

Allerdings: Die afrikanischen Studierenden fühlten sich nicht nur als Opfer, sondern versuchten auch, sich zu organisieren. Ende Oktober 1961 proponierte der Student Thomas Yaw Amegah aus Ghana einen Verein *Pan-African Students Union of Austria (PASUA)*, der sich Ende Jänner des folgenden Jahres konstituierte.[966] Dem ersten Vorstand gehörten Studierende aus Angola, Ghana, Nigeria, Togo sowie zwei Afroamerikaner aus den USA an. PASUA entfaltete eine rege, zunächst vorwiegend gesellige Tätigkeit im „Internationalen Forum", einem Klublokal ausländischer Studierender in der Grillparzerstraße in Wien 1, das der SPÖ nahestand. Die Generalversammlung vom April 1963 wählte einen politisch radikaleren Vorstand. Neue Obfrau (bis Februar 1964) wurde Unokanma Bright-Taylor, die aus einer einflussreichen Familie in Lagos stammte, in Wien Staatswissenschaften studierte und aus dem Umkreis des AAI kam.

Bright-Taylor hatte ihre Mehrheit der Mobilisierung der afrikanischen Lehrlinge zu verdanken, die auf Einladung von ÖGB und IV nach Wien gekommen waren. Demgemäß setzte sich der neue Vorstand aus vier Studierenden und drei Lehrlingen zusammen; das Herkunftsspektrum verschob sich dadurch in Richtung Ostafrika. Zwar trugen die beiden US-Amerikaner sowie einige Afrikaner die veränderte Ausrichtung des Vereins nicht mit, was zur Abspaltung einer gemäßigten Gruppierung führte. Die meisten afrikanischen Studierenden aber, darunter mehrere Theologen, bekannten sich weiterhin zur PASUA, die sich als Protestplattform gegen die mangelhaften Studien- und Lebensbedingungen in Österreich profilierte, unter anderem in ihrer Zeitschrift *Afrika Heute/Africa Today*. Darüber hinaus wurde die im Vereinsnamen angelegte blockfreie Perspektive stärker akzentuiert. *Unsere Zeitung wird klar und ohne Furcht Partei für unser AFRIKA ergreifen*, hieß es im Leitartikel der ersten Ausgabe. *Sie wird sich nur gegen jene Leute richten, die unsere EINHEIT in Frage stellen und uns lieber als eine Quelle billiger Arbeitskraft sähen, gegen jene, die sich nur um ihren Profit kümmern und sich sonst wenig Gedanken über Afrika machen.*[967] Bright-Taylor schloss eine Rede anlässlich der Unabhängigkeit von Kenya und Zanzibar im Dezember 1963 mit den Worten: *Es lebe Kenia! Es lebe Zanzibar! Es lebe Österreich! Uhuru!*[968]

Die *Pan-African Students Union of Austria* stellte das reaktionäre politische Klima der frühen 1960er Jahre in dreifacher Weise infrage. Sie konfrontierte Österreich mit der sozialen und politischen Euphorie, die zu Beginn der staatlichen Unabhängigkeit in weiten Teilen Afrikas herrschte. Sie mobilisierte gegen schlechte Lebensbedingungen und Alltagsrassismus in Österreich und setzte an die Stelle einer paternalistischen Entwicklungs„hilfe" das Engagement der Betroffenen. Und sie scheute sich nicht, mit anderen progressiven Vereinen ausländischer Studenten (zum Beispiel regimekritischer Iraner) zu kooperieren. Bald be-

965 Grand, Einstellungen 65.
966 In der Literatur bisher nur vereinzelt erwähnt: Sauer, Diaspora, 215 und 219; Burton, Postkolonialismus, 344; Hacker, PASUA (https://www.hdgoe.at/pasua; 30. Jänner 2022). Der folgende Überblick fußt auf Presseberichten sowie den mittlerweile zugänglichen archivalischen Quellen: ÖStA/AdR, BMI, Zl. 22.586-2B/64 [Staatspolizeiakt 1]; ÖStA/AdR, BMI, Zl. 22.533-17/66 [Staatspolizeiakt 2]; WStLA, M.Abt. 119, A33 – Gelöschte Vereine: 2. Reihe, 1425/1961.
967 Afrika heute (Dezember 1963), 1.
968 ÖStA/AdR, BMI, Zl. 22.533-17/66 [Staatspolizeiakt 2], fol. 15.

Abb. 16 und 17: Vorsprache der afrikanischen Lehrlinge im Sozialministerium; Unokanma Bright-Taylor (Fotos, Kurier, 21. April 1964)

gann die Staatspolizei – seit dem „Revirement" von 1947 eine stramme Kalte-Kriegs-Einheit westlichen Zuschnitts –,[969] die Aktivitäten der PASUA zu observieren.

Da gleichzeitig Proteste afrikanischer Studierender in der ČSSR, der Sowjetunion und vor allem in Bulgarien eskalierten,[970] war der Wahlsieg der als „prokommunistisch" geltenden Bright-Taylor nach polizeilicher Ansicht umso bedenklicher. Besonderes Augenmerk richtete sich auf ihren Ehemann, Onodi, der eine Universität in der DDR besuchte und angeblich Studienreisen in die sozialistischen Länder organisierte. Die Palette der behördlichen Maßnahmen reichte von anonymen Telefonanrufen sowie presse- und vereinsrechtlichen Schikanen bis zu einschüchternden Befragungen und zur Androhung aufenthaltsrechtlicher Konsequenzen. Hinzu kam der Vorwurf der Schädigung des Ansehens Österreichs im Ausland, nachdem Bright-Taylor in einer Rede vor dem 3. Kongress der *Union Afrikanischer Studenten in Europa*, der turnusgemäß im März 1964 in Moskau stattfand, die Diskriminierung der ausländischen Student:innen durch die ÖH angeprangert und das Vorgehen der Behörden gegen PASUA kritisiert hatte.[971]

In Nigeria alarmierte die Berichterstattung einer populären Zeitung im Spätherbst 1963 den (ersten) österreichischen Botschafter in Lagos, Wolfgang Jungwirth. Seine privat und offiziell in Wien deponierten Hinweise, die von PASUA formulierte Kritik sei nur zu verständlich und Nigerias politische Rhetorik mit osteuropäischem Kommunismus nicht gleichzusetzen, wurden vom Innenministerium ignoriert. Maßnahmen zur Deeskalation wurden keine gesetzt, die Hochschülerschaft beteiligte sich im Gegenteil an der Kampagne gegen ihre afrikanischen Mitglieder und regte an, *die Aufenthaltsgenehmigung dieser Studentin* [Bright-Taylor] *einer Überprüfung zu unterziehen* [!].[972] Genau das war der Plan, den die Staatspolizei ohnehin schon verfolgte.

Eine Gelegenheit dafür ergab sich durch Zufall. Am 18. April 1964 wurde ein kenyanischer Lehrling in einem Wohnheim des ÖGB leicht verletzt aufgefunden; ob die Ursache ein Selbstmordversuch war oder die Messerattacke eines Kollegen, war nicht zu klären. Als der angebliche Täter nach Kenya abgeschoben werden sollte, solidarisierte sich die Mehrheit der Lehrlinge mit ihm und suchte Unterstützung bei PASUA. Eine Demonstration zum Sozialministerium samt Vorsprache im Ministerbüro folgte (vgl. Abb. 16 und 17).[973] Im Heim kam es zu einem Handgemenge zwischen Bright-Taylor und Gewerkschaftssekretär Prokop, eine Funkstreife wurde gerufen. In einem zweiten Polizeieinsatz wurden am 21. April abends Unokanma und Onodi Bright-Taylor sowie Labinjo Shonubi, der aktuelle Vorsitzende von PASUA, in den Räumlichkeiten des „Internationalen Forums" verhaftet, am nächsten Tag auch der angebliche Urheber des Messerstichs.[974] Alle vier wurden unter anderem wegen schwerer Körperverletzung und gefährlicher Drohung angezeigt. Über ihren Aufenthalt in der Schubhaft schrieb Bright-Taylor später: *Im Gefängnis war ich Gewalttätigkeiten, Provokationen, Beleidigungen und einem strengen Verhör ausgesetzt* [...]. *Das Verhör konzentrierte sich haupt-*

969 Hautmann, Polizei, 15–17. Die zentrale Figur dabei war Dr. Oswald Peterlunger, über dessen Schreibtisch auch die Erhebungen gegen PASUA liefen.

970 Burton, Decolonization, 184–189.

971 Dies führte in Wien zu einem regen Presseecho. Der Wortlaut der Rede erliegt in ÖStA/AdR, BMI, Zl. 22.586-2B/64 [Staatspolizeiakt 1], fol. 51–53.

972 Schreiben des Zentralausschussvorsitzenden Heinzpeter Thiel vom 11. März 1964 an die Staatspolizei (ÖStA/AdR, BMI, Zl. 22.586-2B/64 [Staatspolizeiakt 1], fol. 66–67).

973 Kurier, 21. April 1964, 3 (mit Fotos).

974 ÖStA/AdR, BMI, Zl. 22.586-2B/64 [Staatspolizeiakt 1], fol. 164 sowie 213–219; Volksstimme, 23. April 1964.

sächlich nicht auf irgendein mir zur Last gelegtes Verbrechen, sondern auf meine politischen Ideen und meine Uniontätigkeit usw.[975] Dass es zu Übergriffen kam, wurde von der Polizei abgestritten, eine physische Auseinandersetzung ist jedoch dokumentiert.[976] Am 30. April 1964 wurden die Eheleute Bright-Taylor in die BRD abgeschoben, ohne dass sie die Möglichkeit einer Berufung erhielten. Shonubi, dessen österreichische Frau schwanger war, durfte sein Studium in Wien abschließen, hatte sein politisches Engagement allerdings zu beenden.[977]

Eine Pressekonferenz Bright-Taylors in London fand in Nigeria breites Echo. Botschafter Jungwirth, der die Behörden in Wien hart kritisierte (*Das übersendete Material erweckt den Eindruck eines rein inquisitorischen Verfahrens klassischer Art*[978]), berichtete von schweren Irritationen im Verhältnis Nigerias zu Österreich. Auch in den heimischen Medien wurden die Ereignisse breit kommentiert. Auch Prokop ging mit der Staatspolizei hart ins Gericht: *Es steht der Polizei nicht zu, Ausländer einer hierzulande durchaus legalen politischen Auffassung wegen in gesonderter Evidenz zu halten und zu belauern* [...]. *Mit turbulenten Verhaftungen in den Räumen eines internationalen Studentenklubs, vor den staunenden und entsetzten Augen anderer Ausländer, wird dem Ansehen Österreichs nur wenig gedient.*[979] Das Innenministerium hingegen vermerkte zufrieden, dass *unter den afrikanischen und arabischen Studenten im Bundesgebiet Ruhe und Ordnung eingekehrt ist. Die politische Aktivität linksextremistischer afrikanischer Studenten ist fast völlig zum Stillstand gekommen.*[980]

Die Aktionen der Staatspolizei, motiviert durch obsessiven Antikommunismus und ohne Verständnis für die tatsächlichen Problemen der Betroffenen, sollten auch der Einschüchterung der ausländischen Studierenden insgesamt dienen – Neuankömmlinge inbegriffen. Ein Teil der in Bulgarien studierenden Afrikaner:innen hatte sich nach teilweise gewalttätigen Konflikten entschlossen, das Studium im Westen fortzusetzen. Österreich wurde so neuerlich zum Schauplatz der Systemkonkurrenz um die „afroasiatische Jugend".[981] Einer Agenturmeldung zufolge reisten bis Februar 1963 etwa 66 Afrikaner:innen aus Bulgarien aus, und dass der Großteil der noch verbliebenen (angeblich dreihundert) ihrem Beispiel folgen würde, wurde erwartet.[982] Jene, die nach Österreich kamen, wurden mit offenen Armen empfangen, schien ihr Schicksal doch die Überlegenheit „westlicher" gegenüber „östlicher" Bildungshilfe für die Dritte Welt zu bezeugen. Für einen Teil von ihnen übernahm das Afro-Asiatische Institut die Lebenshaltungskosten auf ein halbes Jahr, den Vorstudienlehrgang konnten sie im Heim des Auslandsstudentendienstes in der Vorderbrühl absolvieren. Im Gegenzug berichteten drei von ihnen in einer Pressekonferenz über die Gründe ihrer Unzufriedenheit in Bulgarien – schlechte Studienbedingungen, Ausländerfeindlichkeit, Diskriminierung des Christentums und Gefahr für ihre persönliche Sicherheit.[983]

975 ÖStA/AdR, BMI, Zl. 22.586-2B/64 [Staatspolizeiakt 1], fol. 274–275.

976 Meldung Wachzimmer Polizeigefangenenhaus vom 24. April 1964 (ÖStA/AdR, BMI, Zl. 22.586-2B/64 [Staatspolizeiakt 1], fol. 166).

977 Shonubi, Zerreißproben, 19–23.

978 Schreiben vom 5. Mai 1964, 1 (ÖStA/AdR, BMI, Zl. 22.586-2B/64 [Staatspolizeiakt 1], fol. 256).

979 Arbeit und Wirtschaft 18/5 (1964), 1.

980 Innenministerium, Aktenvermerk vom 22. Juli 1964, 1 (ÖStA/AdR, BMI, Zl. 22.586-2B/64 [Staatspolizeiakt 1], 254).

981 Auch diese Episode wurde noch nie systematisch untersucht. Vgl. unter anderem Die Presse, 15. August 1962, 1; ebd., 14. Februar 1963, 1 und die folgenden Tage.

982 Austria Presse Agentur, 25. Februar 1963.

983 Die Presse, 22. Februar 1963, 5. Gegenteilig hatte Die Presse wenig früher (8. Dezember 1962, 3) von großzügigen Stipendien und einer guten materiellen Lage der afrikanischen Studierenden in Bulgarien berichtet, die den Neid der lokalen Bevölkerung hervorrufen würde.

Ob es Kontakte zwischen den Neuankömmlingen und der PASUA gab, ist nicht bekannt. Erhebungen der Polizei im November 1964 *ergaben keine Anhaltspunkte, daß die in Wien lebenden Afrikaner Aktionen planen.*[984] Die einst so profilierte PASUA, kurzfristig eine Stimme für Emanzipation, führte nunmehr ein Schattendasein und löste sich im Februar 1966 auf.[985] Das perfide Vorgehen der Staatspolizei war also erfolgreich gewesen, der Alltag der Studierenden aus Afrika hingegen verbesserte sich kaum. Einer der Bulgarien-Übersiedler, Abayomi Babajide, fasste dies später so zusammen: *Die Tatsache, daß wir Bulgarien verließen, bedeutete aber nicht das Ende unserer Erfahrung mit dem Problem der Diskriminierung. Uns wurden nur dadurch die Augen geöffnet, und wir waren bereit für dieses Problem* [...] *dem wir überall begegnen sollten.*[986]

Diskriminierung und schlechte Lebensbedingungen mögen unter anderem zum kontinuierlichen Sinken der Zahl der afrikanischen beziehungsweise aller außereuropäischen Studierenden an österreichischen Universitäten und Hochschulen beigetragen haben. Nur mehr 199 Staatsbürger:innen aus Afrika waren im Wintersemester 1971/1972 in Österreich inskribiert – zehn Jahre zuvor waren es mehr als siebenhundert gewesen![987] In erster Linie maßgeblich war aber das geringere Interesse aus Ägypten, von wo kaum mehr Neuinskribierende nach Österreich kamen (Absturz von 739 auf 139 Personen). Die Ursachen dafür lagen unter anderem in der blockfreien Neuausrichtung des Landes unter Präsident Gamal Abdel Nasser, der nicht nur die monarchistischen Eliten entmachtete, sondern mit Hinblick auf die israelfreundliche Politik Österreichs auch die bilateralen Beziehungen bremste.[988] Darüber hinaus war es auch nicht gelungen, die Zahl der Hörer:innen aus den subsaharischen Staaten wesentlich zu erhöhen. Und jene, die kamen, blieben offenbar nicht sehr lange: Im Vergleich zu allen anderen sogenannten „Nicht-Kolonialländern" im *Development Assistance Committee* der OECD war die durchschnittliche Verweildauer von Dritte-Welt-Studierenden in Österreich, Dänemark und Norwegen am kürzesten; 42 % von ihnen sahen keine Relevanz des österreichischen Studiums für die Probleme ihres Heimatlandes.[989]

Unzureichende Reformen. Die Neuorientierung der Außen-, Entwicklungs- und Bildungspolitik in der Reformära der 1970er und frühen 1980er Jahre veränderte diesen Trend. Mit Bezug auf die von den Vereinten Nationen proklamierte Zweite Entwicklungsdekade hielt Bundeskanzler Bruno Kreisky in seiner Regierungserklärung am 27. April 1970 fest, Bildungs- und Ausbildungshilfe dürfe *nicht ausschließlich vom materiellen Aspekt her gesehen werden: ihre besondere Bedeutung liegt doch auch darin, der Jugend die Dringlichkeit der internationalen Entwicklung vor Augen zu führen und sie so auf die Probleme der nächsten Zukunft vorzubereiten.*[990] Eine auf Einladung des Bundeskanzlers zustande gekommene Enquete forderte 1971, die vermittelten Kenntnisse und Fertigkeiten den Wünschen und Notwendigkeiten der Entwicklungsländer anzupassen, für Absolvent:innen des Medizinstudiums aus der Dritten Welt bezahlte Turnusausbildungen in Österreich vorzusehen und Stipendiat:innen aus Entwick-

984 Erhebungsbericht der Kriminalpolizei vom 26. November 1964 (ÖStA/AdR, BMI, Zl. 22.533-17/66 [Staatspolizeiakt 2], fol. 26).
985 Wiener Zeitung, 12. Februar 1966, 10.
986 Babajide, Apartheidpolitik, I–II.
987 Hochschulstatistik, 1971/72, 98–99, 118.
988 Cornaro, Österreichbild, 695–698.
989 Spirik, Informationsmöglichkeiten, 80–83.
990 Zitiert nach ebd., 6–7.

lungsländern auch zu Fächern zuzulassen, in denen eine Aufnahmesperre für ausländische Studierende bestand.[991] Weiters wurden Vorschläge für eine bessere Betreuung in Österreich erstellt, die allerdings nur auf eine leichtere *Eingewöhnung in die Lebensverhältnisse unseres Landes* hin ausgerichtet waren, mit keinem Wort aber auf Diskriminierung Bezug nahmen.

Vor allem die Befreiung vom Studienbeitrag war ausschlaggebend dafür, dass die Anzahl der Hörer:innen aus sogenannten Entwicklungsländern an den höheren Bildungseinrichtungen Österreichs im Verlauf der 1970er Jahre stieg.[992] Mit insgesamt 1.024 inskribierten Afrikaner:innen an wissenschaftlichen und künstlerischen Hochschulen sowie einigen vereinzelten Besuchern von Fachhochschulen wurde im Wintersemester 1995/1996 ein neuerlicher Höchststand erreicht.[993] Dabei entfiel auf Studierende aus Subsahara-Afrika (576 Inskriptionen) mehr als die Hälfte, allein auf Nigeria 161. Der Anteil der Ägypter:innen war unter die 30-%-Marke gesunken, dafür hatten Hörer:innen aus den Maghrebstaaten zugenommen. Auch die soziale Zusammensetzung veränderte sich. Waren ursprünglich hauptsächlich wohlhabende Oberschichten in der Lage gewesen, ihren Nachwuchs nach Österreich zu schicken, so erfasste das Interesse in den Herkunftsländern nun breitere Kreise. Oumar Traorés Feststellung, „daß die Betroffenen vor allem die in der Heimat politisch unerwünschten Studenten, Studierende aus ärmeren Schichten und aus armen Ländern sind", ist vielleicht überspitzt, trifft aber eine Tendenz.[994]

Trotz der Beseitigung der materiellen Hürde der Studiengebühr und der Verbesserung des Betreuungsangebots griffen die Reformen der 1970er Jahre zu kurz. Eine detaillierte Übersicht über die Situation der Studierenden aus der Dritten Welt, die Oumar Traoré aus Burkina Faso – selbst ein Betroffener – in seiner Dissertation 1986 erstellte, liest sich wie eine Auflistung der am Ende der Reformepoche verbliebenen Probleme.[995] So wurde als Voraussetzung für die Visumserteilung der Nachweis eines gesicherten Lebensunterhalts verlangt, Bewerber:innen hatten jedoch häufig noch keine Stipendienzusage erhalten. Viele reisten daher mit einem Touristenvisum in Österreich ein und bewarben sich erst vor Ort um die Zulassung zum Studium.[996] Eine weitere administrative Hürde betraf das Aufnahmeverfahren der Universitäten, das seit dem Allgemeinen Hochschulstudiengesetz 1981 an eine Studienberechtigung im Heimatland geknüpft war. „In einigen Ländern Afrikas oder Lateinamerikas, die keine Hochschulen und Universitäten (zum Beispiel Technische Hochschule) besitzen, ist es unmöglich, einen Zulassungsnachweis zu erlangen. Ebenso unmöglich ist dies für diejenigen, die aus politischen Gründen im Heimatland nicht studieren dürfen."[997]

Als „sozio-kulturelle Probleme" listete Traoré weiters den geringen Bekanntheitsgrad (und die unzureichenden Bemühungen) Österreichs in Übersee auf und umgekehrt das geringe Wissen in Österreich über die Probleme der sogenannten Entwicklungsländer. „Kolonialistische und rassistische Vorurteile sind anzutreffen. Man gewinnt den Eindruck, daß die Vorstellungen der meisten Österreicher über afrikanische Länder noch auf die Informationen der ersten ‚Afrikaforscher' bzw. ‚Entdecker' und Missionare zurückzuführen sind. Das

991 Haselbach, Enquete, 16–17.
992 Liebmann, Handbuch, 158.
993 Hochschulstatistik, 1995/96, 156–159, 186 und 334.
994 Traoré, Bildung, 114.
995 Ebd., 106–114; Denk – Traoré – Rasuly, Probleme. Vgl. ÖIBF, Situation; ÖFSE, Studientag, 2–28 (mit teilweise günstigeren Ergebnissen, da nur Stipendiat:innen befragt wurden); Fleck – Ortner, Gastlich, 142–159.
996 Nowak, Ausländerstudium, 71.
997 Traoré, Bildung, 107.

Bild von Afrika wird aber durch die Informationen in den Massenmedien eher noch mehr verzerrt als verbessert."[998] Daraus folgten geringere Chancen bei der Wohnungssuche, Vorurteile seitens der Bevölkerung und mangelnder Kontakt mit inländischen Studierenden.

Die soziale Situation blieb kritisch, ja armutsgefährdend. Da nur ein kleiner Teil der Betroffenen über Stipendien verfügte,[999] der Arbeitsmarkt für sie nur eingeschränkt zugänglich war (die Zeitungskolportage stellte freilich eine Lücke dar) und generell die Lebenshaltungskosten stiegen, waren Unterstützungen von Eltern und Familie oder private Zuwendungen aus dem Gastland selbst für den Studienfortgang entscheidend. Ab 1980 wurden Unterstützungsleistungen des Afro-Asiatischen Instituts Wien (und wahrscheinlich auch anderer Stellen) immer wichtiger; es ging um Mietrückstände, Krankenversicherung oder Studiengebühren.[1000] *Ein Nordafrikaner sagt mir, dass, um die Kosten für Miete, Ernährung, Straßenbahn und Studienmaterial zu decken, ihm seine Eltern jeden Monat so viel Geld schicken müssen, wie ein junger Akademiker in seinem Land in fünf Monaten verdient*, erzählt eine Mitarbeiterin. *Ein Nigerianer bekommt einen Scheck von seiner Familie, den er aber nicht einlösen kann, weil das Geld von der Bank in seiner Heimat nicht freigegeben wird. Ein Kenianer möchte seine Frau nachkommen lassen. Sie soll in Wien arbeiten und Geld verdienen, damit er weiterstudieren kann.*[1001] Zwar wird aus dieser Zeit auch von Solidarität vonseiten der Bevölkerung berichtet, von spontaner Unterstützung bei Wohnungssuche oder finanziellen Zuwendungen. Im Großen und Ganzen aber blieb die Lebenssituation problematisch. *Für uns als Teil der Generation, die nach 2000 gekommen ist,* berichtete das Projekt „Naija Akatarians", *war es unglaublich interessant zu hören, wie und warum die Leute vor uns gekommen sind. Die meisten von ihnen hatten überhaupt keinen Zugang zu Information, die dabei geholfen hätte, ihr Leben in Wien aufzubauen und ihre Existenz zu sichern. Und trotzdem haben sie Wege gefunden, sich gegenseitig zu helfen und einander dabei zu unterstützen, es von einem Punkt zum nächsten zu schaffen, den Alltag zu bewältigen, die Studiengebühren zu bezahlen oder andere Dinge.*[1002]

Am Rande spielte die soziale Krise auch bei der gleichzeitig stattfindenden Debatte über eine „Professionalisierung" der österreichischen Bildungshilfe eine Rolle.[1003] 1988/1989 und 1991 wurden zusätzliche Unterstützungen mit einheitlichen Vergabekriterien eingeführt („Eine-Welt-Stipendienprogramm", „Flüchtlingsstipendienprogramm"), die sich allerdings auch als unzureichend erwiesen.[1004] Gleichzeitig wurde über „Kernaufgaben" der Betreuungsorganisationen diskutiert, und das Thema einer schnellen Rückkehr von Absolvent:innen in ihre Heimat rückte in den Vordergrund – trotz gegenteiliger Stimmen.[1005] Ab 1997 sahen die

998 Ebd., 112.

999 Traorés Angaben zufolge erhielt im Wintersemester 1984/1985 kaum ein Viertel der Afrikaner:innen Stipendien (ebd., 110).

1000 Bittner – Hödl – Kandlhofer – Zapatocky, Institut, 126–127.

1001 Christa Bultmann, zitiert nach ebd., 59.

1002 Akegbeleye – Dimitrova – Erinmwionghae – Aigner, Naija Akararians, 233–234 (Zitat von Clifford Erinmwionghae).

1003 Hufnagel – Krobath – Langthaler, Bildungshilfe. Zum Verlauf der Debatte siehe Zauner – Strickner, Sozialhilfe, 42–50.

1004 Zauner – Strickner, Sozialhilfe, 47–70; Pleschko, Studierende 239.

1005 *Gut, dass manche in Österreich verblieben sind. Als Gemeindeärzte, wo kein Österreicher zu finden war, als Integrationsbeauftragte in der Stadt Wien, als Künstler, die unser kulturelles Leben bereichern* (Gerhard Bittner, in: Bittner – Hödl – Kandlhofer – Zapatocky, Institut, 16–17).

Verträge des Eine-Welt-Stipendiums eine Rückzahlungsverpflichtung im Fall des Verbleibs in einemIndustrieland vor.[1006]

Die neoliberale Wende seit den 1990er Jahren: Die defensive Haltung ist im Kontext der „entwicklungspolitischen Wende" seit 1987[1007] und vor allem der zunehmenden Obsession mit der „Ausländerfrage" zu sehen. Dem von aktivistischer Seite beklagten Schwinden des staatlichen Interesses an Studienförderung und der damit verbundenen handfesten Reduktion des Budgets[1008] entsprach gesellschaftlich ein Trend zunehmender Ausländerfeindlichkeit. Theologiestudent Chibo Udeani, 1987 nach Innsbruck gekommen, erlebte diese paradigmatische Veränderung: *Damals war die klassische Frage „Sind Sie Student?" Wenn wir ja sagten, dann merkten wir einen gewissen Respekt oder Wohlwollen uns gegenüber* [...]. *Später in Linz, in den neunziger Jahren, da war die Frage anders. Die Frage hieß „Sind Sie Flüchtling?" und dann, wenn ich sage „Nein", war es für die Leute „Ja". Und die nächste Frage war dann: „Wann wollen Sie wieder zurück?*[1009]

Angesichts der steigenden Akademikerarbeitslosigkeit in den jeweiligen Heimatländern, zu der die dramatische Wirtschaftskrise Afrikas in den 1980er Jahren geführt hatte, nahm die Bereitschaft zur Rückkehr allerdings ab. Selbst bei den Stipendiaten gab ein Drittel 1989 an, Angst vor einer Rückkehr in die Heimat zu haben, großteils wegen politischer Instabilität.[1010] Parallel zur längeren Verweildauer hielt der Zustrom an die Hochschulen an. Bildungsmigration eröffnete eine Möglichkeit, die jeweilige Heimat aus politischen Gründen zu verlassen, ohne im Zielland um Asyl ansuchen zu müssen. Laut Hochschulstatistik springen für das Jahrzehnt zwischen 1985/1986 und 1994/1995 bemerkenswerte Zuwachsraten für Tunesien und Marokko, den Sudan, Rwanda, Zaire/DR Kongo, Äthiopien oder Nigeria ins Auge – alles Staaten, die während dieser Jahre in tiefe ökonomische und/oder politische Krisen gerieten. Zunehmend fanden sich in Österreich also Afrikaner:innen mit der Intention – oder auch unter dem Vorwand – zu studieren, die nicht zur klassischen Klientel der Betreuungsorganisationen zählten.

Ein vielleicht extremes Beispiel dafür war Vicky Wilson Magwiro aus Zimbabwe: 1989 aus dem zerfallenden Jugoslawien nach Österreich gekommen, erhielt er Aufenthaltsberechtigung und letztendlich auch Nostrifikation seines Magisteriums, aber keine Arbeitserlaubnis. 1994 war er deshalb gezwungen, seine Wohnung aufzugeben, und lebte – als Dissertant der Wirtschaftsuniversität Wien – ein halbes Jahr als Obdachloser auf der Straße. In einem Buch schrieb er seine Erfahrungen nieder. *Tagsüber merkte man mir meine Obdachlosigkeit nicht an. Ich bin von Natur aus ein Mensch, der auf gepflegtes Äußeres Wert legt. Meine gesamte Habe passte in eine mittelgroße Sporttasche. Ein paar Bücher, Seife, Handtuch, Zahnpasta und ein Mantel, der nächtens als Decke diente, waren der Inhalt dieser Tasche. Ich wußte, wann*

[1006] Zauner – Strickner, Sozialhilfe, 35.

[1007] „Seit der Bildung der großen Koalitionsregierung im Jänner 1987 reduziert eine stärker westeuropaorientierte Außenpolitik der SPÖ-ÖVP-Koalition die Beziehungen zur Dritten Welt auf die Vergabe karitativer Geschenke und verzichtet weitestgehend auf internationale Initiativen zugunsten der Dritten Welt" (Höll, Entwicklungspolitik, 702; vgl. Kaiser-Mühlecker, Handlungsspielräume).

[1008] Von rund 10 % der Mittel für bilaterale Programm- und Projekthilfe 1992 auf 7 % im Jahr 2001: Obrovsky, Begegnung, 157.

[1009] John, Afrikaner, 104.

[1010] ÖFSE, Studientag, 26–27.

und wo und wie ich eine Dusche oder eine Badegelegenheit haben konnte [...]. *Dann erschien ich wie jeder andere Student in der Vorlesung.*[1011]

Statt die sozialen Bedingungen des Ausländerstudiums zu verbessern, entschied sich die Politik, die Bedingungen für Studierende aus Entwicklungsländern zu verschärfen. Seit dem Aufenthaltsgesetz von 1991 mussten sie diese Anträge um Aufenthaltsbewilligung von ihren Heimatländern aus stellen, selbst wenn bereits die Zusage eines Stipendiums vorlag. Nicht selten kam es dabei zum Verlust kostbarer Studienzeit oder verfielen genehmigte Studien- oder Heimplätze, weil die Betroffenen ihr Visum verspätet oder gar nicht erhielten.[1012] Ab dem Wintersemester 2001/2002 wurden darüber hinaus wieder Studiengebühren für ausländische Student:innen eingeführt, und zusätzlich musste im Vorhinein ein Depot von 5.000 Euro hinterlegt werden. Damit war eine zentrale Errungenschaft der Ära Kreisky aufgehoben. Auch wenn in den Folgejahren eine Refundierungsmöglichkeit für bestimmte Gruppen – etwa Studierende aus den Schwerpunktländern der Entwicklungszusammenarbeit – eingeräumt wurde, ging die Zahl der afrikanischen Hörer:innen schlagartig zurück. Mit 552 Personen (525 ohne Fachhochschulen) wurde 2004/2005 ein Tiefpunkt erreicht.[1013] Mittels juristischer und finanzieller Mechanismen war Migration in die „Bildungsnische" eben leicht zu steuern.

An den Betreuungsorganisationen, im Kontext der „Entwicklungseuphorie" der späten 1950er Jahre gegründet, ging diese Entwicklung nicht spurlos vorüber. Einerseits hatten sie ihr früheres Monopol auf interkulturelle Bildungsarbeit durch verstärkte Aktivitäten von Dritte-Welt-Gruppen und der Diaspora selbst bereits verloren. Andererseits machte sich das manifeste Desinteresse der Geldgeber immer stärker bemerkbar. Auf staatlicher Seite überwog die Anti-Ausländerpolitik, gegen die nicht einmal der Hinweis auf erfolgreiche, österreichischen Interessen gegenüber aufgeschlossene ehemalige Stipendiaten in Dritte-Welt-Ländern zählte. Zunehmend wurde aber auch auf katholischer Seite entwicklungspolitisches Engagement durch ein traditionelles Kirchenverständnis ersetzt.[1014] 2011 wurde das „Eine-Welt-Stipendium" eingestellt,[1015] 2016 ging der jahrelange Erosionsprozess des Afro-Asiatischen Instituts Wien durch Schließung seitens der Erzdiözese Wien zu Ende,[1016] und 2020 stellte auch die Österreichische Orient-Gesellschaft ihre Tätigkeit ein.

Das vielfach beklagte Ende der Fördermaßnahmen für ausländische Studierende scheint im Widerspruch zur statistischen Tatsache zu stehen, dass gleichzeitig die Zahl afrikanischer Staatsbürger:innen an den höheren Bildungseinrichtungen Österreichs wieder anstieg – auf 1.370 im Wintersemester 2020/2021.[1017] Offensichtlich hat dieser Trend aber weniger mit dem nationalen Kontext zu tun als mit der Globalisierung der Bildungspolitik seit den 1990er Jahren: Schaffung eines transnationalen privaten Marktes für Bildung, Einführung von

[1011] Magwiro, Vienna, 34. Magwiro vollendete seine Dissertation über Entwicklungszusammenarbeit und Industrialisierung in Tanzania, Zambia, Namibia und Moçambique 2001.

[1012] Liebmann, Handbuch, 157; Pleschko, Studierende, 238–239.

[1013] Hochschulstatistik, 2004/05, 137, 157 und 200.

[1014] Gerhard Bittner, in: Bittner – Hödl – Kandlhofer – Zapatocky, Institut, 16.

[1015] Pleschko, Studierende, 242–243; Laubichler – Zauner, Stipendienprogramm, 35–36.

[1016] Vgl. dazu insbesondere Bittner – Hödl – Kandlhofer – Zapatocky, Institut.

[1017] Siehe https://www.statistik.at/web_de/statistiken/menschen_und_gesellschaft/bildung/hochschulen/studierende_belegte_studien/index.html (25. Jänner 2022).

Marktmechanismen in diesen Sektor und dadurch Abwertung nationaler Einflüsse („Deterritorialisierung") von Bildungspolitik.[1018]

In Österreich verbreiterten sich durch die Teilprivatisierung des Hochschulsektors seit der Milleniumswende erstens die Potentiale für das Ausländerstudium – Fachhochschulen wurden ausgebaut, Privatuniversitäten zugelassen. Etwa ein Viertel der erwähnten 1.370 Personen (nämlich 288) waren nicht an öffentlichen Lehranstalten inskribiert. Bei den Privatuniversitäten (141 Inskriptionen) ist zu vermuten, dass ein geschützter Sektor für eine wohlhabende Klientel aufgemacht wurde, zum Beispiel für Kinder ausländischer Diplomaten oder transnational Studierende mit elitärem sozialen Background. Für die Fachhochschulen (271) könnte ihre stärkere Berufs- und Praxisbezogenheit sprechen. Es stellt sich freilich die Frage – auch für die öffentlichen Universitäten –, inwieweit die steigende Frequenz durch afrikanische Studierende tatsächlich auf Studienmigration zurückzuführen ist oder ob es sich dabei nicht auch um Angehörige der Zweiten Generation handelt, die zwar in Österreich geboren sind, aber nicht über die Staatsbürgerschaft verfügen. Trifft diese Hypothese zu, so würde es sich also bei einem Gutteil der „ausländischen Staatsbürger:innen" um in Österreich sozialisierte (und hier integrierte) Menschen handeln, also eigentlich um Inländer:innen, die aufgrund einer umstrittenen staatsrechtlichen Exklusion (*ius sanguinis* versus *ius soli*[1019]) in die Nische des „Ausländerstudiums" gedrängt werden.

Zweitens fällt das nunmehr vollständige Fehlen entwicklungspolitischer Motive auf. Auch der in den 1990er Jahren vom Außenministerium gewünschte Lenkungseffekt in Richtung EZA-Schwerpunktländer[1020] ist nicht erkennbar. So hat sich die Anzahl der afrikanischen Heimatstaaten der Inskribierenden zwischen 2004/2005 und 2017/2018 nicht konzentriert, sondern im Gegenteil noch erweitert (von 40 auf 46). Während Nordafrika insgesamt (Ägypten, Libyen, Tunesien, Algerien, Marokko) seinen Anteil bei etwas mehr als einem Drittel halten konnte, verloren die Anfang der 1990er Jahre proklamierten Schwerpunktländer trotz numerischer Zunahmen prozentuell stark (Äthiopien) oder blieben plus/minus auf ihrem Wert (Burkina Faso, Uganda und – auf extrem niedrigem Niveau – Moçambique). Hingegen waren Steigerungen bei den Nicht-Schwerpunktländern Ghana, Kenya, Südafrika, Tanzania oder Somalia zu verzeichnen. Offenbar hat das Paradigma der „Bildungshilfe" also ausgedient und sind komplexe migratorische Entwicklungen an seine Stelle getreten. Hier werden die Interessen einer finanzkräftigen und global vernetzten Oberschicht in afrikanischen Ländern bedient, was gleichzeitig eine Restmöglichkeit offenlässt, ohne Asylantrag nach Europa zu kommen.

Ansätze zur Arbeitsmigration: Die Kolporteure

Hunderte von Verkäufern dunkler Hautfarbe mit grellfarbenen „Krone"- oder „Kurier"-Überziehern prägten viele Jahre lang das morgendliche und abendliche Straßenbild Wiens. Die Zeitungskolportage bildete eine Arbeitsmarktnische für Zuwanderer zunächst vor allem aus Ägypten, später aus dem indischen Subkontinent. Mit dem Straßenverkauf wurde das

1018 Langthaler, Konjunkturen, 40–42.
1019 Bauböck – Valchars, Non-Toleration.
1020 Pleschko, Studierende, 239.

Interesse der Medienhäuser befriedigt, ihre Produkte per Sozialdumping und mit hohem Werbewert unter die Leute zu bringen. Historisch gesehen handelte es sich um einen frühen Mechanismus zur Schaffung atypischer Beschäftigungsverhältnisse in einem ansonsten weitgehend regulierten Arbeitsmarkt.

Waren ursprünglich Einheimische in der Kolportage tätig gewesen, so entwickelte sich diese mit steigendem Wohlstand immer mehr zum Ausländerjob.[1021] Allerdings kamen dafür die sogenannten Gastarbeiter aus Jugoslawien oder der Türkei kaum in Betracht, weil deren Einsatz durch zwischenstaatliche Verträge reglementiert und für Normalarbeitsverhältnisse bestimmt war. So lag es nahe, ein außereuropäisches Arbeitskräftereservoir zu rekrutieren, das sich bereits vor Ort befand, das heißt im wesentlichen Studenten, denen ein Teilzeitjob die Möglichkeit bot, sich „etwas dazuzuverdienen" und dadurch die Auswirkungen einer restriktiven Stipendienvergabe zu kompensieren. Mit der Zeit wurden diese Studenten von „klassischen" Arbeitsmigranten abgelöst.

Federführend beim Straßenverkauf waren zunächst die beiden großen Zeitungsverlage (*Neue Kronenzeitung* und *Kurier*) beziehungsweise ab 1988 ihr Mutterkonzern *Mediaprint*; auf ihre Veranlassung hin wurde das Kolportagesystem ab der zweiten Hälfte der 1970er Jahre auch in den Landeshauptstädten sowie einigen größeren Gemeinden Niederösterreichs eingeführt. Als nächstwichtiger Arbeitgeber für Kolporteure profilierte sich die steirische *Kleine Zeitung*, und ihr folgten die verschiedensten Zeitschriften und Illustrierten. Für 1991 wurde die Gesamtzahl der Zeitungsverkäufer in Österreich auf etwa 2.000 geschätzt,[1022] was gegenüber früheren Jahrzehnten schon eine merkliche Reduzierung aufgrund von Effektivierungsmaßnahmen der Verlage darstellen dürfte. Obwohl sie eine ganze Reihe von Bedingungen hinsichtlich Standort, Kleidung, Präsentation der Druckwerke, zeitlichem Ablauf etc. erfüllen mussten, galten die „wandelnden Litfaßsäulen" nicht als Dienstnehmer, sondern als Selbständige und waren somit nicht (oder nicht automatisch) arbeits- und sozialrechtlich abgesichert. Es handelte es sich um prekäre und schlecht bezahlte Tätigkeiten, die mit hoher Unfallgefahr und häufig auch mit Diskriminierung und Belästigungen verbunden waren. Eine Umfrage aus dem Jahr 1991 wies darüber hinaus auf schlechte Wohnverhältnisse, unzureichende Gesundheitsversorgung und mangelnde soziale Integration hin.[1023]

Ab etwa Mitte der 1960er Jahre wurden in Wien verstärkt Ägypter als Kolporteure herangezogen. Vermutlich stand dies mit ihrer zahlenmäßig starken Position am Studienort in Zusammenhang, spiegelte aber auch eine gewisse ethnische Exklusivität wider (wohl nicht zufällig waren kaum Männer aus dem subsaharischen Afrika in der Kolportage tätig. Auch Kurden hätten keine Chance gehabt, wird berichtet[1024]). Binnensoziologisch war die Berufsgruppe durch ein hierarchisch strukturiertes Patronagesystem gekennzeichnet, das bei entsprechendem Wohlverhalten den Zugang zu einträglichen Standplätzen und Lokalen garantierte.[1025] Angesichts des zunehmenden Bedarfs an Kolporteuren, der weiterhin aus dem Land am Nil gedeckt wurde, formierte sich prekäre Arbeit in Wien zu einer charakteristischen Etappe in der „Integrationskarriere" von ägyptischen Männern.[1026]

1021 Hummel, Kolporteure, 14–27.
1022 Ebd., 26.
1023 Ebd., 71–77 sowie 84–88. Vgl. Fleck – Ortner, Gastlich, 160–174; Jaff, Zeitungsverkäufer, 190–219.
1024 Hummel, Kolporteure, 56.
1025 Heinrich – Es-Sawi, Sozialpyramiden.
1026 Schlechta, Frauen, 21.

Wie viele andere, so begegnete auch Wafaa el Saddik, später Generaldirektorin des Ägyptischen Museums in Kairo, die um 1980 vier Jahr lang an der Universität Wien studierte, dieser ägyptischen Diaspora: *Junge Männer, die in ihrer dünnen Kleidung und einem Plastiküberzieher, auf dem der Name einer Zeitung steht, das Morgen- oder Abendblatt an einer zugigen Straßenecke verkaufen. Da stehen sie schlotternd in dünnen Schuhen. Ihr Anblick macht mich traurig und nachdenklich. Jeder von ihnen hat eine Geschichte. Jeder versucht, Ägypten hinter sich zu lassen und trägt es doch mit ins Exil. Oft leben mehrere von ihnen gemeinsam in einer winzigen Wohnung, teilen sich die Betten in zwei Schichten. Einer nutzt es am Tag, der andere in der Nacht. lch bin den gleichen Gesichtern später wiederbegegnet. In New York stehen sie an einer Straßenecke und verkaufen Hot Dogs, in Rom ziehen sie mit Rosen von Restaurant zu Restaurant. Junge Männer, darunter Ingenieure, Ärzte, Rechtsanwälte. Ägypten kommt mir vor wie ein Land, das seine Kinder vertreibt. Wir verlieren die klügsten Köpfe.*[1027]

Auch der aufenthaltsrechtliche Status der Zeitungskolporteure (ausschließlich Männer) war prekär. Nur scheinbar bestand eine großzügige Regelung. 1983 schuf ein in Absprache mit dem Verband der Zeitungsherausgeber entstandener Erlass des Innenministeriums einen Rahmen, demzufolge „Fremden" bei nachgewiesener Kolporteurstätigkeit die Aufenthaltsberechtigung relativ unbürokratisch zu erteilen war („Z-Stempel" im österreichischen Sichtvermerk).[1028]

Einerseits erleichterte diese Regelung den Verbleib von ausländischen Staatsbürgern, die nur mit Touristenvisum eingereist waren, ja wurde teilweise sogar als Methode angesehen, zu einer Aufenthaltserlaubnis zu kommen. Rund ein Drittel der an der genannten Umfrage teilnehmenden Kolporteure hatte bereits in der Heimat von Bekannten oder Verwandten von der Möglichkeit gehört, in Österreich Arbeit als Zeitungsverkäufer zu finden, was zugleich den Stellenwert ethnischer Netzwerke bei der Vermittlung von Arbeits- und Verdienstmöglichkeiten aufzeigt. Bei diesen Personen handelte es sich kaum um Studenten, auch wenn mit dem Aufenthalt in Österreich gelegentlich noch die Inskription an einer Hochschule verbunden war; für etwa drei Viertel der 1991 befragten Kolporteure stand vielmehr Arbeitsmigration im Vordergrund,[1029] in manchen Fällen wohl auch politische Gründe: Die Kolportage war ja mit einer Aufenthaltsberechtigung verbunden, ohne dass um Asyl angesucht werden musste. Gleichzeitig aber hatte diese Sonderregelung für die Betroffenen einen wesentlichen Nachteil, weil sie den legalen Aufenthaltsstatus mit Kolporteurstätigkeit koppelte und somit die Abhängigkeit von den Verlagen verstärkte: Ein Ende der Beschäftigung als Kolporteur (*durch selbst erklärten Austritt oder eine Verfügung der betreffenden Vertriebsorganisation*) zog im Regelfall auch ein Aufenthaltsverbot in Österreich nach sich.

Bereits 1979 war es zu einem Streik der Verkäufer bei der *Kronenzeitung* mit anschließendem Polizeieinsatz gekommen.[1030] Ein Jahr darauf konstituierte sich in Wien ein *Verein der Ägypter für Kultur und Soziales*, der im Dezember 1980 eine Flugblattaktion an die Käufer und Käuferinnen der Zeitungen startete und grundlegende Verbesserungen der Arbeitssituation sowie die Aufnahme der Kolporteure in ein reguläres Dienstverhältnis forderte.[1031] Obgleich diese Forderungen per Unterschrift von 14.000 Personen, darunter auch prominenten

[1027] EL SADDIK, Schatzhüterin, 204.
[1028] Dokumente bei HUMMEL, Kolporteure, 178–187.
[1029] Ebd., 54.
[1030] Ebd., 18–25.
[1031] Ein Faksimile des Flugblatts bei FLECK – ORTNER, Gastlich, 160; SCHMIDINGER, Verein, 43.

Politikern wie dem Bundeskanzler und führenden Gewerkschaftern, unterstützt wurden, blieben sie im Wesentlichen unerfüllt. Seitens der Herausgeber wurden Verhandlungen mit dem Kolporteursverein grundsätzlich abgelehnt. Vor allem im Vertriebsbereich der *Krone* wurden laut Hummel verschiedenste Maßnahmen gegen seine Mitglieder getroffen. So rekrutierte man zum Beispiel für den Vertrieb verstärkt Männer aus Indien, Bangladesh oder Pakistan. Ähnlich die Reaktion des *Styria*-Verlags in der Steiermark: *Am nächsten Tag gab es dort keine Ägypter mehr*, berichtete Eva Scherz von flex@work, einer Gewerkschaftsplattform für atypisch Beschäftigte.[1032]

Der *Verein der Ägypter für Kultur und Soziales* reagierte im November 1987 mit einer statutarischen Umbildung in einen *Verein für Zeitungskolporteure*, um künftig neben Ägyptern auch Angehörige anderer Nationalitäten vertreten zu können. Dieser Schritt hatte weitere Einschüchterungen der Vertriebsfirmen zur Folge sowie die Begrenzung von Ägyptern auf 60 % des Verkaufspersonals. Angesichts dessen sank die Bedeutung des Vereins wesentlich. Kolporteure seien zu eingeschüchtert, berichteten Medien, um sich in ihm zu engagieren; abgesehen davon, dass die meisten kaum Deutsch sprächen, wüssten sie auch über ihre Rechte nicht Bescheid.[1033] Eine ausführliche Untersuchung von Bernhard Fuchs wies darüber hinaus auf ethnische Konflikte zwischen Ägyptern und Südasiaten innerhalb des Kolporteursvereins hin.[1034]

Als Ausländer ohne Wahlrecht und als Selbständige ohne eigene Lobby hatten die Kolporteure kein politisches Gewicht. Da es sich bei ihnen juristisch um Freiberufler handelte, konnte – oder wollte – ihnen die branchenmäßig zuständige Interessensvertretung, die Gewerkschaft Druck und Papier, keinen Rechtsschutz gewähren.[1035] Abgesehen von der arbeitsrechtlichen Herausforderung hatten die damaligen Arbeitnehmervertretungen kaum Interesse an prekären Beschäftigungsverhältnissen im Grenzbereich zur informellen Wirtschaft. Überraschend wurde allerdings die Führung des *Österreichischen Gewerkschaftsbundes* (ÖGB) mit dem Thema konfrontiert. Im Rahmen eines seit längerem geplanten Besuchs einer Delegation des *Ägyptischen Gewerkschaftsbundes* in Wien Ende Juli/Anfang August 1984 brachten die Gäste aus Kairo *auch die speziellen Probleme der ägyptischen Staatsbürger* zur Sprache, *die als Zeitungsverkäufer in Österreich tätig sind. Die Möglichkeiten einer Hilfestellung im Sozialversicherungsbereich wurden erörtert.*[1036] Gleichzeitig wurden zwei Aide-Memoires überreicht. Das erste bezifferte die Anzahl der ägyptischen Kolporteure mit 2.800 und schilderte die Situation der Betroffenen unter anderem wie folgt: *Die ägyptischen Arbeiter sehen sich verschiedenartigen Problemen gegenüber, aber die wesentlichsten sind medizinische Probleme und Straßenunfälle, da alle an Straßenecken arbeiten und den Wetterbedingungen im Winter ausgesetzt sind. Die Zeitungen, für die sie arbeiten, sorgen nicht für Kranken- oder Pensionsversicherung, und zwar deswegen, weil die Arbeiter keine Gewerkschaften schaffen können, die ihre Rechte sichern und schützen würden. Die ägyptischen Arbeiter*

1032 Falter, 13. Oktober 2004, 20.

1033 Ebd.

1034 Fuchs, Identität.

1035 Hummel, Kolporteure, 19.

1036 Kommunique über den Besuch einer Delegation des Ägyptischen Gewerkschaftsbundes in Wien, 2. August 1984, 1 (Internationales Archiv des ÖGB, Länderordner Ägypten). Das Dokument wurde von den beiden Gewerkschaftspräsidenten Saad M. Ahmed, zugleich Arbeitsminister der Vereinigten Arabischen Republik, und Anton Benya, zugleich Erster Präsident des österreichischen Nationalrates, unterschrieben. Im Bericht des *ÖGB-Nachrichtendienstes* über das Treffen der beiden Delegationen (17. August 1984, 13) fand die Kolporteursproblematik keine Erwähnung.

Abb. 18: Intervenierte für Kolporteure: Ägyptische Gewerkschaftsdelegation beim ÖGB (vorne Mitte: Anton Benya und Saad M. Ahmed; hinten rechts: ÖGB-Bildungssekretär Kurt Prokop; Pressefoto, 2. August 1984).

unterliegen einer begrenzten Zwangsversicherung ohne einen Anteil von Seiten der Zeitungen. Diese Versicherung ist nur allgemein und unzulänglich. In den meisten Fällen schafft dieser Zustand vor allem Probleme bei Unfällen. Das zweite Memorandum regte einen bilateralen Notenaustausch zur Regelung von Sozialversicherungs- und Pensionsfragen an. Ob und wie diese Intervention auf österreichischer Seite weiterverfolgt wurde, ist unbekannt. Zu einem Sozialversicherungsabkommen zwischen Österreich und Ägypten kam es bis dato jedenfalls nicht.

Auf individueller Basis klagten Kolporteure immer wieder auf Zuerkennung des Arbeitnehmerstatus und/oder Einbeziehung in die Sozialversicherung.[1037] Manche dieser Prozesse führten bis zum Verwaltungsgerichtshof. Dieser erkannte erstmals 1995 zu Recht, dass es sich aufgrund der konkreten Umstände und des konkreten Vertrags bei dem betreffenden (ägyptischen) Zeitungsverkäufer um einen Dienstnehmer handelte. *Eigentlich müßten die rund 2000 Kolporteure* [...] *nun vom Arbeitgeber sozialversichert werden*, schrieb die Tageszeitung *Der Standard. Zudem fiele Lohnsteuerpflicht und Umsatzsteuer für die verkauften Zeitungen an. Außerdem müßte im Sozialministerium eine eigene Kolporteursquote geöffnet werden, da die Zeitungsverkäufer (durchwegs Ausländer) als Dienstnehmer in die (bereits aus-*

[1037] Zur Feststellung der Dienstnehmereigenschaft eines ägyptischen Kolporteurs durch das Oberlandesbericht Wien bereits 1992 siehe Hummel, Kolporteure, 35–36 sowie 160–177 (Wortlaut). Vgl. auch das Rechtsgutachten von Günther Löschnigg und Heinz Wittmann, in: ebd., 89–158.

geschöpfte) Gastarbeiterquote fallen.[1038] Ein Versuch, Kolporteure wenigstens in die gesetzliche Sozialversicherungspflicht für Werkverträge einzubeziehen, scheiterte allerdings 1996 an einem Appell von *Krone*-Herausgeber Hans Dichand, sie *um der Pressefreiheit willen* von der neuen Regelung auszunehmen, *da die daraus entstehenden Mehrkosten für die Firma Mediaprint eine unerträgliche Belastung darstellen würden.*[1039] Gleichzeitig wurden von den Vertriebsfirmen die Verträge der Kolporteure verändert – zumindest auf dem Papier gab es weniger Vorgaben –, sodass weitere Urteile des Verwaltungsgerichtshofs zu unterschiedlichen Beurteilungen der Arbeitnehmer- oder Selbständigeneigenschaft der Kläger gelangten, die Arbeitsbedingungen sich aber kaum verbesserten.

Auch die Struktur der Zeitungskolportage begann sich zu verändern. Insbesondere ab der Jahrtausendwende bildeten Gratiszeitungen eine Konkurrenz zum bisherigen Boulevard (in Bezug auf Qualität eine Spirale noch weiter nach unten), was zur Reduktion des traditionellen Straßenverkaufs und somit zum langsamen Aussterben einer typisch gewordenen Wiener Berufsgruppe führte. Gleichzeitig kam es zu einer Ausdifferenzierung der Zustellertätigkeit. Die bisherigen Kolporteure wurden weitgehend von sogenannten Austräger:innen abgelöst, die während der Nacht die Lieferung von abonnierten Tageszeitungen in die Wohnungen besorgten oder auch die Verteilung von Werbeprospekten untertags.[1040] Ihre Anzahl wurde in einer Untersuchung des *Verbands Österreichischer Zeitungen* (VÖZ) von 2004 mit mehreren tausend angegeben. Ihnen arbeiteten weiters rund 400 sogenannte Zusteller:innen zu, die für die Auslieferung der Zeitungen von den Druckereien zu bestimmten Sammelplätzen zuständig waren. Während die erstgenannte Gruppe auf Werkvertragsbasis arbeitete, war die zweitere mit Dienstverträgen angestellt.[1041]

Laut der 2004 durchgeführten Untersuchung von Aberer und anderen bildeten Ägypter (nach wie vor ausschließlich Männer) damals noch immer die zweitgrößte nationale Gruppe unter den Austräger:innen in der Steiermark, waren aber durch bestehende soziale Netzwerke und teilweise auch einen abgesicherten aufenthaltsrechtlichen Status begünstigt.[1042] So ergab sich für sie häufig die Möglichkeit, in andere Branchen zu wechseln, zum Beispiel in die Gastronomie. Beobachtet wurde allerdings auch die langsame Verdrängung der Ägypter durch Asylwerber:innen aus anderen Ländern. Für diese bildet(e) das Zeitungsaustragen oft die einzige legale Verdienstmöglichkeit während des Asylverfahrens und wurde deshalb trotz schlechter Arbeitsbedingungen positiv bewertet. Als *Augustin*- oder *Megaphon*-Verkäufer:innen prägen Asylwerber:innen afrikanischer oder sonst außereuropäischer Herkunft heute in ähnlicher Weise das Straßenbild wie früher die Kolporteure.[1043]

Während die freiberufliche Tätigkeit in diesen Fällen wenigstens eine Erwerbsmöglichkeit eröffnet, sind insgesamt der Ausschluss vom Arbeitnehmerstatus und das daraus resultierende Fehlen einer entsprechenden arbeits- und sozialrechtlichen Absicherung als hauptsächlicher Mechanismus zur Präkarisierung dieses Arbeitsmarktsegments zu werten.

[1038] Der Standard, 27. August 1996, 17.

[1039] Fuchs, Rezension, 265.

[1040] Vgl. Aberer – Korom – Postl – Reischl – Revers – Schantl, ZeitungsausträgerInnen.

[1041] Ebd., 24–25 und 55–67.

[1042] Im Folgenden ebd., 98–107.

[1043] Im Vertrieb der Wiener Straßenzeitung *Augustin* stammte im April 2020 ein Drittel der etwa 390 Verkäufer:innen aus Afrika, darunter vier Fünftel Männer. Die Zahl der Asylwerber:innen unter ihnen betrug mehr als die Hälfte, ist infolge der Aufarbeitung unerledigter Verfahren und der faktischen Abschottung Österreichs allerdings rückläufig (danke an Bernhard Wernitznig, Wien).

Neben den traditionellen Profitinteressen der Vertriebsfirmen erwiesen sich die Marktliberalisierung seit dem österreichischen EU-Beitritt und die Aufhebung des Postmonopols als ergänzende Faktoren.[1044] Es verwundert somit nicht, dass die Kontroverse über die Arbeitnehmereigenschaft der Kolporteure alter und neuer Art virulent blieb, zumal sich auch die Arbeitnehmervertretungen aktiver für Arbeitende in der informellen Wirtschaft zu engagieren begannen.[1045]

Jahrzehntelang hatte die heimische, vor allem von der SPÖ geprägte Sozialpolitik gezögert, das Erkenntnis des Verwaltungsgerichtshofs von 1995 (und analoge Entscheidungen) gesetzlich umzusetzen und sich der Meinungshegemonie der Boulevardpresse entgegenzustellen. Um die dadurch angeblich entstandene Rechtsunsicherheit zu beseitigen, stellten Abgeordnete der ÖVP-FPÖ-Koalition 2018 einen Initiativantrag im Nationalrat, *Zusteller/innen von Zeitungen und sonstigen Druckwerken* von der Vollversicherung nach ASVG rückwirkend auszunehmen. *Hauszusteller/innen, Selbstbedienungsaufsteller/innen sowie Kolporteure und Kolporteurinnen* sollten demnach als sogenannte neue Selbständige definiert werden. Der Antrag, der den Interessen der Vertriebsfirmen entsprach, wurde gegen die Stimmen aller Oppositionsparteien beschlossen und trat 2019 im Rahmen einer Novelle zum Allgemeinen Sozialversicherungsgesetz in Kraft.[1046]

Asylmigration

Angesichts von Wirtschaftsaufschwung und Arbeitskräftemangel gab es Ansätze, das traditionelle Paradigma temporärer Migration in bestimmte abgegrenzte Bereiche (Studium, Diplomatie und Seelsorge) durch eine „Gastarbeiter"schiene[1047] zu ergänzen. Ab 1970 rekrutierten die Glanzstoffwerke St. Pölten Migranten aus Tunesien.[1048] Auch der erste Flüchtlingszustrom aus Afrika wurde zunächst nicht unter asyl-, sondern unter arbeitsmarktpolitischen Aspekten diskutiert. Anfang der 1970er Jahre führte die Nationalisierung kleiner und mittlerer Unternehmen in Uganda zur Vertreibung von mehreren hunderttausend Bürger:innen asiatischer Herkunft. Sowohl das Flüchtlingshilfswerk der Vereinten Nationen (UNHCR) als auch die britische Regierung – als ehemalige Kolonialmacht, und weil viele der betroffenen Flüchtlinge Doppelstaatsbürger:innen waren – richteten Hilfsappelle an die internationale Gemeinschaft. In Österreich fühlte die Unternehmerseite betreffend *Engagement von Ugandavertriebenen als Gastarbeiter* vor. Vom zuständigen Handelsminister, Josef Staribacher (SPÖ), wurde dies nicht grundsätzlich abgelehnt, zumal sich *unter den aus Uganda ausgewiesenen Personen* [...] *in großer Zahl hochqualifizierte Handwerker* befinden sollten.[1049] Am 7. November 1972 beschloss der Ministerrat die zeitlich begrenzte Aufnahme von 200 Flüchtlingen aus Uganda mit britischen Pässen sowie von bis zu 1.400 staatenlosen Personen *zur Vorbereitung auf ihre Auswanderung in andere Staaten*; ein permanenter

1044 Aberer, ZeitungsausträgerInnen, 130–138.
1045 Ebd., 124–125.
1046 BGBl. I, Nr. 8/2019, § 5 Abs. 1 Z 17. Danke an Walter Gagawczuk (Arbeiterkammer Wien).
1047 Zum damaligen „Gastarbeiterregime" siehe Grösel, „Fremdenpolitik", 46–99.
1048 Unterwurzacher, Glanzstoff-Fabrik.
1049 Arbeiter-Zeitung, 19. September 1972, 1; ebd., 20. September 1972, 2.

Aufenthalt im Gastland wurde für die meisten Betroffenen nicht angedacht.[1050] Mehr als 1.500 Vertriebene aus Uganda trafen in den folgenden Tagen in Österreich ein und wurden teils in Gasthöfen oder Pensionen, teils im Flüchtlingslager Traiskirchen einquartiert. Ihr Alltag gestaltete sich allerdings nicht reibungslos.[1051] Etwa hundert erhielten schließlich einen Arbeitsplatz, die anderen reisten meist in anglophone Staaten weiter. Die Erwartung, qualifizierte Arbeitskräfte zu gewinnen, ging also nur zum Teil in Erfüllung. Wie im Fall der ungarischen beziehungsweise tschechoslowakischen Flüchtlinge 1956 und 1968 blieb es bei einer spektakulären, in der Asylstatistik gar nicht aufscheinenden *ad hoc*-Aktion,[1052] die allerdings erstmals eine außereuropäische Krisenregion betraf.

Ein Kapitel Statistik. Abgesehen von den Ugandern war der Zustrom afrikanischer Flüchtlinge zunächst marginal. Zwischen 1970 und 1979 wurden gerade einmal 40 registriert, die Hälfte davon aus Ägypten; für das folgende Jahrzehnt waren es 429.[1053] Auch wenn man eine gewisse Dunkelziffer in Rechnung stellt,[1054] waren die Zahlen mehr als überschaubar, und außerdem ging der Anstieg in den 1980ern allein auf 1989 zurück, in welchem Jahr vor allem Ghanaer:innen vermehrt Anträge stellten.[1055] Für 1990 bis 1999 verzeichnete die Flüchtlingsstatistik fast fünfeinhalbtausend Anträge – nimmt man an, dass sich auch unter den „Sonstigen“ und „Staatenlosen“ Afrikaner:innen befanden, wohl an die sechstausend –, im Wesentlichen aus vier Staaten: Nigeria, Ghana, Somalia und Sierra Leone.

Im historischen Vergleich stellt Asylmigration seit den 1990er Jahren den breitesten Kanal für Zuwanderung aus Afrika dar. Erstmals in der Geschichte der Neuzeit waren hierfür nicht heimische Rekrutierungsinteressen maßgeblich, sondern Migrationsentscheidungen der afrikanischen Akteure selbst. Anders formuliert: Überseeische (afrikanische) *supply push*-Faktoren überlagerten österreichische *demand pull*-Faktoren oder, um ein bekanntes Wort zu zitieren: Österreich wurde zum „Asylland wider Willen“.[1056]

Ab der Jahrtausendwende verstärkte sich diese Entwicklung. Nicht nur nahm der Zustrom afrikanischer Asylsuchender zu, auch die Palette der Herkunftsländer verbreiterte sich wesentlich.[1057] In der ersten Dekade des neuen Jahrtausends stellten Afrikaner:innen mehr als zweiundzwanzigtausend Asylanträge, wobei die größten Kontingente aus Nigeria (allein fast zehntausend[1058]), Somalia, Algerien und Gambia kamen. In der folgenden Dekade waren es siebenunddreißigtausend, nach Spitzenwerten in den „Flüchtlingsjahren“ 2015 und 2016 (6.814 beziehungsweise 7.081 Personen) allerdings mit stark sinkender Tendenz. Der Anteil der Afrikaner:innen an der Gesamtzahl aller Asylwerbenden betrug in den 2010er Jahren nur 13,4 %; Syrer und Afghanen überwogen bei weitem. In Bezug auf die Herkunftsländer

[1050] Österreichische Zeitschrift für Außenpolitik 12 (1972), 354–355 und 362; Alizadeh, Flüchtlingspolitik.
[1051] So klagten die Ugander über zu geringes Taschengeld und verlangten österreichische Fremdenpässe, *um auch als Einzelreisende eventuell in die Nachbarländer reisen zu können* (APA, 23. Jänner 1973).
[1052] Graf – Knoll, In Transit.
[1053] Angaben aus Jahrbuch, 1981, 44 sowie ebd., 1992, 58, vereinzelt ergänzt durch Angaben aus anderen Jahrgängen. Die in den jährlichen Bänden enthaltenen Zeitreihen stimmen nicht immer überein, die Zahlen sind daher nicht völlig exakt.
[1054] Stadler, Asylwerberstatistik.
[1055] Jahrbuch, 1992, 58.
[1056] Heiss – Rathkolb, Asylland.
[1057] Siehe https://www.statistik.at/web_de/statistiken/menschen_und_gesellschaft/bevoelkerung/wanderungen/asyl/022914.html (24. November 2020).
[1058] Hier spielt möglicherweise die unrechtmäßige Erteilung von Einreisevisa eine Rolle, für die ein hochrangiger Mitarbeiter der Botschaft in Abuja erstinstanzlich verurteilt wurde (Der Standard, 27. Jänner 2006, 13).

nahm die Dominanz Westafrikas ab. Somalia schob sich geringfügig vor Nigeria, danach folgten mit Abstand Algerien und Marokko. Insgesamt suchten Flüchtlinge aus 51 (von 55) afrikanischen Staaten in Österreich um Asyl an.

Nur ein kleiner Teil der von Afrikaner:innen gestellten Asylanträge wurde beziehungsweise wird positiv entschieden. Direkte Vergleiche sind im Rahmen der Statistik zwar kaum möglich, doch lassen sich immerhin Tendenzen erkennen. Nach den vom Innenministerium veröffentlichten Zahlen[1059] wurden zwischen 2002 und Ende 2019 knapp mehr als achttausend Anträge von Afrikaner:innen positiv erledigt, fast zweiunddreißigtausend aber negativ. Nach der amtlichen Berechnungsmethode würde dies eine Anerkennungsquote von 20,3 % bedeuten. Dabei bestanden große Unterschiede nach Nationalität der Antragsteller. So endeten Ansuchen von Nigerianer:innen fast ausnahmslos negativ, solche von Somalier:innen hingegen überwiegend erfolgreich. Möglicherweise wird die Zuerkennung oder Verweigerung von Asyl auch von den medial konstruierten Images einzelner Staaten beeinflusst.

Fluchtursachen und -verläufe. Auf individueller Ebene besteht naturgemäß eine Gemengelage von Motiven, die von dezidiert politischer Verfolgung über die Erfahrung persönlicher wie struktureller Gewalt bis hin zu Hoffnungen auf ein materiell besseres Leben oder einfach dem Wunsch nach einer neuen Chance reichen können.[1060] Hinter diesen Motiven aber stehen gesellschaftliche und politische Entwicklungen, welche die konkrete Migrations- oder Fluchtentscheidung begünstigen. In Afrika war dies aufgrund der Verschlechterung der wirtschaftlichen und sozialen Situation ab Mitte der 1980er der Fall. Die zweieinhalb Dekaden nach der Unabhängigkeit, die von politischem Optimismus und relativer Stabilität gekennzeichnet waren, gingen zu Ende. In großen Teilen des Kontinents verschlechterte sich die wirtschaftliche und soziale Lage aufgrund der Schuldenkrise und der von den Gläubigern durchgesetzten sogenannten Sanierungsprogramme, aber auch durch benachteiligende Handelsbeziehungen. Abbau von Sozialleistungen, ein Sinken des Lebensstandards und ökonomische Verteilungskämpfe, gelegentlich bis zum Zusammenbruch staatlicher Strukturen, waren teilweise die Folge. Sogar die Internationale Bank für Wiederaufbau und Entwicklung (vulgo Weltbank), an der Vertiefung der Krise nicht unbeteiligt, kam 1990 zu der Einsicht, dass der Lebensstandard in den meisten Ländern südlich der Sahara auf das Niveau der 1960er Jahre gesunken war.[1061] Das Vertrauen in die tradierten Unabhängigkeitsnarrative und -hoffnungen sank. An die Stelle säkularer politischer Konzepte traten ethnische und/oder religiöse Populismen mit entsprechendem Konfliktpotential sowohl in inner- als auch in zwischenstaatlicher Hinsicht. Eine Kombination von sozialer Deklassierung, geschwundenen politischen Perspektiven und individueller Gefährdung schuf die gesellschaftlichen Rahmenbedingungen für eine *Krisenmigration*, die nicht notwendigerweise Europa im Blick hatte – bis heute verbleibt der Großteil der Flüchtlinge vielmehr innerhalb der Grenzen des Kontinents.

Auf die gängigen Fluchtverläufe, insbesondere die Risken des Transports durch die Sahara, über das Mittelmeer oder auf anderen Routen, ist hier nur kurz zu verweisen.[1062] Für

1059 Siehe https://www.bmi.gv.at/301/Statistiken/start.aspx#jahr (1. Dezember 2020). 2014 und 2015 wurden nur die Zahlen für die 15 antragsstärksten Nationen veröffentlicht.

1060 Vgl. exemplarisch Lindtner, Schicksale, 75–111; Buckel – Kopp, Fluchtursachen.

1061 World Bank, Weltentwicklungsbericht 1990, 9.

1062 Lindtner, Schicksale; Mbolela, Mein Weg; Kohl, Tuareg; Langthaler, Befunde.

die Mehrheit derer, die es nach Europa schaff(t)en, war beziehungsweise ist Österreich kein primäres Zielland. Einerseits besteht weder eine koloniale Migrationstradition noch existiert vor Ort ein dichtes diplomatisches Netzwerk. Andererseits erweist sich die geographische Lage in Nachbarschaft zu Italien, Ost- und Südosteuropa sowie zur Bundesrepublik Deutschland – der erklärten Destination vieler – als ein fördernder Faktor. Die Grenzöffnung 1989 ermöglichte es zum Beispiel Migrant:innen, die sich etwa – wie der erwähnte Magwiro – zum Studium in Osteuropa oder Jugoslawien befanden, nach Österreich zu übersiedeln, ebenso wie Neuankömmlinge ihren Weg durch den destabilisierten Balkanraum fanden. Eine typische Erfahrung schilderte ein Flüchtender aus Somalia, der 1993 nach Belgrad gelangt war: *Nach zwei Wochen wollte uns ein Fluchthelfer für 700 Dollar nach Deutschland bringen. Wir waren sieben Leute und versteckten uns, nur mit etwas Brot und Wasser versorgt, in einem Container, der von außen verschlossen wurde. Nach sieben Tagen in der Dunkelheit starben wir fast vor Hunger und Durst und klopften laut. Etwa nach 10 Minuten öffneten Polizeibeamte unser Versteck. Wir fragten: Ist dies Deutschland? Aber wir waren in Innsbruck.*[1063]

Asylpolitik und Asylverfahren. Da abgesehen von Familienzusammenführung und der Rekrutierung von Hochqualifizierten („Rot-Weiß-Rot-Card", „Schlüsselkräfte") kaum mehr reguläre Migrationskanäle zur Arbeitssuche existieren – seit Ende des 20. Jahrhunderts wurden die europäischen Arbeitsmärkte zunehmend nach außen hin abgeschottet und eine damit korrespondierende Xenophobie orchestriert[1064] –, gilt für viele Migrant:innen „das Asylsystem [als] die einzige Migrationsschiene, in der Legalität hergestellt werden kann."[1065] Eine Hoffnung, die sich allerdings oft als vergeblich erweist. Nur teilweise deckt die Genfer Flüchtlingskonvention die vielfältigen Motive der Krisenmigration ab. Hinzu kommt speziell in Österreich die schon in den 1980er Jahren kritisierte mangelnde Grundrechtskonformität des Asylrechts.[1066] Vor dem Hintergrund der umfangreichen Flucht- und Migrationsbewegungen nach dem sogenannten Fall des Eisernen Vorhangs beziehungsweise während der jugoslawischen Sezessionskriege und getrieben von fremdenfeindlichen Kampagnen der FPÖ, gegen die nur die Zivilgesellschaft aktiv vorging („Lichtermeer" 1993), entschloss sich die damals amtierende SPÖ-ÖVP-Koalition für weitere Verschärfungen: Österreich „als Asylland unattraktiv zu machen",[1067] wurde zur Leitlinie der Asylpolitik – ein Versuch, die verlorengegangene Kontrollhoheit über Migration wiederzuerlangen. Ab 1991 erfolgten systematische Einschränkungen der legalen Einreise- und Aufenthaltsmöglichkeiten für sogenannte Drittstaatsangehörige durch die Verabschiedung restriktiverer und weithin unübersichtlicher Gesetze, es kam zu Verschärfungen des Asylrechts, zum sogenannten Assistenzeinsatz des Bundesheeres an den Grenzen und zu einer rigideren Abschiebepraxis.[1068] Selbst die Bestimmungen der Flüchtlingskonvention hinsichtlich „politischer Verfolgung" wurden einschränkend interpretiert, gelegentlich bis ins Absurde. So erkannte das Bundesasylamt einen Asylwerber aus Zaire (heute DR Kongo), der nach einer brutal auseinanderge-

[1063] Integrationsfonds, Stationen, 19–21.
[1064] Lebhart – Münz, Fremdenfeindlichkeit; Marcelino – Ferreira – Lippmann Mazzaglia, Liminality.
[1065] Kratzmann, Ausgrenzung, 38.
[1066] Oberkofler, Broda; Fleck, Ausländer:innen, 175–190.
[1067] So der damals verantwortliche Sektionschef (zitiert nach Langthaler, EU-Kontext, 203), eine Formulierung, die später häufig von Politikern verschiedener Parteien verwendet wurde.
[1068] Grösel, „Fremdenpolitik", 138–296; Fassmann – Fenzl, Asyl.

triebenen Demonstration in Kinshasa verhaftet worden war, nicht als politischen Flüchtling an: *Sie wurden als Demonstrationsteilnehmer festgenommen. Mit solchen Maßnahmen ist gegebenenfalls auch in Demokratien westlicher Prägung zu rechnen.*[1069]

„Reformen" nach der Jahrtausendwende verschärften die Situation weiter. „Auffallend ist, dass sich durch die vielen Gesetzesänderungen [...] keine gesicherte Behördenpraxis und Rechtsprechung herausbilden kann und viele Betroffene kaum um ihre rechtliche Situation Bescheid wissen. So wurde das Asylgesetz zwischen 2007 und 2012 sechsmal novelliert, das Niederlassungs- und Aufenthaltsgesetz neunmal, das Fremdenpolizeigesetz siebenmal und das Ausländerbeschäftigungsgesetz fünfmal. Zudem gibt es viele Sonder- und Ausnahmebestimmungen."[1070] Während sich die durchschnittliche Dauer des Asylverfahrens durch mehr Effizienz, aber auch rückläufige Antragszahlen offenbar verkürzt hat, sind seine Verfahrensregeln politisch umstritten, etwa die Unabhängigkeit der Rechtsberatung, die Rolle der Hilfsorganisationen insgesamt oder die Qualität der Dolmetscher bei den Einvernahmen und Verhandlungen.[1071] Während des Verfahrens leben die meisten Betroffenen unter prekären Lebensumständen. Die Unterbringungskapazitäten in den sogenannten Erstaufnahmezentren – zunächst Traiskirchen (Niederösterreich), dann auch andernorts – waren und sind begrenzt; hoher Flüchtlingszustrom führte mehrmals zur Überlastung der

Abb. 19: Spannung vor dem Aufnahmestopp in der Bundesbetreuungsstelle Traiskirchen, Ende Juli 2015 (Pressefoto)

1069 Die Presse, 11. März 1995, Spectrum V.

1070 Lindtner, Schicksale, 51; Grösel, „Fremdenpolitik", 204–296.

1071 Per Juli 2003 übernahm die deutsche Firma *European Homecare* die Betreuung und (Rückkehr-)Beratung der Asylwerber:innen in Traiskirchen, Thalham, Bad Kreuzen und Reichenau. Anfang 2012 wurde die Schweizer *ORS Service GmbH* damit beauftragt, ab 1. Jänner 2021 die Bundesagentur für Betreuungs- und Unterstützungsleistungen (BBU). Zur Sprachproblematik siehe Pöllabauer, Dolmetschen; Rienzner – Slezak, Translation.

Quartiere und Obdachlosigkeit der Betroffenen. Die Bereitstellung von Wohnraum und Beratung für Asylwerber:innen durch Ute Bock, eine pensionierte Heimleiterin der Gemeinde Wien, deckte einen Teil des Bedarfs ab.[1072] Eine Verbesserung ergab sich aufgrund der EU-Aufnahmerichtlinie von 2003, die Mindestnormen für die Aufnahme von Asylwerbern vorschrieb. War zuvor „zeitweise weniger als die Hälfte der AsylwerberInnen in die staatliche Bundesbetreuung aufgenommen" worden – das heißt sie mussten sich selbst versorgen und waren nicht krankenversichert –, so wurde in den folgenden Jahren *nolens volens* ein System der Grundversorgung aufgebaut, in dessen Rahmen alle zum Asylverfahren zugelassenen Personen Quartiere sowie minimale Sozialleistungen erhalten.[1073]

Die Wohnsituation verbesserte sich dennoch nur langsam, vor allem ausgediente Gasthöfe oder Pensionen waren problematisch. Beim Brand eines Asylheims in Klagenfurt kam 2008 ein afrikanischer Asylwerber ums Leben, der infolge versperrter Türen aus dem Fenster eines oberen Stockwerks gesprungen war. Bei dem folgenden Gerichtsprozess forderte die Verteidigung des Heimbetreibers ein *Gutachten über das Fluchtverhalten von Mittelafrikanern im Vergleich zu Mitteleuropäern im Brandfalle* über die Frage an, ob erstere überhaupt *in der Lage sind, auf Einrichtungen (Fluchtwege, Brandschutz) zu reagieren oder ob sie aufgrund des Kulturkreises, aus dem sie kommen, nicht in der Lage dazu sind und einfach springen* – ein erschreckendes Sittenbild von Rassismus unter Juristen.[1074] Zur Verstärkung der Problematik tragen die Entlegenheit vieler Quartiere sowie behördlich angeordnete Mobilitätsbeschränkungen auf einen bestimmten Bezirk bei. Diese räumliche Separierung steht im Gegensatz zum Ziel der gesellschaftlichen Integration, das Asylwerber:innen nach ihrer letztendlich erfolgten Anerkennung erreicht haben sollten. Im Oktober 2012 protestierten somalische Frauen vor dem Parlament in Wien gegen ihre Behandlung, ihre dreitägige Kundgebung bildete den Auftakt zu einem spektakulären Protestcamp im Votivpark und dem anschließenden Hungerstreik in der Kirche.[1075]

Abgesehen von der Wohnsituation erweist sich der weitgehende, strikter als in anderen europäischen Ländern gehandhabte Ausschluss vom Arbeitsmarkt als fatal, nicht nur im Hinblick auf die materielle Lage der Betroffenen.[1076] Das gewährte Taschengeld von monatlich 40 Euro pro Person (Stand Februar 2022) zuzüglich zu Krankenversicherung, Kost und Quartier (plus einmal jährlich Leistungen für schulpflichtige Kinder beziehungsweise Kleidung) reicht kaum zur Deckung der alltäglichen Bedürfnisse aus, geschweige denn zur Abdeckung der für die Überfuhr nach Europa aufgelaufenen Kosten. Immerhin ist die Inanspruchnahme von Kultur- oder Freizeitangeboten – die ja integrationspolitisch erwünscht sein müsste – derzeit in sieben Bundesländern (außer Kärnten) und in Teilen von Niederösterreich über den sogenannten Kulturpass möglich.

Neben der ständigen Armutsgefährdung schränkt der fehlende Arbeitsmarktzugang auch die Möglichkeiten von Asylwerber:innen ein, ihre Zeit während des laufenden Verfahrens produktiv zu nutzen. „Die Kumulation von der de facto kaum vermeidbaren Untätigkeit, der

[1072] Krebs, Ute Bock.
[1073] Langthaler, EU-Kontext, 209.
[1074] Siehe https://ktnv1.orf.at/stories/427333 (27. November 2020).
[1075] An diesem beteiligten sich allerdings kaum mehr Asylwerber:innen aus Afrika, sondern vorwiegend afghanische und syrische Männer. Vgl. Mokre, Übersetzung.
[1076] Erlaubt sind unter gewissen Voraussetzungen saisonale Tätigkeiten in der Landwirtschaft und Beschäftigungen, für die nach einer Arbeitsmarktprüfung kein:e Inländer:in zur Verfügung steht (https://www.fluechtlinge.wien/arbeit).

Mittellosigkeit in einer Stadt der vollen Schaufenster, der Isolation im Lager am Stadtrand, des Desinteresses oder gar der Ablehnung von Teilen der Wiener Bevölkerung und der ungewissen Zukunftsperspektive, die von einem für die Betroffenen kaum durchschaubaren Asylverfahren abhängt, lastet schwer auf der Psyche der Lagerbewohner", berichtete Eva Kumar aus einem Flüchtlingsheim in Neu-Albern.[1077] 2012 wurde jungen Flüchtlingen immerhin die Möglichkeit eröffnet, während ihres laufenden Verfahrens eine Lehre zu absolvieren. Diese Lockerung wurde 2018 wieder abgeschafft, kompromissweise dürfen derzeit die knapp 800 Betroffenen ihre Ausbildung in einem Mangelberuf auch bei negativem Bescheid zu Ende bringen, sollen nachher aber abgeschoben werden.[1078]

Angesichts des staatlich verordneten Lohnarbeitsverbots bleiben individuelle Formen der Freizeitgestaltung – etwa ehrenamtlich im Sozialbereich oder im Sport[1079] – oder selbständige Tätigkeit übrig wie die Kolportage von Straßenzeitungen oder die Prostitution – ein legaler Broterwerb, oft unter der Kontrolle von nigerianischen Syndikaten.[1080] Generell erweist sich das Erfahrungswissen der Asylwerber:innen, erworben in Herkunftsländern mit einem hohen Anteil an „Schattenwirtschaft", als komparativer Vorteil. Da der formelle Arbeitsmarkt geschlossen ist, werden informelle Beschäftigungsmöglichkeiten gesucht, naturgemäß zu schlechten Bedingungen.[1081] Nicht die einzige, aber doch nicht seltene Betätigungsmöglichkeit bei Männern ist der Straßenverkauf von Drogen – trotz Illegalität eine Versuchung angesichts von unbefriedigenden Lebensumständen und viel überflüssiger Zeit. In vielen Fällen sind charakteristische „Karrieren" von Flucht, Ankunft, informellen Überlebensstrategien, Gefängnis und Schubhaft die Folge.[1082]

„Fall Omofuma" und „Operation Spring". Verstärkte Maßnahmen der Sicherheitskräfte gegen den Drogenhandel sowie die pauschale Identifikation von afrikanischen Asylwerber:innen mit Suchtgiftkriminalität bewirkten im Verlauf der 1990er Jahre eine Fokussierung polizeilicher Aktionen auf diese Gruppe. 1998 musste Polizeipräsident Peter Stiedl eingestehen, dass bereits gegen jeden vierten (!) in Wien lebenden Afrikaner polizeiliche Amtshandlungen (also mindestens Ausweiskontrollen) durchgeführt worden wären – *eine Quote, die bei Weißen unvorstellbar wäre*, so der *Falter*.[1083] Eine bedauerliche Rolle spielte die Brutalisierung der Fremdenpolizei. Bereits 1986 hatte Amnesty International ungerechtfertigte physische Gewaltausübung im Zuge von Amtshandlungen gegen „illegale" Zuwanderer (zunächst vor allem aus dem Balkanraum) kritisiert, sieben Jahre später äußerte sich auch das Europäische Komitee zur Verhütung von Folter besorgt.[1084] Konsequenzen gab es in beiden Fällen keine. 1996 war – soweit bekannt – erstmals ein Afrikaner unter jenen, die von Sicherheitsbeamten

[1077] KUMAR, Warteschleife.
[1078] WIRTSCHAFTSMINISTERIUM, Jugendbeschäftigung, 132.
[1079] Beispielhaft sei die vom austro-kongolesischen Wissenschaftler Di-Tutu Bukasa ins Leben gerufene Fußballmannschaft *FC Sans papiers* erwähnt, die trotz der Abschiebung mehrerer Spieler bis heute besteht (Die Presse, 12. Mai 2010, 12; Profil, 21. Juni 2010, 38–40. Vgl. https://vereine.oefb.at/SansPapiersDieBunten/Projekt.html; 25. November 2020).
[1080] Die Anzahl nigerianischer Sexarbeiterinnen in Wien wurde 2017 mit 116 angegeben, 95 davon waren Asylwerberinnen (Die Presse, 25. Juni 2017, 11). Über Frauenhandel als „Folge von verschärften Migrationsgesetzen und mangelnden Alternativen für MigrantInnen" siehe LINDTNER, Schicksale, 13–16.
[1081] Beispiele bei KRATZMANN, Undokumentierte, 175–178.
[1082] HAFNER, Kreisläufe, 43–73.
[1083] Falter, 28. August 1998, 14; zur Haltung der Exekutive gegenüber Zuwandern: EBERMANN, Afrikaner, 141–149.
[1084] AMNESTY, Jahresbericht 1987, 418; GRÖSEL, „Fremdenpolitik", 197.

misshandelt wurden,[1085] 1998/1999 gab es weitere Fälle; zwei Polizisten, die einen österreichischen Staatsbürger nigerianischer Herkunft krankenhausreif geschlagen hatten, wurden wegen Körperverletzung bedingt verurteilt.[1086] Die Brutalität begann sich pauschal gegen Schwarze Menschen zu richten.

Am 1. Mai 1999 kam der nigerianische Asylwerber Marcus Omofuma im Verlauf seiner Abschiebung auf dem Flug von Wien nach Sofia ums Leben. Omofuma, 1973 geboren, hatte zunächst einen Asylantrag in der Bundesrepublik Deutschland gestellt. Nach dessen Ablehnung war er 1998 irregulär in Österreich eingereist und hatte hier neuerlich um Asyl angesucht. Auch hier wurde sein Antrag in beiden Instanzen abgelehnt, er selbst im Dezember 1998 in Schubhaft genommen. Wie mehrere medizinische Gutachten feststellten, verursachten einschnürende Fesselung und Blockierung der Atemwege durch Klebebänder seinen Tod im Flugzeug. Der Vorfall löste in breiten Kreisen der Öffentlichkeit einen Schock aus – Teile der Wiener Polizei seien außer Kontrolle geraten, kommentierte der renommierte Journalist Hans Rauscher.[1087] 2002 wurden die Polizisten wegen fahrlässiger Tötung zu bedingten Strafen verurteilt.

Der Tod Omofumas bildete nicht das Ende der polizeilichen Repression gegen Schwarze Menschen. Boulevardmedien wie die *Neue Kronenzeitung* emotionalisierten die Öffentlichkeit und verbreiteten das Stereotyp des „nigerianischen Drogendealers", welches vornehmlich in Wien die öffentliche Diskussion bestimmte; von der Freiheitlichen Partei wurden rassistische Inserate geschaltet.[1088] In den Morgenstunden des 27. Mai folgte die bis dahin angeblich größte Polizeiaktion in der Geschichte der Zweiten Republik, die sogenannte *Operation Spring*, in deren Rahmen Sicherheitskräfte österreichweit Lokale, Wohnungen und Flüchtlingsheime durchsuchten und etwa hundert mutmaßliche afrikanische Drogenhändler verhafteten; als einer der vermuteten „Bosse" wurde der Schriftsteller Obiora C-Ik Ofoedu festgenommen.[1089] Die Aktion, deren Termin der Wiener FPÖ im Vorhinein durch einen Polizeifunktionär mitgeteilt worden war, war von den Sicherheitsbehörden unter anderem durch einen „großen Lauschangriff" vorbereitet worden (den ersten aufgrund der neuen Polizeibefugnisse von 1998). Die konkreten Resultate blieben gleichwohl gering. Gerade die schwerwiegendsten Vorwürfe konnten nicht nachgewiesen werden – Ofoedu wurde Ende August freigelassen und später wegen „Geldwäsche" auf zehn Monate bedingt verurteilt –, und eine Serie von Prozessen führte bis Ende 2005 zwar zur Verurteilung der meisten Angeklagten, ist aber aufgrund schwerer prozeduraler Mängel (falsch aus dem Igbo übersetzte Beweisunterlagen, Einsatz vermummter Zeugen etc.) bis heute umstritten.

1999 bildete den Tiefpunkt im Verhältnis des offiziellen Österreich zu seiner „afrikanischen" (teilweise schon mit österreichischer Staatsbürgerschaft versehenen) Bevölkerungsminderheit. Während als einzige die FPÖ profitierte, die bei den folgenden Nationalratswahlen ihr bis dahin bestes Ergebnis einfuhr, wurde weder die Drogenkriminalität gebrochen noch verbesserten sich die Lebensbedingungen der Asylwerber:innen aus Afrika. Die Eska-

1085 Amnesty, Jahresbericht 1996, 383.

1086 Allerdings erhielt auch das Opfer der beiden Polizisten vier Monate bedingt wegen „Widerstands gegen die Staatsgewalt" (APA, 23. August 1999 und 20. Juli 2000).

1087 Format, 11. Oktober 1999, 22.

1088 *Machtlos gegen 1000 Nigerianer*: Kronenzeitung, 26. Mai 1999, 17.

1089 Neben der Berichterstattung in den Medien vgl. Ajaegbu, AfrikanerInnen, 27–35; Kravagna, Crime; Grösel, „Fremdenpolitik", 197–199.

lationsstrategie der Polizei hatte vielmehr noch weitere Todesfälle von afrikanischen Asylwerbern in Polizeigewahrsam zur Folge; wegen Folter eines abzuschiebenden Gambiers in einer Halle in Wien wurden weitere Beamte verurteilt.[1090] Nicht zuletzt vergiftete die anhaltende Kriminalisierung einer gesamten Bevölkerungsgruppe als „Drogendealer" das Verhältnis zur Mehrheitsbevölkerung. Dies zeigte sich ab 2005 auch in Innsbruck, als ähnlich wie zuvor in Wien eine Kampagne gegen irregulär Eingereiste aus den Maghrebstaaten (die sogenannte „Marokkanerszene") stattfand, die sich nicht in Bundesbetreuung befanden.[1091]

Mit insgesamt an die fünfzehntausend Asyl- und Bleiberechtserteilungen seit der Jahrtausendwende trug die Asylmigration am stärksten von allen Zuwanderungskanälen zum Wachstum der afroösterreichischen Bevölkerung bei (siehe unten). Auf die soziologischen Folgen verwies bereits Erwin Ebermann 2002: „Waren es vor einem Jahrzehnt vor allem Bildungshungrige, die nach Österreich kamen und dadurch auch leichter akzeptiert wurden, sind es heute nach Eigenangaben großteils hilfsbedürftige Menschen, die eher als Bedrohung des Sozialstaats denn als ‚exotische Bereicherung' aufgefaßt werden."[1092] Noch nicht absehbar war damals der tiefgreifende Wandel in der Zusammensetzung der Nationalitäten. Überwogen in den 1990er Jahren noch Zuwanderer aus Westafrika und vor allem Nigeria, so verlagerte sich der Schwerpunkt seither in Richtung Horn von Afrika. In religiöser Hinsicht brachte die Verschiebung der Herkunftsregionen die zahlenmäßige Zunahme muslimisch geprägter Immigrant:innen mit sich, was zu einer weiteren Herausforderung für die heimische Integrationspolitik führte.[1093] Schließlich darf auch von einer Verjüngung der afroösterreichischen Minderheit ausgegangen werden, weil vor allem junge Menschen – darunter unbegleitete Minderjährige[1094] – die Reise nach Europa riskieren. Im Vergleich zu anderen Zuwanderergruppen war die afrikanische bereits 2001 im Durchschnitt die jüngste.[1095]

Zwischen Diskriminierung und Selbstorganisation

Mit Kriegsende 1945 – so fassen wir rückblickend zusammen – hatte eine neue Phase der Zuwanderung von Menschen mit Herkunft Afrika oder afrikanischer Diaspora begonnen – die dritte, wenn wir die Antike miteinbeziehen. Die personellen Kontinuitäten zur Ersten Republik waren minimal. In den folgenden Jahrzehnten blieb das österreichische Rekrutierungsinteresse auf wenige Bereiche („Nischen") beschränkt: Studium, Diplomatie, Kolportage, Religion. Mit der Zeit wurde dieser Rahmen aber obsolet: Studierende entschieden sich aus privaten oder beruflichen Gründen, länger als geplant in Österreich zu bleiben, Priester wollten nicht nur „aushelfen", bis die politische Situation in der Heimat ihnen die Rückkehr gestattete, UN-Beamte wählten Wien oder Umgebung als Alterssitz, Medien schufen Cluster prekärer Beschäftigung. Und obwohl nur ein Teil derer, die Österreich um Asylschutz er-

1090 Übersicht in Die Presse, 29. April 2009, 11; Jassey, Erlebnisbericht.
1091 Gensluckner, (Un-)Sicherheit.
1092 Ebermann, Afrikaner, 8.
1093 Trotz heftiger Kontroversen über Moscheen, Religionsunterricht sowie angeblichen oder tatsächlichen islamischen Extremismus („Operation Luxor" 2020) ist konkret über die Situation afrikanischer Muslime in Österreich wenig bekannt. Vgl. zum Beispiel die Passagen über Zuwanderer aus Somalia in Filzmaier – Perlot, Muslimische Gruppen; Mohamed – Mataan, Somali Diaspora.
1094 asylkoordination, Annäherungen.
1095 Münz – Zuser – Kytir, Wohnbevölkerung, 42.

suchten, denselben auch zuerkannt erhielten, trugen sie doch zum numerischen Wachstum und einem sozialen und kulturellen Wandel der lokalen Diaspora bei.

Erstmals in der Geschichte konnte sich eine afrikanische *Community* bilden, die über einige dutzend oder hundert Personen hinausging und in etwa jene kritische Masse erreichte, die für gemeinsame Aktivitäten, ein sichtbares Auftreten nach außen etc. erforderlich ist. Zutreffender sollte von *Communities* gesprochen werden: Denn auch wenn die Betroffenen vergleichbare Erfahrungen dabei mach(t)en, sich den Gegebenheiten der neuen Heimat anzupassen, und sie von der Mehrheitsbevölkerung mehr oder weniger uniform wahrgenommen werden, bilden sie in ihrer Gesamtheit eine nicht nur in Bezug auf Nationalität, Sprache, Kultur und Religion differenzierte, sondern auch sozial heterogene Gruppe, die von informellen Straßenhändlern bis zu exklusiv abgesicherten Diplomaten eine breite Palette an Lebensrealitäten umfasst. Auch Unterschiede zwischen den Generationen treten mittlerweile zutage – erstmals in der Geschichte entstand eine Nachkommenschaft, die nicht nur aus vereinzelten Kindern bestand: Afrika war gekommen, um zu bleiben (vgl. Beitrag Spanbauer).

Menschen mit afrikanischen Wurzeln zählen zu den kleinen Bevölkerungsgruppen mit Migrationshintergrund[1096] im heutigen Österreich. Geht man nach der *Staatsbürgerschaft*, so weist die *Statistik Austria* für Anfang 2022 genau 38.398 Personen aus (Vergleichswert 2001: 14.223). Davon verfügten 21,7 % über somalische, 19,1 % über nigerianische, 16,2 % über ägyptische und 6,5 % über tunesische Pässe.[1097] Zum Vergleich: Die Zahl aller Drittstaatsangehörigen in Österreich (inklusive der europäischen) betrug 739.391.

Nimmt man das *Geburtsland* als Kriterium, nennt dieselbe Quelle 58.680 Personen (Vergleichswert 2001: 24.480), etwa sechs Prozent der in Drittstaaten Geborenen insgesamt. Die Zahl der Zuwanderer aus dem afrikanischen Kontinent insgesamt ist damit nur etwas größer als allein jene der Kroaten. 26,3 % von ihnen stammten aus Ägypten, 14 % aus Nigeria, 11,8 % aus Somalia, 7,6 % aus Tunesien, 5,8 % aus Südafrika, 4,6 % aus Marokko und 4 % aus Ghana; von den übrigen Herkunftsländern waren jeweils weniger als zweitausend Personen gebürtig. Etwa die Hälfte lebte in Wien, gefolgt von Oberösterreich und der Steiermark; Burgenland bildete das Schlusslicht.

Wir entnehmen daraus zweierlei: Erstens springen im Vergleich zu 2001 neben der starken quantitativen Zunahme Verschiebungen zwischen den Herkunftsländern ins Auge. Die Anteile vor allem der somalischen (2001 noch unter „Sonstige“), aber auch der nigerianischen (2001: 15,9 %) Staatsbürger:innen nahmen deutlich zu, was dem Verlauf der Asylmigration entspricht (siehe oben). Die Zahl der ägyptischen Passinhaber:innen hingegen – 2001 noch 33,2 % – verringerte sich, was mit sinkenden Asylwerberzahlen, aber auch mit einer im Vergleich zu Subsahara-Afrika höheren Einbürgerungsrate zu tun haben dürfte.[1098]

Zweitens lässt die Statistik eine gravierende rechtliche Differenzierung erkennen. Grob gesprochen ein Drittel aller in Österreich lebenden Menschen mit afrikanischen Wurzeln besitzt nicht die hiesige Staatsbürgerschaft, ein erheblicher Teil ist darüber hinaus asylrechtlichen Restriktionen unterworfen. Dies bedeutet für die Betroffenen potentiell einen prekä-

1096 Zu den Definitionen vgl. Verwiebe, Werkstattbericht, 25–26.

1097 Siehe https://www.statistik.at/web_de/statistiken/menschen_und_gesellschaft/bevoelkerung/bevoelkerungsstruktur/bevoelkerung_nach_staatsangehoerigkeit_geburtsland/index.html (8. Februar 2022). Vergleichswerte nach der Volkszählung 2001.

1098 Waldrauch – Çinar, Staatsbürgerschaftspolitik, 277.

ren Aufenthaltsstatus, Einschränkungen der bürgerlichen und politischen Rechte, Armutsgefährdung und eine höhere Verletzlichkeit im Konfliktfall.

Aus räumlichen Gründen ist es an dieser Stelle nicht möglich, den durch die Unterschiede im Rechtsstatus geprägten Lebensrealitäten, aber auch dem reichhaltigen kulturellen Leben der afrikanischen Communities nachzugehen – quasi als Update zu den um die Jahrtausendwende erschienenen Studien.[1099] Zumindest soll aber die Frage nach Integration in beziehungsweise Exklusion durch die Bevölkerungsmehrheit – und den dafür maßgeblichen Strukturen – gestellt werden.

Strukturelle Diskriminierung? Die Schwarzen Zuwanderer nach 1945 und ihre Kinder mögen zwar ein neues Kapitel in der Geschichte der afrikanischen Diaspora in Österreich aufgeschlagen haben, trafen aber auf eine seit Jahrhunderten etablierte Bewertungsroutine Afrikas und seiner Menschen. Rassismus war für sie eine unverschuldete Realität, mit der sie konfrontiert wurden. Dies zunächst auf *individueller* Ebene: Mit Ausnahme Weißer Südafrikaner:innen berichten praktisch alle afrikanischen Immigrant:innen wie auch Angehörige der Zweiten Generation (in Österreich geboren und vielfach österreichische Staatsbürger:innen) von individuell erlebter Diskriminierung. Laut dem *Rassismus Report 2020*, herausgegeben von *ZARA – Zivilcourage und Anti-Rassismus-Arbeit* (www.zara.or.at), machte Rassismus, der sich „aufgrund der Hautfarbe gegen Schwarze Menschen und People of Colour richtet[e]“ ein Viertel aller Meldungen aus, im Bereich der Arbeitswelt und beim Zugang zu Gütern und Dienstleistungen sogar ein Drittel. Berichtet werden ferner Vorfälle in öffentlichen Verkehrsmitteln und im Wohnbereich sowie Übergriffe von Taxifahrgästen oder Spitalspatient:innen gegen afrikanisches Personal.[1100] Dies ist dramatisch genug, zeigt gegenüber der bekannten Eskalation zur Jahrtausendwende (also zu der Zeit, in der heutige *Blacklivesmatter*-Aktivist:innen ihre Kindheitserfahrungen machten) aber eine gewisse Entspannung, zumindest was Afrikaner:innen betrifft. Während nämlich direkte Attacken (verbal und physisch) auf sie abnahmen, stehen solche gegen Muslime und muslimische Einrichtungen heute an erster Stelle. Waren zum Beispiel in den frühen 2000er Jahren konstant mindestens zwei Drittel der gemeldeten Schmierereien auf Gebäuden oder Verkehrsmitteln gegen Afrikaner:innen gerichtet, so 2017 nur mehr ein Prozent.[1101]

Die ZARA-Übersicht macht die Austauschbarkeit jener Feindbilder deutlich, die das öffentliche Klima in einem permanenten emotionalen Bedrohungszustand halten („Ausländer“ – „Nigerianer“ – „Islamisten“), und unterstreicht zugleich die entscheidende Rolle von meinungsbildenden Instanzen – politischen Parteien, Medien oder Behörden – dabei, individuelles Fehlverhalten zurückzudrängen oder zu fördern. Seit Anfang der 1990er Jahre war eher Letzteres der Fall. Neben umstrittenen Aussagen des damaligen FPÖ-Obmanns Jörg Haider blieb etwa die Entgleisung der Abgeordneten Helene Partik-Pablé am 10. Mai 1999 im Nationalrat in Erinnerung: *Erkundigen Sie sich doch einmal bei den Beamten über die Art der Schwarzafrikaner! Sie schauen nicht nur anders aus [...] sondern sie sind auch anders, und zwar sind sie ganz besonders aggressiv. Das liegt offensichtlich in der Natur die-*

1099 Ajaegbu, AfrikanerInnen; Ebermann, Afrikaner; Sauer, Diaspora.

1100 ZARA, Report 2020, 14. Hier ist daran zu erinnern, dass die ZARA-Reports auf *gemeldeten* Tatbeständen beruhen und somit nur einen Ausschnitt der Realität widerspiegeln können.

1101 Ebd., 2004, 17 und 2017, 32.

ser Menschen [...][1102] – eine Formulierung, die direkt aus dem Repertoire der „Schwarzen Schmach" stammen könnte. Diskriminierung im zwischenmenschlichen Bereich muss also, wenn nicht in Abhängigkeit, so doch in Relation zu *institutioneller* beziehungsweise *strukturеller* Diskriminierung analysiert werden.

Hinsichtlich *institutionell praktizierter* Diskriminierung wird nicht ausschließlich, aber anhaltend über Polizei und Justiz diskutiert. Offenbar als Begleiterscheinung der verschärften *law-and-order*-Politik seit Ende des vorigen Jahrhunderts war eine zunehmende Aggressivität von Polizeibeamten – nicht nur, aber insbesondere gegen Migrant:innen – zu registrieren (siehe oben). 2009 sah sich Amnesty International (London) zu einem Bericht über „Rassistische Diskriminierung im österreichischen Polizei- und Justizsystem" veranlasst, welcher verschiedene „Vorfälle rassistischer Misshandlungen von Angehörigen ethnischer Minderheiten durch ExekutivbeamtInnen" sowie den Umgang damit seitens Polizeiapparat und Justizsystem, *ethnic profiling* (siehe unten) sowie die Reaktion der Sicherheitsbehörden auf Verbrechen gegen Angehörige ethnischer Minderheiten untersuchte.[1103] Während Amnesty „Indikatoren von institutionellem Rassismus in der österreichischen Exekutive" ortete, wies der Wiener Polizeipräsident diesen Vorwurf zurück und sprach von *Einzelfällen* [...], *denen jeweils mit voller Objektivität nachgegangen* würde.[1104]

Schwere körperliche Übergriffe der Polizei gegen Schwarze Menschen scheinen in den letzten Jahren tatsächlich zurückgegangen zu sein, willkürliche Ausweiskontrollen (*ethnic profiling*) und damit verbundene Schikanen aber sind nach wie vor Normalität. Ein willkürlich herausgegriffener Bericht schildert das Erlebnis eines Herrn M. in der Wiener U-Bahn: *Plötzlich kommen zwei Polizeibeamte auf ihn zu* [...]. *Sie geben an, dass sie von einer Personengruppe den Hinweis erhalten hätten, dass sich am Bahnsteig ein schwarzer Mann aufhielte, der Drogen verkaufe. Herr M. ist sehr überrascht von dieser Unterstellung und schlägt den Beamten vor, gemeinsam zu der besagten Gruppe zu gehen, um nachzufragen, ob er der betreffende Mann sei. Bei der Personengruppe angekommen, geben diese an, der Polizei gesagt zu haben, dass ein „Serbe" und nicht ein „Schwarzer" Drogen verkaufe.*[1105] Ob Vorkommnisse dieser Art „nur" aus einem einschlägig verfestigten Korpsgeist der Polizei resultieren oder aus dienstlichen Anweisungen von oben, sei dahingestellt, aber: „Erlebte Diskriminierung in diesem Bereich wiegt besonders schwer: von öffentlich Bediensteten, seien es Lehrkräfte oder BeamtInnen, erwartet man sich eine Vorbildwirkung. Kommt es in diesem Bereich zu rassistischen Aussagen oder Handlungen, sinkt der Glaube an eine faire, unparteiische Verwaltung und somit auch in den Rechtsstaat, der dies garantieren sollte."[1106]

Abgesehen von *institutionell praktiziertem* Rassismus – wohl in Verletzung des Gleichheitsgebots der Verfassung – stellt sich die Frage nach *struktureller* (*systemisch verankerter*) Diskriminierung, einer „gläsernen Decke", die Chancengleichheit in sozialer, wirtschaftlicher oder beruflicher Hinsicht verringert. Leider ist man diesbezüglich mit einem blinden Fleck der Statistik konfrontiert: Wohl auch aufgrund mangelnden Interesses fehlen für die afrikanische Bevölkerungsminderheit Daten zu Wohnverhältnissen, Armutsgefährdung,

1102 Stenographisches Protokoll. 168. Sitzung des Nationalrats, XX. Gesetzgebungsperiode, 10. Mai 1999 (https://www.parlament.gv.at/PAKT/VHG/XX/NRSITZ/NRSITZ_00168/fnameorig_114325.html; 12. November 2021).
1103 Amnesty, Österreich.
1104 Ebd., 9; Der Standard, 10. April 2009, 1.
1105 ZARA, Report 2017, 22.
1106 Ebd., 2014, 37.

Gesundheitssituation usw.[1107] – also genau jene, die Hinweise auf benachteiligende gesellschaftliche oder ökonomische Mechanismen geben könnten.

Am ehesten scheinen Informationen über den Arbeitsmarkt verfügbar – erfahrungsgemäß sowohl Motor als auch Hürde für gesellschaftliche Integration. Hier findet eine gegenseitige Verfestigung von restriktivem Ausländerbeschäftigungsrecht und rassistischen Stereotypen statt. Erstens zur rechtlichen Lage: Nach Angaben des Dachverbands der Sozialversicherungsträger bestanden im Jänner 2022 insgesamt 16.043 Beschäftigungsverhältnisse von afrikanischen Staatsbürger:innen, was bei einer Wohnbevölkerung im erwerbsfähigen Alter von 36.027 eine Erwerbstätigenquote[1108] von etwa 44,5 % ergibt; zwischen Frauen und Männern wurde nicht unterschieden.[1109] Dieser Wert liegt geringfügig höher als die Erwerbstätigenquote der Asiat:innen (42,2 %), jedoch wesentlich unter jenem der Europäer:innen (EU-Ausländer: 82,9 %, sonstige europäische Ausländer:innen: 71,9 %). In beiden Fällen lässt sich als entscheidende Ursache für die niedrigen Erwerbstätigenquoten der hohe Anteil an Asylwerber:innen vermuten, welche zwar in der Wohnbevölkerung enthalten sind,[1110] aber nur über einen eingeschränkten Zugang zum Arbeitsmarkt verfügen. Die Statistik spiegelt somit die gravierende strukturelle Benachteiligung eines Teils der aus Übersee stammenden Wohnbevölkerung wider, nämlich die Einschränkung der Erwerbsfreiheit. Aber selbst, wenn – nach erlangtem Asylstatus, Vorhandensein einer „Rot-Weiß-Rot-Card" oder einer Aufenthaltsberechtigung – ein freier Arbeitsmarktzugang theoretisch möglich ist, führen komplexe Regelungen für Beschäftigungs- und Niederlassungsbewilligung oft zu Problemen. Gudrun Biffl weist zum Beispiel auf das vorgeschriebene Ersatzkraftverfahren hin, das „eine effektive Arbeitsmarktzugangsbarriere für MigrantInnen mit einfachen Qualifikationen, die aus Drittstaaten sind," bilde.[1111]

Zweitens zur Verzahnung mit individuellen rassistischen Vorbehalten: Diskriminierende Zuschreibungen spielen schon im Vorfeld einer Beschäftigung eine Rolle. So wurden laut einer Studie des Arbeitsministeriums von 2013 österreichische Bewerber:innen am relativ häufigsten zu Vorstellungsgesprächen eingeladen, Migrant:innen erheblich seltener. Und auch innerhalb derselben gab es gravierende Unterschiede: Serbische Applikant:innen durften zu 28,2 % vorsprechen (circa um zehn Prozentpunkte weniger als österreichische), chinesische zu 27,1 %, nigerianische aber nur zu 18,7 %.[1112] Auch neuere Untersuchungen bestätigen die Schwierigkeit von Menschen mit afrikanischen Wurzeln, auf dem Arbeitsmarkt Fuß zu fassen.[1113] Dass Afrikaner:innen in der Regel einer Beschäftigung nachgehen, die unter ihrer eigentlichen Qualifikation liegt – außer im Fall von Anstellungen bei einer internationalen Organisation oder bei den katholischen Priestern –, ist daraus erklärlich. Wenn abgesehen davon Menschen mit Migrationshintergrund aus sogenannten Drittstaaten 2012 durchschnittlich

[1107] Förster – Heitzmann, Armutsgefährdung, 79–80.

[1108] Anteil der Erwerbstätigen an der jeweiligen Bevölkerungsgruppe (nach Staatsbürgerschaft) im erwerbsfähigen Alter; der Wert inkludiert selbständige wie unselbständige, Vollzeit- wie Teilzeitarbeitsverhältnisse.

[1109] Beschäftigte in Österreich, Jänner 2022 (https://www.sozialversicherung.at/cdscontent/?contentid=10007.821590&portal=svporta, Tabelle 29; 9. Februar 2022).

[1110] Sofern sie mindestens 90 Tage durchgehend in Österreich gemeldet sind, das heißt nicht vor Ablauf dieser Frist einen negativen Bescheid erhalten und abgeschoben werden beziehungsweise selbst ausreisen (danke an die *Statistik Austria* für die Klärung).

[1111] Biffl, Arbeitskräftebedarf, 37.

[1112] Hofer – Titelbach – Weichselbaumer – Winter-Ebmer, Diskriminierung. Ähnlich schon Ebermann, Afrikaner, 176–183.

[1113] Gassler, Brain Drain; Kölbl, Diskontinuitäten.

ziemlich stark von Arbeitslosigkeit betroffen waren und das niedrigste Jahreseinkommen beziehungsweise den höchsten Grad an Armutsgefährdung beziehungsweise manifester Armut aufwiesen,[1114] so ist anzunehmen, dass Afrikaner:innen am unteren Rand dieses Spektrums rangierten. Umso erfreulicher, dass Beschäftigte afrikanischer Herkunft die vorhandenen rechtlichen Möglichkeiten (Antidiskriminierungsgesetz, *Gleichbehandlungsanwaltschaft)* verstärkt nutzen, um sich gegen rassistische Diskriminierung in der Arbeitswelt zur Wehr zu setzen, und dass die Arbeitnehmervertretungen (ÖGB, AK) sie dabei juristisch vertreten.[1115]

Selbstorganisation. Allen in Österreich lebenden, also auch Zuwanderern, steht auf Basis der Vereinigungsfreiheit das Recht zu, sich zu organisieren. Schon sehr früh und oft nahmen Menschen afrikanischer Herkunft dasselbe für sich in Anspruch, wobei eine Abfolge nationsspezifischer und pan-afrikanischer beziehungsweise politisch engagierter und traditionspflegender Vereine festzustellen war.[1116] Heute ist das reichhaltige afrikanische Organisationsleben in Wien und den Landeshauptstädten mit diesen Dichotomien nicht mehr zu erfassen.

Zum einen brachte die Notwendigkeit, stets neuen und unter prekären Umständen lebenden Zuwandergruppen Integration zu erleichtern, Service- und Beratungsstellen hervor wie die *Association for Democracy in Africa* (ADA), 1993 in Wien von Chucks Ugbor und Kilian Okanwikpo aus Nigeria gegründet, das 2002 von Kamdem MouPoh à Hom ins Leben gerufene *Chiala'Afriqas* (heute *Chiala*) in Graz[1117] oder die *Black Community Oberösterreich* in Linz.[1118] Gegen die traditionelle Männerdominanz in der afrikanischen Szene schufen sich die Interessen von Frauen eine organisatorische Basis, so 2003 durch die Gründung der *Schwarze Frauen Community* in Wien durch Beatrice Achaleke und Ishraga Mustafa Hamid.[1119] Kirchenvereine etablierten sich zur Befriedigung religiöser Bedürfnisse; etwa der äthiopisch-orthodoxe Kirchenverein (Tewahedo-Kirche) in Schwechat,[1120] die Ghanaische Gemeinde in Wien-Simmering[1121] oder verschiedene Moscheevereine (als erster 1996 das Nigeria Islamic Forum in Wien).[1122] Auch die Zunahme evangelikaler Kirchen ist bemerkenswert.[1123] Schließlich gründete auch die Zweite Generation ihre Organisationen, etwa *Pamoja – Bewegung der jungen afrikanischen Diaspora in Österreich* (Araba Evelyn Johnston-Arthur, 1996), die den Fokus auf Diskriminierungs- und Rassismuserfahrungen legte (vgl. Beitrag Spanbauer).

Ohne Zweifel erfüllt das afrikanische Vereinswesen eine wichtige soziale Funktion. *Für mich ist die Community ein Safe Space. Es ist ein anderes Feeling, wenn man unter sich ist. Man muss sich nicht beweisen, muss sich nicht anpassen und kann auf eine andere Art und Weise man selbst sein*, so die Schauspielerin Marie Noel Ntwa.[1124] Darüber hinaus aber dient es auch der Informationsvermittlung und politischen Mobilisierung, nicht zuletzt durch eigene Me-

1114 VERWIEBE, Werkstattbericht, 45–49.
1115 Über die mögliche Verankerung von Antidiskriminierungsklauseln in Kollektivverträgen siehe ZARA, Report 2014, 60–63.
1116 SAUER, Diaspora, 214–223.
1117 Siehe https://chiala.at (10. November 2021).
1118 NYUNGURA, Black Community.
1119 Siehe https://www.schwarzefrauencommunity.at/ (10. November 2021).
1120 Siehe https://www.schwechat.gv.at/de/serviceleistungen/friedhofundreligion/einrichtungen/945/Aethiopisch-Orthodoxe-Tewahedo-Kirche (10. November 2021).
1121 Getragen von der Evangelischen Kirche in Österreich und der Presbyterianischen Kirche in Ghana (https://www.glaubenskirche.at/ueber-uns-0; 3. Juni 2020).
1122 MUJIĆ, Ar-Rasheed, 69–124.
1123 OKYEREFO, Pentecostalism.
1124 Augustin, 22. Februar 2020, 7.

dien, welche durch Journalisten wie Alexis Nshimyimana-Neuberg aus Rwanda oder simon INOU aus Kamerun, die beide als Asylwerber begannen, einen Professionalisierungsschub erfuhren.[1125]

Unbestreitbar trug die gesellschaftliche wie behördliche Ausgrenzung in den 1990er Jahren zur Politisierung der Schwarzen Communities bei, provozierte Widerspruch vor allem bei der jungen Generation. Ihre zugewanderten Eltern hätten sich noch „bewußt zurückgehalten, um nicht aufzufallen und auf ‚schwarzen Listen' zu landen", so der damals an der Universität Wien lehrende Politikwissenschaftler Rasheed Akinyemi.[1126] Dies begann sich zu ändern. Der Tod Marcus Omufumas und die *Operation Spring* hatten mehrere Demonstrationen zur Folge, abgesehen von der Trauerfeier am 12. Mai 1999 auf dem Wiener Albertinaplatz; gefordert wurden dabei eine unabhängige Untersuchung des Vorfalls, Bestrafung der Täter und Schreibtischtäter, politische Konsequenzen, Menschenrechte als Grundlage aller Exekutivgewalt, ein Antidiskriminierungsgesetz und eine Totalreform des Asyl- und Fremdenrechts in Österreich und Europa.[1127]

Zunächst hatten die polizeilichen Maßnahmen zwar einen Einschüchterungseffekt zur Folge und führten zu einem Rückgang des außerparlamentarischen Engagements. Zudem erstreckte sich die Politisierung nicht auf die neu hinzukommenden Zuwanderergruppen, die fast ausschließlich aus Asylwerber:innen bestanden und mit den lokalen Organisationen kaum vernetzt waren. In den frühen 2000ern allerdings schafften es Kandidat:innen afrikanischer Herkunft auf die Wahllisten der politischen Parteien, zunächst – auch in ÖVP-Fraktionen – auf kommunaler Ebene. In den Nationalrat wurde als erste Abgeordnete mit zumindest teilweise afrikanischem Migrationshintergrund 2019 Faika El-Nagashi auf der

Abb. 20: Black Lives Matter Demonstration in Wien (Pressefoto, Juni 2020)

1125 Sauer, Diaspora, 218–220.
1126 Format, 7. Juni 1999, 131.
1127 Die Ansprache von Rasheed Akinyemi unter dem Titel „Wenn der Staat tötet" bei Sauer, Diaspora, 233–234.

Liste der Grünen gewählt,[1128] erste in Afrika geborene Wiener Gemeinderätin ist seit 2020 die aus der DR Kongo stammende Ärztin Mireille Ngosso (SPÖ).[1129]

Jenseits der Parteipolitik und weitgehend hinter den Kulissen ging es um politische Selbstorganisation, wobei Angehörige der Zweiten Generation eine wichtige Rolle spielten.[1130] Entwicklungen in den USA boten Orientierung (Party zu Obamas Amtseinführung am 20. Jänner 2009 in Wien). Mit Aufmerksamkeit wurde die Bewegung *#Black Lives Matter* verfolgt, welche die anhaltende Polizeiwillkür gegen *People of Colour* und das Wegschauen der Justiz in den USA thematisierte. Im Februar 2020 führte die Ermordung eines unbewaffneten 25-jährigen Afroamerikaners beim Joggen im Bundesstaat Georgia zu erster Solidarität: Um dem Gefühl der Hilflosigkeit *entgegenzuwirken und um sich zu solidarisieren, sind Schwarze Menschen in Wien zusammen laufen gegangen. Der Schriftzug auf den weißen T-Shirts war zwar simpel, aber sehr aussagekräftig: „I run with Ahmaud Arbery“.*[1131]

Die Tötung des 46-jährigen *George Floyd* durch einen Weißen Polizisten in Minneapolis am 25. Mai 2020 verstärkte Betroffenheit und Protest. Unter dem Slogan *#Black Lives Matter* wurde in Wien für den 4. Juni eine Kundgebung auf dem *Platz der Menschenrechte* in Wien angemeldet, rund um das Denkmal für Marcus Omofuma.[1132] Gerechnet wurde mit zwei- bis dreitausend Teilnehmer:innen – es kamen aber circa 50.000, trotz Corona-Pandemie eine der größten Demonstrationen der letzten Jahre. Weitere Aktionen folgten in den Bundesländern. Erste und Zweite Generation, Schwarz und Weiß (und Rot, Grün und Pink), Jung und Alt marschierten Seite an Seite. *Die Demo in Wien selbst war enorm emotional. Auf der Bühne standen Aktivist*innen, die rund um die Jahrtausendwende dafür gekämpft hatten, dass das Marcus-Omofuma-Denkmal errichtet wird. Neben ihnen viele junge Gesichter, die teilweise zu dieser Zeit noch gar nicht auf der Welt waren*, resümierte der 20-jährige Mugtaba Hamoudah. *Aus der Energie dieser Demonstration heraus ist das Black Voices Volksbegehren entstanden. Dieses fordert einen längst überfälligen Nationalen Aktionsplan gegen Rassismus, um Schwarzen Menschen und PoC endlich eine gleichberechtigte Teilhabe an unserer Gesellschaft zu ermöglichen und alte Strukturen aufzubrechen. Obwohl diese Geschichte aus vielen Grautönen gemalt ist, ist sie trotzdem eine hoffnungsvolle, empowernde und aussichtsreiche* […] *Anti-Rassismus-Arbeit hat in Österreich Geschichte und hoffentlich tragen wir bald die Früchte aus diesem langen harten Kampf!*[1133]

[1128] Siehe https://www.parlament.gv.at/WWER/PAD_05651/index.shtml (12. November 2021).
[1129] Siehe https://www.spoe.wien/personen/mireille-ngosso/ (12. November 2021).
[1130] Südwind-Magazin (2010/4), 11–12.
[1131] Hamoudah, Kampf, 16.
[1132] Sauer, Expeditionen, 126.
[1133] Hamoudah, Kampf, 17.

Über Zweite Generationen und ihre Teilhabe

Von Vanessa Spanbauer

Die Geschichte von Schwarzen[1134] Menschen in Österreich ist bereits eine längere, wie die vorigen Kapitel dieses Buches ausführen. In den letzten beiden Jahrzehnten allerdings hat die Zweite Generation viel Sichtbarkeit gewonnen. Es erscheint deshalb relevant, sich zeithistorisch mit dieser Gruppe zu beschäftigen. Wenn von „Zweiter Generation" gesprochen wird, gibt es freilich verschiedene Konzepte, Menschen darin einzubeziehen oder auszuschließen.

Eine Begriffserörterung

Je nach Institution und Projekt wird der Begriff „Zweite Generation" verschieden definiert. Die *Statistik Austria* zum Beispiel berücksichtigt nur Personen, bei denen beide Eltern im Ausland geboren wurden. Nicht einbezogen werden Menschen, bei denen dies nur bei einem Elternteil der Fall ist.[1135]

Für unsere Zwecke, welche versuchen, eine Zweite Generation von Schwarzen Menschen in Österreich abzubilden und ihre Handlungen zu beleuchten, ist diese Definition unzureichend. Die Visibilität als Schwarzer Mensch in unserer Gesellschaft ist nämlich auch dann gegeben, wenn nur ein Elternteil Schwarz ist. Auch dann werden die Kinder nämlich mit dem entsprechenden Fremdbild konfrontiert und unterscheiden sich in ihren Erlebnissen und Lebensrealitäten nicht zwangsläufig von Kindern mit zwei Schwarzen Elternteilen. Dadurch wird auch ihr Selbstbild als Schwarze Menschen in einer weißen Gesellschaft geprägt. Die statistische Definition sollte dieser spezifischen Situation also Rechnung tragen.

Studien im Auftrag der Stadt Wien erweitern den Begriff bereits.[1136] Sie definieren ihn so, dass beide oder auch nur ein Elternteil im Ausland geboren sein können. Diese Definition ist für Texte, wie den vorliegenden, besser anwendbar. Sie bezieht Personen mit oder ohne österreichische Staatsbürgerschaft ein, wobei der Großteil der migrantischen Zweiten Generation laut Studie bereits im Besitz derselben sein dürfte,[1137] da sie auch jene zur Zweiten Generation zählt, bei denen nur ein Elternteil aus dem Ausland stammt.

Für unsere Zwecke sind freilich beide oben angeführten Definitionen zu einschränkend. Zwar gehen wir davon aus, dass ein Elternteil aus dem Ausland ausreicht, um zur Zweiten Generation zu zählen, wir müssen allerdings auch jene einbeziehen, welche in sehr jungen Jahren – sprich vor ihrer Einschulung – nach Österreich kamen. Da diese Personen den

[1134] *Schwarz* wird im nachfolgenden Text groß geschrieben, da es sich um eine Selbstbezeichnung handelt, die gewählt wurde, um eine gesellschaftspolitische Position auszudrücken. Der Begriff bezieht sich nicht auf eine biologistische Einteilung, sondern beschreibt gemeinsame Lebenswelten, wie die Erfahrung von Rassismus. Im Gegensatz dazu wird *weiß* klein gelassen, deutet allerdings auch auf gemeinsame Lebenswelten und eine Machtposition hin (Sow, Schwarz).

[1135] Statistik Austria, Arbeitsmarktsituation, 30.

[1136] Verwiebe, Werkstattbericht, 25–26.

[1137] Ebd., 32.

Großteil ihrer Lebenszeit in Österreich verbrachten und hier in allen Strukturen inklusive dem Bildungssystem aufwuchsen, unterscheiden sie sich unserer Einschätzung nach im Verhalten und der Verortung wenig von den hier geborenen Kindern mit einem oder beiden Elternteil(en) aus dem Ausland. Deshalb sollten sie ebenfalls als Zweite Generation gewertet werden.

Da Hautfarben im deutschsprachigen Raum statistisch nicht erfasst werden – was vermutlich historische Gründe hat –, stehen uns nur begrenzt Daten zur Verfügung. Für manche Bereiche, wie die Arbeitswelt, die Bildung oder den medizinischen Bereich, wären weitere Erhebungen wünschenswert. In Deutschland hat sich die Initiative *Afrozensus* dieses Problems angenommen und versucht, Schwarzen Menschen die Möglichkeit zu geben, sich selbst zu melden, um auf diese Weise Daten zu erheben.[1138] In Österreich sind bisher noch keine Bestrebungen in diese Richtung bekannt.

Die Anwendbarkeit des Begriffs „Zweite Generation“ ist auch deshalb schwierig, weil es sich um eine Gruppe handelt, die nicht auf einen bestimmten Zeitraum oder eine bestimmte Altersspanne begrenzt vorzufinden ist und sich daher immer wieder neu bildet. Sobald es eine Erste Generation von Schwarzen Menschen gibt, kann natürlich eine Zweite entstehen, handelt es sich doch um die Kinder der Ersten Generation. Ein Beispiel für eine solche Zweite Generation im technischen Sinn wäre Josephine Soliman, die Tochter von Angelo Soliman, eines Schwarzen Mannes, der an einen Wiener Adelshof gebracht wurde und hohes Ansehehen genoss, nach seinem Ableben aber dennoch präpariert und museal ausgestellt wurde; seine Tochter Josephine, die er zusammen mit einer weißen Frau namens Magdalena Christiano, geborene Kellermann, bekommen hatte, kämpfte für die Rechte ihres Vaters.

Allerdings ist zu bedenken, dass in diesem Fall – wie auch später bis in die Epoche der Zweiten Republik – die Anzahl der einzelnen Personen nicht ausreichte, um von einer „Generation“ zu sprechen, die gemeinsame Merkmale aufweist. Im vorliegenden Text wird der Generationenbegriff daher verwendet, wenn nicht nur Einzelpersonen in den Fokus des Geschehens rücken, sondern eine Art von Verbundenheit zwischen ihnen gegeben ist. Nachträglich können die Kinder afroamerikanischer GIs als erste Zweite Generation definiert werden. Da diese Gruppe allerdings noch eine geringe Vernetzung aufwies, was sich erst vor ein paar Jahren änderte, ist die Definition auf sie noch kaum anwendbar. Zweite Generation fokussiert sich eigentlich auf die nach 1980 Geborenen, weil sich die Vernetzung erst dann stärker bemerkbar macht oder überhaupt möglich wurde. Der Begriff kann für die Geschichte also nur mit Vorbehalt verwendet werden.

Keine Zweite Generation ist eine homogene, abgeschlossene Gruppe. Auch die Nachkommen jener Menschen, die erst in den letzten Jahren nach Österreich kamen, werden wieder eine solche bilden. Durch Migration entstehen immer wieder neue Erste Generationen, die Nachkommen hinterlassen, weitere Zweite Generationen. Deshalb können mehrere Zweite-Generation-Gruppen nebeneinander existieren. Die im nachfolgenden Text geäußerten Annahmen über die Zweite Generation ist im Jahr 2021 zu verorten. Allerdings scheint es wahrscheinlich, dass sich die Dynamiken und Alleinstellungsmerkmale der Zweiten Generationen verändern werden, und forschungsstrategisch erscheint daher eine Teilung in verschiedene Phasen oder Gruppen Zweiter Generationen von Menschen mit afrikanischen Wurzeln in Österreich als sinnvoll.

[1138] Siehe https://afrozensus.de (23. Dezember 2021).

Fragen zur Identität: Ein Vergleich

Betrachten wir die Zweite Generation in Beziehung zur Ersten, so liegt ein grundlegender Unterschied in der Frage nach der Identität vor. Hier werden oft Aspekte miteinbezogen, welche in der Ersten Generation zwar vorhanden sein können, allerdings keine große Rolle spielen. Im Besonderen geht es hier um die Zugehörigkeit. Der Umstand, zwei Kulturen und zwei Zugehörigkeiten zu besitzen, ist bei der Zweiten Generation in vielen Fällen ein großes Thema, besonders in Bezug auf Identität. Die Verbindungen zum afrikanischen Kontinent und der Herkunft der Eltern sind bei manchen im Alltag ausgeprägter zu finden als bei anderen. Während manchen Akteur:innen die Kultur der Eltern automatisch mitgegeben wurde, erleben andere ausschließlich oder beinahe ausschließlich die österreichische Kultur. Aspekte von Sprache, Kultur, Erziehung und Religion sind Faktoren, die in den verschiedensten Variationen gelebt und geteilt werden. Daher ist das Selbstverständnis der Zweiten Generation oft davon geprägt, sich in beiden Kulturen wiederzufinden. Im Gegensatz zu der Elterngeneration spielt Identität eine anderweitige größere Rolle, weil eher hinterfragt wird, „wo man hingehört". Diese Frage bezieht sich auf den Aushandlungsprozess mit der weißen Mehrheitsgesellschaft und die persönliche Auseinandersetzung mit der eigenen Identität. Die Frage nach den sogenannten Wurzeln wird eine relevante. Das Selbstverständnis Afrikaner:in zu sein, das in der Ersten Generation noch verbreiteter ist, rückt weiter in den Hintergrund. Natürlich gibt es auch junge Schwarze Menschen aus der Zweiten Generation, die sich selbst als Afrikaner:innen bezeichnen. Dennoch wird das Leben zwischen den Kulturen oder mit beiden Kulturen sichtbarer als bei der Elterngeneration. Anzumerken ist hier allerdings, dass die stärkere Auseinandersetzung mit dem Thema Identität nicht notwendigerweise stattfinden muss. Ein Faktor, welcher sie beeinflussen kann, ist der Geburtsort der Eltern. Wurden beide Elternteile auf dem afrikanischen Kontinent geboren, zieht das in vielen Fällen eine weitreichendere Auseinandersetzung mit der afrikanischen Kultur nach sich, als wenn nur ein Elternteil aus Afrika stammt. Wobei auch hier angemerkt werden muss, dass das nicht in allen Fällen zum Tragen kommt.

Die Identitätsfrage ist vor allem bei „mixed people" ein großes Thema. Das folgerte Michaela Obemeata 2014 aufgrund von Interviews mit Betroffenen.[1139] Laut ihren Erkenntnissen ist für sie besonders die Verbindung und Beziehung zu dem Elternteil wichtig, der vom afrikanischen Kontinent stammt. Weiters stellte sie fest, dass das Gefühl des „Andersseins" eine große Rolle im Aufwachsen spielt. Es ist nicht zu leugnen, dass viele Personen mit einem Schwarzen und einem weißen Elternteil Privilegien aufweisen, welche ein leichteres Navigieren in der weißen Mehrheitsgesellschaft ermöglichen. Dies ist allerdings nicht nur einem *Colorism*[1140] geschuldet, sondern auch durch den einfacheren Zugang zu Gepflogenheiten und gesellschaftlichen Phänomenen verursacht, welcher vom weißen Elternteil weitergegeben wird. Nun ist dieser Aspekt im deutschsprachigen Raum weniger relevant als beispielsweise in den USA, jedoch sollte es erwähnt werden. Ein wichtiger Aspekt, wenn man von der Zweiten Generation spricht, sind die Kinder, welche aus binationalen Beziehungen

[1139] Obemeata-Gimoh, Kinder.

[1140] Colorism bezeichnet die vorurteilsbehaftete oder bevorzugte Behandlung von Menschen gleicher *Race* allein aufgrund ihrer Hautfarbe. Ein Beispiel ist es, wenn Schwarze Menschen mit hellerer Haut eine Bevorzugung gegenüber Schwarzen Menschen mit dunklerer Haut erhalten. Vgl. Süddeutsche Zeitung, 4. August 2020, Magazin (https://sz-magazin.sueddeutsche.de/willkommen-bei-mir/rassismus-colorism-89016; 12. Dezember 2021).

stammen. Für diese Kinder gibt es in der deutschen Sprache keine eigene Begrifflichkeit, die politisch vertretbar wäre. In der Arbeit „Andere Österreicher" von Michaela Obemeata kristallisierte sich der Begriff „mixed people" heraus, welcher sich von negativ behafteten Begriffen wie „Mulatte" oder „Half-Breed" abgrenzen und auch das historisch belastete „Mischlinge" ersetzen sollte. Über geeignetere Begriffe werden immer wieder Diskussionen geführt.

Auch bei Menschen mit zwei Schwarzen oder zwei afrikanischen Elternteilen ist Identitätsfindung durchaus ein Thema. Die Anwesenheit Schwarzer Vorbilder, Role Models, und einer als normal bewerteten Schwarzen Umgebung kann bei der Formierung des Selbstbildes enorm behilflich sein. Von Beginn an zu lernen, wie Schwarze Personen durch eine weiße Mehrheitsgesellschaft navigieren, und von ihren Erfahrungen zu lernen, ist ein Prozess, der bei der Auseinandersetzung mit der eigenen Identität enorm positiv auffallen kann.

Noch in einem weiteren Punkt macht die Beziehung zu den Eltern einen persönlichen Unterschied zwischen den Generationen sichtbar. Oft verkörpert die Zweiter Generation die Hoffnung der Eltern, in qualifizierte Arbeitsstellen aufzusteigen; bessere Sprachkenntnisse und eine anerkannte heimische Ausbildung sollen eine bessere Stellung in der Gesellschaft und der Arbeitswelt ermöglichen. Allerdings schwächt dieser Umstand die Angst der Ersten Generation nicht ab, ihre Kinder würden aufgrund des rassistischen Systems doch nicht in besseren Arbeitsverhältnissen landen.[1141] In welchen Bereichen Angehörige der afrikanischen Zweiten Generation tatsächlich arbeiten, war bisher noch kein Gegenstand der Forschung.

Wie sich die Bildungssituation der Zweiten Generation darstellt, kann nicht genau angegeben werden, da hierzu keine Zahlen vorhanden sind. Allerdings ist es anzunehmen, dass das frühe Beherrschen der deutschen Sprache einige Vorteile im Vergleich zu ihren Eltern bringt. Dennoch kann nicht davon ausgegangen werden, dass sich die Situation hinsichtlich rassistischer Vorurteile bei der Arbeitssuche für die Zweite Generation viel anders darstellt als für die Elterngeneration. Die Diskriminierung in Bildungssystem und Arbeitswelt wird von der Mehrheitsgesellschaft oft nicht anerkannt. Diskriminierung aufgrund der ethnischen Zugehörigkeit ist auf gesetzlicher Ebene natürlich verboten, betroffene Personen sind durch das Gleichbehandlungsgesetz geschützt, und zwar sowohl in der Arbeitswelt als auch beim Zugang zu Gütern und Dienstleistungen als auch bei Aus- und Weiterbildung.[1142]Allerdings bedeutet dieser rechtliche Schutz nicht, dass diese Art der Diskriminierung zurückgeht. Anekdotisch ist zu vernehmen, dass es ein relevantes Thema für Schwarze Menschen ist, wegen der besseren beruflichen Chancen ins Ausland zu gehen. Diesem Faktor ist es geschuldet, dass viele junge Schwarze Menschen nicht in Österreich bleiben und ihr berufliches Glück im Ausland suchen wollen. Konkrete Zahlen dazu gibt es, wie zu vielen anderen Aspekten, allerdings nicht.

[1141] Gassler, Brain Drain, 96.

[1142] Gesamte Rechtsvorschrift für Bundes-Gleichbehandlungsgesetz, Fassung vom 23. Dezember 2021 (https://www.ris.bka.gv.at/GeltendeFassung.wxe?Abfrage=Bundesnormen&Gesetzesnummer=10008858; 10. Februar 2022).

Zusammenfinden

Dass manche Angehörige der Zweiten Generation nicht so einfach Zugang zu der afrikanischen Kultur finden, ist vielleicht der Grund für eine etwas andere Art des Community Buildings. Während die Erste Generation vorwiegend von kleinen Communities auf Basis nationaler oder volksgruppenartiger Kriterien geprägt ist, beziehen sich die nachfolgenden Generationen eher auf ihr Schwarzsein. Schwarz wird hier als politischer Begriff mit großem S verstanden. Begriffe wie Blackness, Diaspora und BIPOCs schließen junge Schwarze Menschen zusammen. Das geschieht, indem die verschiedenen Wurzeln und Nationalitäten zwar einfließen, allerdings keine allzu große Rolle spielen.

Schwarze Geschichte und die afrikanischen Wurzeln werden aufgearbeitet, Kolonialgedanken dekonstruiert, Themen, die aktuell für Schwarze Menschen relevant sind, werden verfolgt. So gründete sich die *Recherchegruppe zu Schwarzer österreichischer Geschichte* bereits 2005 im Rahmen des Vereins Pamoja (siehe unten), um die historischen und gegenwärtigen Erfahrungen Schwarzer Menschen in Österreich sichtbar zu machen. Ein Ausstellungsprojekt und einige weitere Arbeiten folgten. Die Auseinandersetzung mit und ein Wunsch nach eigener Geschichte findet immer wieder Interessent:innen, die in verschiedensten, auch künstlerischen Kontexten darauf eingehen. Besonders in den letzten Jahren erschienen viele Arbeiten rund um das Thema Kolonialismus und Dekolonialisierung und die Aufarbeitung von Rassismus in Österreich.

Ein weiterer wichtiger Player der Zweiten Generation ist der Verein *Schwarze Frauen Community*, der ein Zusammenfinden junger Schwarzer Menschen möglich macht. Da ein Bedarf entstand, Frauen mit ihren Kindern zu unterstützen, und in weiterer Folge auch weiße Frauen mit Schwarzen Kindern hinzustießen, wurde bald eine Kindergruppe gegründet. 80 bis 90 % der Kinder, die zu SFC kommen, stammen aus binationalen Familien.[1143] In weiterer Folge entstand daraus ein Bedarf an einer Jugendgruppe. Diese konzentriert sich nicht zwangsläufig auf Schwarze Themen, sondern eher auf Beisammensein, dennoch werden Schwarze Geschichte oder Rassismus besprochen.[1144] In diesem Setting treffen Erste und Zweite Generation aufeinander.

Zusammensein findet organisiert in verschiedenen Formen statt. Beim von der Zeitschrift *fresh – Black Austrian Lifestlye* im Mai 2018 organisierten *Black Austrian Youth Forum* entwickelte sich die Idee, einen Verein für die junge Generation von Menschen mit afrikanischer Herkunft zu gründen. Daraus entstand ein Verein, der sich der Zusammenkunft von jungen Schwarzen Menschen und der Zweiten Generation verschrieben hat. ADOE[1145] – *Afrikanische Diaspora Österreich / Community for People of African Descent in Austria*. Der Verein veranstaltet Treffen, Partys und Events zu verschiedensten Themen Schwarze Menschen betreffend.

In Bezug auf das Zusammenfinden müssen *Safe Spaces*[1146] erwähnt werden, welche Schwarzen Menschen Raum bieten sollen, bestimmten Tätigkeiten – wie einfach nur Zu-

1143 Inou – Achaleke, Lagebericht, 25.

1144 Doku „Schwarz in Wien" (siehe unten); https://www.schwarzefrauen.net.

1145 Siehe https://www.instagram.com/adoe_official/.

1146 „Safe Spaces (deutsch: sichere Räume, auch Freiräume genannt) sind analoge und digitale Räume, in die sich Menschen mit ähnlichen Diskriminierungs- und Marginalisierungserfahrungen zurückziehen können, um sich über ihre Erfahrungen auszutauschen, sich zu organisieren und gegenseitig zu empowern." (Ommert, Ladyfest, 198).

sammensitzen – auszuführen, ohne der weißen Mehrheitsgesellschaft ausgesetzt zu sein. Das heißt, ohne einen „Schutzmantel" anlegen zu müssen, welcher für die vorsichtige Haltung, immer mit Rassismus rechnen zu müssen, steht.[1147] Safe Spaces existieren in den verschiedensten Ausformungen. Einerseits sind es ganze Räume, die gemietet werden, wie das in Wien entstandene Projekt *WeDey*. Andererseits mieten sich einzelne Veranstaltungen in Räume ein und formen ihren eigenen temporären Safe Space.

Besonders auffallend erscheint, dass sich viele Formen des Zusammenseins mittlerweile über Social Media organisieren und finden. Obwohl zahlreiche Events real stattfinden, wird es durch Social Media möglich, viele Personen miteinander zu verbinden und diese Events zu planen. Außerdem entstehen zahlreiche Online-Räume, welche virtuelle Vernetzung möglich machen und Menschen erreichen, die sonst weniger direkten Zugang zu Schwarzem Zusammensein hätten, da sie zum Beispiel nicht im städtischen Raum wohnen.

Auf die Außenwirkung setzen

Im Gegensatz zur Ersten Generation fordert die Zweite häufiger Sichtbarkeit in der österreichischen Gesellschaft ein. Diese kann über verschiedene Strategien erreicht werden. So wird seit einigen Jahren der Versuch unternommen, die Tradition des *Black History Month*, die in den USA oder im Vereinigten Königreich sehr ausgeprägt ist, nach Österreich zu holen. Allerdings muss angemerkt werden, dass sich diese Tradition in Österreich immer wieder neu etablieren muss; schon Ende der 1990er/Anfang der 2000er Jahre gab es Black-History-Month-Veranstaltungen, organisiert von Pamoja.

Das Programm auf einem Flyer von 1999 zitiert die Intention des Events so: *Der Ursprung des Black History Month geht auf den afro-amerikanischen Historiker Carter G. Woodson zurück, der 1926 in den USA die „Negro History Week" ins Leben rief. Der Sinn dieser Veranstaltung besteht darin, über Schwarze Geschichte und Kultur zu informieren, das Bewußtsein für ihre Existenz zu fördern sowie das Schwarze Selbstbewußtsein im Kampf um Gleichberechtigung zu stärken. Sie leistet somit einen wichtigen Beitrag im Kampf gegen Unterdrückung und Vorurteile. Seit Jahrzehnten findet im Februar jeden Jahres in den USA traditionell der Black History Month statt. Auch in Europa (u.a. Großbritannien, Deutschland seit 1990, und Österreich seit 1997) beschlossen die verschiedenen afro-europäischen Communities diese Tradition zu pflegen und den Black History Month jeden Februar zu veranstalten.*[1148] 1999 findet sich im Programm beispielsweise eine Podiumsdiskussion zum Thema *Schwarze Zukunft, Positive Selbstbilder und Schwarze Vorbilder*, außerdem ein Porträt von der afrodeutschen Poetin May Ayim und Filme. 2000 gab es neben Diskussionen eine „Black Consciousness Party".[1149] Für einige Jahre wurde es um den Black History Month ruhiger, bevor es wieder mehr Veranstaltungen gab, so zum Beispiel im Jahr 2018. Durch das Jahr 2020 und die *BlackLivesMatter*-Bewegung griffen sogar großen Institutionen, wie Museen, die Tradition auf.

Ein Bereich, in dem die Zweite Generation sehr sichtbar wird, ist die Medienwelt. 2014 gründete simon INOU zusammen mit Clara Akinyosoye und vielen weiteren jungen

[1147] Doku „Schwarz in Wien" (siehe unten).
[1148] Pamoja, Bewegung.
[1149] Ebd. sowie Flyer Pamoja 2000.

Afroösterreicher:innen das Magazin *fresh – Black Austrian Lifestyle*, welches zum Ziel hat, die Zweite und Dritte Generation von Menschen mit afrikanischer Herkunft in Österreich abzubilden. Der Fokus liegt hier weniger auf Berichterstattung aus Afrika, sondern mehr auf dem Leben in Österreich – obwohl natürlich dennoch ein positives Bild des Kontinents geprägt werden soll. *fresh* begreift sich als Sprachrohr der Zweiten und Dritten Generation. Um die Stärke und den Wert Schwarzer Menschen in Österreich sichtbar zu machen, wurden 2018 die *Black Austrian Awards* ins Leben gerufen, mit denen Persönlichkeiten geehrt werden sollen. Das ebenfalls angehängte Black Austrian Youth Forum soll die Wünsche an die Politik und Gesellschaft junger Schwarzer Menschen festhalten. Seit 2021 gibt es außerdem den Podcast *Sugar Honey Black Tea*. Ein Kollektiv von jungen Schwarzen Menschen, welches Schwarzen Menschen eine Bühne bietet, will damit verschiedene Themen, wie Vernetzung und Heimat ansprechen.[1150]

Besonders relevant für die Repräsentation der Zweiten Generation und die Repräsentation von Schwarzen Menschen im Allgemeinen sind die Debüts im Informationsbereich des Fernsehens. Claudia Unterweger moderierte mit dem ZIB Flash 2011 als erste Schwarze Person in Österreich eine Nachrichtensendung.[1151] Stefan Lenglinger gestaltete ab 2020 die ZIB Nacht und ab 2021 die ZIB um 13 Uhr in ORF2.[1152] Im Unterhaltungsbereich machte sich Arabella Kiesbauer seit Ende der 1980er/Anfang der 1990er in Deutschland und Österreich einen Namen. Mittlerweile finden sich, wenn auch nur vereinzelt, noch weitere Journalist:innen mit afrikanischen Wurzeln in der österreichischen Medienwelt. Diese Entwicklung trägt dazu bei, in den Medien ein ausgewogeneres Bild des Kontinents Afrika und von Menschen mit Wurzeln in Afrika zu schaffen. Zu ihnen zählen zum Beispiel neben den schon Genannten Clara Akinyosoye, Tori Reichel, Dalia Ahmed, Beverly Mtui, Lisa Idowu und Vanessa Spanbauer.

Auch der Bildungsbereich muss in diesem Zusammenhang erwähnt werden. Zahlreiche Projekte schufen über die Jahre Konzepte, welche dafür ausgelegt waren, die Gesellschaft für das Thema Rassismus zu sensibilisieren und Diversität zu normalisieren. Ein Beispiel ist das Projekt AEWTASS,[1153] welches sich seit 2018 mit der Optimierung der Darstellung von Schwarzen Menschen im österreichischen Bildungswesen auseinandersetzt, Unterrichtsmaterial herstellt und Workshops zu diesem Thema hält. Zusammen mit dem *Vienna Institute for Dialogue and Cooperation* (VIDC) in Wien brachte das Projekt eine Studie *Transnational African Diaspora Engagement in Austria* heraus, welche die Zusammensetzung der afrikanischen Communities in Österreich untersucht mit Blick auf die Arbeit, die in den Bereichen transnationale Zusammenarbeit mit afrikanischen Ländern geleistet beziehungsweise welche Bewusstseinsbildung und Bildungsarbeit in Österreich initiiert wird.[1154] Viele Player der Zweiten Generation werden hier sichtbar, obwohl in vielen Fällen eine starke Zusammenarbeit mit der Ersten Generation gegeben ist und gemeinsam Projekte entwickelt werden, die besonders den nachfolgenden Generationen zugutekommen.

1150 Siehe https://anchor.fm/sbht-vienna.

1151 Claudia Unterweger: Von FM4 zum „ZiB-Flash", in: Die Presse, 18. Februar 2011 (https://www.diepresse.com/635421/claudia-unterweger-von-fm4-zum-zib-flash; 23. Dezember 2021).

1152 Stefan Lenglinger moderiert nun auch „ZiB" in ORF2, in: Kurier, 30. November 2021 (https://kurier.at/kultur/medien/stefan-lenglinger-moderiert-nun-auch-zib-in-orf2/401823871; 23. Dezember 2021).

1153 Siehe https://www.instagram.com/_aewtass_/.

1154 Schuller – Aping – Klein, Diaspora Engagement.

Der ständige Kampf

Relevant ist in diesem Zusammenhang der Umgang mit Rassismus und Diskriminierung in Österreich, denn die Zweite Generation fordert mehr. Sie trägt weniger „Dankbarkeit" in sich, in diesem Land aufgenommen worden zu sein, und fordert Teilhabe. Deshalb fällt das Engagement für politische Arbeit und gesellschaftskritische Kritik in vielen Fällen aktiver aus als das der Eltern. Außerdem ist durch die oft bereits vorhandene Staatsbürgerschaft die Angst vor Konsequenzen, die den Aufenthaltsstatus gefährden würden, weniger vorhanden. Die Zweite Generation zeigt sich somit oft auch medial mit großem Selbstbewusstsein und fordernder Haltung.[1155]

Besonders der Zusammenschluss *Pamoja – Bewegung der jungen afrikanischen Diaspora in Österreich* sticht hier heraus, der am 14. Oktober 1996 gegründet wurde. *Pamoja* (Swahili für „Zusammen") entstand als selbst organisierter Verein für Schüler:innen und Studierenden in Wien. Ziel der Mitglieder war es, rassistisch diskriminierte junge Menschen afrikanischer Herkunft dabei zu unterstützen, sich selbst zu ermächtigen, ihre Isoliertheit voneinander zu überwinden und ihnen die Identifikation als Kollektiv Schwarzer Menschen zu ermöglichen.[1156] In einem von ihnen herausgegebenen Dokument beschreiben sie ihren Hintergrund so: *Viele von uns sind hier isoliert voneinander aufgewachsen waren z.B. die einzigen Schwarzen Kinder im Kindergarten, Schule, Umgebung und manchmal sogar in der Familie. Uns zusammen zu finden, um gemeinsam Möglichkeiten und Strategien im täglichen Kampf gegen den Rassismus zu entwickeln, war etwas Bahnbrechendes für uns. Das gegenseitige Kennenlernen und das Teilen von Erfahrungen hat unser Bewusstsein gestärkt. Wir haben uns zusammengeschlossen, um unsere „struggles" in diesem Land als gemeinsame wahrzunehmen und einander die Möglichkeit zu bieten, uns aus der Isolation zu befreien.*[1157] Besonders Araba Evelyn Johnston-Arthur kümmerte sich in den Anfangsjahren um den Verein und organisierte Events und Zusammenkünfte. Pamoja existiert teilweise online nach wie vor.

Während der letzten Jahre wurden Protestformen, wie Demonstrationen, und Community Campaining nicht weniger. Der Aspekt Schwarzen Bewusstseins tritt sehr stark in den Vordergrund, hingegen gibt es wenig bis kaum Bezüge zu afrikanischen Staaten. Die Erste Generation bindet sich ebenfalls ein, viele organisierte Aktionen finden jedoch mit einem klaren Überhang der Zweiten Generation statt. Genannt werden kann hier der Protest gegen den Verkauf von menschlichen Überresten im Wiener Dorotheum im Jahr 2017, bei dem versucht wurde, zahlreiche rituelle Gegenstände aus Gegenden mit Kolonialgeschichte – neben Afrika waren auch asiatische und lateinamerikanische Gebiete betroffen – preisgünstig an Privatpersonen zu versteigern. Mithilfe einer Mobilisierung durch Social Media gelang es jungen Schwarzen Personen, den Verkauf zu verhindern.[1158] Museen und die Aufarbeitung der kolonialen Vergangenheit stehen in den letzten Jahren ebenfalls auf der Agenda von Aktivist:innen, die sich mit strukturellen Aspekten von Rassismus in Österreich auseinan-

[1155] Dies wird in der Dokumentation „Schwarz in Wien" gut sichtbar. Dazu: „Schwarz in Wien": Die zurückgezogene ORF-Doku auf schlechtem Platz, in: Die Presse, 24. August 2018 (https://www.diepresse.com/5484639/schwarz-in-wien-die-zurueckgezogene-orf-doku-auf-schlechtem-platz; 12. Dezember 2021).

[1156] Unterweger, Talking Back, 57.

[1157] Pamoja, Bewegung.

[1158] Wie verhindert wurde, dass das Dorotheum Leichenteile aus der Kolonialzeit versteigert, in: Mosaik Blog, 1. November 2017 (http://mosaik-blog.at/versteigerung-dorotheum-schaedel-leichenteile-kolonialismus/; 25. November 2021).

dersetzen. Auch im Kunst- und Kulturbereich kommt es immer wieder zu Protesten der Zweiten Generation. Hier ist zum Beispiel die Kritik an einem Theaterstück im Rahmen der Wiener Festwochen zu nennen, welche 2014 von Pamoja organisiert wurde.[1159] Im Jahr 2018 sammelten sich Schwarze Aktivist:innen, um das Stück *Kampf des N*** und der Hunde* von Bernard-Marie Koltès, welches im Wiener Akademietheater aufgeführt wurde, zu beanstanden.[1160]

Manche Proteste sprachen allerdings auch die Situation auf dem afrikanischen Kontinent an, wie zum Beispiel 2017 vor der libyschen Botschaft, als die sklavereiähnlichen Bedingungen für Flüchtlinge aus subsaharischen Staaten in Richtung Mittelmeer gekannt geworden waren – hier schlossen sich Wiener Aktivist:innen den Protesten in anderen europäischen Großstädten wie Paris an.[1161] Für den 25. Oktober 2020 wurde eine Kundgebung zum Thema „Polizeigewalt in Nigeria" organisiert.[1162] Die Bewegung rund um #endSARS brachte weltweit Menschen auf die Straße, die die Situation in Nigeria beobachten.

Gestärkt von den #BlackLivesMatter-Protesten, auf die später noch eingegangen wird, gründeten sich zahlreiche neue Initiativen. Ein Teil des Kollektivs BlackLivesMatterVienna wurde zum Kollektiv *Schwarze Geschwister für Power*, ein Kollektiv für Empowerment und Gerechtigkeit Schwarzer Menschen in Wien.[1163] Ebenfalls gründete sich das *Black Movement Austria*, welches sich selbst als ein Kollektiv von Menschen mit afrikanischem Erbe bezeichnet, dessen Ziel es ist, die Verbesserung der sozio-politischen und wirtschaftlichen Lebensrealitäten Schwarzer Menschen zu erreichen.[1164] Außerdem entstanden viele Projekte von Einzelpersonen, welche sich zum Beispiel auf Social Media darauf fokussierten, Bildungsarbeit zu leisten und besonders im Bereich Anti-Rassismus-Arbeit wirkten.[1165]

Politik als relevanter Faktor

Die afrikanische Diaspora hat die Vertretung ihrer Interessen in den letzten Jahren zunehmend selbst in die Hand genommen. Die Erste Generation konzentrierte sich oftmals auf politisches Engagement in Bezug auf die Heimatländer, die Zweite Generation nimmt auch die österreichische politische Landschaft in den Blick. Teils wird versucht, sich über politische Parteien in bereits vorhandene Institutionen zu integrieren, was schon Personen der Ersten Generation versuchten. Die aktuelle Liste aktiver Politiker:innen mit afrikanischen Wurzeln aus der zweiten Generation lässt vermuten, dass parteipolitisches Engagement Schwarzer Menschen derzeit eher auf der Ebene der Gemeinden stattfindet, während im Nationalrat wenig Sichtbarkeit herrscht. Die meisten von ihnen findet man bei der SPÖ (Mireille Ngosso – SPÖ Wien) und

1159 Junge Afrikaner: Rassismus bei Wiener Festwochen, in: Die Presse, 4. März 2014 (https://www.diepresse.com/1570373/junge-afrikaner-rassismus-bei-wiener-festwochen; 25. November 2021).

1160 Das N-Wort im Burgtheater und warum Kunst das nicht darf, in: Wienerin, 25. Oktober 2018 (https://wienerin.at/gastbeitrag-das-n-wort-im-burgtheater-und-warum-kunst-das-nicht-darf; 25. November 2021).

1161 Warum in Wien gegen Sklavenhandel in Libyen demonstriert wird, in: Mosaik Blog, 25. November 2017 (https://mosaik-blog.at/libyen-sklavenhandel-fluechtlinge-sebastian-kurz-proteste-wien/; 25. November 2021).

1162 Kundgebungsankündigung: https://www.instagram.com/p/CGuelUDlCXC/ (25. November 2021).

1163 Siehe https://www.instagram.com/schwarzegeschwister/.

1164 Siehe https://www.instagram.com/blackmovementaustria/.

1165 Siehe https://www.instagram.com/redefineracism/; https://www.instagram.com/fiona.efosa/ (25. November 2021).

den Grünen (Faika El-Nagashi – Grüne Bund), doch auch in der ÖVP war ein Repräsentant zu finden, der jedoch nur kandidierte (Tayo Stefan Oluyemi – ehemals ÖVP Graz).

Für die Politisierung Schwarzer Menschen in Österreich war das Ausmaß an Diskriminierung und Rassismus in den 1990ern und frühen 2000ern sehr relevant. Durch Vorfälle wie die Tötung von Marcus Omofuma und die *Operation Spring* begann sich eine Schwarze Community fernab von afrikanischen nationalen Interessen zu bilden, die die Situation in ihrer Heimat, nämlich Österreich, verändern wollte. Proteste gegen Rassismus, Racial Profiling und Diskriminierung nahmen hier ihren großräumigen Anfang.

Der 1. Mai 1999 markiert ein wichtiges Datum in der Geschichte von Menschen mit afrikanischen Wurzeln in Österreich. In ihrer Erinnerung ist dieses Datum bis heute geprägt von Wut, Gedenken und Forderungen, denn an diesem Tag wurde Marcus Omofuma im Zuge seiner Abschiebung getötet. Der nigerianische Staatsbürger, der sich gegen seine Deportation in Wien zur Wehr gesetzt hatte, wurde von österreichischen Polizisten gefesselt und sein Mund mit Klebeband verklebt. Daraufhin erstickte er unter den Augen der Beamten langsam und unter Qualen. Schockiert von diesem Fall wurden zahlreiche politische und öffentliche Diskussionen geführt, antirassistische Plattformen und zahlreiche afrikanische Communities riefen zum Protest auf.[1166] Mehrere Demonstrationen fanden statt, zum Beispiel am 12. Mai 1999 um 18 Uhr auf dem Albertinaplatz in Wien ein großer Protest mit Trauerfeier. Gefordert wurden eine unabhängige Untersuchung, Bestrafung der Täter und Schreibtischtäter, politische Konsequenzen, Menschenrechte als Grundlage aller Exekutivgewalt, ein Antidiskriminierungsgesetz und eine Totalreform des Asyl- und Fremdenrechts und Österreich und Europa.[1167]

Die Lage verschärfte sich nur wenige Wochen später, am 27. Mai 1999. Dieses Datum markierte den Höhepunkt der organisierten und gezielten Verfolgung von Migrant:innen aus afrikanischen Staaten, die *Operation Spring*. In einer großangelegten Polizeiaktion und infolge eines genehmigten „Lauschangriffes" wurden rund 100 Personen verhaftet, die unter dem Vorwurf standen, führende Mitglieder einer international agierenden Vereinigung von Suchtmittelhändler:innen zu sein. Viele der Verhafteten gerieten ins Visier polizeilicher Verfolgung, weil sie sich an der Mobilisierung zu antirassistischen Demonstrationen gegen Polizeigewalt engagiert und an einer stärkeren Vernetzung beteiligt hatten.[1168]

2003, nachdem die Polizeigewalt in Österreich ein weiteres afrikanisches Opfer forderte, kam es zu weiteren Protesten. Seibane Wague starb in der Nacht vom 14. auf den 15. Juli unter der Brutalität der Polizei sowie Vernachlässigung durch die Wiener Rettung. Schwarzes Handeln rückte hier ebenfalls klar in den Vordergrund. Bei Demonstrationen am 17. Juli 2003 veröffentlichten PAMOJA und *African Media Alert*, mit der Unterstützung des Komitees des Afrikadorfes, die ersten Mahnwache-Flugblätter. Sie forderten eine lückenlose Aufklärung der Umstände, die zu seinem Tod geführt hatten, eine unabhängige Untersuchungskommission und eine faire Berichterstattung. Zahlreiche Kunstaktionen und Demonstrationen folgten, besonders die Zeit zwischen Tod und gerichtlicher Untersuchung war geprägt vom Kampf gegen Polizeigewalt. Hier ist vor allem die Plattform *Gerechtigkeit*

1166 Grösel, „Fremdenpolitik", 197–198.
1167 SOS Mitmensch, Flyer, Protest und Trauerkundgebung Marcus Omofuma, 1999.
1168 Ebd., 198.

für Seibane zu erwähnen, die jahrelang für Konsequenzen und Aufklärung eintrat und zahlreiche Events organisierte.

Omofuma und Wague sollten nicht die einzigen Todesfäll bleiben, die Schwarze Menschen vereinten. Laut einer Meldung vom 11. Oktober 2005 forderte die Black Community in Linz eine Entschuldigung der Republik Österreich, nachdem der 18-jährige Yankuba Ceesay in einer Sicherungszelle umgekommen war.[1169] Diese Fälle von Polizeigewalt brachten Erste und Zweite Generation dazu, über ihre Rechte nachzudenken und sie einzufordern. Häufig waren Angehörige der Ersten Generation direkt betroffen. Die Zweite Generation kann auch heute noch viel aus den Geschichten lernen, die in den 1990ern und Anfang der 2000er Jahre Schwarze Menschen in Österreich kollektiv prägten.

Unter dem Hashtag *#nichtmituns* erlebte der Widerstand gegen Racial Profiling im Sommer 2018 einen erneuten Höhepunkt, nachdem das Vorgehen Wiener Polizisten in Wien-Neubau gegen eine Gruppe junger Schwarzer Männer bekannt geworden war. Dass die betroffene Gruppe ein Musiker-/Kreativkollektiv rund um den Rapper T-Ser war, half, diesen Fall in die mediale Berichterstattung zu bringen. Neben der Berichterstattung in österreichischen Medien wurde man auch in Deutschland auf den Fall aufmerksam, zahlreiche Meldungen zu diesem Thema wurden veröffentlicht. Racial Profiling wurde als systematisches Problem erkannt, dass nicht nur einzelne wenige Personen trifft, sondern tägliche Auswirkungen auf einen nicht zu vernachlässigenden Teil unserer Gesellschaft hat. Die Eingliederung der *#nichtmituns*-Proteste in die seit Herbst 2018 wieder aktuellen Donnerstagsdemos gegen die damalige Türkis-Blaue Regierung gab dieser Bewegung Zulauf von Nicht-Betroffenen, die sich engagieren wollten. Diese Politisierung und die Erinnerung an die Fälle aus den 1990ern machten es möglich, dass sich die Schwarzen Communities im Frühjahr 2020 so schnell mobilisieren konnten.

Das Jahr 2020 als Wendepunkt

Die gesellschaftliche Sichtbarkeit von Schwarzen Menschen veränderte sich im Jahr 2020 grundlegend. Die mit dem Handy gefilmte Ermordung des Afroamerikaners George Floyd am 25. Mai 2020 in Minneapolis, den vier Polizeibeamte festgenommen hatten und die teilweise auf ihm gekniet waren, löste in den USA heftige Proteste aus. Unter dem Motto „Black Lives Matter" – dem Namen einer US-Protestbewegung, die bereits im Jahr 2013 gegründet worden war und Proteste gegen Polizeigewalt organisierte – fanden nach dem Mord zahlreiche Proteste in vielen verschiedenen Städten statt. Durch das Internet und die schnelle Verbreitung des Videos über Social Media konnte weltweit zu Protesten aufgerufen werden. Außerdem ermöglichte es das Internet, einen Diskurs zu diesem Thema zu eröffnen und Schwarzen Menschen weltweit eine Bühne zu bieten, um über das Thema Rassismus und Polizeigewalt zu sprechen.

Auch in Österreich führten diese Entwicklungen dazu, dass sich viele Schwarze Menschen zu Wort meldeten. Sie kritisierten nicht nur den Rassismus in den USA, sondern stellten auch Verbindungen zu Österreich her. Von den österreichischen Medien wurde dies aufgegriffen. Von besonderer Bedeutung beziehungsweise Höhepunkt war eine Demonstration,

[1169] Toter Linzer Schubhäftling: Bruder beschuldigt Polizei, in: Austria Presse Agentur, 11. Oktober 2005.

welche am 4. Juni 2020 in Wien stattfand und bei der es 50.000 bestätigte Teilnehmer:innen gab[1170]. Von den Organisator:innen, allen voran dem damals 19-jährigen Mugtaba Hamoudah und der SPÖ-Politikerin Mireille Ngosso, war mit einer kleineren Teilnehmer:innenzahl gerechnet worden. Am Folgetag fand eine weitere #BLM Demonstration statt, diesmal vor der US-Botschaft in Wien, organisiert vom Kollektiv BlackLivesMatterVienna. An dieser Demonstration nahmen rund 10.000 Personen teil. In den folgenden Wochen konnten auch in den Bundesländern viele Menschen aktiviert werden, weitere Demonstrationen zum Beispiel in Linz,[1171] Graz[1172] und Innsbruck[1173] fanden statt. Insgesamt werden alle Teilnehmer:innen der BlackLivesMatter-Demonstrationen in Österreich im Sommer 2020 auf rund 90.000 bis 100.000 geschätzt.

Ein relevanter Teil der politischen Landschaft ist derzeit ebenfalls von den BlackLives-Matter-Protesten verändert worden, denn im Anschluss an die Proteste entschloss sich eine Gruppe junger Leute dazu, den Weg des Volksbegehrens zu wählen und das Black Voices Volksbegehren zu initiieren, das sich für die gleichberechtigte Teilhabe Schwarzer Menschen, Menschen afrikanischer Herkunft und People of Colour in allen Bereichen der österreichischen Gesellschaft einsetzen will.[1174] Dies ist eines der relevantesten Entwicklungen im Einsetzen des politischen Instruments des Volksbegehrens.

Die im Jahr 2020 erreichte Öffentlichkeit im Rahmen von Veranstaltungen und Medienauftritten konnte 2021 nicht gänzlich gehalten werden. Es scheint jedoch, als hätten Medien, Institutionen, Firmen und Organisationen kleine Veränderungen in Bezug auf Diversität geplant und teilweise umgesetzt. Dies wird zum Beispiel durch die rege Beteiligung von Museen und Medien am *Black History Month* ausgedrückt, der erst mit 2021 zum größeren Thema außerhalb der Schwarzen Communities wurde.

Themen betreffend Schwarze Menschen in Österreich sind seit der BlackLivesMatter-Bewegung sichtbarer geworden. Zahlreiche Initiativen der Schwarzen Communities erhalten aber zu wenig Wahrnehmung, besonders im Bereich der Finanzierung von Projekten herrscht immer noch ein starkes Ungleichgewicht.

[1170] 50.000 Demonstranten bei Black-Lives-Matter-Protest in Wien, in: Der Standard, 4. Juni 2020, 5.

[1171] Tausende bei „Black Lives Matter"-Demo in Linz, in: ooe.orf.at, 7. uni 2020 (https://ooe.orf.at/stories/3052125/; 12. Dezember 2021).

[1172] Demonstration „Black Lives Matter" in Graz, in: steiermark.orf.at, 7. Juni 2020 (https://steiermark.orf.at/stories/3052064/; 12. Dezember 2021).

[1173] Zeichen gegen Rassismus, Tausende Teilnehmer bei Demo in Innsbruck, in: Tiroler Tageszeitung, 7. Juni 2020 (https://www.tt.com/artikel/30735814/zeichen-gegen-rassismus-tausende-teilnehmer-bei-demo-in-innsbruck?slideid=1; 12. Dezember 2021).

[1174] Siehe https://blackvoices.at/uber-uns/ (12. Dezember 2021).

Quellen- und Literaturverzeichnis

1. Archivalische Quellen

Österreichisches Staatsarchiv

Haus-, Hof- und Staatsarchiv

Verzeichniß der in der zweiten Hälfte des Monats November 1837 von der k. k. Central-Zensur etc. verbotenen Werke (HHStA, StK, ad Polizei, Zensur 1777–1848, 60 alt 80)

Allgemeines Verwaltungsarchiv

Bericht der Polizei-Oberdirektion an die Polizei-Hofstelle, 23. Oktober 1819: ÖStA/AVA, PH 9360/1819, Zl. 9360 ex 9429

Archiv der Republik:

BMI, Zl. 22.586-2B/64 [Staatspolizeiakt 1, betreffend PASUA]

BMI, Zl. 22.533-17/66 [Staatspolizeiakt 2, betreffend PASUA]

Wiener Stadt- und Landesarchiv

Magistratisches Zivilgericht, B2 – Contentiosa: Bd. 13, 1788, N–Z

Rassenpolitisches Amt, A1 – Rechtsfragen, Bevölkerungspolitik: 8, Mappe 1, A 1–9 d

Rassenpolitisches Amt, A1 – Rechtsfragen, Bevölkerungspolitik: 8, Mappe 1, A 1–9 e

M.Abt. 119, A33 – Gelöschte Vereine: 2. Reihe, 1425/1961 (PASUA)

Dokumentationsarchiv des österreichischen Widerstandes

Akten Nr. 7.384, 8.274, 11.240 und 40.710

Naturhistorisches Museum Wien

Archiv für Wissenschaftsgeschichte

FITZINGER, Neger: Leopold Josef FITZINGER, Unter [sic] die ausgestopften Neger im k. k. Naturalien-Cabinete, in: Karton Fitzinger Leopold Josef (1802–1884, Zoologe)

NATTERER, Bericht: Bericht von Custos Josef Natterer an die k. k. Hof-Naturalien Kabinetts Direction vom 29. November 1848, Naturhistorisches Museum Wien, in: fasc. 1848, Brandakten

Anthropologische Abteilung

WASTL, Untersuchungen: Josef WASTL, Konstitutions- und rassenanthropologische Untersuchungen an eurafrikanischen, europäischen und asiatischen Völkerschaften. Bericht über die Tätigkeit der Studienkommission der Anthropologischen Abteilung des Naturhistorischen Museums in Wien

Pfarrmatriken *(https://data.matricula-online.eu/de/oesterreich/wien/)*

Pfarre Alservorstadt, Trauungsbuch 1858–1861

Pfarre Haitzendorf, Taufbuch, Tom VII (1838–1854)

Sammlungen des Fürsten von und zu Liechtenstein
Hausarchiv, Karton 325

Österreichischer Gewerkschaftsbund
Dokumente zur Delegation des Ägyptischen Gewerkschaftsbundes nach Wien 1984 (Internationales Archiv, Länderordner Ägypten)

Archiv des Ursulinenklosters Graz
Drittes Denkbuch (Manuskript, Graz 1856)

2. Gedruckte Quellen

ABLEITINGER – BRUNNER, Tagebuch: Alfred ABLEITINGER – Meinhard BRUNNER (HG.), Erzherzog Johann von Österreich. „Ein Land, wo ich viel gesehen." Aus dem Tagebuch der England-Reise 1815/16, Graz 2010.

AMNESTY, Jahresbericht: AMNESTY INTERNATIONAL, Jahresbericht, Frankfurt am Main, diverse Bände.

AMNESTY, Österreich: AMNESTY INTERNATIONAL, Österreich: Opfer oder Verdächtige. Eine Frage der Hautfarbe. Rassistische Diskriminierung im österreichischen Polizei- und Justizsystem, dt. Übersetzung Wien 2009 (https://www.amnesty.at/media/2387/oesterreich_opfer-oder-verdaechtige.pdf; 20. Jänner 2022).

AMTSKALENDER: Österreichischer Amtskalender für das Jahr 1960 [etc.], Wien 1960.

ANONYMUS, Künig: ANONYMUS, Vom Künig ausz Moren Landt. Ein außzug etlicher Artickel / auß Brieffen so der Christlich Künig Ethiopien und Hohen Moren Landes hat lassen außgehen [etc.], Frankfurt 1544.

AUGUSTINUS, Ennaratio: Sancti Aurelii AUGUSTINI Hipponensis Episcopi, In psalmum 71 ennaratio, Paris 1861 (J.-P. MIGNE [Hg.], Patrologiae Cursus Completus [etc.] tom. 36), 902–913.

AUGUSTINUS, De Genesi: Sancti Aurelii AUGUSTINI, De Genesi ad Litteram libri duodecim [etc.], Pragae/Vindobonae/Lipsiae 1894 (Iosephus ZYCHA [Hg.], Corpus Scriptorum Ecclesiasticorum Latinorum, vol. 28, sect. 3, pars 2).

AUGUSTINUS, De Civitate Dei: Sancti Aurelii AUGUSTINI Episcopi Opera, De Civitate Dei libri XXII, Pragae/Vindobonae/Lipsiae 1900 (Emanuel HOFFMANN [Hg.], Corpus Scriptorum Ecclesiasticorum Latinorum, vol. 40, sect. 5, pars 2).

BAUMGARTNER, Peregrinatio: Martin von BAUMGARTNER AUF BREITENBACH, Peregrinatio in Aegyptum, Arabiam, Palaestinam et Syriam [etc.], Nürnberg 1594.

BERG, Florilegium: Erich Alban BERG, Als der Adler noch zwei Köpfe hatte. Ein Florilegium, Graz/Wien/Köln 1980.

BERNDL, Wein: Poldl BERNDL, „… es wird ein Wein sein". Die Aufzeichnungen eines Poysdorfer Weinhauers, Gösing 2007.

BIBLIOTHEKSKATALOGE: Mittelalterliche Bibliothekskataloge Österreichs, hg. von der Österreichischen Akademie der Wissenschaften, diverse Bände, Wien 1961–1975.

BIKO, Ich schreibe: Steve BIKO, Ich schreibe, was mir paßt, hg. Marianne SCHULZ-RUBACH – Helmut ORBON, Westberlin 1979.

BUNDESAMT FÜR STATISTIK, Volkszählung: BUNDESAMT FÜR STATISTIK (Hg.), Die Ergebnisse der österreichischen Volkszählung vom 22. März 1934. Heft 2: Bundesstaat, Tabellenheft, Wien 1935.

CAMPANELLA, Lebensskizze: C. Ant. CAMPANELLA, Lebensskizze Oliveiri's, in: 12. Jahresbericht des Vereines zur Unterstützung der armen Negerkinder für die Zwecke der centralafricanischen Mission, Köln 1864, 25–33.

CARTIGNY, Parfait: François CARTIGNY, Parfait Edouard „Saint Pierre" dit aussi „Le mulâtre" (https://www.memoresist.org/resistant/edouard-parfait; 29. Oktober 2020).

COSTA – TRIENDL, Breit: Othmar COSTA – Bernhard TRIENDL (Hg.), Bert Breit. Dokumentation und Hommage für Bert Breit zum 75er, Innsbruck 2002 (CD 1).

DORNER-BRADER, Ministerrat: Eszter DORNER-BRADER, Protokolle des Ministerrates der Ersten Republik 1918–1938. Abt. 8: Kabinett Dr. Engelbert Dollfuß 20. Mai 1932 bis 25. Juli 1934, Bd. 4: 16. Juni 1933 bis 27. Oktober 1933, Wien 1984.

EL SADDIK, Schatzhüterin: Wafaa EL SADDIK (mit Rüdiger HEIMLICH), Es gibt nur den geraden Weg. Mein Leben als Schatzhüterin Ägyptens, Köln 2013.

ERHARD – RAMMINGER, Meerfahrt: Andreas ERHARD – Eva RAMMINGER, Die Meerfahrt. Balthasar Springers Reise zur Pfefferküste, Innsbruck 1998.

FELDER, Erinnerungen: Cajetan FELDER, Erinnerungen eines Wiener Bürgermeisters, Wien/Hannover/Bern 1964.

FEUCHTERSLEBEN, Werke: Ernst Freiherr von FEUCHTERSLEBEN, Sämtliche Werke und Briefe. Kritische Ausgabe 6/1 und 6/2 (Briefe und autobiographische Schriften, Text und Kommentar). Bearb. von Barbara OTTO. Wien 2002 (Veröffentlichungen der Kommission für Literaturwissenschaft).

FILZMAIER – PERLOT, Muslimische Gruppen: Peter FILZMAIER – Flooh PERLOT, Muslimische Gruppen in Österreich. Einstellungen von Flüchtlingen, ZuwanderInnen und in Österreich geborenen MuslimInnen im Vergleich. ÖIF-Forschungsbericht, hg. vom Österreichischen Integrationsfonds, Wien 2017.

FLORIAN, Sinto: Reinhard FLORIAN, Ich wollte nach Hause, nach Ostpreussen. Das Überleben eines deutschen Sinto, hg. von Jana MECHELHOFF-HEREZI – Uwe NEUMÄRKER, o. O. 2012.

FRANKL, Jerusalem: Ludwig August FRANKL, Nach Jerusalem! III, Wien 1858.

FUCHSLEHNER – RÖHRLING, Afrikanerinnen: Barbara FUCHSLEHNER – Karin RÖHRLING, Afrikanerinnen und Afrikaner im KZ Mauthausen: Teilauswertung der Datenblätter im Archiv der KZ-Gedenkstätte Mauthausen, Projektbericht Wien 2016 (https://homepage.univie.ac.at/walter.sauer/Afrikanisches_Oesterreich-Dateien/Projektbericht_Afrikanerinnen%20und%20Afrikaner%20im%20KZ%20Mauthausen_07.pdf; 25. April 2018).

FUHRMANN, Wien: Mathias FUHRMANN, Alt- und Neues Wien, Oder Dieser Kayserlich- und Ertz-Landes-Fürstlichen Residentz-Stadt Chronologisch- und Historische Beschreibung [etc.], Wien/Linz 1739.

GEISSLHOFER, Kältesee: Hans GEISSLHOFER, Der Kältesee. Die Vermessung der Mischlinge im Banne der Alpenfestung, Brioni und Mussolini & mehr, Palma de Mallorca 2015.

GLOSSY, Geheimberichte: Karl GLOSSY (HG.), Literarische Geheimberichte aus dem Vormärz I, Wien 1912.

GREGOIRE, Littérature: Henri Baptiste GREGOIRE, De la littérature des Nègres, ou recherches sur leurs facultés intellectuelles, leurs qualités morales et leur littérature [etc.], Paris 1808.

GRILLPARZER, Selbstbiographie: Franz GRILLPARZER, Selbstbiographie, in: Max MELL (Hg.), Österreichischer Lebenslauf. Grillparzer, der österreichische Erzähler, Wien 1947, 109–299.

HAMOUDAH, Kampf; Mugtaba HAMOUDAH, Jahrzehntelanger Kampf gegen Rassismus, in: ZARA (Hg.), Rassismus Report 2020. Analyse zu rassistischen Übergriffen & Strukturen in Österreich, Wien 2021, 16–17.

HANUM, Harem: Prinzessin Djavidan HANUM, Harem. Erinnerungen der früheren Gemahlin des Khediven von Ägypten, Neuauflage Berlin 1988.

HARANT, Ulysses: Kryštof HARANT, Der Christliche Ulysses, oder Weit-versuchte Cavallier. Fürgestellt in der Denckwürdigen Bereisung so wol deß Heiligen Landes, als vieler anderer morgenländischer Provintzen, Landschafften, und berühmten Städte [etc.], Nürnberg 1678.

HARO, Décembre: Christophe HARO, Décembre 1943, Privatdruck.

HASELBACH, Enquête: Arne HASELBACH (Red.), Ein österreichisches Konzept für Entwicklungshilfe und wirtschaftliche Zusammenarbeit mit Entwicklungsländern. Enquête Entwicklungshilfe, Wien 1971.

HASSAN, Lesebuch: Anton HASSAN, Arabisches Lesebuch. Eine Episode aus dem Roman Antar, Wien 1855.

HASSAN, Grammatik: Anton HASSAN, Kurzgefasste Grammatik der vulgär-arabischen Sprache mit besonderer Rücksicht auf den egyptischen Dialekt, Wien 1869.

HERZL, Menschengarten: Theodor HERZL, Der Menschengarten, in: Theodor HERZL, Feuilletons I, Berlin 1911, 152–158.

HINTERBERGER, Kaisermühlen Blues: Ernst HINTERBERGER, Kaisermühlen Blues. Ein Wiener Roman, Wien 1994.

HOCHSCHULSTATISTIK: Österreichische Hochschulstatistik, hg. vom Bundesministerium für Unterricht und vom Österreichischen Statistischen Zentralamt. Wien, diverse Bände.

HOLUB, Sieben Jahre: Emil HOLUB, Sieben Jahre in Süd-Afrika. Erlebnisse, Forschungen und Jagden auf meinen Reisen von den Diamantenfeldern zum Zambesi (1872–1879) I, Wien 1881.

HOOGEWEG, Oliverus: Hermann HOOGEWEG (Hg.), Die Schriften des Kölner Domscholasters, späteren Bischofs von Paderborn und Kardinalbischofs von S. Sabina Oliverus, Tübingen 1894.

HYRTL, Museum: Joseph HYRTL, Vergangenheit und Gegenwart des Museums für menschliche Anatomie an der Wiener Universität, Wien 1869.

JASSEY, Erlebnisbericht: Bakari JASSEY, Wie es sich zugetragen hat. Ein Erlebnisbericht aus meiner Sicht. Mit einem Vorwort von Heinz PATZELT und Alfred J. NOLL (https://www.bakary-jassey.at; 10. Dezember 2021).

JOHNSTON-ARTHUR, Interview: Hakan GÜRSES, „Schwarz ist eine politische Identität". Interview mit Araba Evelyn Johnston-Arthur, in: stimme von und für minderheiten (2001/2002), 10–11.

KIESBAUER, Herz: Arabella KIESBAUER, Mein afrikanisches Herz, München 2007.

KROPATSCHEK, Handbuch: Joseph KROPATSCHEK (Hg.), Handbuch aller unter der Regierung des Kaisers Joseph des II. für die k.k. Erblande ergangenen Verordnungen und Gesetze [etc.] 10, Wien 1788.

LINNÉ, Systema: Carl von LINNÉ, Systema naturae per regna tria naturae secundum classes, ordines, genera, species cum characteribus, differentiis, synonymis, locis. Editio duodecima, Stockholm 1766.

LINNÉ, Natursystem: Carl von LINNÉ, Des Ritters Carl von Linné Königlich Schwedischen Leibarztes [etc.] vollständiges Natursystem nach der zwölften lateinischen Ausgabe und nach Anleitung des holländischen Houttuynischen Werks mit einer ausführlichen Erklärung ausgefertigt von Philipp Ludwig STATIUS MÜLLER. Erster Theil: Von den saeugenden Thieren, deutsche Übersetzung, Nürnberg 1773.

LOHRMANN – OPLL, Regesten: Klaus LOHRMANN – Ferdinand OPLL, Regesten zur Frühgeschichte von Wien, Wien/München 1981 (Forschungen und Beiträge zur Wiener Stadtgeschichte 10).

MAGISTRAT WIEN, Jahrbuch 1939–1942: MAGISTRAT DER STADT WIEN (Hg.), Statistisches Jahrbuch der Stadt Wien 1939–1942, Wien 1946 (Neue Folge 6).

MAGWIRO, Vienna: Vicky Wilson R. MAGWIRO, Good Night Vienna, Wien 1998.

MARIEN-VEREIN, 3. Jahresbericht: Dritter Jahresbericht des Marien-Vereines zur Beförderung der katholischen Mission in Central-Afrika, Wien 1854.

MAYER, Reise: Matthias MAYER, Die Reise Ritter Martin Baumgartners von Breitenbach ins Heilige Land 1507 und sein Lebensbild, Kufstein 1931 (Tiroler Heimatschriften 4).

MBOLELA, Weg: Emmanuel MBOLELA, Mein Weg vom Kongo nach Europa. Zwischen Widerstand, Flucht und Exil, Wien 2014.

MEGISER, Annalium: Hieronymus MEGISER, Annalium Carinthiae, Pars Secunda. Das ist Ander Theil der Chronicken des Löblichen Ertzherzogthumbs Kharndten [etc.], Leipzig 1612; Nachdruck Klagenfurt 1981.

MUTOMBO, Genèse: Clément MUTOMBO, La genèse des unions bi-culturelles à Vienne. Étude des couples domino, Frankfurt am Main/Wien 1998.

NASCIMENTO, Diário: Aires A. NASCIMENTO (Hg.), Leonor de Portugal Imperatriz da Alemanha. Diário de Viagem do Embaixador Nicolau Lanckman de Valckenstein, Lissabon 1992.

NEGERKINDER-VEREIN, 7. Jahresbericht: 7. Jahresbericht des Vereines zur Unterstützung der armen Negerkinder, Köln 1859.

NELLMANN, Parzival: Eberhard NELLMANN (Hg.), Wolfram von Eschenbach, Parzival. Nach der Ausgabe Karl Lachmanns revidiert und kommentiert von Eberhard Nellmann, übertragen von Dieter Kühn. 2 Bde., Frankfurt am Main 1994 (Bibliothek des Mittelalters, Texte und Übersetzungen 8).

ÖFSE, Studientag: ÖSTERREICHISCHE FORSCHUNGSSTIFTUNG FÜR ENTWICKLUNGSHILFE (Hg.), Dokumentation zum Studientag. Zur Situation der ausländischen Studenten in Österreich: Stipendiaten und Förderungsempfänger aus Entwicklungsländern. Österreichische Entwicklungspolitik, Sonderheft, Wien 1989.

Österreichisches Biographisches Lexikon, diverse Bände.

ÖSTZA, Wohnbevölkerung: ÖSTERREICHISCHES STATISTISCHES ZENTRALAMT (Hg.), Die Zusammensetzung der Wohnbevölkerung Österreichs nach allgemeinen demographischen und kulturellen Merkmalen. Volkszählungsergebnisse 1961, Heft 13, Wien 1964.

PAMOJA. Bewegung: PAMOJA, Die Bewegung der jungen afrikanischen Diaspora in Österreich, 1996 (hektographiert).

PANNEL, Eipeldauer Briefe: Josef RICHTER, Die Eipeldauer Briefe 1785–1797. In Auswahl herausgegeben, eingeleitet und mit Anmerkungen versehen von Dr. Eugen von PANNEL. Erster Band, München 1917.

Pezzl, Faustin: Johann Pezzl, Faustin oder das philosophische Jahrhundert, Zürich 1783.

Pezzl, Skizze: Johann Pezzl, Skizze von Wien, 5. Heft, Wien/Leipzig 1788.

Pichler, Soliman: Caroline Pichler gebornen von Greiner, Angelo Soliman 1807, in: dies., Prosaische Aufsätze 1. Sämmtliche Werke 24, Wien 1829, 80–95 (hier zitiert nach dem Wiederabdruck in Wilhelm A. Bauer, Angelo Soliman, der hochfürstliche Mohr. Ein exotisches Kapitel Alt-Wien. Neuausgabe durch Monika Firla-Forkl, Berlin 1993, 112–118).

Pichler, Schriftsteller: Karoline Pichler, Ueber ältere Oesterreichische Schriftsteller. Silhouetten aus der Erinnerung geschnitten, in: Sonntags-Blätter 2/12, 19. März 1843, 265–270.

Pococke, Correspondence: Rachel Finnegan (Hg.), The Grand Tour Correspondence of Richard Pococke – Jeremiah Milles. Vol. 2: Letters from the Continent (1736–37), Piltown 2011.

Prokesch-Osten, Briefwechsel: Anton Prokesch-Osten, Aus dem Nachlasse des Grafen Prokesch-Osten, Briefwechsel mit Herrn von Gentz und Fürsten Metternich I, Wien 1881.

Radzikowski, Reisebeschreibung: Piotr Radzikowski, Reisebeschreibung Niclas von Popplau Ritters, bürtig von Breslau, Kraków 1998.

Reinisch, Wörterbuch: Leo Reinisch, Die Bilin-Sprache. II: Wörterbuch der Bilin-Sprache, Wien 1887.

Reinisch, Somali: Leo Reinisch, Die Somali-Sprache. I: Texte, Wien 1900.

Ribera, Cómo sobrevir: Anje Ribera, Cómo sobrevir en Mauthausen siende negro y rojo, in: El Correo, 23. September 2016 (http://www.elcorreo.com/bizkaia/sociedad/201508/02/como-sobrevivir-mauthausen-siendo-20150730164440.html; 20. April 2021).

Rudolf, Orientreise: Kronprinz Rudolf von Österreich, Eine Orientreise. Wien 1884.

Sacharow, Aufstand: Valentin Sacharow, Aufstand in Mauthausen, Berlin (DDR) 1961.

Sauer – Spanbauer, Blackening Vienna: Walter Sauer – Vanessa Spanbauer, Blackening Vienna. Aspekte afrikanischer Präsenz in Wien seit 1918. Forschungsbericht im Rahmen der Projektausschreibung „Republik in Österreich – Demokratie in Wien. 100 Jahre Gegenwart, Geschichte und Zukunft", Wien 2018 (unveröffentlicht).

Schinl, Xaverius: Theophil Schinl, Wunderbarer Künstler, Heiliger Franciscus Xaverius [etc.], Graz 1719.

Schmeller, Rožmital: Johann Andreas Schmeller (Hg.), Des böhmischen Herrn Leo's von Rožmital Ritter-, Hof- und Pilger-Reise durch die Abendlande 1465–1467. Beschrieben von zweien seiner Begleiter. Itineris a Leone de Rosmital nobili Bohemo annis 1465–1467 per Germaniam, Angliam, Franciam, Hispanam, Portugallam atque Italiam confecti, Commentarii coaevi duo, Stuttgart 1843.

Seemüller, Chronik: Joseph Seemüller (Hg.), Österreichische Chronik von den 95 Herrschaften, Hannover 1909 (Monumenta Germaniae historica, Scriptores 8, Deutsche Chroniken 6).

Shonubi, Zerreißproben: Marieliese Shonubi, Aber Du wirst nicht die Einzige sein. Zerreißproben in einer binationalen Ehe, Berlin 2004.

Sole, Reminiscences: Donald Bell Sole, „This above all". Reminiscences of a South African diplomat, Cape Town 1989 (hektographiert).

Statistik Austria, Arbeitsmarktsituation: Statistik Austria (Hg.), Arbeitsmarktsituation von Migrantinnen und Migranten in Österreich. Modul der Arbeitskräfteerhebung 2014, Wien 2015.

Straganz, Boimont: Max Straganz, Die Autobiographie des Freiherrn Jakob v. Boimont zu Pairsberg (1527–1581), in: Programm des k. k. Ober-Gymnasiums der Franciscaner zu Hall. Am Schlusse des Schuljahres 1895–1896, Innsbruck 1896, 3–105.

Weyda, Briefe: H. Weyda, Briefe an Erzherzog Franz (nachmals K. Franz II.) von seiner ersten Gemahlin Elisabeth 1785–1789, Wien 1871 (Archiv für Österreichische Geschichte 44).

Wimmer-Lamquet, Balkenkreuz: Franz Wimmer-Lamquet, Balkenkreuz und Halbmond. Als Abwehroffizier in Afrika und im Vorderen Orient, Graz 2005.

Wirtschaftsministerium, Jugendbeschäftigung: Bundesministerium für Digitalisierung und Wirtschaftsstandort (Hg.), Bericht zur Situation der Jugendbeschäftigung und Lehrlingsausbildung in Österreich 2018–2019. III-155 der Beilagen XXVII. GP – Bericht – 02 Hauptdokument (https://www.parlament.gv.at/PAKT/VHG/XXVII/III/III_00155/imfname_807708.pdf; 10. Februar 2022).

Wurzbach, Lexikon: Constant von Wurzbach, Biographisches Lexikon, diverse Bände.

ZARA, Rassismus Report: ZARA – Zivilcourage und Anti-Rassismus-Arbeit (Hg.), Rassismus Report. Wien, diverse Bände.

Zedler, Lexicon: Artikel „Mohr“, in: Johann Heinrich Zedler, Grosses vollständiges Universal Lexicon Aller Wissenschafften und Künste [etc.] 21 (1739), 864–866.

3. Sekundärliteratur

Aberer – Korom – Postl – Reischl – Revers – Schantl, Zeitung: Matthias Aberer – Philipp Korom – Eva Postl – Daniela Reischl – Matthias Revers – Barbara Schantl, Wo bleibt heute die Zeitung? Arbeits- und Lebensbedingungen von ZeitungsausträgerInnen, Innsbruck 2006.

Abu-Lughod, Hegemony: Janet L. Abu-Lughod, Before European hegemony. The world system A.D. 1250–1350, Oxford 1989.

Adi, Pan-Africanism: Hakim Adi, Pan-Africanism and Communism. The Communist International, Africa and the Diaspora, 1919–1939, Trenton 2013.

Adler, Gesetzgebung: Sigmund Adler, Die politische Gesetzgebung in ihren geschichtlichen Beziehungen zum allgemeinen bürgerlichen Gesetzbuche, in: Festschrift zur Jahrhundertfeier des Allgemeinen bürgerlichen Gesetzbuches I, Wien 1911.

Aigner – Akegbeleye – Dimitrova – Erinmwionghae, Naija: Heidrun Aigner – Happy Akegbeleye – Petja Dimitrova – Clifford Erinmwionghae, Naija Akararians: „Our Message is the Power of the Migrants“, in: Heidrun Aigner (Hg.), Stadt für alle! Analysen und Aneignungen, Wien 2018, 228–244.

Aitken – Rosenhaft, Black Germany: Robbie Aitken – Eve Rosenhaft, Black Germany. The Making and Unmaking of a Diaspora Community, 1884–1960, Cambridge/New York 2013.

Ajaegbu, AfrikanerInnen: Chukwubuike Walter Ajaegbu, Das Leben von AfrikanerInnen in Österreich. Ein kommentierter Situationsbericht, Wien 2000.

Ajaegbu, Organisationen: Chukwubuike Walter Ajaegbu, Afrikanische Organisationen in Wien, Wien 2000.

Akinyosoye, Geschichten: Akinyosoye, Verborgene Geschichten – Remapping Mozart, in: Simon Inou – Beatrice Achaleke (Hg.), Schwarze Menschen in Österreich, Lagebericht. Jahresbericht 2010, Wien 2010, 14–15.

Alföldy, Noricum: Géza Alföldy, Noricum, London/Boston 1974.

Alizadeh, Flüchtlingspolitik: Homayoun Alizadeh, Österreichische Flüchtlingspolitik der 70er Jahre, in: Gernot Heiss – Oliver Rathkolb (Hg.), Asylland wider Willen. Flüchtlinge in Österreich im europäischen Kontext seit 1914, Wien 1995, 188–194.

Aly – Heim, Vordenker: Götz Aly – Susanne Heim, Vordenker der Vernichtung. Auschwitz und die deutschen Pläne für eine neue europäische Ordnung, Taschenbuchausgabe, Frankfurt am Main 1993.

Amicale, Anthologie: Amicale de Mauthausen (Hg.), Anthologie: Témoignages de déportés français et espagnols au camp de Mauthausen, Paris 2018 (Cahier de Mauthausen 4), 43–44.

Aram, Kings: Bethany Aram, Three Kings between Europe, Africa and America, 1492–1788, in: Jahrbuch für Geschichte Lateinamerikas 49 (2012), 41–57.

Arnberger, Oberlanzendorf: Heinz Arnberger, Das Arbeitserziehungslager Oberlanzendorf, in: Dokumentationsarchiv des österreichischen Widerstandes (Hg.), Widerstand und Verfolgung in Niederösterreich 1934–1945. Eine Dokumentation II, Wien 1987, 573–586.

Arndt – Hornscheidt, Sprache: Susan Arndt – Antje Hornscheidt, „Worte können sein wie winzige Arsendosen". Rassismus in Gesellschaft und Sprache, in: Dies., Afrika und die deutsche Sprache. Ein kritisches Nachschlagewerk, Münster 2004, 11–74.

Arndt – Ofuatey-Alazard, Rassismus: Susan Arndt – Nadja Ofuatey-Alazard (Hg.), Wie Rassismus aus Wörtern spricht. (K)Erben des Kolonialismus im Wissensarchiv deutsche Sprache. Ein kritisches Nachschlagewerk, Münster 2015.

Asylkoordination, Annäherungen: Asylkoordination (Hg.), Annäherungen. Jugendliche Flüchtlinge und ihre PatInnen erzählen, Wien 2006.

Babajide, Apartheidpolitik: Abayomi Diekola Babajide, Die Apartheidpolitik der Regierung der Republik Südafrika. Eine Untersuchung ihrer historischen Entwicklung sowie ihrer menschenrechtlichen Aspekte, Dissertation Wien 1969.

Bacher – Karner, Nachkriegsschicksal: Dieter Bacher – Stefan Karner (Hg.), Zwangsarbeiter in Österreich 1939–1945 und ihr Nachkriegsschicksal. Ergebnisse der Auswertung des Aktenbestandes des „Österreichischen Versöhnungsfonds". Ein Zwischenbericht, Innsbruck/Wien/Bozen 2013.

Bailer-Galanda, Harand: Brigitte Bailer-Galanda, Irene Harand – eine Frau im Kampf gegen Nationalsozialismus und Antisemitismus, in: Stefan Karner (Hg.), Die umkämpfte Republik, Innsbruck/Wien/Bozen 2017, 227–230.

Baradez, Algerie: Jean Baradez, L'Algerie romaine et la Pannonie, in: Erich Swoboda (Hg.), Carnuntina. Ergebnisse der Forschung über die Grenzprovinzen des römischen Reiches. Vorträge beim internationalen Kongreß der Altertumsforscher Carnuntum 1955, Graz/Köln 1956.

Bastert, Akkon: Bernd Bastert, enhalp dem mer – Kreuzzüge ins Heilige Land. Das ‚Buch von Akkon' im Kontext der deutschen Kreuzzugsliteratur des 12. bis 14. Jahrhunderts, in: Nikolas JASPERT – Stefan TEBRUCK (Hg.), Die Kreuzzugsbewegung im römisch-deutschen Reich 11.–13. Jahrhundert, Ostfildern 2017, 249–267.

BAUBÖCK – VALCHARS, Non-Toleration: Rainer BAUBÖCK – Gerd VALCHARS, Non-Toleration of Dual Citizenship in Austria, in: Rainer BAUBÖCK – Max HALLER (Hg.), Dual Citizenship and Naturalisation: Global, Comparative and Austrian Perspectives, Wien 2021 (Sitzungsberichte der Philosophisch-Historischen Klasse der Österreichischen Akademie der Wissenschaften 910), 207–227.

BAUER, Welcome: Ingrid BAUER, Welcome Ami Go Home. Die amerikanische Besatzung in Salzburg 1945–1955. Erinnerungslandschaften aus einem Oral-History-Projekt, Salzburg 1998.

BAUER, Fremden: Ingrid BAUER, „Von nützlichen und lästigen, erinnerten und vergessenen Fremden". Besatzungssoldaten, Displaced Persons und das Österreichische Gedächtnis, in: Zeitgeschichte 27/3 (2000), 150–171.

BAUER, „Besatzungsbräute": Ingrid BAUER, „Besatzungsbräute". Diskurse und Praxen einer Ausgrenzung in der österreichischen Nachkriegsgeschichte 1945–1955, in: Irene BANDHAUER-SCHÖFFMANN – Claire DUCHEN (Hg.), Nach dem Krieg. Frauenleben und Geschlechterkonstruktionen in Europa nach dem Zweiten Weltkrieg, Herbolzheim 2000, 261–276 (Forum Frauengeschichte 23).

BAUER, Vater: Ingrid BAUER, „Leiblicher Vater: Amerikaner (Neger)". Besatzungskinder österreichisch-afroamerikanischer Herkunft, in: Helmuth A. NIEDERLE – Ulrike DAVIS-SULIKOWSKI – Thomas FILLITZ (Hg.), Früchte der Zeit. Afrika, Diaspora, Literatur und Migration, Wien 2001, 49–67.

BAUER, Amis: Ingrid BAUER, „Die Amis, die Ausländer und wir". Zur Erfahrung und Produktion von Eigenem und Fremdem im Jahrzehnt nach dem Zweiten Weltkrieg, in: Ingrid BAUER (Hg.), Walz – Migration – Besatzung. Historische Szenarien des Eigenen und des Fremden, Klagenfurt 2002, 197–276.

BAUER, Forschungen: Ingrid BAUER, „Ich bin stolz, ein Besatzungskind zu sein". Zeitgeschichtliche Forschungen als Impulse für Empowerment? Befunde mit Blick auf die einstige US-Zone in Österreich, in: Silke SATJUKOW – Barbara STELZL-MARX (Hg.), Besatzungskinder. Die Nachkommen alliierter Soldaten in Österreich und Deutschland, Köln 2016, 183–206.

BAUER, Soliman: Wilhelm A. BAUER, Angelo Soliman, der hochfürstliche Mohr. Ein exotisches Kapitel Alt-Wien, Wien 1922, Neuausgabe durch Monika FIRLA-FORKL, Berlin 1993.

BAUM, Mythos: Wilhelm BAUM, Die Verwandlungen des Mythos vom Reich des Priesterkönigs Johannes. Rom, Byzanz und die Christen des Orients im Mittelalter, Klagenfurt 1999.

BECHHAUS-GERST, Afrikaner: Marianne BECHHAUS-GERST, Afrikaner in Deutschland 1933–1945, in: 1999. Zeitschrift für Sozialgeschichte des 20. und 21. Jahrhunderts 12 (1997), 10–31.

BECHHAUS-GERST, Askari: Marianne BECHHAUS-GERST, „Hinrichtung 6.18 durch das Fallbeilgerät" – Ein Askari vor dem Sondergericht Hamburg, in: Marianne BECHHAUS-GERST – Reinhardt KLEIN-ARENDT (Hg.), Die (koloniale) Begegnung. AfrikanerInnen in Deutschland 1880–1945. Deutsche in Afrika 1880–1918, Frankfurt am Main/Wien 2003, 41–49.

BEHLMER, Heilige: Heike BEHLMER, Patriotische Heilige in Ägypten – Wunsch oder Wirklichkeit, in: Dieter R. BAUER – Klaus HERBERS – Gabriele SIGNORI (Hg.), Patriotische Heilige. Beiträge zur Konstruktion religiöser und politischer Identitäten in der Vormoderne, Stuttgart 2007, 157–178.

BÉKÉSI – KOS, Kampf: Sándor BÉKÉSI – Wolfgang KOS (Hg.), Kampf um die Stadt. Politik, Kunst und Alltag um 1930, Wien 2010.

BELL, Images: Sinclair W. BELL, Images and Interpretation of Africans in Roman Art and Social Practice, in: Lea K. CLINE – Nathan T. ELKINS (ed.), The Oxford Handbook of Roman Imagery and Iconography, Oxford 2022, 425–463.

BERGER, Kinderjause: Ernst BERGER, Die „Kinderjause" und ihr Hintergrund, in: Ernst BERGER – Ruth WODAK, Kinder der Rückkehr. Geschichte einer marginalisierten Jugend, Wiesbaden 2018, 45–49.

BERGER, Chinesen: Günther BERGER, Chinesen in Wien, in: Wiener Geschichtsblätter 40 (1985), Beiheft 2.

BERGER – BOTZ – DEJNEGA – FRITZ – PRENNINGER, Deportierte: Heinrich BERGER – Gerhard BOTZ – Melanie DEJNEGA – Regina FRITZ – Alexander PRENNINGER, Ständige Bewegung im Ungewissen. Deportierte und ihre Wege nach Mauthausen. Einleitung, in: Gerhard BOTZ – Melanie DEJNEGA – Regina FRITZ – Alexander PRENNINGER (Hg.), Deportiert nach Mauthausen, Wien/Köln/Weimar 2021 (Europa in Mauthausen 2).

BERGMEIER – LOTZ, Briggs: Horst P. J. BERGMEIER – Rainer E. LOTZ, James Arthur Briggs (https://www.questia.com/library/journal/1G1-236332209/james-arthur-briggs; 9. Dezember 2018).

BERMEJO, Boix: Benito BERMEJO, Francisco Boix, der Fotograf von Mauthausen, Wien 2007.

BERNER, Filmaufnahmen: Margit BERNER, Was der Anthropologe wirklich zeigt. Filmaufnahmen des Naturhistorischen Museums Wien aus der NS-Zeit, in: Ramón REICHERT (Hg.), Kulturfilm im „Dritten Reich", Wien 2006, 169–181.

BERNER, Anthropology: Margit BERNER, Race and physical anthropology in interwar Austria, in: Focaal – Journal of Global and Historical Anthropology 58 (2010), 16–31.

BIFFL, Arbeitskräftebedarf: Gudrun BIFFL, Deckung des Arbeitskräftebedarfs durch Migration in Österreich. Studie des Nationalen Kontaktpunkts Österreich im Europäischen Migrationsnetzwerk, Wien 2011.

BILÉ, Opfer: Serge BILÉ, Das schwarze Blut meiner Brüder. Vergessene Opfer des Nationalsozialismus, Berlin 2006.

BILLETH, Frauenbild: Renate BILLETH, Die Ambivalenz im Frauenbild in der sozialdemokratischen Frauenzeitschrift „Die Unzufriedene", Diplomarbeit Wien 2003.

BILOA ONANA, Sklavenaufstand: Marie BILOA ONANA, Der Sklavenaufstand von Haiti. Ethnische Differenz und Humanitätsideale in der Literatur des 19. Jahrhunderts, Köln/Weimar/Wien 2010.

BINDMAN – GATES – DALTON (Hg.), Image: David BINDMAN – Henry Louis GATES, Jr. – Karen C. C. DALTON (Hg.), The Image of the Black in Western Art. From the early Christian Era to the „Age of Discovery". New Edition. II/1: From the Demonic Threat to the Incarnation of Sainthood. II/2: Africans in the Christian Ordinance of the World, Cambridge/Mass./London 2010.

Bittner – Hödl – Kandlhofer – Zapatocky, Institut: Gerhard Bittner – Heinz Hödl – Josef Kandlhofer – Klaus Zapatocky (Hg.), Afro-Asiatisches Institut Wien 1959–2016, Wien 2016.

Blom – Kos, Soliman: Philipp Blom – Wolfgang Kos (Hg.), Angelo Soliman. Ein Afrikaner in Wien, Wien 2011 (Sonderausstellung des Wien-Museums 376).

Blom, Spurensuche: Philipp Blom, Von Mmadi Make zu Angelo Sollima – eine Spurensuche, in: Philipp Blom – Wolfgang Kos (Hg.), Angelo Soliman. Ein Afrikaner in Wien, Wien 2011, 67–79.

Blom, Straussenfedern: Philipp Blom, Straussenfedern, Muscheln und Glasperlen. Soliman und andere menschliche Präparate in Museen, zwischen Wissenschaft und Ideologie, in: Philipp Blom – Wolfgang Kos (Hg.), Angelo Soliman. Ein Afrikaner in Wien, Wien 2011, 107–119.

Bloom – Martin, Against Empire: Joshua Bloom – Waldo E. Martin, Black against empire. The history and politics of the Black Panther Party, Oakland 2016.

Bodi, Tauwetter: Leslie Bodi, Tauwetter in Wien. Zur Prosa der österreichischen Aufklärung 1781–1795, Wien/Köln/Weimar 21995 (Schriftenreihe der Österreichischen Gesellschaft des 18. Jahrhunderts 6).

Boetticher, Malerwerke: Friedrich von Boetticher, Malerwerke des neunzehnten Jahrhunderts. Beitrag zur Kunstgeschichte II/1, Dresden 1898.

Bogdal, Zigeuner: Klaus-Michael Bogdal, Europa erfindet die Zigeuner. Eine Geschichte von Faszination und Verachtung, Berlin 2011.

Bono, Piraten: Salvatore Bono, Piraten und Korsaren im Mittelmeer. Seekrieg, Handel und Sklaverei vom 16. bis 19. Jahrhundert, Stuttgart 2009.

Bono, Schiavi: Salvatore Bono, Schiavi. Una storia mediterranea XVI–XIX secolo, Bologna 2016.

Brabbée, Sub Rosa: Gustav Brabbée, Ein „schwarzes“ Mitglied der Wiener Loge „zur wahren Eintracht“, in: Ders., Sub Rosa. Vertrauliche Mittheilungen aus dem maurerischen Leben unserer Großväter, Wien 1879.

Brändle, Wildfremd: Rea Brändle, Wildfremd, hautnah. Zürcher Völkerschauen und ihre Schauplätze 1835–1964, Zürich 2013.

Brändle, Hongoo Rhyhoo: Rea Brändle, Hongoo Rhyhoo bis Bamba Zambora. Figur und Geschichte des „wilden Aschanti“, in: Michael Eckhardt (Hg.), Mission Afrika: Geschichtsschreibung über Grenzen hinweg. Festschrift für Ulrich van der Heyden, Stuttgart 2019, 583–597.

Brahm – Rosenhaft, Hinterland: Felix Brahm – Eve Rosenhaft, Slavery hinterland. Transatlantic slavery and continental Europe 1680–1850, Woodbridge, Suffolk 2016.

Brandt, Türkenbild: Niels Brandt, Gute Ritter, böse Heiden. Das Türkenbild auf den Kreuzzügen (1095–1291), Köln/Weimar/Wien 2016.

Brauerhoch, Toxi: Annette Brauerhoch, „Toxi“. Zur filmischen Repräsentation schwarzer Kinder in Nachkriegsdeutschland, in: Silke Satjukow – Barbara Stelzl-Marx (Hg.), Besatzungskinder. Die Nachkommen alliierter Soldaten in Österreich und Deutschland, Wien/Köln/Weimar 2015, 321–352.

Brewer, Prester John: Keagan Brewer, Prester John: The Legend and its Sources, Aldershot 2015.

Buckel – Kopp, Fluchtursachen: Sonja Buckel – Judith Kopp, Das Recht, nicht gehen zu müssen. Europäische Politik und Fluchtursachen, Wien 2021.

Budischovsky, Ägypten: Marie Christine Budischovsky, Ägypten und seine Götter in Carnuntum, in: Mitteilungen der Gesellschaft der Freunde Carnuntums 2 (1984), 30–44.

Budischovsky, Témoignes: Marie Christine Budischovsky, Témoignes de dévotion Isaique et traces culturelles de long du *Limes* Danubien, in: Actes du IIème Colloque international sur les études isiaques, Lyon III 16–17 mai 2002, édité par Laurnet Bricault. Isis en Occident 151 (2004), 171–191.

Burton, Decolonization: Eric Burton, Decolonization, the Cold War, and Africans' routes to higher education overseas, 1957–65, in: Journal of Global History 15/1 (2020), 169–191.

Burton, Postkolonialismus: Eric Burton, Postkolonianismus, in: Marcus Gräser – Dirk Rupnow (Hg.), Österreichische Zeitgeschichte – Zeitgeschichte in Österreich. Eine Standortbestimmung in Zeiten des Umbruchs, Wien/Köln 2021, 321–347.

Cadenbach – Kopitz, Beethoven: Rainer Cadenbach – Klaus Martin Kopitz (Hg.), Beethoven aus der Sicht seiner Zeitgenossen I, München 2009.

Cahen, Croisades: Claude Cahen, Orient et occident au temps des croisades, Paris 1983.

Cassagnes-Brouquet, Vierges Noires: Sophie Cassagnes-Brouquet (unter Mitarbeit von Jean-Pierre Cassagnes), Vierges noires. Regard et fascination, Rodez 1990.

Chahrour, „Morgenhauch": Marcel Chahrour, „Vom Morgenhauch aufstrebender Cultur durchweht". Ägyptische Studenten in Österreich 1830–1945, in: Walter Sauer (Hg.), Von Soliman zu Omofuma. Afrikanische Diaspora in Österreich 17.–20. Jahrhundert, Innsbruck/Wien/Bozen 2007, 131–149.

Charvat, Trade: Petr Charvat, Bohemia, Moravia and Long-Distance Trade in the 10th–11th Centuries, in: Quaestiones Medii Aevi Novae 5–6 (2000), 255–266.

Christern, Historia: Elisabeth Christern, Johannes von Hildesheim. Die Legenden von den Heiligen Drei Königen, München 1963.

Christl, Circusgeschichte: Otto Christl, Fünf Jahrzehnte Linzer Circusgeschichte 1900–1950, in: Historisches Jahrbuch der Stadt Linz 1959 (1959), 247–362.

Cibu – Remy, Isis: Simina Rémy – Bernard Cibu, Isis et les dieux Égyptiens dans les provinces alpines au Haut-Empire (Alpes Maritimes, Cottiennes, Graies, Poenines, Rétie, Norique), in: Laurnet Bricault (Hg.), Actes du IIème Colloque international sur les études isiaques, Lyon III 16–17 mai 2002, in: Isis en Occident 151 (2004), 137–170.

Coffey, Soldaten: Peter Coffey, Afrikanische Soldaten im französisch besetzten Vorarlberg 1945/46. Österreichische und französische Diskurse über Kolonialsoldaten sowie deren Erfahrungen in Österreich und innerhalb der französischen Armee, Diplomarbeit Wien 2010.

Coquery-Vidrovitch, Nationalité: Catherine Coquery-Vidrovitch, Nationalité et Citoyenneté en Afrique Occidentale Français: Originaires et Citoyens dans le Sénégal colonial, in: Journal of African History 42 (2001), 285–305.

Cornaro, Österreichbild: Christoph Cornaro, Als Freundschaft neu gelebt. Das Österreichbild in Ägypten, in: Stefan August Lütgenau – Otto M. Matschke – Oliver Rathkolb (Hg.), Mit anderen Augen gesehen: internationale Perzeptionen Österreichs 1955–1990, Wien 2002 (Geschichte der österreichischen Bundesländer seit 1945, Sonderband 2), 687–717.

CORTI, Elisabeth: Conte Egon Caesar CORTI, Elisabeth – „Die seltsame Frau". Nach d. schriftl. Nachlass d. Kaiserin, d. Tagebüchern ihrer Tochter u. sonstigen unveröffentl. Tagebüchern u. Dokumenten, Salzburg/Leipzig 1935.

CORTI, Franz Joseph: Egon Caesar Conte CORTI, Vom Kind zum Kaiser. Kindheit und erste Jugend Kaiser Franz Josephs I. und seiner Geschwister [etc.], Graz/Salzburg/Wien 1950.

COURTÈS, Literature: Jean Marie COURTÈS, The Theme of „Ethiopia" and „Ethiopians" in Patristic Literature, in: David BINDMAN – Henry Louis GATES, Jr. (Hg.), The Image of the Black in Western Art. II/1: From the early Christian Era to the „Age of Discovery": From the Demonic Threat to the Incarnation of Sainthood, Cambridge (Massachusetts)/London 2010, 199–214.

CROLL, Gluck: Gerhard und Renate CROLL, Gluck. Sein Leben, seine Musik, Kassel ^{2}2014.

CRUSVAR, Massimiliano: Luisa CRUSVAR, Massimiliano e l'Esotismo, in: Laura RUARO LOSERI (Hg.), Massimiliano. Rilettura di un'esistenza, Trieste 1992, 147–181.

CURTIN, Image: Philip D. CURTIN, The image of Africa. British ideas and action, 1780–1850. 2 Bde., Wisconsin/London 1973.

CZECH, Gesundheitsamt: Herwig CZECH, Erfassung, Selektion und „Ausmerze". Das Wiener Gesundheitsamt und die Umsetzung der nationalsozialistischen „Erbgesundheitspolitik" 1938 bis 1945, Wien 2003 (Forschungen und Beiträge zur Wiener Stadtgeschichte 41).

CZECH, „Erb- und Rassenpflege": Herwig CZECH, Erfassen, Begutachten, Ausmerzen: Das Wiener Hauptgesundheitsamt und die Umsetzung der „Erb- und Rassenpflege" 1938 bis 1945, in: Heinz Eberhard GABRIEL – Wolfgang NEUGEBAUER (Hg.), Vorreiter der Vernichtung? Eugenik, Rassenhygiene und Euthanasie in der österreichischen Diskussion vor 1938, Wien/Köln/Weimar 2005, 19–51.

CZECH, „Rassenmerkmale": Herwig CZECH, „Vorwiegend negerische Rassenmerkmale". AfrikanerInnen und farbige „Mischlinge" im Nationalsozialismus, in: Walter SAUER (Hg.), Von Soliman zu Omofuma. Afrikanische Diaspora in Österreich 17. bis 20. Jahrhundert, Innsbruck/Wien/Bozen 2007, 155–174.

CZECH – NEUGEBAUER – SCHWARZ, NS-Medizin: Herwig CZECH – Wolfgang NEUGEBAUER – Peter SCHWARZ, Der Krieg gegen die „Minderwertigen". Zur Geschichte der NS-Medizin in Wien, Wien 2018.

CZIPKE, Jugendfürsorge: Gertrude CZIPKE, „Die SchreibmaschinentäterInnen". Die Wiener Jugendfürsorge in den Jahren 1945 bis 1970 und ihr Beitrag zur Durchsetzung einer gegen Mädchen, Frauen, „uneheliche" Mütter und deren Kinder gerichteten Geschlechterordnung, Diplomarbeit Wien 2013.

DEAN, People of Colour, in: Susan ARNDT – Nadja OFUATEY-ALAZARD (Hg.), Wie Rassismus aus Wörtern spricht. (K)Erben des Kolonialismus im Wissensarchiv deutsche Sprache. Ein kritisches Nachschlagewerk, Münster 2015, 597–607.

DEBRUNNER, Presence: Hans Werner DEBRUNNER, Presence and Prestige. A History of Africans in Europe before 1918, Basel 1979.

DENK – RASULY – TRAORE, Probleme: Herbert DENK – Sarajuddin RASULY – Oumar TRAORE, Probleme ausländischer Studenten in Österreich unter besonderer Berücksichtigung von Studenten aus Entwicklungsländern, in: William HOLADAY – Otmar HÖLL – Franz KOLLAND – Kunibert RAFFER (Hg.), Dritte Welt in Forschung und Politik. Beiträge zum Entwicklungspolitischen Symposium des Mattersburger Kreises für Entwicklungspolitik 27.–29. Mai 1983, Wien 1984, 292–295.

Destombes, Mappemondes: Marcel Destombes, Mappemondes A.D. 1200–1500. Catalogue préparé par la Commission des Cartes Anciennes de l'Union Géographique Internationale, Amsterdam 1964.

Devisse, Christians: Jean Devisse, Christians and Black, in: David Bindman – Henry Louis Gates, Jr. – Karen Dalton (Hg.), The Image of the Black in Western Art. New Edition II/1: From the early Christian era to the „Age of Discovery". From the Demonic Threat to the Incarnation of Sainthood, Cambridge (Massachusetts)/London 2010, 31–72.

Devisse, Symbols: Jean Devisse, The Black and His Color: From Symbols to Realities, in: David Bindman – Henry Louis Gates, Jr. – Karen Dalton (Hg.), The Image of the Black in Western Art. New Edition II/1: From the early Christian era to the „Age of Discovery". From the Demonic Threat to the Incarnation of Sainthood, Cambridge (Massachusetts)/London 2010, 73–137.

Devisse, Maurice: Jean Devisse, A Sanctified Black: Maurice, in: David Bindman – Henry Louis Gates, Jr. – Karen Dalton (Hg.), The Image of the Black in Western Art. New Edition II/1: From the early Christian era to the „Age of Discovery". From the Demonic Threat to the Incarnation of Sainthood, Cambridge (Massachusetts)/London 2010, 139–194.

Devisse – Mollat, Shield: Jean Devisse – Michel Mollat, The Shield and the Crown, in: David Bindman – Henry Louis Gates, Jr. – Karen Dalton (Hg.), The Image of the Black in Western Art. New Edition II/2: From the early Christian era to the „Age of Discovery". Africans in the Christian Ordinance of the World, Cambridge (Massachusetts)/London 2010, 31–83.

Devisse – Mollat, Appeal: Jean Devisse – Michel Mollat, The Appeal to the Ethiopian, in: David Bindman – Henry Louis Gates, Jr. – Karen Dalton (Hg.), The Image of the Black in Western Art. New Edition II/2: From the early Christian era to the „Age of Discovery". Africans in the Christian Ordinance of the World, Cambridge (Massachusetts)/London 2010, 83–152.

Digby, Doctors: Anne Digby, Early black doctors in South Africa, in: Journal of African History 46 (2005), 427–454.

Dittrich – Rieke-Müller, Hagenbeck: Lothar Dittrich – Annelore Rieke-Müller, Carl Hagenbeck (1844–1913). Tierhandel und Schaustellungen im deutschen Kaiserreich, Frankfurt am Main u. a. 1998.

Douteil, Concordantiae: Herbert Douteil, Die „Concordantiae caritatis" des Ulrich von Lilienfeld. Edition des Codex Campililiensis 151 (um 1355), hg. von Rudolf Suntrup – Arnold Angenendt – Volker Honemann. 2 Bände, Münster 2010.

Dufour, Modèle noir: Annie Dufour (Hg.), Le modèle noir. De Géricault è Matisse, Paris 2019.

Dürr, Häftlinge: Christian Dürr, Die Häftlinge des KZ Mauthausen. Ein Erfassungsprojekt des Archivs der KZ-Gedenkstätte Mauthausen, in: Dokumentationsarchiv des österreichischen Widerstandes (Hg.), Jahrbuch 2007, Wien 2007, 50–63.

Durrer, Kreuzfahrerherrschaften: Antonia Durrer, Die Kreuzfahrerherrschaften des 12. und 13. Jahrhunderts zwischen Integration und Segregation: zeitgenössische und moderne Stimmen im Vergleich, Ostfildern 2016.

Earle – Lowe, Africans: Thomas Foster Earle – Kate J. P. Lowe (Hg.), Black Africans in Renaissance Europe, Cambridge 2005.

Ebenbauer, Belakane: Alfred Ebenbauer, Es gibt ain mörynne vil dick susse mynne. Belakanes Landsleute in der deutschen Literatur des Mittelalters, in: Zeitschrift für deutsches Altertum und deutsche Literatur 113/1 (1984), 16–42.

Eberl-Elber, Sierra Leone: Ralph Eberl-Elber, Westafrikas letztes Rätsel: Erlebnisbericht über die Forschungsreise 1935 durch Sierra Leone, Salzburg 1936.

Ebermann, Afrikaner: Erwin Ebermann (Hg.), Afrikaner in Wien. Zwischen Mystifizierung und Verteufelung – Erfahrungen und Analysen, Münster u. a. 2002.

Ebner, Zischka: Timm Ebner, „Das letzte ungelöste Problem Afrikas". Anton Zischkas Darstellung des Abessinienkrieges 1935 zwischen „Achse", „Anschluss" und Zweitem Weltkrieg, in: Österreich in Geschichte und Literatur 60/2 (2016), 182–196.

Edelbacher – Seyrl, Kriminalchronik: Max Edelbacher – Harald Seyrl, Wiener Kriminalchronik. Zweihundert Jahre Kriminalistik und Kriminalität in Wien, Wien 1993.

Egg – Menardi, Krippenbuch: Erich Egg – Herlinde Menardi, Das Tiroler Krippenbuch. Die Krippe von den Anfängen bis zur Gegenwart, Sonderausgabe, Innsbruck/Wien 2004.

Ehmeir, Unterrichtsmaterialien: Walter Ehmeir, Das südliche Afrika in österreichischen Unterrichtsmaterialien. Eine Dokumentation der Anti-Apartheid-Bewegung, Wien 1990.

Ehs, 1934: Tamara Ehs, 1934 an der Staatsoper, in: Jahrbuch des Vereins für Geschichte der Stadt Wien 69/71 (2013/2015), 7–20.

Eisterer, Fraternisierung: Klaus Eisterer, Fraternisierung 1945, in: Dornbirner Schriften. Beiträge zur Stadtkunde 14 (1993), 21–33.

Engels, Reliquien: Odilo Engels, Die Reliquien der Heiligen Drei Könige in der Reichspolitik der Staufer, in: Rainer Budde (Hg.), Die Heiligen Drei Könige – Darstellung und Verehrung. Katalog zur Ausstellung des Wallraf-Richartz-Museums in der Josef-Haubrich-Kunsthalle Köln, Köln 1982, 33–36.

Engels, Reisebericht: Peter Engels, Der Reisebericht des Ibrāhim Ibn Ya'qūb (961/966), in: Anton von Euw – Peter Schreiner (Hg.), Kaiserin Theophanu: Begegnung des Ostens und Westens um die Wende des ersten Jahrtausends; Gedenkschrift des Kölner Schnütgen-Museums zum 1000. Todesjahr der Kaiserin I, Köln 1991.

Enichlmayr, Musik: Enichlmayr, Völkerverbindende Musik?, in: Walter Sauer – Theresia Zeschin [=Elfriede Pekny], Die Apartheid-Connection. Österreichs Bedeutung für Südafrika, Wien1984, 211–221.

Eppel – Lotter, Dokumentation: Peter Eppel – Heinrich Lotter (Hg.), Dokumentation zur österreichischen Zeitgeschichte 1955–1980, Wien/München 1981.

Erkert, Westafrika: Andreas Erkert, Sklaverei, Sklavenhandel und politische Ordnung in Westafrika im 18. Jahrhundert, in: Philipp Blom – Wolfgang Kos (Hg.), Angelo Soliman. Ein Afrikaner in Wien, Wien 2011, 25–34.

Es-Sawi – Heinrich, Sozialpyramiden: Ali Es-Sawi – Hans-Georg Heinrich, Ägyptische Sozialpyramiden in Österreich, in: Der Standard, Wien, 13. August 1990, 7; 14./15. August 1990, 7; 16. August 1990, 8; 17. August 1990, 8 und 18./19. August 1990, 8.

Esche-Ramshorn, Pilgrim Centre: Christiane Esche-Ramshorn, The Multi-Ethnic Pilgrim Centre: Sharing Sacred Space in Renaissance Rome, the Diversity of Religions and the Arts, in: Peter Bell – Dirk Suckow – Gerhard Wolf (Hg.), Fremde in der Stadt. Ordnungen, Repräsentationen und soziale Praktiken (13.–15. Jahrhundert), Frankfurt am Main 2010, 171–194.

ESSNER, „Nürnberger Gesetze“: Cornelia ESSNER, „Nürnberger Gesetze“ oder die Verwaltung des Rassenwahns 1933–1945, Paderborn/Wien 2002.

EVERAERT, Commerce: John G. EVERAERT, Commerce d'Afrique et traite négrière dans les Pays-Bas autrichiens, in: Revue française d'histoire d'outre-mer 62/1 (1975), 177–185.

FALKE, Liechtenstein: Jakob FALKE, Geschichte des fürstlichen Hauses Liechtenstein. 3 Bde., Wien 1868–1882.

FABRÉUT, „Espagnols“: Michel FABRÉUT, Les „Espagnols rouges“ a Mauthausen (1940–1945), in: Guerres Mondiales 162 (1991), 77–98.

FARGETTAS, Massaker: Julien FARGETTAS, Der andere Feldzug von 1940. Das Massaker an den schwarzen Soldaten, in: Christine ALONZO – Peter MARTIN (Hg.), Zwischen Charleston und Stechschritt. Schwarze im Nationalsozialismus, Hamburg/München 2004, 567–581.

FASSMANN – FENZL, Asyl: Heinz FASSMANN – Heide-Marie FENZL, Asyl und Flucht, in: Heinz FASSMANN – Irene STACHER (Hg.), Migrations- und Integrationsbericht, Klagenfurt 2003, 284–304.

FEICHTINGER, Wissenschaft: Johannes FEICHTINGER, Wissenschaft als reflexives Projekt: Von Bolzano über Freud zu Kelsen: Österreichische Wissenschaftsgeschichte 1848–1938, Bielefeld 2019.

FIRLA, Gesellschaft: Monika FIRLA, Angelo Soliman in der Wiener Gesellschaft vom 18. bis 20. Jahrhundert, in: Gerhard HÖPP (Hg.), Fremde Erfahrungen. Asiaten und Afrikaner in Deutschland, Österreich und in der Schweiz, Berlin 1996, 69–95.

FIRLA, Afrikaner-Büsten: Monika FIRLA, Die Afrikaner-Büsten im Rollettmuseum Baden bei Wien. Eine österreichisch-baden-württembergische Sammlung, in: Tribus. Linden Museum Stuttgart Jahrbuch 48 (1999), 67–94.

FIRLA, Freunde: Monika FIRLA, „Segen, Segen, Segen auf Dich, guter Mann!“ Angelo Soliman und seine Freunde Graf Franz Moritz von Lacy, Ignaz von Born, Johann Anton Mertens und Ferenc Kazinczy, Wien [2]2003.

FIRLA, Rosenbaum: Monika FIRLA, Angelo Solimans Exponat, Joseph Carl Rosenbaum als sein unbekannter Betrachter und die Frage nach der Öffentlichkeit, Stuttgart 2012.

FIRLA – FORKL, Details: Monika FIRLA – Hermann FORKL, Neue Details zur Biographie von Angelo Soliman (um 1721–1796), in: Études Germano-Africaines 14 (1996), 119–136.

FISCHER, Glaubenskrieg: Robert-Tarek FISCHER, Österreichs Kreuzzüge. Die Babenberger und der Glaubenskrieg 1096–1230, Wien/Köln 2021.

FITZ, Verwaltung: Jenö FITZ, Die Verwaltung Pannoniens in der Römerzeit I–IV, Budapest 1993–1995.

FITZINGER, Hof-Naturalien-Cabinet: Leopold Joseph FITZINGER, Geschichte des kais. kön. Hof-Naturalien-Cabinetes zu Wien. II. Abtheilung, in: Sitzungsberichte der k. Akademie der Wissenschaften I. Abth. LVII, Wien 1868, 1–71.

FLECK – ORTNER, Gastlich: Elfi FLECK – Brigitte ORTNER (Red.), Oh, du gastlich Land … Vom Leben der Ausländer/innen in Österreich, Wien 1985.

FLEISCHER, Bronzestatuetten: Robert FLEISCHER, Antike Bronzestatuetten aus Carnuntum, Graz/Köln 1966 (Römische Forschungen in Niederösterreich IV).

FLÜHLER-KREIS, Schwarzer: Dione FLÜHLER-KREIS, Er ist ein Schwarzer, daran ist kein Zweifel. Zur Darstellung des Mohren und zum Toleranzbegriff im Mittelalter, in: Elisabeth VAVRA (Hg.), Bild und Abbild vom Menschen im Mittelalter. Akten der Akademie Friesach „Stadt und Kultur im Mittelalter" Friesach 1998, Klagenfurt 1999, 147–172.

FÖRSTER – HEITZMANN, Armutsgefährdung: Michael FÖRSTER – Karin HEITZMANN, Einkommen und Armutsgefährdung von MigrantInnen in Österreich, in: Heinz FASSMANN – Irene STACHER (Hg.), Migrations- und Integrationsbericht, Klagenfurt 2003, 78–86.

FRA-MOLINERO, Latino: Baltasar FRA-MOLINERO, Juan Latino and his racial difference, in: Thomas Foster EARLE – Kate J. P. LOWE (Hg.), Black Africans in Renaissance Europe, Cambridge 2005, 326–344.

FRANK, Children: Alison FRANK, The Children of the Desert and the Laws of the Sea: Austria, Great Britain, the Ottoman Empire, and the Mediterranean Slave Trade in the Nineteenth Century, in: American Historical Review (April 2012), 410–444.

FRANZKE – HAMMER – TESCHLER-NICOLA, Ausführung: Georg E. FRANZKE – Vera M. F. HAMMER – Maria TESCHLER-NICOLA, Zur technischen Ausführung der Büste Angelo Solimans, in: Tribus. Linden Museum Stuttgart Jahrbuch 48 (1999), 95–103.

FREDERICKSON, Black Liberation: George M. FREDRICKSON, Black liberation. A comparative history of black ideologies in the United States and South Africa, New York/Oxford 1995.

FREUND, Ebensee: Florian FREUND, Konzentrationslager Ebensee. KZ-System Mauthausen – Raketenrüstung – Lagergeschehen, Wien 2016.

FREUND – PERZ, Fremdarbeiter: Florian FREUND – Bertrand PERZ, Fremdarbeiter und KZ-Häftlinge in der „Ostmark", in: Ulrich HERBERT (Hg.), Europa und der „Reichseinsatz". Ausländische Zivilarbeiter, Kriegsgefangene und KZ-Häftlinge in Deutschland 1938–1945, Essen 1991, 317–350.

FREUND – PERZ, Konzentrationslager: Florian FREUND – Bertrand PERZ, Konzentrationslager in Oberösterreich 1938–1945, Linz 2007.

FREUND – PERZ – SPOERER, Zwangsarbeiter: Florian FREUND – Bertrand PERZ – Mark SPOERER, Zwangsarbeiter und Zwangsarbeiterinnen auf dem Gebiet der Republik Österreich 1939–1945, Wien/München 2004.

FRIEDMAN, Races: John Block FRIEDMAN, The Monstrous Races in Medieval Art and Thought, Cambridge (Massachusetts)/London 1981.

FRIESINGER, Befestigungsanlagen: Herwig FRIESINGER, Die frühmittelalterlichen Befestigungsanlagen von Thunau, in: Sborník Prací Filozofické Fakulty Brnénské Univerzity / Studia Minora Facultatis Philosophicae Universitatis Brunensis 37 (1992), 61–66.

FUCHS, Strömungen: Albert FUCHS, Geistige Strömungen in Österreich: 1867–1918. Mit einem Essay von Friedrich Heer, Neuauflage Wien 1996.

FUCHS, Identität: Bernhard FUCHS, Das Problem der Identität in der Zwischenwelt. Überlegungen zu den Schwierigkeiten politischen Engagements von Arbeitsmigranten am Beispiel der Zeitungskolporteure in Wien, in: Migration 17 (1993), 39–62.

FUCHS, Rezension (zu Roman Hummel): Bernhard FUCHS, in: Österreichische Zeitschrift für Volkskunde Neue Serie 50 (1996), 264–270.

FUCHS, „Rasse": Brigitte FUCHS, „Rasse", „Volk", Geschlecht. Anthropologische Diskurse in Österreich 1850–1960, Frankfurt am Main 2003.

GABRIEL – NEUGEBAUER, Vorreiter: Heinz Eberhard GABRIEL – Wolfgang NEUGEBAUER (Hg.), Vorreiter der Vernichtung? Eugenik, Rassenhygiene und Euthanasie in der österreichischen Diskussion vor 1938, Wien u. a. 2005.

GASSLER, Brain Drain: Simone GASSLER, Ist Brain Drain gleich Brain Waste? Die Migration von qualifizierten NigerianerInnen aus ihrem Heimatland und ihre Einstufung am österreichischen Arbeitsmarkt, Diplomarbeit Wien 2004.

GASSNER, Handelsbeziehungen: Verena GASSNER, Wirtschafts- und Handelsbeziehungen im römischen Niederösterreich, in: Willibald ROSNER (Red.), Die Römer in Niederösterreich. Vierundzwanzigstes Symposion des NÖ Instituts für Landeskunde 5. bis 8. Juli 2004 Tulln an der Donau, Minoritenkloster, St. Pölten 2008 (Archäologische Forschungen in Niederösterreich 5).

GASSNER – JILEK – LADSTÄTTER, Römer: Verena GASSNER – Sonja JILEK – Sabine LADSTÄTTER, Am Rande des Reiches. Die Römer in Österreich, Wien 2002.

GEISS, Panafrikanismus: Imanuel GEISS, Panafrikanismus. Zur Geschichte der Dekolonisation, Frankfurt am Main 1978.

GENSER, Donaulimes: Kurt GENSER, Der österreichische Donaulimes in der Römerzeit. Ein Forschungsbericht, Wien 1986 (Der römische Limes in Österreich 33).

GENSLUCKNER, Sicherheit: Elisabeth GENSLUCKNER, (Un-)Sicherheit, Gefahrenkonstruktion und Angstproduktion. Eine Diskursanalyse zur „Nordafrikaner-Szene" in Innsbruck, Dissertation Innsbruck 2017.

GERSTMAYER, Leben: Monika GERSTMAYER, Das tägliche Leben in Stadt und Land, in: Wilfried SEIPEL (Hg.), Oberösterreich – Grenzland des römischen Reiches. Sonderausstellung des OÖ. Landesmuseums, Linz 1986, 101–114.

GILROY, Black Atlantic: Paul GILROY, The black Atlantic. Modernity and double consciousness, Cambridge (Massachusetts) 1993.

GISH, Xuma: Steven D. GISH, Alfred B. Xuma. African, American, South African, New York 2000.

GLEIRSCHER, Noreia: Paul GLEIRSCHER, Noreia – Atlantis der Berge. Neues zu Göttin, Stadt und Straßenstation, Klagenfurt/Wien 2009.

GOEBEL, Metropolis: Michael GOEBEL, Anti-Imperial Metropolis. Interwar Paris and the Seeds of Third World Nationalism, Cambridge 2015.

GOLDBERGER, Gesundheitspolitik: Josef GOLDBERGER, NS-Gesundheitspolitik in Linz und Oberdonau 1938–1945. Die Umsetzung der gesundheitspolitischen Forderungen des NS-Staates durch die staatliche Sanitätsverwaltung, in: Fritz MAYRHOFER – Walter SCHUSTER (Hg.), Nationalsozialismus in Linz I, Linz 2002, 799–906.

GÖRLICH, Fürstentochter: Ernst Joseph GÖRLICH, Eine äthiopische Fürstentochter in Wien, in: Wiener Geschichtsblätter 28 (1973), 84–86.

GRABNER, Danhauser: Sabine GRABNER, Der Maler Josef Danhauser. Biedermeierzeit im Bild. Monografie und Werkverzeichnis, Wien/Köln/Weimar 2011.

GRAF, Herrscherporträts: Annemarie GRAF, Herrscherporträts in Dreikönigs-Darstellungen im 15. Jahrhundert. 2 Bde., Dissertation Salzburg 1988.

GRAF – KNOLL, Transit: Maximilian GRAF – Sarah KNOLL, In Transit or Asylum Seekers? Austria and the Cold War Refugees from the Communist Bloc, in: Günter BISCHOF – Dirk RUPNOW (Hg.), Migration in Austria, New Orleans/Innsbruck 2017 (Contemporary Austrian Studies 26), 91–111.

GRAFF, Herberstein: Theodor GRAFF, Frà Johann Joseph von Herberstein, Generalkapitän der Malteserflotte. Sein Einsatz gegen die Türken in der Levante und in Dalmatien in den Jahren 1686 und 1687, in: Zeitschrift des Historischen Vereins für Steiermark 89/90 (1988–1990), 85–127.

Grand, Einstellungen: Peter Grand, Autoritäre Einstellungen in der österreichischen Bevölkerung in der Zweiten Republik, in: Martin Dolezal – Peter Grand – Berthold Molden – David Schriffl, Sehnsucht nach dem starken Mann? Autoritäre Tendenzen in Österreich seit 1945, Wien/Köln/Weimar 2019, 21–115.

Green, Exodus: Dennis Howard Green, The Millstätter Exodus. A Crusading Epic, Cambridge 1966.

Greenberg, Campaign: Gershon Greenberg, Irene Harand's campaign against Nazi Anti-Semitism in Vienna, 1933–1938, in: Donald Dietrich (Hg.), Christian responses to the Holocaust. Moral and ethical issues, Syracuse (New York) 2003, 132–150.

Groebner, Hautfarben: Valentin Groebner, Haben Hautfarben eine Geschichte? Personenbeschreibungen und ihre Kategorien zwischen dem 13. und dem 16. Jahrhundert, in: Zeitschrift für historische Forschung 30/ (2003), 1–17.

Groebner, Schein: Valentin Groebner, Der Schein der Person. Steckbrief, Ausweis und Kontrolle im Europa des Mittelalters, München 2004.

Groebner, Feind: Valentin Groebner, Mit dem Feind schlafen. Nachdenken über Hautfarben, Sex und „Rasse" im spätmittelalterlichen Europa, in: Historische Anthropologie 15/3 (2007), 327–338.

Grösel, „Fremdenpolitik": Lisa Grösel, Fremde von Staats wegen. 50 Jahre „Fremdenpolitik" in Österreich von Staats wegen, Wien 2016.

Groh, Amphitheater: Stefan Groh, Amphitheater in Noricum, in: Jahreshefte des österreichischen Archäologischen Instituts in Wien 74 (2005), 85–102.

Gugitz, Haschka: Gustav Gugitz, Lorenz Leopold Haschka, in: Jahrbuch der Grillparzer-Gesellschaft 17 (1907), 32–127.

Gugitz, Mohren: Gustav Gugitz, Zwerge und Mohren in Alt-Wien. Ein Beitrag zur Sittengeschichte, in: Wiener Geschichtsblätter 14 (1959), 32–36.

Guglia, Theresianum: Eugen Guglia, Das Theresianum in Wien. Vergangenheit und Gegenwart, bearb. von Rudolf Taschner, Wien 1996.

Gulya, Quedlinburg: János Gulya, Der Hoftag in Quedlinburg 973, in: Andreas Ranft (Hg.), Der Hoftag in Quedlinburg 973: Von den historischen Wurzeln zum Neuen Europa, Berlin 2006, 19–27.

Gütl, Thoughts: Clemens Gütl, Some thoughts on social networks and knowledge production, in: Lubica Hudákova – Jozef Hudec (Hg.), Egypt and Austria IX. Perception of the Orient in Central Europe (1800–1918). Proceedings of the Symposium held at Betliar, Slovakia, Kraków 2016, 81–90.

Gütl, Fragmente: Clemens Gütl, Mori Duise oder Fragmente einer afrikanischen Trägergeschichte, in: Sonja Malzner – Anne D. Peiter (Hg.), Der Träger. Zu einer »tragenden« Figur der Kolonialgeschichte, Bielefeld 2018, 133–155.

Gütl, Approach: Clemens Gütl, A new approach to old sound recordings from Morocco, in: Mladen Tomorad (Hg.), Egypt and Austria XII. Egypt and the Orient: The current research. Proceedings of the Conference held at the Faculty of Croatian Studies, University of Zagreb (September 17th–22nd, 2018), Oxford/Zagreb 2020, 413–418.

Gütl – Lechleitner – Liebl, Recordings: Clemens Gütl – Gerda Lechleitner – Christian Liebl (Hg.), Recordings in Egypt (Junker 1911) and the Archive (Stigler 1912–1913).

Kenzi-Dongolawi, Nobiin and Arabic – Dholuo and Luganda, Wien 2014 (Sound Documents from the Phonogrammarchiv of the Austrian Academy of Sciences: The Complete Historical Collections 1899–1950 Series 13).

Haag – Sandbichler – Klarer, Piraten: Sabine Haag – Veronika Sandbichler – Mario Klarer (Hg.), Piraten und Sklaven im Mittelmeer. Eine Ausstellung von Schloss Ambras Innsbruck und der Universität Innsbruck, Innsbruck 2019.

Häberlein, „Mohren": Mark Häberlein, „Mohren", ständische Gesellschaft und atlantische Welt. Minderheiten und Kulturkontakte in der Frühen Neuzeit, in: Claudia Schnurmann – Hartmut Lehmann (Hg.), Atlantic understandings. Essays on European and American history in honor of Hermann Wellenreuther, Hamburg 2006, 77–102.

Habermas, Strukturwandel: Jürgen Habermas, Strukturwandel der Öffentlichkeit. Untersuchungen zu einer Kategorie der bürgerlichen Gesellschaft, Neuwied/Berlin ^{4}1969.

Habringer, Jahrhundertspieler: Rudolf Habringer, Der Jahrhundertspieler des LASK, in: Walter Kohl (Hg.), Weg von Linz. Populärkultur in der Stahlstadt von den 50ern bis zur Gegenwart, Grünbach 2009, 61–74.

Hachleitner, Bannerträger: Bernhard Hachleitner, Bannerträger jüdischer Stärke. Die Wiener Hakoah als Vorbild für hunderte Vereine in aller Welt, in: Susanne Helene Betz – Monika Löscher – Pia Schölnberger (Hg.), „… mehr als ein Sportverein". 100 Jahre Hakoah Wien 1909–2009, Innsbruck/Wien/Bozen 2009, 131–149.

Hacker, PASUA: Hanna Hacker, PASUA. Schwarze Selbstorganisierung gegen rassistische Gewalt (https://www.hdgoe.at/pasua; 30. Jänner 2022).

Hafner, Kreisläufe: Daniela Hafner, Die eskalierenden Kreisläufe von Flüchtlingen in Österreich am Beispiel von nigerianischen Asylwerbern, Diplomarbeit Wien 2004.

Hahn, Rätselraten: Sylvia Hahn, Rätselraten, in: Sylvia Hahn – Carmen Roll – Peter B. Steiner (Red.), Der Mohr kann gehen. Der Mohr im Wappen des Bischofs von Freising und die Säkularisation 1803, Freising/Lindenberg im Allgäu 2002 (Kataloge und Schriften des Diözesanmuseums für christliche Kunst des Erzbistums München und Freising 30), 17–26.

Hainzmann, Noreia-Isis: Manfred Hainzmann, (Dea) Noreia-Isis: alte und neue Schutzherrin der Noriker, in: Robert Rollinger – Brigitte Truschnegg (Hg.), Altertum und Mittelmeerraum: Die antike Welt diesseits und jenseits der Levante. Festschrift für Peter W. Haider zum 60. Geburtstag, Stuttgart 2006, 675–692.

Hake, Mapping: Sabine Hake, Mapping the native body: On Africa and the colonial film in the Third Reich, in: Sara Friedrichsmeyer – Sara Lennox – Susanne Zantop (Hg.), The imperialist imagination. German colonialism and its legacy, Ann Arbor (Michigan) 1998, 163–187.

Halbert, Prince: Philippe Halbert, An African Prince at the Court of the Sun King, in: The Monitor (Summer 2011), 7–17.

Hamann, Elisabeth: Brigitte Hamann, Elisabeth. Kaiserin wider Willen, München 1982.

Hammond, Lebenssituation: Beate Hammond, Lebenssituation von Menschen afrikanischer Herkunft im Nationalsozialismus im Deutschen Reich, Dissertation Wien 2015.

Hammond – O'Connor, Baker: Bryan Hammond – Patrick O'Connor, Josephine Baker. Die schwarze Venus, München 1988.

HARER, Verbreitung: Ingeborg HARER, „Lustige Neger". Verbreitung und Nachahmung der Musik der Afro-Amerikaner in Österreich um 1900, in: Jazzforschung/Jazz Research 30 (1998), 181–196.

HARRASOWSKY, Codex: Philipp Harras Ritter von HARRASOWSKY, Der Codex Theresianus und seine Umarbeitungen I, Wien 1883.

HARRER – WARTO, ABGB: Friedrich HARRER – Patrick WARTO, Das ABGB und die Sklaverei, in: Michael GEISTLINGER – Friedrich HARRER – Rudolf MOSLER – Johannes M. RAINER (Hg.), 200 Jahre ABGB – Ausstrahlungen. Die Bedeutung und Kodifikation für andere Staaten und andere Rechtskulturen, Wien 2011, 283–290.

HAUCH, Frauen.Leben.Linz: Gabriella HAUCH, Frauen.Leben.Linz. Eine Frauen- und Geschlechtergeschichte im 19. und 20. Jahrhundert, Linz 2013 (Historisches Jahrbuch der Stadt Linz 2013).

HAUPT, Einzüge: Herbert HAUPT, Die öffentlichen Einzüge des Fürsten Joseph Wenzel von Liechtenstein, in: Reinhold BAUMSTARK (Hg.), Joseph Wenzel von Liechtenstein. Fürst und Diplomat im Europa des 18. Jahrhunderts. Ausstellungskatalog, Vaduz 1990, 24–41.

HAUSMANN, Friedrich: Friedrich HAUSMANN, Kaiser Friedrich II. und Österreich, in: Josef FLECKENSTEIN (Hg.), Probleme um Friedrich II., Sigmaringen 1974, 225–308.

HAUTMANN, Weltjugendfestspiele: Hans HAUTMANN, Die Weltjugendfestspiele 1959 in Wien, in: Mitteilungen der Alfred Klahr Gesellschaft 6/3 (1999), 1–7.

HAUTMANN, Polizei: Hans HAUTMANN, Kommunisten und Kommunistinnen in der Wiener Polizei, in: Mitteilungen der Alfred Klahr Gesellschaft 19/2 (2012), 11–25.

HECHT, Frankl: Louise HECHT, „Durch Wort und That": Motto und Credo, in: Louise HECHT (Hg.), Ludwig August Frankl (1810–1894). Eine jüdische Biographie zwischen Okzident und Orient, Köln/Weimar/Wien 2016, 291–322.

HEINEMANN – MECHERIL, Rassismus: Alisha M. B. HEINEMANN – Paul MECHERIL, Institutioneller Rassismus als Analyseperspektive. Zwei Argumente, in: HEINRICH-BÖLL-STIFTUNG (Hg.), Ideologien der Ungleichwertigkeit, Berlin 2016 (Schriften zur Demokratie 42), 45–54.

HEISS – RATHKOLB, Asylland: Gernot HEISS – Oliver RATHKOLB (Hg.), Asylland wider Willen. Flüchtlinge in Österreich im europäischen Kontext seit 1914, Wien 1995.

HENTGES, Schattenseiten: Gudrun HENTGES, Schattenseiten der Aufklärung. Die Darstellung von Juden und „Wilden" in philosophischen Schriften des 18. und 19. Jahrhunderts, Schwalbach 1999.

HERBERT, Fremdarbeiter: Ulrich HERBERT, Fremdarbeiter. Politik und Praxis des „Ausländer-Einsatzes" in der Kriegswirtschaft des Dritten Reiches, Bonn 1999.

HERBERT, Zwangsarbeiter: Ulrich HERBERT, Zwangsarbeiter im „Dritten Reich" – ein Überblick, in: Gertraud DIENDORFER (Hg.), Wiedergutmachen? Enteignung – Zwangsarbeit – Entschädigung – Restitution. Österreich 1938–1945 / 1945–1999, Wien 1999, 34–45.

HERKENHOFF, Afrikabild: Michael HERKENHOFF, Der dunkle Kontinent. Das Afrikabild im Mittelalter bis zum 12. Jahrhundert, Pfaffenweiler 1990.

HERMANN, Nil: Alfred HERMANN, Der Nil und die Christen, in: Jahrbuch für Antike und Christentum 2 (1959), 30–69.

HINRICHSEN – HUND, Metamorphosen: Malte HINRICHSEN – Wulf D. HUND, Metamorphosen des ‚Mohren'. Rassistische Sprache und historischer Wandel, in: Gudrun HENTGES –

Mechthild M. JANSEN – Kristina NOTTBOHM u. a. (Hg.), Sprache – Macht – Rassismus, Berlin 2014, 69–96.

HIRSCH, Haym: Lorenz HIRSCH, Die Sagen um Ritter Christoph Haym zu Reichenstein. Eine kritische Betrachtung, in: Oberösterreichische Heimatblätter 6 (1952), 356–361.

HOBSBAWM, Jazz: Eric HOBSBAWM, Der Jazz kommt nach Europa, in: DERS., Ungewöhnliche Menschen. Über Widerstand, Rebellion und Jazz, Taschenbuchausgabe, München 2003, 330–340.

HOBSBAWM, Zeiten: Eric HOBSBAWM, Gefährliche Zeiten, Taschenbuchausgabe, München 2006.

HÖDL, Dritte Welt: Gerald HÖDL, Österreich und die Dritte Welt. Außen- und Entwicklungspolitik der Zweiten Republik bis zum EU-Beitritt 1995, Wien 2004.

HÖLBL, Balkanraum: Günther HÖLBL, Ausbreitung und Erscheinungsbild von Isis und Sarapis im nördlichen Balkanraum, in: Renate PILLINGER (Hg.), Spätantike und frühbyzantinische Kultur Bulgariens zwischen Orient und Okzident. Referate gehalten im Rahmen eines gemeinsam mit dem bulgarischen Forschungsinstitut in Österreich organisierten Arbeitsgespräches vom 8. bis 10. November 1983, Wien 1986 (Österreichische Akademie der Wissenschaften, Schriften der Balkankommission, Antiquarische Abteilung XVI), 45–56.

HÖLZL, Meisterwerke: Regina HÖLZL, Meisterwerke der Ägyptisch-Orientalischen Sammlung, Wien 2007.

HOFER – TITELBACH – WEICHSELBAUMER – WINTER-EBMER, Diskriminierung: Helmut HOFER – Gerlinde TITELBACH – Doris WEICHSELBAUMER – Rudolf WINTER-EBMER, Diskriminierung von MigrantInnen am Österreichischen Arbeitsmarkt. Studie im Auftrag des BMASK, Wien 2013.

HOFFMANN, Oberösterreich: Alfred HOFFMANN, Bauernland Oberösterreich. Entwicklungsgeschichte seiner Land- und Forstwirtschaft. Hg. von der Landwirtschaftskammer für Oberösterreich unter der Leitung von Alfred Hoffmann, Linz 1974.

HOFGARTNER – SCHURL – STOCKER, Berg: Heimo HOFGARTNER – Katja SCHURL – Karl STOCKER, Berg der Erinnerungen. Die Geschichte der Stadt ist die Geschichte ihrer Menschen, Graz 2003.

HÖPP, „Gefährdungen“: Gerhard HÖPP, „Gefährdungen der Erinnerung“. Arabische Häftlinge in nationalsozialistischen Konzentrationslagern, in: asien, afrika, lateinamerika 30 (2002), 373–386.

HÖPP, Opfer: Gerhard HÖPP, Im Schatten des Mondes. Arabische Opfer des Nationalsozialismus (http://www.stiftung-sozialgeschichte.de/ff_themenredaktionen.htm; 5. Dezember 2004).

HÖPP, Discourse: Gerhard HÖPP, The suppressed discourse: Arab victims of national socialism (with a prologue and an epilogue by Peter Wien), in: Ravi AHUDJY – Katrin BROMBER – Dyala HAMZAH – Katharina LANGE – Heike LIEBAU (Hg.), The World in World Wars: Experiences, Perceptions and Perspectives From Africa and Asia, Leiden/Boston 2010 (Studies in Global Social History 5), 167–216.

HONDIUS, Feindbilder: Dienke HONDIUS, Ein Vergleich der Feindbilder „Schwarze“ und „Juden“ in Nazi-Deutschland, in: Christine ALONZO – Peter MARTIN (Hg.), Zwischen Charleston und Stechschritt. Schwarze im Nationalsozialismus, Hamburg/München 2004, 383–391.

Hondius, Access: Dienke Hondius, Access to the Netherlands of Enslaved and Free Black Africans: Exploring Legal and Social Historical Practices in the Sixteenth–Nineteenth Centuries, in: Slavery & Abolition 32/3 (2011), 377–395.

Horak, Baker: Roman Horak, Josephine Baker in Wien – oder doch nicht? Über die Wirksamkeit des „zeitlos Popularen", in: Roman Horak – Wolfgang Maderthaner – Siegfried Mattl – Gerhard Meissl – Lutz Musner – Alfred Pfoser (Hg.), Metropole Wien. Texturen der Moderne I, Wien 2000, 169–213.

Horkheimer – Adorno, Dialektik: Max Horkheimer – Theodor W. Adorno, Dialektik der Aufklärung. Philosophische Fragmente, Amsterdam 1947.

Horncastle, Weltstar: Mona Horncastle, Josephine Baker. Weltstar, Freiheitskämpferin, Ikone. Die Biografie, Wien/Graz 2020.

Horsky, Schüler: Monika Horsky (Hg.), Man muß darüber reden. Schüler fragen KZ-Häftlinge, Wien 1988.

Hrbek, Slawen: Ivan Hrbek, Die Slawen im Dienste der Fatimiden, in: Archiv orientální 21 (1953/1954), 543–581.

Hubenstorf, Fakultät: Michael Hubenstorf, Medizinische Fakultät, in: Gernot Heiss u. a. (Hg.), Willfährige Wissenschaft. Die Universität Wien 1938–1945, Wien 1989, 233–282.

Huber, Beziehungen: Renate Huber, „Als Mann hätte er mich interessiert, als Mann …". Beziehungen von Vorarlberger Frauen zu französischen Besatzungssoldaten auf der Basis lebensgeschichtlicher Interviews, in: Montfort 49/2 (1992), 177–196.

Huber, Wahrnehmungen: Renate Huber, Ein französischer Herr im Haus, ungebetene Gäste und ein Liebäugeln mit den Schweizer Nachbarn. Wahrnehmungen und Deutungsmuster des Fremden und des Eigenen in Vorarlberg, in: Ingrid Bauer (Hg.), Walz – Migration – Besatzung. Historische Szenarien des Eigenen und des Fremden, Klagenfurt 2003 (Publikationsreihe des Bundesministeriums für Bildung, Wissenschaft und Kultur zum Forschungsschwerpunkt Fremdenfeindlichkeit 6), 147–195.

Huber, Besatzungskinder: Renate Huber, Französische und marokkanische Besatzungskinder in Vorarlberg. Historisches Phänomen und diskursiver Nachhall, in: Barbara Stelzl-Marx – Silke Satjukow (Hg.), Besatzungskinder. Die Nachkommen alliierter Soldaten in Österreich und Deutschland, Köln 2016, 355–379.

Huber, Relationships: Ingrid Huber, Post-World War II Interracial Relationships, Mothers of Black Occupation Children, and Prejudices in White Societies: Austria in Comparative Perspective, in: Zeitgeschichte 48/1 (2021), 91–112.

Hufnagel – Krobath – Langthaler, Bildungshilfe: F. Hufnagel – H. Krobath – R. Langthaler unter Mitarbeit von K. Freigang und G. Kramer, Bildungshilfe für Entwicklungsländer in Österreich. Eine Untersuchung der aus staatlichen Mitteln geförderten Ausbildungs- und Betreuungsaktionen. Mit einem Anhang: Leitlinien wirksamer Bildungshilfe von W. Clement – K. Gruber – H. Krobath – K. Zapotocky. Ein Forschungsbericht durchgeführt von der Österreichischen Forschungsstiftung für Entwicklungshilfe im Auftrage des Bundeskanzleramtes – Gruppe A, Wien 1978.

Hummel, Kolporteure: Roman Hummel (Hg.), „KRONE!" „KURIER!". Soziale Lage und rechtliche Situation der Zeitungskolporteure, Wien 1996.

Hund, Rassismus: Wulf D. Hund, Rassismus. Die soziale Konstruktion natürlicher Ungleichheit, Münster 1999.

HUND, Farbe: Wulf D. HUND, Die Farbe der Schwarzen, in: DERS., Rassismus. Die soziale Konstruktion natürlicher Ungleichheit, Münster 1999, 15–38.

HUND, Leichenschändung: Wulf D. HUND (Hg.), Entfremdete Körper. Rassismus als Leichenschändung, Bielefeld 2009 (Postcolonial Studies 4), 13–79.

HUND, (Heimat)Geschichte: Wulf D. HUND, Wie die Deutschen weiss wurden. Kleine (Heimat)Geschichte des Rassismus, Stuttgart 2017.

HUNDSBICHLER, Kommunikation: Helmut HUNDSBICHLER (Hg.), Kommunikation zwischen Orient und Okzident. Alltag und Sachkultur. Internationaler Kongress, Krems an der Donau, 6. bis 9. Oktober 1992, Wien 1994.

INOU – ACHALEKE, Lagebericht: Simon INOU – Beatrice ACHALEKE (Hg.), Schwarze Menschen in Österreich, Lagebericht. Jahresbericht 2010, Wien o. J. [2010].

INTEGRATIONSFONDS, Stationen: WIENER INTEGRATIONSFONDS, Stationen. Flüchtlingsschicksale und Hintergründe, Wien 1996.

IRMEN, Mozart: Hans-Josef IRMEN, Mozart. Mitglied geheimer Gesellschaften, o. O. 1988.

IRMEN, Protokolle: Hans-Josef IRMEN (Hg.), Die Protokolle der Wiener Freimaurerloge „Zur wahren Eintracht“ 1781–1785, Frankfurt am Main u. a. 1994 (Schriftenreihe der Internationalen Forschungsstelle Demokratische Bewegungen in Mitteleuropa 1770–1850, 15).

ISAAC, Racism: Benjamin ISAAC, The Invention of Racism in Classical Antiquity, Princeton/Oxford 2004.

JACOB, Berichte: Georg JACOB, Arabische Berichte von Gesandten an germanische Fürstenhöfe aus dem 9. und 10. Jahrhundert, Berlin/Leipzig 1927 (Quellen zur deutschen Volkskunde 1).

JAFF, Zeitungsverkäufer: Jalal JAFF, Die soziale Situation der Zeitungsverkäufer in Wien. Tageszeitungen & Kolporteure. Beiträge zur Konsumsoziologie, Wien 1998.

JARRET, Equestrians: M. G. JARRETT, An Album of the Equestrians from North Africa in the Emperor's service, in: Epigraphische Studien 9 (1972), 146–232.

JASPERT, Deutungen: Nikolas JASPERT, Die Kreuzzüge und ihre Deutungen: Mythen und Motivationen, in: Karl-Heinz RUESS (Hg.), Stauferzeit – Zeit der Kreuzzüge, Göppingen 2011 (Schriften zur staufischen Geschichte und Kunst 29), 10–41.

JASPERT, Kreuzzüge: Nikolaus JASPERT, Die Kreuzzüge, Darmstadt [6]2013.

JOEDEN-FORGEY, „Afrika-Schau“: Elisa von JOEDEN-FORGEY, Die „Deutsche Afrika-Schau“ und der NS-Staat, in: Christine ALONZO – Peter MARTIN (Hg.), Zwischen Charleston und Stechschritt. Schwarze im Nationalsozialismus, Hamburg/München 2004, 451–475.

JOHN, Haarabschneidekommando: Michael JOHN, Das „Haarabschneidekommando“ von Linz. Männlicher Chauvinismus oder nationalsozialistische Wiederbetätigung? Ein Fallbeispiel aus den Jahren 1945–1948, in: Fritz MAYRHOFER – Walter SCHUSTER (Hg.), Entnazifizierung und Wiederaufbau in Linz, Linz 1996 (Historisches Jahrbuch der Stadt Linz 1995), 335–360.

JOHN, Bevölkerung: Michael JOHN, Bevölkerung in der Stadt. „Einheimische“ und „Fremde“ in Linz. 19. und 20. Jahrhundert, Linz 2000.

JOHN, Afrikaner: Michael JOHN, Afrikaner in Oberösterreich – historische und aktuelle Entwicklungen, in: *kursiv* 10–1/2 (2003), 87–111.

JOHNSTON, Geistesgeschichte: William M. JOHNSTON, Österreichische Kultur und Geistesgeschichte. Gesellschaft und Ideen im Donauraum 1848 bis 1938, Wien/Köln/Weimar 2006.

JOHNSTON-ARTHUR, Konstruktion: Araba Evelyn JOHNSTON-ARTHUR, Über die Konstruktion des *môren* und der *moerin* im Kontext „epistemischer Gewalt" und den traumatischen Charakter neokolonialer Erfahrungen in der modernen afrikanischen Diaspora in Österreich, Diplomarbeit Wien 2004.

JONTES, Studentenleben: Lieselotte JONTES, „... Student in Leoben". Skizzen aus dem Leobener Studentenleben, in: Friedwin STURM, 150 Jahre Montanuniversität Leoben 1840–1990, Graz 1990, 651–662.

KAISER-MÜHLECKER, Handlungsspielräume: Roman KAISER-MÜHLECKER, Handlungsspielräume der Regierungen der Entwicklungsländer in der Programmatik der österreichischen Entwicklungszusammenarbeit 1981–2000, Wien 2015.

KANDLER – VETTERS, Limes: Manfred KANDLER – Hermann VETTERS (Hg.), Der römische Limes in Österreich. Ein Führer. Unter Mitarbeit zahlreicher Fachkollegen anläßlich des 14. Internationalen Limeskongresses 1986 in Carnuntum, Wien [2]1989.

KANTOROWICZ, Friedrich: Ernst KANTOROWICZ, Kaiser Friedrich der Zweite, 2 Bde., Hauptband Berlin 1927 und Ergänzungsband Berlin 1931.

KAPLAN, Black Magus: Paul H. D. KAPLAN, The Rise of the Black Magus in Western Art, Ann Arbor 1985.

KAPLAN, Iconography: Paul H. D. KAPLAN, Black Africans in Hohenstaufen Iconography, in: Gesta 26/1 (1987), 29–36.

KAPLAN, Introduction: Paul KAPLAN, Introduction to the New Edition, in: David BINDMAN – Henry Louis GATES, Jr. – Karen C. C. DALTON (Hg.), The Image of the Black in Western Art. II/1: From the early Christian Era to the „Age of Discovery": From the Demonic Threat to the Incarnation of Sainthood. Cambridge (Massachusetts/London 2010), 1–30.

KAPS, Civilizing Missions: Klemens KAPS, Creating Differences for Integration: Enlightened Reforms and Civilizing Missions in the Eastern European Possessions of the Habsburg Monarchy (1750–1815), in: Damien TRICOIRE (Hg.), Enlightened Colonialism. Civilization Narratives and Imperial Politics in the Age of Reason, Basingstoke 2017, 133–155.

KAZEEM – MARTINZ-TUREK – STERNFELD, Unbehagen: Belinda KAZEEM – Charlotte MARTINZ-TUREK – Nora STERNFELD, Das Unbehagen im Museum. Postkoloniale Museologien, Wien 2009.

KENNER, Götterwelt: Hedwig KENNER, Die Götterwelt der Römerzeit an der mittleren Donau, in: Peter WENINGER (Red.), Die Römer an der Donau. Noricum und Pannonien. Schloß Traun, Petronell, NÖ. 25. Mai bis 28. Oktober 1973, Wien 1973 (Katalog des niederösterreichischen Landesmuseums 55), 95–103.

KENNER, Austria: Hedwig KENNER, Die Götterwelt der Austria Romana, in: Wolfgang HAASE (Hg.), Aufstieg und Niedergang der römischen Welt II/18/2, Berlin/New York 1989, 875–973.

KERSCHBAUMER, Tulln: Anton KERSCHBAUMER, Geschichte der Stadt Tulln, Krems 1902.

KIEWEG-VETTERS, Diener: Gudrun KIEWEG-VETTERS, Eine Darstellung von Dienern im Legionslager von Carnuntum?, in: Carnuntum-Jahrbuch 2009–2011, Wien 2011, 47–58 und Tafeln XXIII–XXVII.

KIRCHHOF, Kamele: Anita KIRCHHOF, Kamele in Pannonien, in: Communicationes Archaeologicae Hungariae 1999, Budapest 1999, 87–91.

KIRCHWEGER, Lanze: Franz KIRCHWEGER (Hg.), Die Heilige Lanze in Wien. Insignie – Reliquie – „Schicksalsspeer", Wien 2005 (Schriften des Kunsthistorischen Museums 9).

KLARER, Piracy: Mario KLARER (Hg.), Piracy and captivity in the Mediterranean 1550–1810, London 2018.

KLEINSCHMIDT, Besatzer: Johannes KLEINSCHMIDT, Besatzer und Deutsche: Schwarze GIs nach 1945, in: Amerikastudien / American Studies 40/4 (1995), 647–665.

KLESSMANN, Machbuba: Eckart N. KLESSMANN, Fürst Pückler und die Sklavin Machbuba. Eine west-östliche Liebesgeschichte, Neuauflage, Jena 2014.

KLETLER, Weltbild: Paul KLETLER, Die Gestaltung des geographischen Weltbildes unter dem Einfluß der Kreuzzüge, in: Mitteilungen des Instituts für österreichische Geschichtsforschung 70 (1962), 294–322.

KLIEGE, Weltkarten: Herma KLIEGE, Weltbild und Darstellungspraxis hochmittelalterlicher Weltkarten, Münster 1991.

KLÖSCH, Unterhaltung: Christian KLÖSCH, Unterhaltung im Übermaß. Die große Zeit der Revue, in: Sándor BÉKÉSI – Wolfgang KOS (Hg.), Kampf um die Stadt. Politik, Kunst und Alltag um 1930, Wien 2010, 198–205.

KNITTLER – STANGLER – ZEDINGER, Adel: Herbert KNITTLER – Gottfried STANGLER – Renate ZEDINGER (Hg.), Adel im Wandel. Politik, Kultur, Konfession 1500–1700. Niederösterreichische Landesausstellung, Rosenburg 12. Mai – 28. Oktober 1990, Wien 1990.

KOCA, Rezeption: Christoph KOCA, Die Rezeption der Josephine Baker in Österreich unter dem Gesichtspunkt der Erinnerungskultur. Untersuchung der medialen Berichterstattung über Josephine Baker von 1928 bis 2006, Diplomarbeit Wien 2007.

KÖLBL, Diskontinuitäten: Max KÖLBL, Brüche und Diskontinuitäten in Erwerbsbiografien von Personen mit Migrationshintergrund aus Afrika in Graz, Masterarbeit Graz 2017.

KOGON, SS-Staat: Eugen KOGON, Der SS-Staat. Das System der deutschen Konzentrationslager, Neuausgabe, Stuttgart/Hamburg/München 1974.

KOHL, Tuareg: Ines KOHL, Flucht und Migration durch die Sahara: Tuareg, Akteure eines transnationalen Netzwerks, in: Gabriele ANDERL – Simon USATY (Hg.), Schleppen, Schleusen, Helfen. Flucht zwischen Rettung und Ausbeutung, Wien 2016, 447–467.

KOLAR, Misijonska: Bogdan KOLAR, Misijonska akcija Nikolaja Olivierija in njeni odmevi na Slovenskem, in: Bogoslovni vestnik 63/1 (2003), 67–88.

KOLLER, Kolonialtruppen: Christian KOLLER, „Von Wilden aller Rassen niedergemetzelt". Die Diskussion um die Verwendung von Kolonialtruppen in Europa zwischen Rassismus, Kolonial- und Militärpolitik 1914–1930, Stuttgart 2001.

KOLLER, Stereotype: Christian KOLLER, Feind – Bilder. Rassen- und Geschlechterstereotype in der Kolonialtruppendiskussion Deutschlands und Frankreichs, 1914–1923, in: Karen HAGEMANN – Stefanie SCHÜLER-SPRINGORUM (Hg.), Heimat – Front. Militär und Geschlechterverhältnisse im Zeitalter der Weltkriege, Frankfurt/New York 2002, 150–167.

KOMLOSY, Grenzen: Andrea KOMLOSY, Grenzen: Räumliche und soziale Trennlinien im Zeitenlauf, Wien 2018.

KOPP – SCHWARZ, Ashantee: Kristin KOPP – Werner Michael SCHWARZ, Ashantee. Afrika und Wien um 1900, Wien 2008.

KOSI, Crusade: Miha KOSI, The Fifth Crusade and its Aftermath: Crusading in the Southeast of the Holy Roman Empire in the First Decades of the Thirteenth Century, in: Crusades 17 (2019), 91–113.

KOSLOFSKY, Skin: Craig KOSLOFSKY, Slavery and Skin: The Native Americans Ocktscha Rinscha and Tuski Stannaki in the Holy Roman Empire, 1722–1734, in: Rebekka von MAL-

Linckrodt – Josef Köstlbauer – Sarah Lentz (Hg.), Beyond Exceptionalism. Traces of Slavery and the Slave Trade in Early Modern Germany, 1650–1850, Berlin/Boston 2021, 81–108.

Kovács, Rain miracle: Péter Kovács, Marcus Aurelius' rain miracle and the Marcomannic wars, Leiden 2009.

Kranebitter, Häftlingsgesellschaft: Andreas Kranebitter, Zahlen als Zeugen. Soziologische Analysen der Häftlingsgesellschaft das KZ Mauthausen, Wien 2014.

Kranebitter, Gedenkbuch: Andreas Kranebitter (Hg.), Gedenkbuch für die Toten des KZ Mauthausen. Kommentare und Biografien I, Wien 2016.

Kranebitter, Diffamierung: Andreas Kranebitter, Zur Diffamierung der Überlebenden des KZ Mauthausen. Eine Stellungnahme zur „Aula-Debatte", in: KZ-Gedenkstätte Mauthausen/Mauthausen Memorial (Hg.), NS-Täterinnen und -Täter in der Nachkriegszeit. Jahrbuch Mauthausen 2016, Wien 2017, 137–149.

Kratzmann, Ausgrenzung: Katerina Kratzmann, „Scheinasylanten" und „Wirtschaftsflüchtlinge"? Zur Ausgrenzung undokumentierter MigrantInnen in Österreich, in: Österreichische Zeitschrift für Volkskunde LIX/108 (2005), 21–42.

Kratzmann, Undokumentierte: Katerina Kratzmann, „Auf einmal war ich illegal". Undokumentierte Migranten in Österreich, Wien 2007 (Veröffentlichungen des Instituts für Europäische Ethnologie Wien 29).

Kravagna, Crime: Simon Kravagna, Making Crime: Die staatliche Konstruktion der „nigerianischen Drogenmafia" in Österreich, in: Stichproben. Wiener Zeitschrift für kritische Afrikastudien 6 (2004), 61–88.

Krebs, Ute Bock: Cornelia Krebs, Ute Bock. Die Geschichte einer Flüchtlingshelferin, Wien 2010.

Kreisa, Mohr: Alfred Kreisa, Der „Griechische Mohr" aus der Unteren Bäckerstraße, in: Hellenika. Jahrbuch für griechische Kultur und deutsch-griechische Beziehungen NF 15 (2020), 104–110.

Kremer, Pharao: Gabrielle Kremer, Der Kaiser als Pharao oder Antinoos?, in: Carnuntum Jahrbuch 2015 (2015), 71–80.

Kremer, Kult(ur)transfer: Gabrielle Kremer, Kult(ur)transfer – die militärischen Stifter in Carnuntum und im Hinterland, in: Carnuntum Jahrbuch 2016 (2017), 79–89.

Kriechbaumer, Geschmack: Robert Kriechbaumer (Hg.), Der Geschmack der Vergänglichkeit. Jüdische Sommerfrische in Salzburg, Wien/Köln/Weimar 2002.

Kühl, Rassenforschung: Stefan Kühl, Rassenforschung im Rahmen der internationalen eugenischen Bewegung, in: Christine Alonzo – Peter Martin (Hg.), Zwischen Charleston und Stechschritt. Schwarze im Nationalsozialismus, Hamburg/München 2004, 495–499.

Kühnl, Faschismus: Reinhard Kühnl, Der deutsche Faschismus in Quellen und Dokumenten, Köln 1977.

Kueppers-Braun, Oliveiri: Ute Kueppers-Braun, P. Nicolo Oliveiri und der (Los-)Kauf afrikanischer Sklavenkinder, in: Schweizerische Zeitschrift für Religions- und Kulturgeschichte 105 (2011), 141–166.

Kueppers-Braun, Kindersklaven: Ute Kueppers-Braun, Gekauft im Namen des Herrn. Afrikanische Kindersklaven in europäischen Klöstern im 19. Jahrhundert. Katholische Mission, Menschenhandel und religiöser Rassismus, Münster 2021.

KUMAR, Warteschleife: Eva KUMAR, In der Warteschleife zwischen Hoffnung und Zusammenbruch, in: Wiener Zeitung, 21. Juli 2004, 3.

KUNDRUS, Phantasiereiche: Birthe KUNDRUS (Hg.), Phantasiereiche. Zur Kulturgeschichte des deutschen Kolonialismus, Frankfurt am Main/New York 2003.

KUNST, Afrikaner: Hans-Joachim KUNST, Der Afrikaner in der europäischen Kunst, Bad Godesberg 1967.

KUTZENBERGER, Götter: Stefan KUTZENBERGER – LEOPOLD MUSEUM – Hans-Peter WIPPLINGER (Hg.), Fremde Götter – Faszination Afrika und Ozeanien, Köln 2016.

LADSTÄTTER, Importe: Sabine LADSTÄTTER, Afrikanische Importe im Legionslager von Carnuntum und seinem näheren Umfeld, in: Christian GUGL – Raimund KASTLER (Hg.), Legionslager Carnuntum, Ausgrabungen 1968–1977, Wien 2007 (Der römische Limes in Österreich 45), 254–257.

LAFAURIE, Ben-Lhassen Mohamed: Patrice LAFAURIE, Ben-Lhassen Mohamed. Raflé le 18 août 1944 à Trondes, mort à Mauthausen le 22 janvier 1945. La recherche des traces de la mêmoire d'un déporté de Meurthe-et-Moselle, in: Travail de Mémoire. Bulletin de liaison des adhérents de l'association des Amis de la Fondation pour la Mémoire de la Déportation de Meurthe-et-Moselle 36 (2021), 13–15 und 37 (2021), 6–11.

LANGE, Forschungen: Britta LANGE, Die Wiener Forschungen an Kriegsgefangenen 1915–1918. Anthropologische und ethnografische Verfahren im Lager, Wien 2013 (Österreichische Akademie der Wissenschaften, Philosophisch-Historische Klasse, Sitzungsberichte 838).

LANGTHALER, EU-Kontext: Herbert LANGTHALER, Österreichische Asylpolitik im EU-Kontext, in: Walter SAUER, Vom Paradies zum Krisenkontinent. Afrika, Österreich und Europa in der Neuzeit, Wien 2010, 200–217.

LANGTHALER, Befunde: Herbert LANGTHALER, Empirische Befunde zur Fluchthilfe, in: Gabriele ANDERL – Simon USATY (Hg.), Schleppen, Schleusen, Helfen. Flucht zwischen Rettung und Ausbeutung, Wien 2016, 518–533.

LANGTHALER, Konjunkturen: Margarita LANGTHALER, Die Konjunkturen der Bildungszusammenarbeit. Ein Liebkind der internationalen EZA?, in: Gerald FASCHINGEDER – Franz KOLLAND (Hg.), Bildung und ungleiche Entwicklung. Globale Konvergenzen & Divergenzen in der Bildungswelt, Wien 2015, 33–58.

LAUBICHLER – ZAUNER, Stipendienprogramm: Theresia LAUBICHLER – Atiye ZAUNER, Eine Welt Stipendienprogramm – EWS, in: RUNDER TISCH BILDUNGSZUSAMMENARBEIT (BZA) (Hg.), Bildungszusammenarbeit – Positionspapier 2012. Die entwicklungspolitische Relevanz der Internationalisierung an österreichischen Universitäten und Fachhochschulen. Leistungsbericht / Positionen / Empfehlungen, Wien 2012, 35–36 (https://oead.at/fileadmin/Dokumente/kef-research.at/05_ueber_uns/05_netzwerke_und_partner/00_runder_tisch/bza_positionspapier_2012.pdf; 10. Jänner 2022).

LEBHART – MÜNZ, Fremdenfeindlichkeit: Gustav LEBHART – Rainer MÜNZ, Migration und Fremdenfeindlichkeit in Österreich – Perzeption und Perspektiven, in: Heinz FASSMANN – Irene STACHER (Hg.), Migrations- und Integrationsbericht, Klagenfurt 2003, 343–355.

LECHHAB, Kinder: Hamid LECHHAB, Mein Vater ist Marokkaner. Die vergessenen Kinder des zweiten Weltkrieges in Vorarlberg, Dornbirn 2005.

LECHHAB, Besatzungskinder: Hamid LECHHAB, Marokkanische Besatzungskinder in Vorarlberg nach 1945, in: Walter SAUER (Hg.), Von Soliman zu Omofuma. Afrikanische Diaspora in Österreich 17.–20. Jahrhundert, Innsbruck/Wien/Bozen 2007, 177–186.

LECHNER, Göttweig: Gregor Martin LECHNER (Hg.), 900 Jahre Stift Göttweig 1083–1983. Ein Donaustift als Repräsentant benediktinischer Kultur. Jubiläumsausstellung, Göttweig 1983.

LECHNER, Gewerkschaftsbeziehungen: Manfred LECHNER, „... to save democracy in the world". Internationale Gewerkschaftsbeziehungen nach 1945. Das Beispiel Österreichs, Dissertation Graz 1993.

LECHNER, Erfassung: Ralf LECHNER, Die Namen der Toten. Quellen des Gedenkbuchs und die namentliche Erfassung der Deportierten des KZ Mauthausen, in: Andreas KRANEBITTER (Hg.), Gedenkbuch für die Toten des KZ Mauthausen. Kommentare und Biografien I, Wien 2016, 27–34.

LEE, Les Français: Adeline LEE, Les Français de Mauthausen. Par-delà la Foule de leurs Noms. Préface de Thomas Fontaine, Paris 2021.

LEHNER, Fernberger: Martina LEHNER, Reise ans Ende der Welt (1588–1593). Studie zur Mentalitätengeschichte und Reisekultur der frühen Neuzeit anhand des Reisetagebuches von Georg Christoph Fernberger von Egenberg, Frankfurt am Main u. a. 2001.

LENTZ, Abolitionsbewegung: Sarah LENTZ: „Wer helfen kann, der helfe!". Deutsche SklavereigegnerInnen und die atlantische Abolitionsbewegung, 1780–1860, Göttingen 2020.

LESKOVAR – SCHWANZAR – WINKLER, Archäologie: Jutta LESKOVAR – Christine SCHWANZAR – Gerhard WINKLER (Hg.), Worauf wir stehen: Archäologie in Oberösterreich. Katalog zu einem Ausstellungsprojekt der Oberösterreichischen Landesmuseen, Linz 2003.

LEWERENZ, Afrika-Schau: Susann LEWERENZ, Die Deutsche Afrika-Schau (1935–1940). Rassismus, Kolonialrevisionismus und postkoloniale Auseinandersetzungen im nationalsozialistischen Deutschland, Frankfurt am Main u. a. 2006.

LICHTBLAU, Mjka: Albert LICHTBLAU, Christine Mjka. Bezirksrätin mit „afroamerikanischer" Herkunft, in: Martin KRIST – Albert LICHTBLAU (Hg.), Nationalsozialismus in Wien. Opfer, Täter, Gegner, Innsbruck/Wien/Bozen 2017, 393–395.

LICHTBLAU, Time: Albert LICHTBLAU, „It is time [...] not to be defined". Migration aus afrikanischen Ländern nach Salzburg, in: Sylvia HAHN – Verena LORBER – Andreas PRAHER – Wolfgang ASCHAUER (Hg.), Migrationsstadt Salzburg – Arbeit, Alltag und Migration 1960–2010, Salzburg 2018, 131–153.

LIEBMANN, Handbuch: Andreas LIEBMANN, Handbuch der österreichischen Entwicklungszusammenarbeit, Wien 1994.

LIEGL – SPITALER, Legionäre: Barbara LIEGL – Georg SPITALER, Legionäre am Ball. Migration im österreichischen Fußball nach 1945, Wien 2008.

LINDFORS, Deutschland: Bernth LINDFORS, Ira Aldridge in Deutschland, in: Ulrich VAN DER HEYDEN, Unbekannte Biographien. Afrikaner im deutschsprachigen Europa vom 18. Jahrhundert bis zum Ende des Zweiten Weltkriegs, Werder an der Havel 2008 (Edition Zeitgeschichte 26), 31–39.

LINDFORS, Aldridge: Bernth LINDFORS, Ira Aldridge. 2 Bde., Rochester (New York) 2011.

LINDORFER, Aristocracy: Bianca Maria LINDORFER, Cosmopolitan Aristocracy and the Diffusion of Baroque Culture. Cultural Transfer from Spain to Austria in the Seventeenth Century, Doctoral Thesis, European University Institute, Florenz 2009.

LINDTNER, Schicksale: Eva LINDTNER, Zwischen Nigeria und Europa. Schicksale von Migration und Remigration, Wien 2018.

LINNE, NS-Kolonialplanungen: Karsten LINNE, Deutschland jenseits des Äquators? NS-Kolonialplanungen für Afrika, Berlin 2008.

LOIDL, Expedition: Simon LOIDL, Safari und Menschenversuche. Die Uganda-Expedition von Rudolf Kmunke und Robert Stigler, in: Österreich in Geschichte und Literatur 55/1 (2011), 38–53.

LOIDL, Kolonialpropaganda: Simon LOIDL, „Europa ist zu enge geworden". Kolonialpropaganda in Österreich-Ungarn 1885 bis 1918, Wien 2017.

LŐRINCZ, Hilfstruppen: Barnabás LŐRINCZ, Die römischen Hilfstruppen in Pannonien während der Prinzipatszeit. Teil I: Die Inschriften, Wien 2001 (Wiener archäologische Studien 3).

LOTZ, Entertainers: Rainer E. LOTZ, Black People. Entertainers of African Descent in Europe, and Germany, Bonn 1997.

LOVE, „Third World": Joseph I. LOVE, „Third World". A Response to Professor Worsley, in: Third World Quarterly 2/2 (1980), 315–317.

LOWE, Stereotyping: Kate J. P. LOWE, The stereotyping of black Africans in Renaissance Europe, in: Thomas Foster EARLE – Kate J. P. LOWE (Hg.), Black Africans in Renaissance Europe, Cambridge 2005, 17–47.

LOWE, Ambassadors: Kate J. P. LOWE, Visual Representations of an Elite: African Ambassadors and Rulers in Renaissance Europe, in: Joaneath SPICER (Hg.), Revealing the African Presence in Renaissance Europe. Baltimore ²2012, 98–115.

LUSANE, Victims: Clarence LUSANE, Hitler's Black Victims. The Historical Experiences of Afro-Germans, European Blacks, Africans, and African Americans in the Nazi Era, New York/London 2002.

LY-TIO-FANE, Schönbrunn: Madeleine LY-TIO-FANE, Contacts between Schönbrunn and the Jardin du Roi at Isle de France (Mauritius) in the 18th Century, in: Mitteilungen des Österreichischen Staatsarchivs 35 (1982), 85–109.

MACEK, Krönung: Bernhard A. MACEK, Die Krönung Josephs II. zum römischen König in Frankfurt am Main. Logistisches Meisterwerk, zeremonielle Glanzleistung und Kulturgüter für die Ewigkeit, Frankfurt am Main u. a. ²2011.

MAIER, Waidhofen: Peter MAIER, Waidhofen a. d. Ybbs. Spuren der Geschichte. Von den Anfängen bis zur Gegenwart, Waidhofen an der Ybbs 2006.

MALANDA, Race: Azziza B. MALANDA, „I Had a Dark Skin Color, That Was a Problem". Race and Racism in the Child Welfare System in Postwar West Germany, in: Zeitgeschichte 48/1 (2021), 73–90.

MALLINCKRODT – KÖSTLBAUER – LENTZ, Exceptionalism: Rebekka von MALLINCKRODT – Josef KÖSTLBAUER – Sarah LENTZ (Hg.), Beyond Exceptionalism. Traces of Slavery and the Slave Trade in Early Modern Germany, 1650–1850, Berlin/Boston 2021.

MALTSCHNIG, Brides: Eva MALTSCHNIG, Österreichische „War Brides" und ihre Kinder in den USA, in: Barbara STELZL-MARX – Silke SATJUKOW (Hg.), Besatzungskinder. Die Nachkommen alliierter Soldaten in Österreich und Deutschland, Köln 2016, 218–237.

MARAKOVITS, Verbindungen: Beate MARAKOVITS, Die Verbindungen zwischen Österreich (-Ungarn) und Ägypten unter der Ära des Generalkonsuls Gustav Franz Freiherr von Schreiner: 1858–1873, Diplomarbeit Wien 2005.

Marcelino – Ferreira – Lippmann Mazzaglia, Liminality: Pedro Marcelino – Maria Ferreira – Natalia Lippmann Mazzaglia, Liminality and Migrant Decision-Making in the Aftermath of the Political and Refugee Crises in the Mediterranean, 2010–2013, in: Tendayi Bloom – Belachew Gebrewold (Hg.), Understanding Migrant Decisions. From Sub-Saharan Africa to the Mediterranean Region, Abingdon 2016, 37–58.

Markom – Weinhäupl, Schulbuch: Christa Markom – Heidi Weinhäupl, Die Anderen im Schulbuch. Rassismen, Exotismen, Sexismen und Antisemitismus in österreichischen Schulbüchern, Wien 2007.

Markova – Sauer, Gärtner: Ina Markova – Walter Sauer, Waldhornblasender Gärtner. Ein schwarzer Brasilianer im vormärzlichen Österreich. Oder: Vom Wilden zum Weltbürger und wieder zurück?, in: Wiener Geschichtsblätter 66/2 (2011), 95–110.

Maršálek, Mauthausen mahnt!: Hans Maršálek, Mauthausen mahnt! Kampf hinter Stacheldraht. Tatsachen, Dokumente und Berichte über das größte Hitlersche Vernichtungslager in Österreich, Wien 1950.

Maršálek, Mauthausen: Hans Maršálek, Die Geschichte des Konzentrationslagers Mauthausen. Dokumentation, Wien 1974 (Neuauflage 2006).

Martin, Fürsten: Franz Martin, Salzburgs Fürsten in der Barockzeit 1587 bis 1771, Salzburg 1949.

Martin, Afrikaner: Peter Martin, Schwarze Teufel, edle Mohren. Afrikaner in Bewußtsein und Geschichte der Deutschen, Hamburg 1993.

Martin, Kriegsgefangene: Peter Martin, „… auf jeden Fall zu erschießen." Schwarze Kriegsgefangene in den Lagern der Nazis, in: Mittelweg 36/5 (1999), 76–91.

Martin – Alonzo, Stechschritt: Peter Martin – Christine Alonzo (Hg.), Zwischen Charleston und Stechschritt. Schwarze im Nationalsozialismus, Hamburg u. a. 2004.

Martin, Bridgetower: Peter Martin, George A. P. Bridgetower: „Beethovens Geiger", in: Ulrich van der Heyden, Unbekannte Biographien. Afrikaner im deutschsprachigen Europa vom 18. Jahrhundert bis zum Ende des Zweiten Weltkriegs, Werder an der Havel 2008 (Edition Zeitgeschichte 26), 40–48.

Martzavou, Priests: Paraskevi Martzavou, Priests and priestly roles in the Isaic cults. Women as agents in religious change in Late Hellenistic and Roman Athens, in: Angelos Chaniotis (Hg.), Ritual Dynamics in the Ancient Mediterranean. Agency, Emotion, Gender, Representation, Stuttgart 2011, 61–84.

Massing, Proverb: Jean Michel Massing, From Greek Proverb to Soap Advert: Washing the Ethiopian, in: Journal of the Warburg and Courtauld Institutes 58 (1995), 180–201.

Matis, Schwarzenberg-Bank: Herbert Matis, Die Schwarzenberg-Bank. Kapitalbildung und Industriefinanzierung in den habsburgischen Erblanden 1787–1830, Wien 2005 (Sitzungsberichte Österreichische Akademie der Wissenschaften, Philosophisch-Historische Klasse 731).

Matouschek, Worte: Bernd Matouschek, Böse Worte? Eine praktische Anleitung zur Erhöhung der „sprachlichen Sensibilität" im Umgang mit den Anderen, hg. von Terezija Stoisits und der Grünen Bildungswerkstatt Minderheiten, Wien 1999.

Maur, Soliman: Eduard Maur, Angelo Soliman – černý otrok, komorník, svobodný zednář a muzejní exponát, in: Theatrum historiae 9 (2011), 285–300.

MAURER, Bäder: Rudolf MAURER, Bäder – Badleut – Badeknecht, in: Sonia HORN – Susanne Claudine PILS (Hg.), Stadtgeschichte und Medizingeschichte. Tagungsband der 2. Wiener Gespräche zur Sozialgeschichte der Medizin, Thaur/Wien/München 1998, 11–18.

MAYER, Kreuzzüge: Hans Eberhard MAYER, Geschichte der Kreuzzüge, Stuttgart/Berlin/Köln [10]2005.

MAYER – MÜLLER-LUCKNER, Kreuzfahrerstaaten: Hans Eberhard MAYER – Elisabeth MÜLLER-LUCKNER (Hg.), Die Kreuzfahrerstaaten als multikulturelle Gesellschaft. Einwanderer und Minderheiten im 12. und 13. Jahrhundert, München 1997.

MATOUSCHEK, Worte: Bernd MATOUSCHEK, Böse Worte? Eine praktische Anleitung zur Erhöhung der „sprachlichen Sensibilität" im Umgang mit den Anderen, hg. von Terezija STOISITS und der Grünen Bildungswerkstatt Minderheiten, Wien 1999.

MEISSNER – MÜCKE – WEBER, Amerika: Jochen MEISSNER – Ulrich MÜCKE – Klaus WEBER, Schwarzes Amerika. Eine Geschichte der Sklaverei, München 2008.

MEISTERLE, Delagoa: Stefan MEISTERLE, Von Coblon bis Delagoa. Die kolonialen Aktivitäten der Habsburgermonarchie in Ostindien, Dissertation Wien 2014.

MELI, ANC: Francis MELI, South Africa belongs to us. A history of the ANC, London u. a. 1988.

MELINZ – ZIMMERMANN, Armenhilfe: Gerhard MELINZ – Susan ZIMMERMANN, Über die Grenzen der Armenhilfe. Kommunale und staatliche Sozialpolitik in Wien und Budapest in der Doppelmonarchie, Wien 1991.

MENSCHENRECHTSBEIRAT, Sprachgebrauch: MENSCHENRECHTSBEIRAT IM BUNDESMINISTERIUM FÜR INNERES (Hg.), Sprachgebrauch der österreichischen Sicherheitsexekutive, Wien/Graz 2005.

MICHLER, Darwinismus: Werner MICHLER, Darwinismus und Literatur. Naturwissenschaftliche und literarische Intelligenz in Österreich 1859–1914, Reprint Köln 2017.

MIKOLETZKY, Sklaven: Hanns Leo MIKOLETZKY, Sklaven im alten Österreich, in: Otázky dejin strední a východní Evropy. Usporádal František Hejl, Brno 1971, 69–83.

MIKOLETZKY, Österreich: Lorenz MIKOLETZKY, Österreich, Italien und der abessinische Krieg 1935/36. Politik, Meldungen und Streiflichter, in: Mitteilungen des österreichischen Staatsarchivs 31 (1978), 487–501.

MIKRUT, Ekwu: Jan MIKRUT, Aaron Ekwu. Ein Mann Gottes aus Nigeria, in: Jan MIKRUT (Hg.), Faszinierende Gestalten der Kirche Österreichs, Wien 2000, 79–121.

MILLER – PENNYBACKER – ROSENHAFT, Wright: James A. MILLER – Susan D. PENNYBACKER – Eve ROSENHAFT, Mother Ada Wright and the international campaign to free the Scottsboro boys, 1931–1934, in: American History Review 29 (April 2001), 387–430.

MITCHELL, Egypt: Timothy MITCHELL, Colonising Egypt, Berkeley u. a. 1991.

MITTERAUER, Wirtschaftsverfassung: Michael MITTERAUER, Zollfreiheit und Marktbereich: Studien zur mittelalterlichen Wirtschaftsverfassung am Beispiel einer niederösterreichischen Altsiedellandschaft, Wien 1969 (Forschungen zur Landeskunde von Niederösterreich 19).

MOHAMED – MATAAN, Somali Diaspora: Suad MOHAMED – Jamal MATAAN, Somali Diaspora Engagement in Austria. hg. vom Wiener Institut für Internationalen Dialog und Zusammenarbeit, Wien 2020.

MOKRE, Übersetzung: Monika MOKRE, Solidarität als Übersetzung. Überlegungen zum Refugee Protest Camp Vienna, hg. von Monika HUMMER, Wien/Linz u. a. 2015.

Montjoye, Türkenkind: Irene Montjoye, Maria Theresias Türkenkind. Die abenteuerliche Lebensgeschichte der Anna Maria Königin, Wien 2000.

Moro, Klagenfurt: Gotbert Moro (Red.), Die Landeshauptstadt Klagenfurt. Aus ihrer Vergangenheit und Gegenwart II, Klagenfurt 1970.

Morrison, Soliman: Heather Morrison, Dressing Angelo Soliman, in: Eigtheenth-Century Studies 44/3 (2011), 361–382.

Moser, Geschichte: Andreas Moser, Geschichte des Violinspiels, Berlin 1923.

Mosser, Steindenkmäler: Martin Mosser, Die Steindenkmäler der legio XV Apollinaris, Wien 2003 (Wiener Archäologische Studien 5).

Mujić, Ar-Rasheed: Selma Mujić, Religion im Zusammenhang mit Prozessen der Migration, Diaspora und des Transnationalismus. Fallbeispiel: Ar-Rasheed, Nigeria Islamic Forum, Diplomarbeit Wien 2012.

Müller, Feirefiz: Ulrich Müller, Feirefiz Anschevin – Überlegungen zur Funktion einer Romangestalt Wolframs von Eschenbach, in: Négritude et Germanité. L'Afrique Noire dans la littérature d'expression allemande, Dakar 1983, 37–48.

Münz – Zuser – Kytir, Wohnbevölkerung: Rainer Münz – Peter Zuser – Josef Kytir, Wanderungen und ausländische Wohnbevölkerung: Struktur und Entwicklung, in: Heinz Fassmann – Irene Stacher (Hg.), Migrations- und Integrationsbericht, Klagenfurt 2003, 20–61.

Mutombo, Damnés: Clément Mutombo, Les damnés innocents du Vorarlberg. Parianism envers les enfants historiques 1946, Frankfurt am Main 2007.

Nachbaur, Besatzungszeit: Ulrich Nachbaur, Dokumentationsmaterial aus der Besatzungszeit. Vorarlbergs Beitrag zu einem 1948 geplanten Weißbuch der österreichischen Bundesregierung, Bregenz 2007 (Kleine Schriften des Vorarlberger Landesarchivs 5).

Nagl, Brody: Tobias Nagl, Von Kamerun nach Babelsberg. Louis Brody und die schwarze Präsenz im deutschsprachigen Kino vor 1945, in: Ulrich van der Heyden – Joachim Zeller (Hg.), Kolonialmetropole Berlin. Eine Spurensuche, Berlin 2002, 220–225.

Ndumbe, NS-Planung: Kuma Ndumbe III., Afrika in der NS-Planung eines großgermanischen Reiches, in: Christine Alonzo – Peter Martin (Hg.), Zwischen Charleston und Stechschritt. Schwarze im Nationalsozialismus, Hamburg/München 2004, 423–433.

Neuhold, Leben: Clemens Neuhold, Ein Leben zwischen Hitler und Che, in: Profil, 11. Jänner 2016, 27–31.

Neumayr – Laubhold – Hintermaier, Musik: Eva Neumayr – Lars E. Laubhold – Ernst Hintermaier, Musik am Dom zu Salzburg. Repertoire und liturgisch gebundene Praxis zwischen hochbarocker Repräsentation und Mozart-Kult, Wien 2018.

Nöhre, Kolonialbewegung: Joachim Nöhre, Das Selbstverständnis der Weimarer Kolonialbewegung im Spiegel ihrer Zeitschriftenliteratur, Münster 1998.

Nowak, Ausländerstudium: Manfred Nowak, Ausländerstudium im Spannungsfeld zwischen Entwicklungspolitik und akademischer Solidarität, in: Journal für Entwicklungspolitik 1/1 (1985), 52–72.

Nowotny, Thunau: Elisabeth Nowotny, Thunau am Kamp – Das frühmittelalterliche Gräberfeld auf der Oberen Holzwiese. Mit Beiträgen von Karina Grömer, Martin Ježek, Mathias Mehofer, Erich Nau, Gabriela Russ-Popa und Sirin Uzunoglu-Obenaus, Wien 2018 (Mitteilungen der Prähistorischen Kommission 87).

NOWOTNY – OBENAUS – UZUNOGLU-OBENAUS, Archäologie: Elisabeth NOWOTNY – Martin OBENAUS – Sirin UZUNOGLU-OBENAUS (Hg.), 50 Jahre Archäologie in Thunau am Kamp. Festschrift für Herwig Friesinger, Krems 2018 (Archäologische Forschungen in Niederösterreich NF 5).

NSIAH, Nachtclub: Lydia NSIAH, „Bei Achmed Beh": Im Nachtclub mit der Nazi-Führung, in: Der Standard online, 27. Oktober 2014 (https://derstandard.at/2000007278066/Bei-Achmed-Beh-Im-Nachtclub-mit-der-Nazi-Fuehrung; 15. April 2018).

NYUNGURA, Black Community: Gaspard NYUNGURA, Evaluation der Integrationsleistung des Dachverbandes Black Community OÖ, Diplomarbeit Linz 2009.

OBEMEATA-GIMOH, Kinder: Michaela OBEMEATA-GIMOH, Andere Österreicher. Die Kinder der afrikanischen Diaspora in Wien, Diplomarbeit Wien 2014.

OBERHAMMER, Fürstenhaus: Evelin OBERHAMMER (Hg.), Der ganzen Welt ein Lob und Spiegel. Das Fürstenhaus Liechtenstein in der frühen Neuzeit, Wien/München 1990.

OBERKOFLER, Asylrecht: Gerhard OBERKOFLER, Asylrecht als Menschenrecht. Eine Forderung des sozialistischen Juristen Christian Broda, in: Mitteilungen der Alfred Klar Gesellschaft 17/2 (2010), 11–21.

OBERMAYR, Carnuntum: August OBERMAYR, Römerstadt Carnuntum. Ruinen / Grabungen / Funde, Wien/München 1967.

OBROVSKY, Begegnung: Michael OBROVSKY, Begegnung als globaler Lernprozess?, in: Gerhard BITTNER – Heinz HÖDL – Josef KANDLHOFER – Klaus ZAPATOCKY (Hg.), Afro-Asiatisches Institut Wien 1959–2016, Wien 2016, 156–157.

OFNER, Der Ur-Entwurf: Julius OFNER, Der Ur-Entwurf und die Berathungs-Protokolle des Oesterreichischen Allgemeinen bürgerlichen Gesetzbuches I, Wien 1889.

ÖIBF, Situation: ÖSTERREICHISCHES INSTITUT FÜR BERUFSBILDUNGSFORSCHUNG (ÖIBF), Zur Situation ausländischer Studenten in Österreich. Teil A: Literaturanalyse, Expertenbefragung, Fragebogen; Teil B: Empirische Erhebung. Kurzfassung, Wien 1985/1986.

OKPARA-HOFMANN, Häftlinge: Julia OKPARA-HOFMANN, Schwarze Häftlinge und Kriegshäftlinge in deutschen Konzentrationslagern, Frankfurt am Main/London 2004 (https://www.bpb.de/gesellschaft/migration/afrikanische-diaspora/59432/konzentrationslager; 21. Oktober 2020)

OKUNGBOWA, Lebensgeschichten: Beatrice OKUNGBOWA, „Wir strahlen Freude aus, auch wenn wir nichts haben." Lebensgeschichten afrikanischer Priester in Österreich, Diplomarbeit Salzburg 2012.

OKYEREFO, Pentecostalism: Michael Perry Kweku OKYEREFO, Ausländer! Pentecostalism as social capital network for Ghanains in Vienna, in: Ghana Studies 11 (2008), 77–103.

OMMERT, Ladyfest: Alexandra OMMERT, Ladyfest-Aktivismus. Queer-feministische Kämpfe um Freiräume und Kategorien, Bielefeld 2016.

ONYEKA, Blackamoores: ONYEKA, Blackamoores. Africans in Tudor England, Their Presence, Status and Origins, London 2013.

OPLL, Rarität: Ferdinand OPLL, „… ein(e) vorhin in Wien nie gesehene Rarität von jedermann bewundert". Zu Leben, Tod und Nachleben des ersten Wiener Elefanten, in: Jahrbuch für Geschichte der Stadt Wien 60 (2004), 229–273.

OPPERT, Presbyter: Gustav OPPERT, Der Presbyter Johannes in Sage und Geschichte. Ein Beitrag zur Voelker- und Kirchengeschichte und zur Heldendichtung des Mittelalters, Berlin 1864.

Osswald, Verehrung: Maria Cristina Osswald, Die Entstehung einer Ikonographie des Franz Xaver im Kontext seiner kultischen Verehrung in den Jahren von 1552 bis 1640, in: Rita Haub – Julius Oswald (Hg.), Franz Xaver – Patron der Missionen. Festschrift zum 450. Todestag, Regensburg 2002, 60–80.

Otele, Untold History: Olivette Otele, African Europeans. An untold history, London 2020.

Otruba, Jesuitenpatres: Gustav Otruba, Österreichische Jesuitenpatres des 17. und 18. Jahrhunderts in der Weltmission und als Erforscher der Erde, in: Österreich in Geschichte und Literatur 5/1 (1961), 29–39.

Pack, Stigler: Birgit Pack, Robert Stigler, Wien 2010 (http://www.afrikanistik.at/pdf/personen/stigler_robert.pdf; 22. April 2018).

Papp, Exodus: Edgar Papp, Der altdeutsche Exodus, München 1969 (Altdeutsche Texte in kritischen Ausgaben II).

Pastoureau, Schwarz: Michel Pastoureau, Schwarz. Geschichte einer Farbe. Darmstadt 2016.

Pauer-Studer, Rechtfertigungen: Herlinde Pauer-Studer, Einleitung: Rechtfertigungen des Unrechts. Das Rechtsdenken im Nationalsozialismus, in: Julian Fink – Herlinde Pauer-Studer (Hg.), Rechtfertigungen des Unrechts. Das Rechtsdenken im Nationalsozialismus in Originaltexten, Berlin 2014, 15–135.

Paulesich, Entwicklungspolitik: Reinhart Paulesich, Die Entwicklungspolitik des Österreichischen Gewerkschaftsbundes. Programmatik und Engagement von 1959 bis 1983, Dissertation Wien 1984.

Pawlowsky, Erweiterung: Verena Pawlowsky, Erweiterung der Bestände. Die Anthropologische Abteilung des Naturhistorischen Museums 1938–1945, in: Zeitgeschichte 32/2 (2005), 69–90.

Pečar – Tricoire, Aufklärung: Andreas Pečar – Damien Tricoire, Falsche Freunde. War die Aufklärung wirklich die Geburtsstunde der Moderne?, Frankfurt am Main/New York 2015.

Perz, KZ-Gedenkstätte: Bertrand Perz, Die KZ-Gedenkstätte Mauthausen. 1945 bis zur Gegenwart, Innsbruck/Wien/Bozen 2006.

Peschanski, Étrangers: Denis Peschanski, Des étrangers dans la Résistance, Paris 2002.

Petrovitsch, Legio: Hans Petrovitsch, Legio II Italica, hg. von Gerhard Winkler, Linz 2006 (Forschungen in Lauriacum 13).

Pfaundler, Fasnacht: Wolfgang Pfaundler, Fasnacht in Tirol. Telfer Schleicherlaufen, Wörgl 1981.

Phillips, Expansion: J. R. S. Phillips, The medieval expansion of Europe, Oxford ²1998.

Piccottini, Isisverehrung: Gernot Piccottini, Zur Isisverehrung im römischen Kärnten, in: Carinthia I 100 (1990), 53–62.

Pieterse, Images: Jan Nederveen Pieterse, White on Black. Images of Africa and Blacks in Western Popular Culture, New Haven/London 1992.

Pils, Harrach: Susanne Claudine Pils, Schreiben über Stadt. Das Wien der Johanna Theresia Harrach 1639–1716, Wien 2002 (Forschungen und Beiträge zur Wiener Stadtgeschichte 36).

Pitts, Afropäisch: Johnny Pitts, Afropäisch. Eine Reise durch das schwarze Europa, Berlin 2020.

PLESCHKO, Studierende: Markus PLESCHKO, Afrikanische Studierende in Wien, in: Erwin EBERMANN (Hg.), Afrikaner in Wien. Zwischen Mystifizierung und Verteufelung – Erfahrungen und Analysen, Münster u. a. 2002, 237–245.

POHANKA, Wien: Reinhard POHANKA, Das römische Wien, Wien 1997.

PÖLLABAUER, Dolmetschen: Sonja PÖLLABAUER, I don't understand your English, Miss. Dolmetschen bei Asylanhörungen, Tübingen 2005.

POMMERIN, Sterilisierung: Reiner POMMERIN, Sterilisierung der Rheinlandbastarde. Das Schicksal einer farbigen deutschen Minderheit 1918–1937, Düsseldorf 1979.

PORTELE, Stopfpräparate: Karl A. PORTELE, Ueber menschliche Stopfpräparate in Wiener Sammlungen, in: Wiener klinische Wochenschrift 70/17 (1958), 322–324.

POWELL, Anatomy: James M. POWELL, Anatomy of a Crusade, 1213–1221, Philadelphia 2010.

PRESS, Aristokrat: Volker PRESS, Fürst Joseph Wenzel von Liechtenstein (1696–1772). Ein Aristokrat zwischen Armee, Kaiserhof und Fürstenhaus, in: DERS., Adel im alten Reich. Gesammelte Vorträge und Aufsätze, Tübingen 1998, 93–112.

PROBSZT, Silber: Günther PROBSZT, Arabisches und ungarisches Silber für Regensburg, in: Ostdeutsche Wissenschaft – Jahrbuch des Ostdeutschen Kulturrates 11 (1964), 209–263.

PUHL – VON ELVERFELDT-ULM, Gottfried: Stephan PUHL – Sigismund von ELVERFELDT-ULM (Hg.), Gottfried von Laimbeckhoven SJ. Der Bischof von Nanjing und seine Briefe aus China mit Faksimile seiner Reisebeschreibung, Nettetal 2000.

RABANSER, Venedig-Reise: Hansjörg RABANSER, „Mit einem krummen Pferd und einem einhändigen Gutscher". Die Venedig-Reise der Familie Vogl im Jahr 1835, in: Wissenschaftliches Jahrbuch der Tiroler Landesmuseen 2012 (2012), 412–443.

RAFETSEDER, Ausländereinsatz: Hermann RAFETSEDER, Der „Ausländereinsatz" zur Zeit des NS-Regimes am Beispiel der Stadt Linz, in: Fritz MAYRHOFER – Walter SCHUSTER (Hg.), Nationalsozialismus in Linz II, Linz 2002, 1107–1270.

RAFETSEDER, Schicksale: Hermann RAFETSEDER, NS-Zwangsarbeiter-Schicksale. Erkenntnisse zu Erscheinungsformen der Oppression und zum NS-Lagersystem aus der Arbeit des Österreichischen Versöhnungsfonds. Eine Dokumentation im Auftrag des Zukunftsfonds der Republik Österreich, Bremen 2014.

RANDRIANJA – ROY, Kouyate: Solofo RANDRIANJA – Alexis ROY, Kouyate Tiemoko Garan, in: Maitron, version mise en ligne le 26 mai 2015, dernière modification le 15 janvier 2019 (http://maitron-en-ligne.univ-paris1.fr/spip.php?article173285; 30. Oktober 2020)

REIMANN, Entstehung: Sarah REIMANN, Die Entstehung des wissenschaftlichen Rassismus im 18. Jahrhundert, Stuttgart 2017.

REINALTER, Aufklärung: Helmut REINALTER, Aufklärung, Humanität und Toleranz. Die Geschichte der österreichischen Freimaurerei im 18. Jahrhundert, Innsbruck/Wien/Bozen 2017.

REINHARDT, Afrozentrismus: Thomas REINHART, Geschichte des Afrozentrismus. Imaginiertes Afrika und afroamerikanische Identität, Stuttgart 2007.

REITER, Schädel: Christian REITER, Der Schädel des hochfürstlichen Mohren Soliman oder „Segen auf Deine Asche …", in: Wiener Medizinische Wochenschrift 158/11 (2008), 331–338.

REITER, Ekwu: Franz REITER, Aaron E. Ekwu, Wien 1996.

REITTERER, Incuria: Hubert REITTERER, „Incuria rectoris". Zum Tode des ersten Wiener Elefanten, in: Jahrbuch des Vereins für Geschichte der Stadt Wien 61 (2005), 333–335.

RHODES, Black Panthers: Jane RHODES, Framing the Black Panthers. The Spectacular Rise of a Black Power Icon, Illinois 2017.

RICHTER, Trajanssäule: Danae RICHTER, Das römische Heer auf der Trajanssäule. Propaganda und Realität. Waffen und Ausrüstung. Marsch, Arbeit und Kampf, Mainz [2]2010.

RIEDL-DORN, Museum: Christa RIEDL-DORN, Das Haus der Wunder. Zur Geschichte des Naturhistorischen Museums in Wien, Wien 1998.

RIEDL-DORN, Naturaliencabinete: Christa RIEDL-DORN, Ordnung muss sein. Von der Naturaliensammlung zu den „Vereinigten k. k. Naturaliencabineten" unter besonderer Berücksichtigung der Zeit Josephs II., in: Nora FISCHER – Anna MADER-KRATKY (Hg.), Schöne Wissenschaften. Sammeln, Ordnen und Präsentieren im josephinischen Wien, Wien 2021, 41–57.

RIENZNER – SLEZAK, Translation: Martina RIENZNER – Gabriele SLEZAK (Hg.), Sprache und Translation in der Rechtspraxis, Wien 2010 (Stichproben. Zeitschrift für kritische Afrikaforschung 19).

RILEY-SMITH, Crusades: Jonathan RILEY-SMITH, What were the crusades?, Houndsmills/Basingstroke 2002.

RIZY, Aversionen: Helmut RIZY, Aversionen und Ressentiments in der KZ-Literatur, in: Mitteilungen der Alfred Klahr Gesellschaft 25/2 (2018), 26–32.

ROHRBACH, Adoption: Philipp ROHRBACH, „This Has Finally Freed the Welfare Agency from a Considerable Burden". The Adoption of Black Austrian Occupation Children in the United States, in: Zeitgeschichte 48/1 (2021), 35–56.

ROHRBACHER, Hamiten-Mythos: Peter ROHRBACHER, Die Geschichte des Hamiten-Mythos, Wien 2002.

ROHRBACHER, Logwit-lo-Ladu: Peter ROHRBACHER, Franz Xaver Logwit-lo-Ladu (1848–1866): Seine Bedeutung als afrikanische Gewährsperson in der Frühphase der österreichischen Afrikanistik, in: Michel ESPAGNE – Pascale RABAULT-FEUERHAHN – David SIMO (Hg.), Afrikanische Deutschland-Studien und deutsche Afrikanistik – ein Spiegelbild, Würzburg 2014, 49–72.

ROMNEY-SCHAAB, Afro-Caribbean: Mary-Louise ROMNEY-SCHAAB, An Afro-Caribbean in the Nazi Era. From Papiamentu to German, 2020.

RUDERSDORF, Liechtenstein: Manfred RUDERSDORF, Josef Wenzel von Liechtenstein (1696–1772). Diplomat, Feldmarschall und Heeresreformer im kaiserlichen Dienst, in: Volker PRESS – Dietmar WILLOWEIT (Hg.), Liechtenstein – Fürstliches Haus und staatliche Ordnung. Geschichtliche Grundlagen und moderne Perspektiven, München/Wien 1988, 347–381.

RÜGER, Kolonialrevisionismus: Adolf RÜGER, Der Kolonialrevisionismus der Weimarer Republik, in: Helmuth STOECKER (Hg.), Drang nach Afrika. Die koloniale Expansionspolitik und Herrschaft des deutschen Imperialismus in Afrika von den Anfängen bis zum Ende des zweiten Weltkriegs, Berlin 1977, 243–279.

RUEPPRECHT, Wappenfigur: Hans-Ulrich RUEPPRECHT, Der Mohr als Wappenfigur, in: Kleeblatt 1 (2000), 1–13.

RUPRECHTSBERGER, Grenzgebiet: Erwin M. RUPRECHTSBERGER, Verbindung zwischen Nordafrika und dem nördlichen Grenzgebiet von Noricum und Pannonien, in: Mitteilungen der Gesellschaft der Freunde Carnuntums 1 (1981), 10–39 sowie 2 (1981), 2–13.

SABEL, Toleranzdenken: Barbara SABEL, Toleranzdenken in mittelhochdeutscher Literatur, Wiesbaden 2003 (Imagines Medii Aevi. Interdisziplinäre Beiträge zur Mittelalterforschung 14).

SAGUN, Entwicklungshilfepolitik: Zeynep SAGUN, Die Anfänge der öffentlichen Entwicklungshilfepolitik Österreichs. Am Beispiel ausgewählter Projekte des Interministeriellen Komitees zur Förderung von Entwicklungsländern 1963–1965, Diplomarbeit Wien 2013.

SALVADORE, Relations: Matteo SALVADORE, The African Prester John and the birth of Ethiopian-European relations, 1402–1555, London 2017.

SARR, Diaspora: Amadou Lamine SARR, Diaspora africaine en Autriche: Problemes et Perspectives, in: Jean-Emmanuel PONDI (Hg.), Immigration et diaspora. Un regard africain, Paris 2007, 245–262.

SATJUKOW – STELZL-MARX (Hg.), Besatzungskinder: Silke SATJUKOW – Barbara STELZL-MARX (Hg.), Besatzungskinder. Die Nachkommen alliierter Soldaten in Österreich und Deutschland, Köln 2016.

SAUER, Kamerun: Paul SAUER, Kamerun und Österreich 1918–1938. Vom Großwildjäger Ernst Zwilling, dem Ringer Jim Louis und dem Kolonialrevisionisten Gustave Hervé, Masterarbeit Wien 2017.

SAUER, Grund-Herrschaft: Walter SAUER, Grund-Herrschaft in Wien 1700–1848. Zu Struktur und Funktion intermediärer Gewalten in der Großstadt, Wien 1993 (Kommentare zum Historischen Atlas von Wien 5).

SAUER, Afrikanisches Wien: Walter SAUER, Das afrikanische Wien. Ein Stadtführer zu Bieber, Malangatana & Soliman, Wien 1996.

SAUER, Schulbücher: Walter SAUER, Rassen, Stämme, Steinzeitmenschen. Anmerkungen zum Afrika-Bild der Schulbücher für Geschichte und Sozialkunde, in: INSTITUT FÜR WIRTSCHAFTS- UND SOZIALGESCHICHTE UNIVERSITÄT WIEN (Hg.), Wiener Wege zur Sozialgeschichte. Themen – Perspektiven – Vermittlungen. Michael Mitterauer zum 60. Geburtstag, Wien 1997, 423–440.

SAUER, „Entdeckungsgeschichte": Walter SAUER, Jenseits der „Entdeckungsgeschichte": Forschungsergebnisse und Perspektiven, in: Walter SAUER (Hg.), k. u. k. kolonial. Habsburgermonarchie und europäische Herrschaft in Afrika, Wien [2]2007, 7–15.

SAUER, Schwarz-Gelb: Walter SAUER, Schwarz-Gelb in Afrika. Habsburgermonarchie und koloniale Frage, in: Walter SAUER (Hg.), k. u. k. kolonial. Habsburgermonarchie und europäische Herrschaft in Afrika, Wien [2]2007, 17–78.

SAUER, Beitrag: Walter SAUER, „Mohrenmädchen" in Bludenz, 1855–1858. Ein Beitrag zur Geschichte der afrikanischen Diaspora in Österreich, in: Montfort. Vierteljahresschrift für Geschichte und Gegenwart Vorarlbergs 56/4 (2004), 293–300.

SAUER, Gewerke: Walter SAUER, Gewerke Angelo Soliman. Eine Wiener Miszelle zur Geschichte des Schladminger Bergbaus, in: Wiener Geschichtsblätter 60/4 (2005), 29–34.

SAUER, Omofuma: Walter SAUER (Hg.), Von Soliman zu Omofuma. Afrikanische Diaspora in Österreich 17.–20. Jahrhundert, Innsbruck/Wien/Bozen 2007.

SAUER, Soliman: Walter SAUER, Angelo Soliman. Mythos und Wirklichkeit, in: Walter SAUER (Hg.), Von Soliman zu Omofuma. Afrikanische Diaspora in Österreich 17.–20. Jahrhundert, Innsbruck/Wien/Bozen 2007, 59–96.

SAUER, Diaspora: Walter SAUER, Afro-österreichische Diaspora heute. Migration und Integration in der 2. Republik, in: Walter SAUER (Hg.), Von Soliman zu Omofuma. Afrikanische Diaspora in Österreich 17.–20. Jahrhundert, Innsbruck/Wien/Bozen 2007, 189–232.

SAUER, Entdeckungsreisen: Walter SAUER, Entdeckungsreisen am Minoritenplatz. Archivalische Quellen zu den Afrikabeziehungen der Habsburgermonarchie, in: Mitteilungen des Österreichischen Staatsarchivs 53 (2009), 401–415.

SAUER, Menschen: Walter SAUER, Schwarze Menschen in der Geschichte Österreichs, in: Beatrice ACHALEKE – Simon INOU (Hg.), Schwarze Menschen in Österreich, Lagebericht. Jahresbericht 2010, Wien o. J., 8–13.

SAUER, Jesuitenstaat: Walter SAUER, Ein Jesuitenstaat in Afrika? Habsburgische Kolonialpolitik in Ägypten, dem Sudan und Äthiopien in der ersten Hälfte des 19. Jahrhunderts, in: Den Nil aufwärts. Österreich in Geschichte und Literatur 55/1 (2011), 6–27.

SAUER, Vorstadtmilieu: Walter SAUER, Zwischen High Society und Vorstadtmilieu. Angelo Soliman im Wien des 18. Jahrhunderts, in: Philipp BLOM – Wolfgang KOS (Hg.), Angelo Soliman. Ein Afrikaner in Wien, Wien 2011, 81–93.

SAUER, Erinnerung: Walter SAUER, Von der Erinnerung zum Mythos. Angelo Soliman und die Projektionen der Nachwelt, in: Philipp BLOM – Wolfgang KOS (Hg.), Angelo Soliman. Ein Afrikaner in Wien, Wien 2011, 132–143.

SAUER, Auswanderung: Walter SAUER, Auswanderung und Apartheid. Österreichische Emigration nach Südafrika 1948–1994, in: Andrea HEUBERGER (Hg.), Rot-Weiß-Rot in der Regenbogennation. Geschichte und Geschichten österreichischer Auswanderer in Südafrika, Wien/Berlin 2012, 97–119.

SAUER, Expeditionen: Walter SAUER, Expeditionen ins afrikanische Österreich. Ein Reisekaleidoskop, Wien 2014.

SAUER, Beiträge: Walter SAUER, „Und man siehet die im Lichte, die im Dunkeln sieht man nicht". Neue Beiträge zu einer Kollektivbiographie von Afrikanern und Afrikanerinnen im frühneuzeitlichen Österreich, in: Wolfgang MEIGHÖRNER (Hg.), Wissenschaftliches Jahrbuch der Tiroler Landesmuseen 9, Innsbruck/Wien/Bozen 2016, 232–247.

SAUER, Schaustellungen: Walter SAUER, Exotische Schaustellungen im Wiener Vormärz. Zwischen Voyeurismus und früher Rassentheorie, in: Mitteilungen des Instituts für Österreichische Geschichtsforschung 124/2 (2016), 391–417.

SAUER, Realis: Walter SAUER, Von „Japetikern", „Neptunianern" und „Caffern". Frühe Rassentheorie im Lexicon des Realis, in: Wiener Geschichtsblätter 71/4 (2016), 285–297.

SAUER, Comparison: Walter SAUER, From Slave Purchases to Child Redemption: A Comparison of Aristocratic and Middle-Class Recruiting Practices for „Exotic" Staff in Habsburg Austria, in: Rebekka VON MALLINCKRODT – Josef KÖSTLBAUER – Sarah LENTZ (Hg.), Beyond Exceptionalism. Traces of Slavery and the Slave Trade in Early Modern Germany, 1650–1850, Berlin/Boston 2021, 163–188.

SAUER – BOUZEK, Lescoute: Walter SAUER – Bernhard BOUZEK, Von Tarkastad nach Mauthausen. René Noël Lescoute: Theologe, Partisan, KZ-Häftling, in: INDABA 94 (2017), 24–25.

SAUER – SCHERR, Kadalie: Walter SAUER – Friederike SCHERR, Eine Reise ins Herz Europas. Der südafrikanische Gewerkschafter Clements Kadalie 1927 in Österreich, in: INDABA 50 (2006), 20–25.

SAUER – SPANBAUER: Black Vienna: Walter SAUER – Vanessa SPANBAUER (unter Mitarbeit von Simon LOIDL), Blackening Vienna. Aspekte afrikanischer Präsenz in Wien seit 1918. Forschungsbericht im Rahmen der Projektausschreibung „Republik in Österreich – Demokratie in Wien. 100 Jahre Gegenwart, Geschichte und Zukunft“, Wien 2018 (unveröffentlicht).

SAUER – STAMATIOU: Walter SAUER – Nikos STAMATIOU, Afrikanische und afroamerikanische Gefangene im Konzentrationslager Mauthausen. Projektbericht für den Zukunftsfonds der Republik Österreich, Wien 2021 (https://www.sadocc.at/wp-content/uploads/2021/05/Endbericht-Aussereuropaeische-Gefangene-20. KZM.pdf; 15. November 2021).

SAUER – WIESBÖCK, Sklaven: Walter SAUER – Andrea WIESBÖCK, Sklaven, Freie, Fremde. Wiener „Mohren“ des 17. und 18. Jahrhunderts, in: Walter SAUER (Hg.), Von Soliman zu Omofuma. Afrikanische Diaspora in Österreich 17.–20. Jahrhundert, Innsbruck/Wien/Bozen 2007, 23–56.

SAUER – ZESCHIN, Apartheid-Connection: Walter SAUER – Theresia ZESCHIN [= Elfriede PEKNY], Die Apartheid-Connection. Österreichs Bedeutung für Südafrika, Wien 1984.

SCHASIEPEN, Racial Capital: Hella Sophie Charlotte SCHASIEPEN, Southern African Human Remains as Property. Physical Anthropology and the Production of Racial Capital in Austria, Dissertation Kapstadt 2021.

SCHECK, Massaker: Raffael SCHECK, Hitlers afrikanische Opfer. Die Massaker der Wehrmacht an schwarzen französischen Soldaten, Hamburg 2009.

SCHECK, Propaganda: Raffael SCHECK, Nazi Propaganda toward French Muslim prisoners of war, in: Holocaust and Genocide Studies 26/3 (2012), 447–477.

SCHEIBELREITER, Wappen: Georg SCHEIBELREITER, Wappen und adeliges Selbstverständnis im Mittelalter, in: DERS., Wappenbild und Verwandtschaftsgeflecht. Kultur- und mentalitätsgeschichtliche Forschungen zu Heraldik und Genealogie, Wien/München 2009, 123–141.

SCHEICHER, Fest: Elisabeth SCHEICHER, Ein Fest am Hofe Erzherzog Ferdinands II., in: Jahrbuch der Kunsthistorischen Sammlungen in Wien 77/NF 41 (1981), 119–153.

SCHIER, Kolonialfrage: Daniela SCHIER, Die österreichische Linke und die Kolonialfrage in der Zwischenkriegszeit 1919–1933, Diplomarbeit Wien 2007.

SCHILLING, Historia: Alexander Markus SCHILLING, Mögliches, Unwahrscheinliches, Fabelhaftes: die Historia trium regum des Johannes von Hildesheim und ihre orientalischen Quellen, Stuttgart 2014 (Jenaer Mediävistische Vorträge 2).

SCHIROK, Parzivalrezeption: Bernd SCHIROK, Parzivalrezeption im Mittelalter, Darmstadt 1982 (Erträge der Forschung 174).

SCHLAG, Esterházy: Gerald SCHLAG, „… Die Anstalt des Fürsten Esterházy jedoch übertraf alle die übrigen.“ Fürst Nikolaus I. Esterházy als kurböhmischer Wahlbotschafter bei der Wahl und Krönung Josephs II. zum römischen König 1764, in: Norbert FRANK – Felix TOBLER (Hg.), Archivar und Bibliothekar. Bausteine zur Landeskunde des burgenländischen-westungarischen Raumes. Festschrift für Johann Seedoch zum 60. Geburtstag, Eisenstadt 1999 (Burgenländische Forschungen Sonderband XXII), 437–455.

SCHLECHTA, Lebensgeschichte: Sabine SCHLECHTA, Ägyptische Frauen erzählen ihre Lebensgeschichte. Eine soziolinguistische Falldarstellung zur interkulturellen Kommunikation, Diplomarbeit Wien 1994.

SCHMIDINGER, Verein: Thomas SCHMIDINGER, Verein der Zeitungskolporteure 1987, in: Hakan GÜRSES – Cornelia KOGOJ – Silvia MATTL (Hg.), Gastarbajteri. 40 Jahre Arbeitsmigration, Wien 2004, 137–139.

SCHMIDT-LINSENHOFF, Mohrenpage: Viktoria SCHMIDT-LINSENHOFF, „Mit Mohrenpage", in: Viktoria SCHMIDT-LINSENHOFF, Ästhetik der Differenz. Postkoloniale Perspektiven vom 16. bis 21. Jahrhundert. 15 Fallstudien I, Marburg 2014, 249–266.

SCHMUTZER, Naturgeschichte: Kurt SCHMUTZER, Der Liebe zur Naturgeschichte halber. Johann Natterers Reisen in Brasilien 1817–1836, Wien 2011.

SCHNEIDER, Boxsport: Katrin SCHNEIDER, Zur soziokulturellen Entwicklung des Boxsports in Österreich, Diplomarbeit Wien 1998.

SCHÖDL, Ottillinger: Ingeborg SCHÖDL, Im Fadenkreuz der Macht. Das außergewöhnliche Leben der Margarethe Ottillinger, Wien 2015.

SCHÖLNBERGER, Museum: Pia SCHÖLNBERGER (Hg.), Das Museum im kolonialen Kontext. Annäherungen aus Österreich, Wien 2021.

SCHRETTLE, Isistempel: Bernhard SCHRETTLE, Eine ausgewählte Fundstelle. Der so genannte Isistempel am Frauenberg bei Leibnitz, in: Bernhard HEBERT (Hg.), Urgeschichte und Römerzeit in der Steiermark, Wien/Köln/Weimar 2018, 777–779.

SCHUBERT, Fremde: Ernst SCHUBERT, Fremde im mittelalterlichen Deutschland, in: IMIS-Beiträge 7, Osnabrück 1998, 7–33.

SCHULER, Hoftrompeter: Heinz SCHULER, Salzburger Hof- und Feldtrompeter aus vier Jahrhunderten, in: Genealogie 36/5 (1987), 541–583.

SCHULLER – APING – KLEIN, Diaspora Engagement: Maida SCHULLER – Sina APING – Gudrun KLEIN (AEWTASS), Transnational African Diaspora Engagement in Austria, hg. vom Vienna Institute for Dialogue and Cooperation (VIDC), Wien 2021 (https://www.vidc.org/fileadmin/franz/2021/african_diaspora-web_02.12.21.pdf).

SCHULZ, Jazz: Klaus SCHULZ, Jazz in Österreich 1920–1960, Wien 2003.

SCHWANDER, Robeson: Martin SCHWANDER, Paul Robeson. Eine Biographie. Mit einem Vorwort von Romesh Chandra, Essen 1998.

SCHWANZAR, Grenzabschnitt: Christine SCHWANZAR, Der römische Grenzabschnitt zwischen Passau und Linz, in: Wilfried SEIPEL (Hg.), Oberösterreich – Grenzland des Römischen Reiches. Sonderausstellung des OÖ. Landesmuseums, Linz 1986, 51–58.

SCHWANZAR, Fernhandel: Christine SCHWANZAR, Römischer Fernhandel, in: Jutta LESKOVAR – Christine SCHWANZAR – Gerhard WINKLER (Hg.), Worauf wir stehen: Archäologie in Oberösterreich. Katalog zu einem Ausstellungsprojekt der Oberösterreichischen Landesmuseen, Linz 2003, 329–334.

SCHWARZ, Spektakel: Werner Michael SCHWARZ, Anthropologische Spektakel. Zur Schaustellung „exotischer" Menschen, Wien 1870–1910, Wien 2001.

SEIPEL, Entdeckung: Wilfried SEIPEL, Die Entdeckung der Welt. Die Welt der Entdeckungen. Österreichische Forscher, Sammler, Abenteurer. Ausstellungskatalog des Kunsthistorischen Museums, Milano/Wien 2001.

SENNETT, Intimität: Richard SENNETT, Verfall und Ende des öffentlichen Lebens. Die Tyrannei der Intimität, Frankfurt 1983.

SIEDER – SMIOSKI, Gewalt: Reinhard SIEDER – Andrea SMIOSKI, Der Kindheit beraubt. Gewalt in Erziehungsheimen der Stadt Wien, 1950er bis 1980er Jahre, Innsbruck 2012.

SIEG, Blackfacing: Katrin SIEG, Race, Guilt and Innocence. Facing Blackfacing in Contemporary German Theater, in: German Studies Review 38/1 (2015), 117–134.

SILA, Negermädchen: Roland SILA, Schiama, Gambra und Asie – drei „Negermädchen" in Bruneck, in: Claudia SPORER-HEIS (HG.), Tirol in seinen alten Grenzen. Festschrift für Meinrad Pizzinini zum 65. Geburtstag, Innsbruck 2008, 209–222.

SILBERSTEIN, Frohsinn: August SILBERSTEIN, Wiener Frohsinn. Blick in ein halbes Jahrhundert, in: Ignaz SCHNITZER, Franz Joseph I. und seine Zeit. Cultur-historischer Rückblick auf die Francisco-Josephinische Epoche I, Wien/München 1898, 430–441.

SILVERA, Student Mission: Alain SILVERA, The First Egyptian Student Mission to France under Muhammad Ali, in: Middle Eastern Studies 16/2 (1980), 1–22.

SNOWDEN Jr., Blacks: Frank M. SNOWDEN Jr., Blacks in Antiquity. Ethiopians in the Greco-Roman Experience, Cambridge (Massachusetts)/London 1970.

SNOWDEN, Prejudice: Frank M. SNOWDEN Jr., Before color prejudice. The ancient views of blacks, Cambridge (Massachusetts)/London [5]1991.

SNOWDEN Jr., Evidence: Frank M. SNOWDEN Jr., Iconographical evidence on the black populations in Greco-Roman antiquity, in: David BINDMAN – Henry Louis GATES – Karen C. C. DALTON (Hg.), The Image of the Black in Western Art I, New Edition, Cambridge (Massachusetts)/London 2010, 141–250.

SOMMERLECHNER, Stupor mundi: Andrea SOMMERLECHNER, Stupor mundi? Kaiser Friedrich II. und die mittelalterliche Geschichtsschreibung, Wien 1999.

SOW, Schwarz: Noah SOW, Schwarz. Ein kurzer vergleichender Begriffsratgeber für Weiße, in: Susan ARNDT – Nadja OFUATEY-ALAZARD (Hg.), Wie Rassismus aus Wörtern spricht. (K)Erben des Kolonialismus im Wissensarchiv deutsche Sprache. Ein kritisches Nachschlagewerk, Münster 2015, 608–611.

SPECKNER, Kriegsgefangenenlager: Hubert SPECKNER, In der Gewalt des Feindes. Kriegsgefangenenlager in der „Ostmark" 1939 bis 1945, Wien/München 2003.

SPEIDEL, Ethnic Units: Michael P. SPEIDEL, The Rise of Ethnic Units in the Roman Imperial Army, in: Hildegard TEMPORINI (Hg.), Politische Geschichte (Provinzen und Randvölker: Allgemeines; Britannien, Hispanien, Gallien). Aufstieg und Niedergang der römischen Welt (ANRW) II.3, Berlin/New York 1975, 202–231.

SPEIDEL, Troops: Michael P. SPEIDEL, Pannonian troops in the moorish wars of Antoninus Pius, in: J. FITZ (Hg.), Limes. Akten des XI. Internationalen Limeskongresses. Székesfehérvár, 30.8.–6.9.1976, Budapest 1977, 129–135.

SPIRIK, Informationsmöglichkeiten: Hermann SPIRIK, Entwicklungspolitische Ausbildungs- und Informationsmöglichkeiten für Studierende im Raum Wien. Angebot und Nachfrage, Wien 1973.

SPOHR, Trumpeter: Arne SPOHR, Violence, Social Status, and Blackness in Early Modern Germany: The Case of the Black Trumpeter Christian Real (ca. 1643–after 1674), in: Rebekka VON MALLINCKRODT – Josef KÖSTLBAUER – Sarah LENTZ (Hg.), Beyond Exceptionalism. Traces of Slavery and the Slave Trade in Early Modern Germany, 1650–1850, Berlin/Boston 2021, 57–80.

STADLER, Asylwerberstatistik: Ulrike STADLER, Kleine Bemerkungen zu vermischten Ziffern. Die österreichische Asylwerberstatistik in der bis Ende 1994 erhobenen Form, in: Gernot

HEISS – Oliver RATHKOLB (Hg.), Asylland wider Willen. Flüchtlinge in Österreich im europäischen Kontext seit 1914, Wien 1995, 239–247.

STAUFFER, Madonnenreligion: Ethelbert STAUFFER, Antike Madonnenreligion, in: Wolfgang HAASE (Hg.), Religion (Heidentum: Römische Götterkulte, Orientalische Kulte in der römischen Welt, Fortsetzung). Aufstieg und Niedergang der römischen Welt (ANRW) II.17.3, Berlin/New York 1984, 1425–1499.

STEINER, Kongo: Barbara STEINER, Kongo und Österreich – unter besonderer Berücksichtigung der Steiermark, in: Barbara STEINER – Nicole FRITZ (Hg.), Congo Stars, Graz/Tübingen 2019, 195–198.

STELZL-MARX, Kinder: Barbara STELZL-MARX, Kinder sowjetischer Besatzungssoldaten in Österreich. Stigmatisierung, Tabuisierung, Identitätssuche, in: Silke SATJUKOW – Barbara STELZL-MARX (Hg.), Besatzungskinder. Die Nachkommen alliierter Soldaten in Österreich und Deutschland, Köln 2016, 93–135.

STIGLER, Untersuchungen: Robert STIGLER, Rassenphysiologische Untersuchungen an farbigen Kriegsgefangenen in einem Kriegsgefangenenlager, in: Zeitschrift für Rassenphysiologie 13 (1943), 26–57.

STRAKOSCH, Privatrechtskodifikation: Heinrich STRAKOSCH, Privatrechtskodifikation und Staatsbildung in Österreich 1753–1811, Wien 1976.

STROUHAL – STLOUKAL, Schädel: Eugen STROUHAL – Milan STLOUKAL, Ein Schädel mit negroiden Merkmalen aus dem altslawischen Burgwall Mikulčice in Mähren, in: Anthropologie 11/1–2 (1973), 57–65.

STRICKLAND, Saracens: Debra Higgs STRICKLAND, Saracens, demons, & jews. Making monsters in Medieval art, Princeton/New York 2003.

SUCKALE-REDLEFSEN, Mauritius: Gude SUCKALE-REDLEFSEN (unter Mitarbeit von Robert SUCKALE), Mauritius: Der heilige Mohr / The Black Saint Maurice, München/Zürich 1987.

SUCKALE-REDLEFSEN, Ritter: Gude SUCKALE-REDLEFSEN, Der Schwarze Ritter von Magdeburg, in: Matthias PUHLE (Hg.), Aufbruch in die Gotik. Der Magdeburger Dom und die späte Stauferzeit. Landesausstellung Sachsen-Anhalt aus Anlass des 800. Domjubiläums. Band I: Essays, Mainz 2009, 192–201.

SUCKOW, Traum: Dirk SUCKOW, Adalberts Traum und Fellussos Besen. Zur (Un-)Sichtbarkeit von Sklaven im Bild (12.–16. Jh.), in: Peter BELL – Dirk SUCKOW (Hg.), Fremde in der Stadt. Ordnungen, Repräsentationen und soziale Praktiken (13.–15. Jh.). Frankfurt am Main u. a. 2010, 355–382.

SUDA, Reichskolonialbund: Benjamin SUDA, Reichskolonialbund in Österreich: Vorläufer, Akteure und Struktur der Kolonialbewegung von den 1920er-Jahren bis zu seiner Auflösung 1943, Diplomarbeit Wien 2020.

SÜSS, Zwangsarbeit: Dietmar SÜSS, „Herrenmenschen" und „Arbeitsvölker": Zwangsarbeit und Gesellschaft, in: Stefan HÖRDLER – Volkhard KNIGGE – Rikola-Gunnar LÜTTGENAU – Jens-Christian WAGNER (Hg.), Zwangsarbeit im Nationalsozialismus, Göttingen 2016, 244–253.

SULZBACHER, Afrikanerinnen: Christine SULZBACHER, Dienen – Beten – Unterhalten. Afrikanerinnen und Afrikaner im 19. Jahrhundert in Österreich, Diplomarbeit Wien 2003.

SULZBACHER, Aldridge: Christine SULZBACHER, Die Gastspiele des afroamerikanischen Schauspielers Ira Aldridge in Österreich, in: Wiener Geschichtsblätter 59/1 (2004), 19–43.

SULZBACHER, Funktionalisierung: Christine SULZBACHER, Beten – dienen – unterhalten. Zur Funktionalisierung von Afrikanern und Afrikanerinnen im 19. Jahrhundert in Österreich, in: Walter SAUER (Hg.), Von Soliman zu Omofuma. Afrikanische Diaspora in Österreich 17.–20. Jahrhundert, Innsbruck/Wien/Bozen 2007, 99–128.

TANNER, Black Athena: Jeremy TANNER, Introduction to the new edition. Race and Representation in Ancient Art: Black Athena and after, in: David BINDMAN – Henry Louis GATES Jr. – Karen C. C. DALTON (Hg.), The Image of the Black in Western Art. New Edition I, Cambridge (Massachusetts)/London 2010, 1–39.

TEPLY, Diodato: Karl TEPLY, Johannes Diodato. Der Patriarch der ersten Armenier in Wien, in: Jahrbuch des Vereins für Geschichte der Stadt Wien 28 (1972), 31–61.

TEPLY, Türkentaufen: Karl TEPLY, Türkentaufen in Wien während des Großen Türkenkrieges 1683–1699, in: Jahrbuch des Vereins für Geschichte der Stadt Wien 29 (1973), 57–87.

TEPLY, Gefangene: Karl TEPLY, Vom Los osmanischer Gefangener aus dem Großen Türkenkrieg 1683–1699, in: Süd-Ost-Forschungen 32 (1973), 33–72.

TEPLY, Kaffee: Karl TEPLY, Die Einführung des Kaffees in Wien, Wien 1980 (Forschungen und Beiträge zur Wiener Stadtgeschichte 6).

TERSCH, Selbstzeugnisse: Harald TERSCH, Österreichische Selbstzeugnisse des Spätmittelalters, Wien/Köln/Weimar 1998.

TESCHLER-NICOLA – FRANZKE – HAMMER, Büste: Maria TESCHLER-NICOLA – Georg E. FRANZKE – Vera M. F. HAMMER, Zur technischen Ausführung der Büste Angelo Solimans, in: Tribus 48 (1999), 95–103.

THOMPSON, Romans: Lloyd A. THOMPSON, Romans and Blacks, Norman/London 1989.

THÜRY, Pannonienbild: Günther E. THÜRY, „Erbärmlichst lebende Menschen"? Vom Pannonienbild der Südländer und von Ernährung und Lebensqualität im frühen Carnuntum, in: Franz HUMER (Hg.), Legionsadler und Druidenstab. Vom Legionslager zur Donaumetropole. Sonderausstellung aus Anlass des Jubiläums „2000 Jahre Carnuntum". Textband, St. Pölten 2007 (Katalog des NÖ Landesmuseums, Neue Folge 462), 337–345.

TRAORÉ, Bildungshilfe: Oumar TRAORÉ, Bildung und Erziehung im Spannungsfeld der Modernisierung – die Bildungshilfe Österreichs im Rahmen seiner Entwicklungspolitik: Studierende aus „Entwicklungsländern" in Österreich (1960–1980), Dissertation Wien 1986.

TSCHAIKNER, Prozessakt: Manfred TSCHAIKNER, Der erste bekannte „Mohr" aus Afrika in Vorarlberg (1763). Prozessakt des Vogteiamtes Bludenz, in: Archivale des Monats (2017), Bregenz 2017 (Kleine Schriften des Vorarlberger Landesarchivs 34), 16–17.

UNTERWEGER, Talking back: Claudia UNTERWEGER, Talking back. Strategien Schwarzer österreichischer Geschichtsschreibung, Wien 2016.

UNTERWURZACHER, Glanzstoff-Fabrik: Anne UNTERWURZACHER, „The Other Colleagues": Labor Migration at the Glanzstoff-Fabrik in St. Pölten from 1962 to 1975, in: Günter BISCHOF – Dirk RUPNOW (Hg.), Migration in Austria, New Orleans/Innsbruck 2017 (Contemporary Austrian Studies 26), 139–159.

URRISK-OBERTYŃSKI, Wien: Rolf M. URRISK-OBERTYŃSKI (Hg.), Wien. 2000 Jahre Garnisonsstadt. VI: Die vier Alliierten 1945–1955, Gnas 2015.

VALENTIN, Histoire: Paul VALENTIN; Histoire du Nom de'l Africain en Allemand, in: Négritude et Germanité (1983), 25–36.

VAN LAAK, Infrastruktur: Dirk VAN LAAK, Imperiale Infrastruktur. Deutsche Planungen für eine Erschließung Afrikas 1880 bis 1960, Paderborn/München/Wien/Zürich 2004.

VERLINDEN, Großhandel: Charles VERLINDEN, Wo, wann und warum gab es einen Großhandel mit Sklaven während des Mittelalters?, Köln 1970.

VERLINDEN, L'Esclavage: Charles VERLINDEN, L'Esclavage dans l'Europe médiévale. Tome deux: Italie – Colonies italiennes du Levant – Levant latin – Empire byzantin, Gent 1977.

VERLINDEN – SCHMITT, Ursprünge: Charles VERLINDEN – Eberhard SCHMITT (Hg.), Die mittelalterlichen Ursprünge der europäischen Expansion, München 1986.

VERWIEBE, Werkstattbericht: Roland VERWIEBE, Zusammenleben in Wien, hg. von der Stadtentwicklung Wien, Magistratsabteilung 18, Wien 2015 (Einstellungen zu Zuwanderung und Integration. Werkstadtbericht 152).

VETTERS, Horusknabe: Hermann VETTERS, Der Grabstein eines Horusknaben aus Kärnten, in: Carinthia I 151 (1961), 464–468.

VIDMAN, Isiskult: Ladislav VIDMAN, Träger des Isiskults in den römischen Provinzen, in: Eirene. Studia Graeca et Latina 5 (1966), 107–116.

VIDMAN, Donauprovinzen: Ladislav VIDMAN, Der ägyptische Kult in den Donauprovinzen, in: Wolfgang HAASE (Hg.), Religion (Heidentum: Heidentum: Die religiösen Verhältnisse in den Provinzen, Fortsetzung). Aufstieg und Niedergang der römischen Welt (ANRW) II.18.3, Berlin/New York 1984, 975–1013.

WAGNLEITNER, Kulturmission: Reinhold WAGNLEITNER, CocaColonisation und Kalter Krieg. Die Kulturmission der USA in Österreich nach dem zweiten Weltkrieg, Wien 1991.

WAHL – ROHRBACH – ADLER, SchwarzÖsterreich: Niko WAHL – PHILIPP ROHRBACH – Tal ADLER, SchwarzÖsterreich. Die Kinder afroamerikanischer Besatzungssoldaten, Wien 2016.

WALDRAUCH – ÇINAR, Staatsbürgerschaftspolitik: Harald WALDRAUCH – Dilek ÇINAR, Staatsbürgerschaftspolitik und Einbürgerungspraxis in Österreich, in: Heinz FASSMANN – Irene STACHER (Hg.), Migrations- und Integrationsbericht, Klagenfurt 2003, 261–283.

WANNER, Kontroversen: Gerhard WANNER, Zwischen Wissenschaft und Religion. Die heftigen Kontroversen um Darwins Abstammungslehre in Vorarlberg zwischen 1878 und 1912, in: Museumsverein-Jahrbuch 2019, Bregenz 2019, 78–94.

WATZKA-PAULI, Triumph: Elisabeth WATZKA-PAULI, Triumph der Barmherzigkeit: Die Befreiung christlicher Gefangener aus muslimisch dominierten Ländern durch den österreichischen Trinitarierorden 1690–1783, Göttingen 2016.

WEBER, Septimius: Ekkehard WEBER, Das neue Bild des Septimius Severus, in: Mitteilungen der Gesellschaft der Freunde Carnuntums 3 (1980), 2–28.

WEBER, Kaufleute: Klaus WEBER, Deutsche Kaufleute im Atlantikhandel, München 2004.

WEBER, Germany: Klaus WEBER, Germany and the Early Modern Atlantic World: Economic Involvement and Historiography, in: Rebekka VON MALLINCKRODT – Josef KÖSTLBAUER – Sarah LENTZ (Hg.), Beyond Exceptionalism. Traces of Slavery and the Slave Trade in Early Modern Germany, 1650–1850, Berlin/Boston 2021, 27–55.

WEBER-HIDEN, Kultverhalten: Ingrid WEBER-HIDEN, Hat das Militär Einfluss auf das Kultverhalten der einheimischen Bevölkerung? Ein Vergleich zwischen Militärstützpunkten und den urbanen Zentren im römerzeitlichen Österreich, in: Carnuntum Jahrbuch 2016 (2017), 71–77.

WEBER-HIDEN, Veteranen: Ingrid WEBER-HIDEN, Veteranen in Carnuntum, in: Römisches Österreich 43 (2020), 157–174.

WEGMANN, Philippovich: Heiko WEGMANN, Prof. Eugen von Philippovich – Nationale Integration durch Sozialstaat und Kolonialismus, Freiburg im Breisgau 2007 (https://www.freiburg-postkolonial.de/Seiten/Philippovich-Eugen.htm; 16. Dezember 2020).

WEEKS, Kolonialisten: Gregory WEEKS, Hitlers österreichische Kolonialisten. Erste Republik – Ständestaat – „Drittes Reich" 1918–1945, Wien 2016.

WEISS, Soliman: Alfred WEISS, Angelo Soliman. „Der hochfürstliche Mohr" als Gewerke beim Schladminger Kobalterzbergbau, in: Da schau her. Kulturzeitschrift aus Österreich 1 (2003), 3–5.

WEISS – SCHILDDORFER, Novara: David G. L. WEISS – Gerd SCHILDDORFER, Die Novara. Österreichs Traum von der Weltmacht, Wien 2010.

WELLS, Römisches Reich: Colin M. WELLS, Das Römische Reich, München 1985.

WELTI, Hohenems: Ludwig WELTI, Graf Jakob Hannibal I. von Hohenems 1530–1587. Ein Leben im Dienste des katholischen Abendlandes, Innsbruck 1954.

WENINGER, Römer: Peter WENINGER (Red.), Die Römer an der Donau. Noricum und Pannonien. Schloß Traun, Petronell, NÖ. 25. Mai bis 28. Oktober 1973, Wien 1973 (Katalog des niederösterreichischen Landesmuseums 55).

WIGGER, Diskriminierung: Iris WIGGER, Die „Schwarze Schmach am Rhein", Rassistische Diskriminierung zwischen Geschlecht, Klasse, Nation und Rasse, Münster 2007.

WIGGER, Schwarze Schmach: Iris WIGGER, Schwarze Schmach, publiziert am 29. Mai 2006, in: Historisches Lexikon Bayerns (http://www.historisches-lexikon-bayerns.de/Lexikon/Schwarze Schmach; 17. September 2017).

WIGGER – HADLEY, Desecrated bodies: Iris WIGGER – Spencer HADLEY, Angelo Soliman: desecrated bodies and the spectre of Enlightenment racism, in: Race & Class 62/2 (2020), 80–107.

WIGGER – KLEIN, „Bruder Mohr": Iris WIGGER – Katrin KLEIN, „Bruder Mohr". Angelo Soliman und der Rassismus der Aufklärung, in: Wulf D. HUND (Hg.), Entfremdete Körper. Rassismus als Leichenschändung, Bielefeld 2009 (Postcolonial Studies 4), 81–115.

WINKES, Physiognonomia: Rolf WINKES, Physiognonomia. Probleme der Charakterinterpretation Römischer Porträts, in: Hildegard TEMPORINI (Hg.), Philosophie und Wissenschaften, Künste. Aufstieg und Niedergang der römischen Welt (ANRW) I.4, Berlin/Boston 1973, 899–916.

WITKOP, Julian: Bernhard WITKOP, Percy Lavon Julian 1890–1975. A biographical memoir, Washington 1980 (National Academy of Sciences, Biographical Memoirs 52).

WITTKOWER, Marvels: Rudolf WITTKOWER, Marvels of the East. A Study in the History of Monsters, in: Journal of the Warburg and Courtauld Institutes 5 (1942), 159–197.

WOLFRAM, Einflüsse: Caroline WOLFRAM, Außereuropäische Einflüsse auf die bürgerliche Öffentlichkeit des frühen Vormärz und den österreichischen Frühliberalismus, Masterarbeit Wien 2018.

WOLFRAM, Grenzen: Herwig WOLFRAM, Grenzen und Räume. Geschichte Österreichs vor seiner Entstehung, Wien 1995.

WORLD BANK, Weltentwicklungsbericht: The WORLD BANK (Hg.), Weltentwicklungsbericht 1990, Washington 1990.

ZAUNER – STRICKNER, Sozialhilfe: Atiye ZAUNER – Alexandra STRICKNER, Von der Sozialhilfe zum Zuschuss-Stipendienprogramm. Entstehung und Entwicklung des „Eine-Welt-Stipendienprogramms". Mit den Ergebnissen der vergleichenden StipendiatInnenbefragung, Wien 1999 (ÖFSE Edition 7).

ZELEZA, Rewriting: Paul Tiyambe ZELEZA, Rewriting the African diaspora. Beyond the Black Atlantic, in: African Affairs 104/414 (2005), 35–68.

ZELLER, Alltagskultur: Joachim ZELLER, Weiße Blicke – schwarze Körper. Afrikaner im Spiegel westlicher Alltagskultur. Bilder aus der Sammlung Peter Weiss, Erfurt/Sutton 2010.

ZIMMERMANN, Religionsgeschichte: Fritz ZIMMERMANN, Kleine Beiträge zur Religionsgeschichte, in: Theologie und Glaube 4 (1912), 631–636.

ZINFLOU, Rassismus: Sascha ZINFLOU, Entwurfsmuster des deutschen Rassismus: Ein theoretischer Überblick, in: Kien NGHI HA – Nicola Lauré AL-SAMARAI – Sheila MYSOREKAR (Hg.), re/visionen. Postkoloniale Perspektiven von People of Colour auf Rassismus, Kulturpolitik und Widerstand in Deutschland, Münster 2007, 55–64.

Abbildungsverzeichnis

Titelbild: Werbeflugblatt des ersten afrikanischen Restaurants in Wien (Ende 1903).
© Wien Museum.

Abb. 1: Erste zeitgenössische gedruckte Quelle: Todesurteil gegen einen jungen Angolaner (*Wiennerisches Diarium*, 23.–27. August 1704)
© Österreichische Nationalbibliothek

Abb. 2: Die Maurischen Reiter (Rom, Trajansforum, Trajanssäule, Szene 64)
© Deutsches Archäologisches Institut / K. Anger (D-DAI-ROM-89.726)

Abb. 3: Dämonologische Tradition: Der israelitische König Asa vernichtet die *ethiopes* (Illustration zu 2 Chron 14, in: Ulrich von Lilienfeld, Concordantiae Caritatis, um 1355, fol. 144^{v})
© Stift Lilienfeld

Abb. 4: Universalistische Tradition: Der „Mohrenkönig" der Anbetungsszene (Tafel vom ehemaligen Hochaltar der Wiener Schottenkirche, sogenannter Schottenmeister, 1470er Jahre)
© Belvedere Museum, Wien

Abb. 5: Musizierender Afrikaner, um 1580 (Illustration aus dem Stammbuch des Wilhelm Schurff, Innsbruck)
© Tiroler Landesmuseum Ferdinandeum, Innsbruck

Abb. 6: Karl VI. mit seinem Schwarzen Diener Johann Michael Martin (Ölgemälde, Johann Gottfried Auerbach, um 1720/1730)
© Belvedere Museum, Wien

Abb. 7: „An Gestalt und Gesicht dem Jugurtha ähnlich": Angelo Soliman (Schabkunstblatt von Johann Gottfried Haid nach einem Gemälde von Johann Nepomuk Steiner, 1760er Jahre)
© Wien Museum, Wien

Abb. 8: Die Klostersuppe (Ölgemälde, Josef Danhauser, 1838)
© Belvedere Museum, Wien

Abb. 9: Ursulinenkloster Klagenfurt: Mater Constantia Gayer mit den afrikanischen Mädchen (Foto, nach 1855)
© Ursulinenkloster Klagenfurt

Abb. 10: Mohamed Medlum – nur durch Glück zu Wohlstand (Fotostudio Rudolf Mahlknecht, um 1885)
© Bezirksmuseum Hietzing, Wien

Abb. 11: Abdullah Javer aus Kamerun, beschäftigt bei Kastner & Öhler in Graz (Stammbuchzeichnung, 1930)
© Graz Museum, Graz

Abb. 12: Ägyptischer Antikolonialismus: Die erste von Afrikanern produzierte Zeitschrift Österreichs
© Marcel Chahrour

Abb. 13: Die Deutsche Afrikaschau (Werbepostkarte, circa 1940)
© Nachlass Aloisia Breser, Foto- und Urkundensammlung des Heimatarchivs Hornstein (Burgenland)

Abb. 14: „Diener des KZ-Kommandanten": José Carlos Greykey (Foto, 1941 oder später)
© Museu d'História de Catalunya, Fondo Amical de Mauthausen (Barcelona)

Abb. 15: Alliierte Truppen auf dem Wiener Heldenplatz (Pressefoto, Anfang 1950er Jahre)
© Walter Sauer

Abb. 16 und 17: Vorsprache der afrikanischen Lehrlinge im Sozialministerium; Unokanma Bright-Taylor (Fotos, Kurier, 21. April 1964)
© KURIER/Fred Riedmann

Abb. 18: Intervenierte für Kolporteure: Ägyptische Gewerkschaftsdelegation beim ÖGB (Foto; vorne Mitte: Anton Benya und Saad M. Ahmed; hinten rechts: ÖGB-Bildungssekretär Kurt Prokop)
© Österreichischer Gewerkschaftsbund

Abb. 19: Spannung vor dem Aufnahmestopp in der Bundesbetreuungsstelle Traiskirchen, Ende Juli 2015 (Pressefoto)
© APA Picture Desk

Abb. 20: Black-Lives-Matter-Demonstration in Wien , Juni 2020 (Pressefoto)
© APA Picture Desk

Personen- und Ortsregister

Mit Ausnahme der Stichworte Afrika bzw. Afrikaner:innen, Europa bzw. Europäer:innen, Österreich bzw. Österreicher:innen und Wien bzw. Wiener:innen.

Abbas II. Hilmi, ägypt. Vizekönig 102, 110
Abd al-Qadir, Hilmi 102
Abdullah, Ibrahim (Josef) 88, 110
Aberer, Matthias 180
Abuja 182
Achaleke, Beatrice 12, 194
Adalbert von Tirol 41
Adigwe, Hypolite 163
Adjamia 98, 99
Admont 37
Adorno, Theodor W. 7
Aelius Crispinus, Publius 26
Aelius Nigrinus, Publius 29
Afghanistan, Afghan:innen 182, 186
Afroamerikaner:innen 12, 14, 20, 21, 63, 90, 111, 113, 114, 115, 116, 117, 119, 121, 126, 129, 132, 133, 134, 135, 138, 139, 142, 151, 152, 153, 154, 155, 156, 158, 159, 160, 161, 166, 198, 207
Ägypten, Ägypter:innen 25, 28, 31, 32, 33, 36, 37, 38, 39, 41, 42, 44, 49, 52, 59, 60, 68, 81, 85, 86, 87, 94, 95, 99, 100, 101, 102, 103, 104, 109, 110, 113, 119, 120, 127, 131, 132, 135, 143, 160, 161, 162, 163, 170, 171, 175–181, 182, 190
Ahmed, Dalia 203
Ahmed, Saad M. 178, 179
Ajiamé 86
Akinyemi, Rasheed 195
Akinyosoye, Clara 202, 203
Akkon 44
Alabama 120, 125
Albers, Hans 136
Albrecht V. (II.), österr. Herzog 14
Aldridge, Ira 90, 91, 92
Alexandria 88, 95, 99, 100
Algerien (Algier), Algerier:innen 18, 20, 25, 58, 139, 140, 141, 143, 144, 146, 147, 149, 161, 175, 182, 183
Ali 87
Alonzo, Christine 140
Alonzo, Eugen 114
Altenberg, Peter 11, 93
Altmann („albus“ bzw. „niger“) 43
Altötting 44
Amegah, Thomas Yaw 166
Amerika bzw. Amerikaner:innen 18, 19, 22, 58, 62, 79, 81, 120, 146, 164
Amiche, Lakhdar 147
Andreas, ungar. König 41
Anglio, Anastase 113
Angola 9, 10, 17, 55, 161, 166
Anjou, Michael 61, 62, 67, 77
Anna Elisabeth („Aithiopissa Turca“) 60
Annius Spectatus, Gaius 33
Apa Johannes 38
Äquatorial-Guinea 145
Araber 18, 35, 36, 102, 112, 120, 127, 132, 138, 139, 142, 145, 147, 148, 149, 164, 166, 169
Arbery, Ahmaud 196
Arcate, Victoria 61
Argentinierin 144
Arnuphis 28
Ashanti (Völkerschau) 11, 91, 93, 94, 107, 110
Asien 48, 60, 62, 132, 143, 151, 164, 178, 204
Aspremont, Feldmarschall 58
Asue (Angela) 94
Äthiopien, Äthiopier:innen 7, 17, 18, 35, 38, 40, 41, 42, 43, 44, 45, 47, 48, 49, 50, 52, 61, 63, 69, 70, 86, 90, 95, 102, 109, 111, 124, 125, 136, 162, 173, 175, 194
Atlantik 56, 62, 79
Auerbach, Johann Gottfried 64
Augsburg 7, 52
Augustinus 38, 40, 43, 48

Auschwitz 144, 147
Ayim, May 202

B., Emile 143
B., Mowe Moussa 139, 150
B.,Valerie 133
Babajide, Abayomi 170
Babenberger 42, 45, 47
Bad Aussee 84
Bad Hofgastein 112
Bad Ischl 84
Bad Kreuzen 185
Baden bei Wien 57, 62, 115
Baker, Josephine 117, 118
Bakitta 99
Balkan 59, 184, 187
Balthasar 60, 65
Baltikum 147
Bangladesh 178
Barbados 114
Barcelona 145
Bargum, Karl Friedrich 58
Bari 88
Barnard, Ingrid 146
Barness, Walter 104
Batavia (Jakarta) 56
Batthyány, Graf 85
Bauer (Vorname unbekannt) 66
Bauer, Ingrid 12, 154, 155
Bauer, Wilhelm A. 11
Bayern 36, 93, 94
Beda Venerabilis 37
Beduinen 91
Beethoven, Ludwig van 89, 90
Beh, Achmed 135
Belafonte, Harry 161
Belgien, Belgier 139, 140, 143
Belgrad 59, 184
Bender, Joseph Karl 72
Benedikt, Moritz 90
Benevent 35
Benin 143
Benya, Anton 178, 179
Berber 26, 29, 112, 133, 141
Berghold, Kurt 7, 89, 107, 108
Berlin 7, 16, 109, 114, 117, 132, 133, 134, 135, 140
Berner, Margit 141
Biafra 163
Biffl, Gudrun 193
Biko, Steve 21
Bilé, Joseph 118, 127
Birabeau, André 118
Bischari 93
Bittner, Gerhard 174
Bloemfontein 21
Blom, Philipp 69
Bludenz 97, 98, 152
Blume, Hermann 84
Blumenbach, Johann Friedrich 15, 16
Bock, Jacob 9, 11, 55, 57, 63
Bock, Ute 186
Boenisch, Josef 125
Bogos 88
Böhmen 35, 53, 56, 70, 79, 81
Boix, Francisco 148
Bono, Salvatore 12, 62
Bormann, Martin 134
Born, Ignaz von 74, 75
Botokuden 85
Botswana 87
Bouzek, Bernhard 139
Boymont, Jakob von 56
Bozen 96
Brahms, Johannes 115
Brand, Ulrich 9
Brandenburg 48
Brändle, Rea 104
Brasilien 14, 67, 78, 79, 84, 85, 86, 89, 113, 118, 143, 144, 160
Bregenz 113, 153, 155
Bregenzerwald 154
Bremen 24
Breslau 53
Breuner, August von 86, 87
Bridgetower, Friedrich Augustus 58
Bridgetower, George August 58, 89
Briggs, Arthur 117
Bright-Taylor, Onodi 168, 169
Bright-Taylor, Unokanma 166, 167, 168, 169

Britannia 26, 29
Brixen 88, 94
Brody, Louis 136
Bruneck 94, 98
Brunner, Erich 132, 150
Budapest 86, 90, 95, 104, 120
Bukasa, Di-Tutu 187
Bulgarien 35, 168, 169, 170
Bultmann, Christa 172
Buren 93, 136
Burgenland 110, 134, 140, 190
Burgund 14
Burke, Selma 121
Burkina Faso 161, 171, 175
Byzanz 18, 35, 40, 43

Caecilius Redditus, Quintus 26
Calvi, Pietro 90
Campanella, C. Antonio 95
Camper, Pieter 15
Candido 86
Carmichael, Stokely 21,
Carnuntum 26, 27, 29, 30, 32
Casoria, Lodovico da 99
Cassian, Johannes 37, 38
Cator, Silvio 113
Ceesay, Yankuba 207
Censorinus Niger, Gaius 26, 29
Chahrour, Marcel 11, 120
Chai-hapi 31
China, Chines:innen 60, 61, 124, 125, 142, 147, 148, 193
Chongo siehe Angola
Christiano, Magdalena, geb. Kellermann, verehelichte Soliman 73, 75, 198
Christiansborg (Accra) 58
Clodius Faustus Secundus, Marcus 27, 28
Cobenzl, Philipp von 61
Coertse, Mimi 160
Coffey, Peter 153
Coleman, Billy 160
Comboni, Daniele 99
Cordoba 36
Corti, Axel 158
Corula, Barnabé 144
Côte d'Ivoire 141, 161
Courtès, Jean Marie 38
Cras, Margarethe 140
Curney, Kid 114, 160
Czech, Herwig 12
Czernin, Hermann von 56

Dachau 147, 149
Dahrl 79 siehe Hamburg
Dajuri, Muhammad 101
Damiette 42
Dänemark 36, 58, 170
Danhauser, Josef 83
Darwin, Charles Robert 16
Davis (Vorname unbek.) 135
Davis, Ellabella 160
Davis, John 113
de Diego, Juan 148, 149
de Luca, Antonino, päpstlicher Nuntius 100
Delagoa Bay (Maputo) 61
Delmonico, Ledgar 91
Deutsch-Südostafrika siehe Tanzania
Deutsch-Südwestafrika siehe Namibia
Deutsche Demokratische Republik (DDR) 116, 168
Deutschland (inkl. Bundesrepublik Deutschland/BRD) 11, 14, 16, 18, 19, 22, 42, 43, 46, 50, 70, 79, 80, 81, 93, 118, 121, 122, 123, 124, 125, 127, 151, 156, 157, 158, 184, 185, 188, 198, 199, 202, 203, 207
Dichand, Hans 180
Dietmar von Liechtenstein 41
Dinka 88
Dollfuß, Engelbert 123
Domingo 57
Dominikanische Republik 133
Donau(raum) 25, 26, 27, 28, 29, 30, 31, 33, 35, 36
Dongola 86
Dores, Anton 63
Dornbach 43
Douglas, Louis 117
Draber, Ferdinand 58, 66

Dresden 104
Dressel, Laura 149
Duc de Valmy (François-Étienne-Christophe Kellermann) 73
Duise, Mori („Kilimandscharo“) 106
Dumba, Nikolaus 86, 103, 105
Duncan, Todd 160

Ebensee 140, 150
Eberle, Carl 76
Eberle, Simon 76, 77
Ebermann, Erwin 11, 189
Ebersberg, Josef Sigmund 92
Edessa 43
Eferding 25
Egg 163
Eisenstadt 58
Ekwu, Aaron Ejikemeuwa 163
el Saddik, Wafaa 177
El-Nagashi, Faika 195, 206
Eleonore v. Portugal 53
Elephantine 86
Elisabeth, Kaiserin 87, 89, 93
Elisabeth Christine, Kaiserin 57, 65
Elisabeth von Württemberg 67
Ellerbee, Mozelle (?) 134
Emanuel, Johann 58
Emanuela 57, 68
Engelbert von Auersperg 41
Erzherzog Johann 84
Esterházy (Familie) 16, 57
Esterházy, Nikolaus I. 58, 66, 72

Farelli, Emanuel 58, 68
Fawtier, Robert 144
Feldkirchen 50
Feldner, Johannes Franciscus 60
Ferdinand II., Erzherzog 56
Ferdinand Maximilian, Erzherzog 87
Fernantico 66
Fernberger, Christoph 56
Fertöd 58
Feuchtersleben, Eduard von 84
Feuchtersleben, Ernst von 84
Firla, Monika 11
Fitz, Jenő 28
Fitzinger, Leopold 69, 77, 78
Florian, Reinhard 149
Floyd, George 196, 207
Ford, James 127
Forster, Georg 74
Fossoli 147
Francisca (Botokudin) 86
Frankfurt 66, 72, 73
Fränkisches Reich 18
Frankl, Ludwig August 86, 87, 89,
Frankreich, Franzosen/Französinnen 14, 16, 19, 36, 40, 46, 55, 58, 70, 81, 84, 93, 94, 100, 101, 110, 114, 123, 125, 126, 131, 133, 137, 139, 140, 141, 142, 143, 144, 145, 146, 147, 151, 152, 153, 154, 156, 157, 160
Franz I. Stephan, Kaiser 70
Franz II. (I.), Kaiser 86, 89
Franz Joseph, Kaiser 87, 89, 98, 100
Fränzel 57, 65
Franzisch, Johann 60, 63
Französische Antillen 146
Frauenberg 32
Frederickson, George M. 21
Freising 46
Freund, Ferdinand 156
Friedberg im Rheinland 50
Friedrich II., Kaiser 45, 46, 47, 48,
Friedrich III., Kaiser 52, 53, 78
„Falscher Friedrich“ (eigentlicher Name unbekannt) 46
Friedrich von Pettau 41
Fritz, Georg 159
Fuchs, Bernhard 178
Fuchs, Brigitte 15
Fügen 110
Fuhrmann, Mathias 9
Fulcher von Chartres 42

Gagawczuk, Walter 181
Gaius Marius, Konsul 72
Galenos von Pergamon 14
Galizien 80, 81
Galla (Oromo) 69

Galler, Johann Jakob von 79
Gambia 182, 189
Gambra 94
Garvey, Marcus 125
Gayer, Constantia 97
Genadendal 84
Genczik, August von 87
Genf 161
Genua 44, 78, 95
Georgia 115, 196
Gerlamoos 46
Germanien 25
Gersthof 152
Ghana 91, 92, 102, 161, 162, 163, 166, 175, 182, 190, 194
Gilman, Sander 37
Gilmore, Buddy (Buddie) 117
Gilroy, Paul 13, 122
Ginther, Konrad 20
Glatty, Johann 104
Gluck, Christoph Willibald 70
Gneixendorf 140
Goebbels, Joseph 137, 151
Gongius Paternus Nestorianus, Marcus 26
Gordon, Kid 114
Göttweig 37, 50, 77
Graciano, Waldemar (Jacaré) 160
Grafenegg 86
Graz 60, 96, 97, 101, 111, 112, 113, 114, 120, 126, 127, 160, 164, 194, 206, 208
Grechtler, Anton von 74
Greene, Theresa 160
Greenfield, Elizabeth Taylor 90
Grégoire, Henri 9
Grenoble 146
Greykey, José Carlos 145, 147, 148, 149, 150
Griechenland 23, 33, 102, 147
Grillparzer, Franz 106
Groebner, Valentin 14
Großbritannien (inkl. Vereinigtes Königreich, England) 16, 18, 25, 46, 70, 84, 88, 101, 110, 120, 125, 129, 133, 138, 142, 151, 152, 153, 181
Großenzersdorf 46
Großmähren 35
Guadeloupe 141, 143, 146
Gugitz, Gustav 11
Guinea 141
Guineaküste 19
Gundakar von Steyr 41
Gusen 149
Guyana 141

Habar-Dscha'alo 8
Habsburger(monarchie) 48, 49, 51, 52, 55, 56, 59, 62, 78, 79, 80, 81, 84, 86, 100, 101, 108
Hadmar von Kuenring 41
Hadrian, römischer Kaiser 26
Hagenbeck, Carl 93
Hagida 99
Hagmayr, Martin 139
Hahsan, Anton 88
Haid, Johann Gottfried 71
Haider, Jörg 191
Haiti 19, 84, 113
Halima 98
Haly, Jakob 68, 81
Hamburg 8, 79, 146
Hamilton, Charles V. 21
Hammond, Beate 12
Hamoudah, Mugtaba 196, 208
Harand, Irene 126
Hardegg, Gräfin Anna (verh. Kammel Edle von Hardegger) 98
Hardenberg, Lucie von 86
Harrach (Familie) 57, 66
Harrach, Ferdinand Bonaventura von 57
Harrach, Johanna Theresia 65, 66, 67
Hart 46
Haschka, Lorenz Leopold 79
Hassan, Ali (Balthasar Josef Zelin) 91
Hassan Amer 101
Hassan, Muhammad (Anton) 101, 103, 104
Hau, Franciscus 58
Hauch, Gabriella 129
Haydn, Joseph 75, 89
Hayes, Roland 110, 115, 120
Haym, Christoph 56

Haym, Dietrich 56
Hebert, Bernhard 24
Hegel, Georg Wilhelm Friedrich 16, 19, 107
Heiliges Römisches Reich 47
Heiligenkreuz 45
Heinrich von Neustadt 47
Herberstein, Johann Joseph von 58
Hernals 104, 115
Herodot 30
Hertzog, James Barry Munnik 120
Herzl, Theodor 107
Hietzing 77
Hillerkus, Adolf 136
Himmler, Heinrich 138, 148
Hirsch, Hans 60, 63
Hitler, Adolf 138
Hobsbawm, Eric 113
Hofmann, Karl 138
Hohenstaufen 45, 46, 47
Hohenstein 31
Holub, Emil 87
Homer 18
Höpp, Gerhard 142, 145, 148
Horak, Roman 117
Horemans, Peter Jakob 70
Horkheimer, Max 7
Hormayr, Joseph von 84
Horn 137, 138
Hörsching 139
Hoschek, Maria 136
Huber, Renate 153
Hummel, Roman 178
Hund, Wulf D. 15
Hussarek-Heinlein, Max 102
Hyrtl, Joseph 86

Iberische Halbinsel 18, 56
Ibrahim 101
Ibrahim Ibn Ya'qūb 36
Idowu, Lisa 203
Igbo 163
Ilming, Gabriele 163
Imperium Romanum 25–33, 35, 70, 72, 124
Indien 18, 22, 43, 52, 56, 61, 163, 175, 178
Indischer Ozean 14, 61, 62
Indochina 141
Indonesien 58, 144
Innsbruck 7, 56, 60, 61, 63, 105, 112, 120, 127, 139, 163, 173, 184, 189, 208
INOU, simon 12, 142, 195, 202
Iran 166
Irmen, Hans-Josef 75
Isa, Ali 101
Isabella von Parma 72
Isidor von Sevilla 37
Ismail, Pasha 87, 101
Israel 142, 170
Italien 7, 30, 33, 40, 44, 48, 51, 90, 94, 100, 102, 124, 125, 136, 139, 143, 144, 146, 147, 184
Italiker 29, 33
Iuvavum (Salzburg) 32

Jaffa 45
Jakobina (Adamker) 98
Jamaica 132
James, Arnold 115, 133
Jamnig, Gustav 164
Jannings, Emil 136
Japaner:innen 125, 133
Jauntal 53
Javer, Abdullah 111
Jeran, Luka 96, 98
Jerusalem 41, 52, 86, 89
João (Botokude) 86
Johannes Morus 45
Johannes von Bruneck 46
Johannes von Hildesheim 48
Johannes von Schmun 39
Johnson (Vorname unbek.) 113
Johnston-Arthur, Araba Evelyn 8, 21, 194, 204
Joladour 86
Jontes, Lieselotte 101
José 86
Joseph I., Kaiser 57
Joseph II., Kaiser 61, 67, 68, 72, 75, 79
Judäa 29
Juden 36, 124, 126, 127, 128, 129, 130, 132, 134, 138, 139, 140, 141, 142, 144, 145, 147, 148, 165

Jugoslawien 142, 173, 176, 184
Jugurtha 72
Julian, Percy L. 120
Jungwirth, Wolfgang 168, 169
Jusuf Ali 8, 88

K., Andreas 133
Kadalie, Clements 112, 125
Kaffa (Krim) 78
Kairo 56, 88, 96, 101, 113, 177, 178
Kaiserebersdorf 56
Kaisermühlen 161
Kaisersteinbruch 140, 141, 145,
Kajfež, Tomislav 101
Kamerun, Kameruner:innen 94, 104, 111, 112, 113, 114, 118, 126, 127, 132, 135, 195
Kanada 144
Kanarische Inseln 143, 144, 145, 147
Kant, Immanuel 15, 16, 98
Kap Verden 57
Kaplan, Paul 46
Kapstadt 56, 86
Karibik 20, 84, 135, 140, 141, 142, 143, 144, 146, 147, 148
Karl IV. von Luxemburg, Kaiser 48
Karl VI., Kaiser 57, 64, 65, 66
Karlštejn 48,
Kärnten 12, 25, 26, 31, 46, 50, 52, 110, 112, 132, 133, 186
Karolingerreich 35
Karthago 41
Kasajja, Simon 106
Kaukasus 36, 67
Kaunitz (Grafenfamilie) 57
Kaunitz, Dominik Andreas 57
Kazinczy, Ferenc 75
Kelten 25, 30, 31, 33
Kenner, Hedwig 32
Kenya 161, 166, 168, 172, 175
Khartum 87, 94, 95, 96
Khevenhüller (Familie) 57, 58
Khevenhüller, Johann Sigmund, 57
Khoisan 17, 63, 92
Kiesbauer, Arabella 158, 203
King, Martin Luther 21
Kinshasa 164, 185
Kirchberg (Württemberg) 46
Klagenfurt 29, 31, 95, 97, 98, 152, 186
Kleinasien 29, 62
Klosterneuburg 37, 44, 50
Klostertal 63
Kmunke, Rudolf 106
Knight, Rocky 114
Knoblehar, Ignacii (Ignaz Knoblecher) 95
Köglberger, Helmut 158, 159
Köhler, Alfred 114
Köhler, Herta 132, 133
Kohn, Bernhard 93
Köln 42, 48
Kolowrat (Familie) 57
Kolowrat-Novohradsky (Familie) 59
Koltés, Bernard-Marie 205
Kongo 7, 55, 125, 141, 143, 160, 164, 165, 173, 184
König, Franz 163
Königgrätz 91
Königin, Anna Maria 67
Konrad IV., König 45, 47
Konstanz 7
Korfu 60
Kotzebue, August von 19
Kouyaté, Tiémoko Garan 145, 146, 150
Kranzmayr, Achmed 131, 132, 133, 142, 150, 152
Kraus, Karl 102
Kreisky, Bruno 159, 170, 174
Kremer, Gabrielle 31
Krenek, Ernst 118
Kroaten 190
Kuba 132, 143
Kueppers-Braun, Ute 12, 98, 99
Kufstein 52, 75
Kumar, Eva 187
Kurd:innen 176

La Reunion 143
Lacy, Franz Moritz von 72
Lafaurie, Patrice 146
Lagos 166, 168

Laibach (Ljubljana) 95, 96, 98
Laimbeckhoven, Gottfried von 60
Laimgrube 105
Langthaler, Margarita 24
Lateinamerika 171, 204
Laureana 86
Lechhab, Hamid 12
Leibnitz (Flavia Solva) 26, 30
Lemberg 103
Lenau, Nikolaus 84
Lenglinger, Stefan 203
Leo von Rožmital 53
Leoben 101
Leopold I., Kaiser 59
Leopold II., Kaiser 75
Leopold V., Herzog 42
Leopold VI., Herzog 41, 42
Leopoldine, brasilian. Kaiserin 78, 86
Leptis Magna (Lebda) 26
Lescoute, Daniel 146
Lescoute, René 143, 146, 150
Levis, Charles 93
Liberia 91, 109, 111, 113, 136
Libyen 25, 26, 27, 31, 136, 139, 143, 144, 161, 175, 205,
Liechtenstein (Familie) 57
Liechtenstein, Alois von 74
Liechtenstein, Elisabeth Sidonia von 56
Liechtenstein, Emanuel Johann Anton von 59
Liechtenstein, Franz Josef von 74
Liechtenstein, Heinrich von 89, 107
Liechtenstein, Joseph Wenzel 65, 70, 72, 73, 80
Liesing 159
Lindequist, Friedrich von 137
Linné, Carl von 7, 15, 20, 78
Linz 36, 87, 98, 112, 127, 132, 134, 150, 151, 155, 161, 173, 194, 207, 208
Lissabon 52, 53, 57
Liutold von Plain-Hardegg 41
Livingstone, David 105
Lobengula 136
Lobkowitz (Familie) 57
Lobkowitz, Johann Georg Christian von 69, 70
Lochner, Stefan 48
Logwit-lo-Ladu, Franz 88
Lollius Urbicus, Quintus 26, 29
Lombardei 70
Lombardo-Venezien 95
London 7, 70, 86, 90, 169, 192
Löschnigg, Günther 179
Louis, Jim 113
Lugmayer, Karl 124
Luschy, Nicolaus 60
Lygett, Jimmy 114

M., Ibrahim 139, 150
M., Ali Ben 133
M., Ben Tahar 145
M., Othmar Ben 112, 132, 133
Macao 60
Machacek, Heinrich 133
Madagaskar 22, 79, 138, 143
Madrid 57
Magdalensberg 26
Magdeburg 44, 45, 48
Maghreb 36, 162, 171, 189,
Magnus, Carl 58, 63
Magwiro, Vicky Wilson 173, 174, 184
Mahlizky, Joseph 68
Mahlknecht, Rudolf 103
Mahmoud (Rudolf Rustimo) 87, 89
Mahomet Effendi 62, 80
Mähren 81
Mailand 70, 101
Malabar 61
Malawi 13
Malbring, Johann 58
Mali 143, 146
Mallinckrodt, Rebekka von 12
Malta 46, 59, 60
Manning, Walter P. 139
Mark Aurel, römischer Kaiser 27, 28
Maria Aloisia (Josefa Gilm) 94
Maria Saal 46
Maria Theresia, Kaiserin 67, 72
Mariazell 44
Marie Valerie, Erzherzogin 89
Maritta 99

Markomannen und Quaden 27, 28
Marokko, Marokkaner:innen 7, 12, 18, 25, 26, 56, 58, 59, 112, 126, 132, 133, 139, 140, 141, 143, 144, 145, 146, 147, 150, 151, 152, 153, 154, 155, 156, 159, 161, 173, 175, 183, 189, 190
Maršálek, Hans 142
Marseille 95
Martin Baumgarten von Breitenbach 52
Martin, Johann Michael 64, 65, 66, 68
Martin, Peter 14, 140
Martin, Theresia 68, 80
Martinique 113, 114, 141, 143, 144, 146
Matabele 107, 136
Mattersburg 160
Matzka, Manfred 184
Maur, Eduard 69
Mauretanien 25, 26
Mauritius (Heiliger) 44f., 48
Mauritius (Insel) 61
Mauthausen 12, 131, 139, 140, 142–150, 152
Maximilian I., Kaiser 8, 53
Mazza, Nicola 99
Mbanza Kongo 55
Medici, Gian Gastone de, Großherzog 70
Medlum, Mohamed 87, 103
Melk 7, 8, 29, 37, 52, 150
Melle 99
Mělník 69
Memmius Fidus Iulius Albius, Gaius 26
Mesli, Abdelkader 149, 150
Messany, Albert 140
Messina 69
Metternich, Klemens Wenzel Lothar 16,
Migazzi, Christoph von, Kardinal 68, 73, 75
Mikulčice 35, 36
Millstatt 37, 41
Minneapolis 196, 207
Mississippi 90, 116
Missouri 117
Mitchell, Paul 63
Mittelbau-Dora 142
Mitteleuropa 14, 18, 35, 36, 37, 41, 51, 87, 95
Mittelmeer(raum) 31, 32, 37, 40, 45, 58, 60, 62, 94, 147, 183, 205
Mitterrutzner, Johannes Chrysostomus 88
Mittrovsky, Johann Joseph (?) 59
Mjka, Christine 159
Moçambique 61, 174, 175
Mohamed, Ben-Lhassen 147, 150
Mohamed, Bouayad 150
Mongolen 130, 132
Monrovia 104, 111
Monteur, Anton 60, 65, 66, 68
Monteverdi, Bernard 146
Montpellier 146
Moreno, Franciscus 58
Morgan, Sidonie 113
Moroka, James Sebe 120
Morrison, Heather 75
Morton, Frederic 111
Moskau 134, 168
Mosser, Martin 27
Mouheb, Mohammed 110
Mouheb, Wagiha (Jhijhi) 110
MouPoh à Hom, Kamdem 194
Mtui, Beverly 203
Muhammad Ali Pasha 100, 101
Muharram, Mahmud, Ahmad und Ali 102
Mühlviertel 25
Multscher, Hans 50
München 107
Mürzzuschlag 115
Musa, Johannes 88
Mussolini, Benito 136
Mustafa Hamid, Ishraga 194

Naher (Mittlerer) Osten 25, 27, 32, 36, 40, 41, 45, 124, 142
Naim, Mohemed 139
Namibia 24, 112, 113, 123, 136, 137, 161
Nanking 60
Nasser, Gamal Abdel 170
Natterer, Johann 79, 86, 87
Natters 156
Naudar, Georges 145, 146, 149
Neapel 32, 62, 77, 99
Neu-Albern 187

Neukaledonien 144
Neukirchner, Johannes Antonius 59
New York 17, 116, 117, 161, 177
Neyrin (Meyrin), Maria Elisabetha 60, 68
Ngosso, Mireille 151, 196, 205, 208
Niclas von Popplau 53
Niederlande 19, 56, 58, 73, 143, 144, 147, 149, 150
Niederlande (habsburgische) 78
Niederösterreich 27, 29, 35, 46, 60, 76, 79, 103, 110, 112, 134, 137, 138, 145, 152, 176, 185, 186
Niederranna 44
Niederrhein 29
Niger 141, 161
Nigeria, Nigerianer:innen 161, 162, 163, 165, 166, 168, 169, 171, 172, 173, 182, 183, 187, 188, 189, 190, 191, 193, 194, 205, 206
Nigrinus 29
Nikobaren 61
Nil 37, 38, 42, 43, 102, 120, 176
Nordafrika, Nordafrikaner:innen 7, 8, 22, 25, 26, 27, 29, 31, 32, 35, 36, 38, 41, 45, 58, 62, 72, 79, 139, 140, 141, 142, 143, 144, 145, 146, 147, 164, 172, 175
Nordamerika 22, 63, 121, 143
Nordeuropa 36
Noricum 25, 26, 29, 30, 31, 32, 33
Normandie 147
Norwegen 170
NS-Deutschland 129–150
Nshimyimana-Neuberg, Alexis 195
Ntwa, Marie Noel 151, 194
Nubier:innen 93, 98
Numidien, Numider:innen 25, 26, 27, 29, 72

Obama, Barack 196
Obemeata, Michaela 199
Oberkrain (Gorenjska) 101
Oberlanzendorf 139, 146
Oberösterreich 11, 25, 36, 60, 105, 110, 131, 139, 144, 154, 190
Oberwölz 46
Ofoedu, Obiora C-Ik 188
Okanwikpo, Kilian 194
Okeke, Simon 163
Oladeinde, Frank 162
Oliverus, Kardinal 42
Olivieri, Nicolò 94, 95, 96, 98, 99, 100
Oluyemi, Tayo Stefan 206
Omofuma, Marcus 188, 195, 196, 206
Onitsha 163
Onyeka (pseud. für Onyeka Nubia) 18
Oreste siehe Riehs
Orosius 26
Osmanisches Reich (Hohe Pforte) 8, 56, 58, 59, 62, 65, 68, 79, 100, 104
Ostafrika, Ostafrikaner:innen 89, 136, 166
Ostende 79
Osteuropa 36, 40, 141, 147, 168, 184
Ostösterreich 60, 139
Ottilinger, Margarethe 164
Otto I., Kaiser 35, 44
Otto von Freising 43
Otto von Meran 41

Pakistan, Pakistani 178
Palästina 40, 85, 144
Pankey, Aubrey 116, 120, 127
Pannonia (Inferior und Superior) 25, 26, 30, 31, 32
Pantelleria 147
Paolo 86
Paracelsus (Theophrastus Bombastus von Hohenheim) 15
Parfait, Edouard 145, 146, 150
Paris 7, 9, 20, 101, 109, 117, 118, 124, 136, 146, 205
Parma 72
Partik-Pablé, Helene 191
Pastan, Carl 58, 68
Paternus Clementianus, Claudius 26, 29
Pau, Raphael Antoni 63
Paula 57, 67
Paulinus von Nola 40
Pécs 120
Pedro I., Kaiser von Brasilien 86
Pehl, Hans 116

Pero Blanco 52, 53
Perth, Matthias 85
Peterlunger, Oswald 168
Petronell 29
Petronilla (Zeinab) 99
Pezzl, Johann 9, 19, 67, 81
Pfaffe Konrad 40, 47
Pflaum, Veronika 87
Philadelphia 117
Philippovich, Eugen von 106
Piccolomini, Enea Silvio (Papst Pius II.) 14, 53
Pichler, Caroline 9, 69, 70, 72, 75, 79
Pikl, Josef 121
Pils, Susanne Claudine 24
Pisano, Nicola 46
Pius IX., Papst 99
Ploetz, Alfred 107
Pöch, Rudolf 106, 141
Pococke, Richard 66
Podhrobsky, Lilongo (Vally) 18, 118, 127, 132
Pöggstall 46
Pohl, Gerhard 120
Polen 35, 129, 142, 147
Portugal 7, 19, 52, 53, 57, 86, 143
Prag 36, 48, 56, 87, 90, 107, 117, 147, 148, 160, 165,
Přemysl 103
Prenninger, Alexander 149
Preßburg (Bratislava) 70
Preußen 79, 91
Prokesch-Osten, Anton von 86
Prokop, Kurt 165, 168, 169, 179
Pückler-Muskau, Hermann von 86, 87
Pudens 27
Puerto Rico 158
Purkersdorf 132
Purkhart, Markus 104
Pustertal 94

Quatember, Wolfgang 140
Quedlinburg 35

R., Percival 132, 133
Rabanser, Hansjörg 56
Raetia 25, 32
Raffelstetten 36
Ramadah 86, 87
Ramazzotti, Angelo, Patriarch von Venedig 100
Ramurch, Johann 58
Raucheisen, Alfred 47
Rauscher, Hans 188
Ravensbrück 143
Ravoncius, Salvator 57
Real, Christian 67
Reichel, Tori 203
Reichenau 139, 185
Reichenstein 56
Reichlich, Marx 48
Reinisch, Leo 88, 106
Reiske Joseph 59, 67, 80
Rheinland 109, 123, 124, 126, 130, 139
Rhodesien (Zimbabwe) 162
Richards, John 118, 127
Ried im Innkreis 105
Riehl, Walter 128
Riehs, Orest 86, 103
Rio, Emanuel 67, 86, 89
Robeson, Paul 116, 164
Rock, Nikolaus 58
Rohrbach, Philipp 155
Rom 7, 51, 63, 177 siehe Imperium Romanum
Roma und Sinti 52, 85, 130, 132, 142, 147, 149
Romberg, Friedrich 79
Romney, Lionel 143, 145, 147, 148, 149, 150
Romney, Mary 147, 150
Rössel-Majdan, Karl v. 124
Rouen 114
Rudolf I., Kaiser 46
Rudolf, Kronprinz 87, 93, 102
Russegger, Joseph 101
Russland 36, 67, 101, 138
Rwanda 173, 195

S., Grecia 133

Sachsen 142
Sachsenhausen 147
Sahara 25, 91
Said, ägypt. Khedive 87
Said, Musa 85, 86f., 89
Salzburg 11, 12, 32, 37, 48, 59, 60, 61, 65, 68, 95, 98, 99, 101, 110, 112, 113, 116, 139, 142, 154, 157
Sampson, Cesár 19
Santo Domingo 143
Sardinien 94
Sauer, Walter 11, 20, 142, 143
Sauvy, Alfred 13
Sch., Arthur 143
Scheibbs 112
Scheidl, Hans Werner 152
Scherz, Eva 178
Scheutz, Martin 24
Schiama 94
Schicho, Walter 20
Schladming 74
Schlag, Gerald 66
Schlesien 79
Schmidhofer, Sandra 22
Schottland 25
Schrattenbach 57
Schreibers, Carl von 17, 77, 78
Schreiner, Gustav Ritter von 88
Schubert, Franz 115
Schulz, Klaus 117
Schwarz, Werner Michael 11, 93,
Schwarzes Meer 25
Schwechat 194
Schweiz 185
Seilern (Familie) 57, 58
Selim, Saleh 160
Senegal 20, 90, 95, 112, 141, 152
Senegambier 94
Senghor, Léopold Sédar 20
Sennaar 86
Sennett, Richard 7
Septimius Niger, Quintus 29
Septimius Severus, römischer Kaiser 26, 29
Serbien 193
Shonubi, Labinjo 168, 169
Siba, Jean 66, 72
Siebenbürgen 55, 70
Siena 46
Sierra Leone 84, 162, 165, 182
Sila, Roland 94
Silber, Joseph 68
Simmering 194
Simon (Vorname unbek.) 114
Simson (Vorname unbek.) 114
Sint Maarten 147
Sizilien 41, 45, 56, 60, 69, 70
Škofia Loka 95
Slawen 44
Slowakei 27, 28, 59
Slowenien 33, 101
Snowball (eigentl. Name unbek.) 118
Soemmerring, Samuel Thomas 15, 107
Soesa, Emanuel 65
Sofia 188
Soliman, Angelo 9, 11, 12, 65, 66, 67, 68, 69–78, 80, 84, 85, 198
Soliman, Josepha (Josephine) 73, 74, 75, 76, 77, 198
Sollima, sizilian. Grafenfamilie 69
Somalia, Somalier:innen 7, 8, 88, 107, 108, 175, 182, 183, 184, 186, 189, 190
Somme 137
Somoß, Johann Baptist 18, 60, 68
Sonnenfels, Joseph von 81
Sophie, Erzherzogin 85
Sowjetunion 138, 139, 142, 147, 152, 155, 168
Spanbauer, Vanessa 24, 203
Spanien 18, 36, 40, 41, 56, 57, 58, 63, 65, 66, 69, 130, 143, 144, 145, 146, 147, 148, 149
Späth, Ernst 120
Speckner, Hubert 140
Springer, Balthasar 52
St. Cäcilia bei Murau 46
St. Gandolf im Glantal 46
St. Lambrecht 37, 112
St. Lorenzen im Mürztal 46
St. Peter am Kammersberg 46
St. Pölten 181

Stamatiou, Nikos 24, 143,
Staribacher, Josef 181
Staufen im Breisgau 50
Stegnern, Franz Xaver von 72
Steiermark 20, 25, 32, 46, 58, 101, 110, 111, 123, 133, 164, 176, 178, 180, 190
Steiner, Johann Nepomuk 71
Stelzl-Marx, Barbara 159
Sterzing 46
Stewart, Rex 160
Steyr 32, 60, 139
Stiedl, Peter 187
Stifter, Adalbert 86
Stigler, Robert 106, 141
Stockinger, Friedrich 123
Storchova, Lucie 56
Strommer, Anissa 98
Studericus, Anton 60
Subsahara-Afrika 8, 35, 62, 132, 142, 143, 161, 163, 170, 171, 176, 183, 190, 205
Südafrika 21, 22, 58, 63, 84, 86, 93, 102, 107, 109, 112, 113, 120, 125, 129, 131, 136, 143, 146, 160, 161, 162, 175, 190, 191
Südamerika 133, 143
Sudan (franz.) 141
Sudan 86, 87, 88, 91, 93, 95, 101, 102, 161, 162, 173
Südtirol 46, 56, 94
Südwestafrika siehe Namibia
Suez, Suezkanal 60, 87
Sulz 153
Sulzbacher, Christine 11
Surulus 26
Syrakus 59
Syrien 29, 182, 186

T-Ser 207
Taler, Sigismund 8
Tanzania 123, 174, 175
Tarkastad 146
Tattendorf 103
Tausig, Otto 118
Taylor, Kojo Joe 20
Tella, Michele 109, 110
Teova 99
Thalham 185
Thiel, Heinzpeter 168
Thimig, Hugo 118
Thompson (Vorname unbekannt) 126
Thrakien 26
Thun, Franz Sigmund 59
Thun, Johann Ernst, Erzbischof 59
Thunau (Gars am Kamp) 35, 36
Tipner, Juliette 136
Tirka, Demeter 86
Tirol 50, 52, 94, 95, 106, 110, 130, 155, 156, 157
Titinia Primula 25
Togo 166
Tom, Elfriede 132, 142, 150
Tom, Josef 91, 110, 132
Török von Szendrö, May 102
Toussaint, Elisabeth 125, 126
Traian, römischer Kaiser 26
Traiskirchen 182, 185
Traoré, Oumar 171, 172
Trenker, Luis 138
Trient 63
Triest 86, 87, 95, 100
Tripolis 58, 59, 62, 80
Trondes 147
Tschechoslowakei (ČSSR) 147, 168, 182
Tudor 18
Tulln 52, 137
Tunesien (Tunis), Tunesier:innen 7, 18, 27, 58, 140, 141, 143, 144, 161, 173, 175, 181, 190
Türkei 22, 58, 59, 60, 65, 79, 102, 143, 144, 147, 176

Udeani, Chibo 173
Uganda 106, 175, 181, 182
Ugbor, Chucks 194
Ukraine 138
Ulrich von Eppan 41
Ulrich von Falkenstein 41
Ulrich von Lilienfeld 39, 49
Ulrich von Stubenberg 41
Ulrichsberg 31
Umayyaden 36

Ungarn 26, 35, 44, 51, 55, 59, 60, 70, 75, 85, 102, 182
Ungnad, Christoph 52, 53
Unterweger, Claudia 203
Unterwelz, Robert 123

Vandalen 37
Vellguth, Hermann 133, 134
Venedig 36, 41, 44, 51, 86, 95
Vereinigte Arabische Republik siehe Ägypten
Vereinigte Staaten, USA 12, 14, 21, 22, 84, 91, 106, 114, 116, 117, 118, 120, 121, 122, 124, 125, 126, 129, 130, 132, 134, 139, 144, 149, 150, 151, 152, 154, 155, 156, 157, 160, 161, 166, 196, 199, 202, 207
Verona 46, 98, 99
Versailles 123
Victor Uticensis 37,
Vidman, Ladislav 33
Vietnam 140, 141
Vindobona (Wien) 26, 27, 28, 29, 31, 32
Vintler, Hans 50
Virunum (Zollfeld) 31, 33
Vöcklabruch 145
Vorarlberg 12, 63, 93, 110, 112, 127, 151, 152, 153, 154, 159, 163,
Vorderbrühl 169
Vordernberg 101, 103

Wagner, Joe 154
Wague, Seibane 206
Wahl, Niko 155
Währing 105
Waidhofen an der Ybbs 46
Waitzen (Vác) 59
Waldviertel 25
Wastl, Josef 140, 141
Weidman, Josef 87, 103
Weigl, Andreas 24
Weigl, Herwig 24
Weinviertel 25, 94
Weiß, Peter 57
Weißgärber Vorstadt 73, 74
Wels 156
Wernitznig, Bernhard 180
West, Adi from [sic] 114
Westafrika 7, 52, 58, 62, 69, 85, 91, 93, 107, 140, 141, 183, 189
Westeuropa 16, 47, 50, 57, 58, 81, 116, 139
Westindien 58
Westösterreich 154
Wickenburg, Eduard von 7, 88
Widukind von Corvey 36
Wiener Neustadt 45, 48, 53, 112
Wiesböck, Andrea 11
Wigger, Iris 23, 123
Williams, Lydia 24
Windhoek 130
Winkelbauer, Waltraud 76
Wissen, Markus 9
Wittmann, Heinz 179
Wolf, Hugo 115
Wolfern 139
Wolfram von Eschenbach 46, 47
Wolfsberg 141
Wolof 152
Wooding, Sam 117
Württemberg 46, 67
Wurzach 50

Xavier, Francisco de (Franz Xaver) 61
Xuma, Alfred Bitini 120
Yacob aus Clain Egipten 52

Ybbs 89

Zagreb 95
Zaire siehe Kongo
Zambia 165
Zanzibar 8, 166
Zeleza, Paul Tiyambe 13, 14
Zentralafrika 95
Ziereis, Franz 148
Zimbabwe 173
Zipps, Chambers 113
Zips-Mairitsch, Manuela 24
Zulu 93, 107
Zürich 104
Zweinitz 46
Zwettl 37, 145